HAI SHANG SI CHOU ZHI LU SHANG DE MIN SHANG

海上丝绸之路上的闽商

林勇 ◎ 主编

世界图书出版公司
广州·上海·西安·北京

图书在版编目（CIP）数据

海上丝绸之路上的闽商 / 林勇主编. —广州：世界图书出版广东有限公司，2018.3（2025.1重印）

ISBN 978-7-5192-4513-9

Ⅰ.①海… Ⅱ.①林… Ⅲ.①商业史—研究—福建 Ⅳ.①F729

中国版本图书馆CIP数据核字（2018）第053720号

书　　名	海上丝绸之路上的闽商
	HAISHANG SICHOU ZHI LUSHANG DE MINSHANG
主　　编	林　勇
责任编辑	程　静
装帧设计	苏　婷
责任技编	刘上锦
出版发行	世界图书出版广东有限公司
地　　址	广州市新港西路大江冲25号
邮　　编	510300
电　　话	020-84451969　84453623　84184026　84459579
网　　址	http://www.gdst.com.cn
邮　　箱	wpc_gdst@163.com
经　　销	各地新华书店
印　　刷	悦读天下（山东）印务有限公司
开　　本	787mm×1092mm　1/16
印　　张	18.25
字　　数	360千
版　　次	2018年4月第1版　2025年1月第2次印刷
国际书号	ISBN 978-7-5192-4513-9
定　　价	88.00元

版权所有　侵权必究

咨询、投稿：020-84451258　gdstchj@126.com

（如有印装错误，请与出版社联系）

目 录

第一章 古代海上丝绸之路上的闽商 …………………………………… 1
  第一节 贸易航线开拓者 ……………………………………………… 1
  第二节 文化交流传播者 ……………………………………………… 5
    一、技术文化传播者 ……………………………………………… 5
    二、语言文化建构者 ……………………………………………… 7
    三、精神文化传播者 ……………………………………………… 8
    四、制度文化传播者 ……………………………………………… 10
  第三节 经济建设者 …………………………………………………… 11
    一、推动沿线国家海洋贸易兴旺的主角 ………………………… 11
    二、当地种植农业经济的重要助推者 …………………………… 14
    三、港口开发建设者 ……………………………………………… 17
  第四节 和平使者 ……………………………………………………… 19
  第五节 沿线贸易一体化的缔造者 …………………………………… 22

第二章 海丝沿线国家闽商的发展历程 ………………………………… 27
  第一节 海丝沿线国家闽商基本分布情况 …………………………… 27
    一、概 况 ………………………………………………………… 27
    二、东南亚地区 …………………………………………………… 28
    三、其他地区 ……………………………………………………… 36
  第二节 海丝沿线国家闽商的成长与壮大 …………………………… 37
    一、殖民地经济时期 ……………………………………………… 37
    二、民族经济建立和发展时期（20世纪50—90年代）………… 48
    三、全球化时期（20世纪90年代以来）………………………… 65

第三章 海丝沿线国家闽商企业的特点及实力 ………………………… 82
  第一节 东南亚华商主要特点 ………………………………………… 82

一、东南亚华商行业分布 …… 83
二、东南亚华商资产实力估算 …… 84
第二节 海丝沿线国家闽商企业的发展 …… 91
一、闽商企业集团发展概况 …… 91
二、海外闽商企业最新发展趋势 …… 97

第四章 菲律宾的闽商 …… 100
第一节 菲律宾闽商的历史演进 …… 100
一、西班牙殖民统治时期 …… 100
二、美国殖民统治时期 …… 105
三、菲律宾独立后 …… 108
四、20世纪80年代至今 …… 113
第二节 菲律宾闽商的主要成就和贡献 …… 115
一、农业开发的贡献 …… 115
二、手工业开发的贡献 …… 118
三、商业开发的贡献 …… 120
第三节 菲律宾闽商企业集团的形成与发展 …… 123
一、闽商企业集团的形成 …… 124
二、闽商企业集团的发展 …… 125
三、闽商企业集团的特点 …… 128
第四节 菲律宾部分闽商企业集团及其发展特点 …… 130
一、陈永栽企业集团 …… 131
二、施至成企业集团 …… 138
三、吴奕辉企业集团 …… 147
四、杨应琳及其企业集团 …… 154
五、郑少坚企业集团 …… 160

第五章 马来西亚的闽商 …… 165
第一节 起步时期和发展初期 …… 165
一、概 述 …… 165

二、殖民地时期 …………………………………………………………… 165
二、自由放任政策时期 …………………………………………………… 170
第二节 快速发展和壮大时期 ………………………………………………… 173
一、新经济政策时期 ……………………………………………………… 173
二、国家发展政策时期 …………………………………………………… 177
三、国家宏愿政策时期 …………………………………………………… 181
第三节 马来西亚部分闽商企业 ……………………………………………… 184
一、郭氏兄弟集团 ………………………………………………………… 184
二、云顶集团 ……………………………………………………………… 187
三、杨忠礼机构 …………………………………………………………… 189

第六章 印度尼西亚的闽商 …………………………………………………… 191
第一节 印尼闽商企业资本的形成与发展 …………………………………… 191
一、殖民统治时期商业资本的积累 ……………………………………… 191
二、第二次世界大战后产业资本的形成与发展 ………………………… 195
三、华商企业集团的发展壮大 …………………………………………… 197
第二节 印尼闽商资本的现状特点 …………………………………………… 207
一、仍然拥有较强的经济实力 …………………………………………… 208
二、调整经营方向和结构 ………………………………………………… 209
三、新生代为华商企业集团带来生机 …………………………………… 210
四、紧抓中国市场机遇 …………………………………………………… 211
第三节 印尼闽商参与建设21世纪海上丝绸之路的优势条件 ……………… 215
一、印尼闽商的跨国商业网络优势 ……………………………………… 215
二、在侨乡投资形成稳定的联通侨乡市场优势 ………………………… 221

第七章 泰国的闽商 …………………………………………………………… 225
第一节 早期泰国闽商 ………………………………………………………… 225
第二节 近代泰国华侨华人经济 ……………………………………………… 232
第三节 20世纪以来泰国闽商主要行业及其发展 …………………………… 233
一、20世纪初暹罗闽商主要行业及其发展（1900—1932年）………… 233

二、经济泰化政策对闽商主要行业的冲击（1932—1945年）………… 239
　　三、第二次世界大战后中泰关系的调整与闽商主要行业变化发展
　　　（1945—1975年）………………………………………………… 242
　　四、时代转折：中泰建交后闽商经济的转型发展（1975—1999年）· 247
第四节　21世纪以来泰国闽商经济发展（2000— ）……………………… 255

第八章　建设"海丝"核心区：优势与对策 ……………………………… 259
第一节　福建建设"海丝"核心区的主要优势 …………………………… 259
第二节　"海丝"核心区建设成效 ………………………………………… 262
　　一、体制机制不断健全 …………………………………………… 262
　　二、人文交流融合纵深推进 ……………………………………… 263
　　三、互联互通明显提速 …………………………………………… 264
　　四、经贸合作迈向纵深 …………………………………………… 266
　　五、海洋合作成效明显 …………………………………………… 268
　　六、资金融通不断扩大 …………………………………………… 268
第三节　海外闽商推进福建海丝核心区建设的现状 ……………………… 269
　　一、海外闽商在福建省内外的投资合作 ………………………… 269
　　二、海外闽商与福建对外经贸合作 ……………………………… 273
第四节　对策建议 …………………………………………………………… 279
　　一、大力推进福建21世纪海上丝绸之路核心区建设 …………… 279
　　二、在"海丝"核心区建设中充分发挥海外华侨华人的重要作用 … 282

第一章　古代海上丝绸之路上的闽商

古老的海上丝绸之路，是由无数先辈冒死犯禁，历经千难万险、日积月累、逐渐开辟的一条贸易与文化交流之路。它对沟通中国与印度洋国家，乃至西欧各国，甚至远达美洲国家，有着重大价值。它是人类自古以来探索未知、互通声息、互利合作的重要见证。而在这条线路上频繁、深入活动的闽商，对古代海上丝绸之路的作用和贡献具有不可估量的价值。

第一节　贸易航线开拓者

作为海洋活动的早期参与者和实践者，闽商一直以来活跃在海上丝绸之路沿线区域，利用自身的技术和冒险精神，拓展了海上丝绸之路的贸易航线。

人们一般认为，闽南人在亚洲海域的航海贸易活动至少可以追溯到公元84年。[1]至于海上丝绸贸易航线，东南亚海上贸易活动早在公元前业已存在，主要以马来半岛为界，东南亚向西与印度、波斯等地，向东与中国的海上贸易航线已开通。当时的海上贸易情景概况是：从中国出发，沿越南南部沿岸航行，然后进入暹罗湾，到达马来半岛北部，在克拉地峡附近卸货，通过陆路穿过克拉地峡，在马来半岛西海岸将货物装船，近苏门答腊岛再转运印度、波斯等地，反之亦然。正是由于这种经营特点，起初东南亚与中国、印度等地贸易往来最多的是苏门答腊岛北部、马来半岛北部和越南南部。[2]在当时条件下，商品的一再装卸已极为不便，特别是陆上运输工具落后，依靠车载兽驮，在人力、物力、财力上都增加了许多困难。而此时参与这些活动者，也有着零星的闽商身影。

降至公元6世纪初，福建南部和古代东南亚各主要港埠、王国之间的海上交通和贸易关系已日趋完善，成为常态。当时，在中国传播佛教的印度高僧须经常前往梁安郡（即泉州府），以便搭乘大型海舶返回天竺。例如，公元558年，一位

---

[1] 钱江、亚平、路熙佳：《古代亚洲的海洋贸易与闽南商人》，《海交史研究》，2011年第2期，第2页。
[2] 赵文红：《试论早期东南亚海上贸易的发展与特点》，《东南亚纵横》，2009年第4期，第41页。

名为拘那罗陀（Kulanātha）的印度高僧来到梁安郡，旨在搭乘商船前往位于今泰国南部马来半岛北大年（Patani）一带的棱伽修国（Lankasuka）。① 由此可见，当时的泉州已经有着航向东南亚海上丝绸之路的船只。而私人编撰的民间手抄本《西山杂志》早已记载了福建晋江东石人前往东南亚的历史。根据该书的记载，早在公元8世纪，福建南部和东南亚各民族之间就已展开了繁盛的海上贸易往来。例如，该书记载说，公元720年，来自东石村的闽南商人林銮带领着一伙同乡族人扬帆海外，依靠着其曾祖父林知慧留传下来的航海针路簿的指引，他们最终航抵渤泥（Borneo）。东石林氏家族开创的这次远航为泉州和渤泥之间海上贸易活动的发展奠定了基础，大批渤泥人随后接踵而至，来到闽南沿海，用东南亚的香料和热带产品来交易泉州女子手工刺绣的彩色罗衫。② 然而，福建的海外贸易直至宋代（980—1279年），尤其是12、13世纪的南宋才真正步入黄金时期。当时的泉州一跃而为中国海外贸易的最大港埠，同时也是全国最著名的造船中心。

此时，泉州已经成为东南亚地区最大的出海门户。1274年成书的记载临安繁华的《梦梁录》一书说："若欲船泛外国买卖，则自泉州便可出洋。"③ 在当时，泉州前往东南亚的航线大致有三条：

（一）泉州—中南半岛航线。中南半岛是东南亚的大陆部分，位于泉州西南。船只沿海岸航行，可以到达沿岸的所有国家。第一站是交趾"舟行十余程抵占城国"，再到"接占城之南"的真腊。④ 14世纪中期以前，今日泰国也在真腊版图之内；继到马来半岛上的单马令、凌牙斯加、佛罗安等；绕过半岛南端之后，经马六甲海峡北上，可到东南亚最西部、今日缅甸境内的蒲甘。

（二）泉州—印尼群岛航线。东南亚南部是今日的印度尼西亚群岛，位于泉州的西南方向。宋元时期，印尼群岛上主要有三个国家：以苏门答腊东南部为中心的三佛齐、爪哇岛上的阇婆、加里曼丹岛上的渤泥。从泉州启航，沿半岛航线经占城、真腊，向南到三佛齐，从三佛齐东到阇婆到渤泥。如明洪武三年（1370年）的张敬之沈秩出使渤泥，从泉州先"抵阇婆，又逾月至其国"。⑤

（三）泉州—菲律宾群岛航线。菲律宾群岛位于泉州的东南方向，离泉州最

---

① 《泉州府志》卷十六，"寺庙：南安县"，1763年。
② 蔡永兼：《西山杂志》，"林銮观"条，摘自《安海志》，安海方志办（内部出版），1983年。
③ 吴自牧：《梦梁录》卷十二。
④ 赵汝适：《诸蕃志》，卷上。
⑤ 《明史》卷三二五，"渤泥传"。

近。从泉州经澎湖、琉求（台湾），抵菲律宾群岛的麻里鲁（今吕宋）、麻逸（今民多洛）、三屿（今巴拉望等岛）。从此向南，也可到达渤泥。根据《岛夷志略》记载的大致顺序，元代汪大渊从泉州附近远航，头一段就是采取这条航线的。①

到了元代，福建前往东南亚的贸易航线已经基本成型。它主要可划分为：

（一）东洋航路，即通高丽、日本的航线。

（二）南海航路。一条是乘海船抵达安南的云屯港（今海防）；另一条是先泛海至广西，从中越边界入境。入元之后，航线上来来往往的商人增多，而且开辟了从泉州经澎湖、琉球（今中国台湾）至菲律宾的定期航线，以及泉州—澎湖—琉球（台湾）—麻逸（摩逸）的新航路。宋代船由泉州港航往菲律宾，必先南航至三佛齐后，转东北航至渤泥，约40日可达，再由渤泥东北航，约30日才到达菲律宾。到了元代，有由漳州或台湾南航直达菲律宾。元代通航马六甲海峡以东各航区增多，船只从泉州或广西西南航经今日越南河内，至今加里曼丹岛而后东达菲律宾；或由加里曼丹南航至今印度尼西亚的泗水。据元末汪大渊《岛夷志略》的记载，仅菲律宾以南、以西各沿海国家和地区即达97个之多，比南宋赵汝适《诸蕃志》所载多了38个。

（三）西亚、非洲航路。元代以前基本上通过阿拉伯中转，到了元代泉州港与波斯湾、亚丁湾一带国家和地区直接通商，从泉州或广州的船只航经今泰国曼谷、马来亚、新加坡、印尼；或由新加坡过马六甲海峡至今缅甸仰光、孟加拉、印度，至斯里兰卡，再西南行至今马尔代夫群岛；或由斯里兰卡经印度南部，西至当日波斯湾的名港忽里模子（今伊朗阿巴斯港）；由此西行经今阿曼佐法儿，西入亚丁湾的麦加，再西抵开罗；或由佐法儿南行至今东非索马里、坦桑尼亚、直达马达加斯加。

（四）欧洲航路。当时从欧洲来中国的海路有两条，一条是渡地中海至埃及，从埃及出红海东来；另一条是取道巴勒斯坦、叙利亚、伊朗至波斯湾，从波斯湾抵达中国。泉州是中国与欧洲交通的主要口岸，欧洲商品多在此卸货，然后转运中国各地。泉州同波斯湾头的火鲁没思之间的航路，不仅是当时最为繁忙的东西贸易通道，而且也是联结元朝中国同阿拉伯，乃至整个西方世界友谊的纽带。②等到明朝时期，月港开放后的航海贸易，居民一向依海为生，以舟为田，从事南

---

① 周中坚：《南海熙熙五百年——古代泉州港兴盛时期与东南亚的往来》，《南洋问题研究》，1993年第2期，第12—13页。
② 苏文菁：《福建海洋文明发展史》，北京：中华书局，2010年，第114—116页。

海贸易。虽然明太祖实施海禁，但由于月港地处边隅，朝廷鞭长莫及，在成化、弘治之际（1465—1505年），海外贸易已相当繁荣。中国商船继续涌向爪哇西部的下港进行贸易，龙牙门（今凌牙群岛）更成为中国和南海之南、苏门答腊岛东部、爪哇诸岛屿之间海上航路的枢纽。《东西洋考》记载，商船从月港出洋，南航经广东南澳岛、交趾洋、新州港、赤九山、昆仑山、东西竺再取长腰屿（今廖内民丹岛），经龙雅大山（凌牙岛）、彭加山抵詹卑及旧港（即室利佛逝），然后借季候风穿越马六甲海峡驶往印度及中东诸国。其实，自中国与中东诸国通过海运进行贸易以来，这条海上丝绸之路的航线，不论从扬州、广州、泉州还是月港，基本上是配合了季候风的方向，遵循这条航线经印尼往中东而去。①

与此同时，借由西班牙的大帆船贸易，闽商与西班牙人一道，贯通了前往美洲的贸易航线。根据参考消息网2016年10月18日报道，墨西哥考古学家在太平洋沿岸的港口城市阿卡普尔科（Acapulco）发现大量中国古瓷器碎片。研究团队表示，瓷器深埋该城市有400年之久，质地完好，故能判别有米饭碗、杯子与盘子等餐具。这些瓷器碎片属于16—17世纪的中国，当时已有首批来自马尼拉的船队到达阿卡普尔科，瓷器夹杂在他们所运送的货物中。墨西哥国家人类学和历史研究所（INAH）的报告中提及，中国船队在美洲太平洋沿岸航行的250年间，留下不可磨灭的痕迹。考古学者罗伯特（Roberto Junco）表示，这些残片是明朝万历皇帝执政年间制造的，主要来自漳州（福建省中南部）与被誉为"瓷都"的江西省景德镇。虽然墨西哥和中国相距甚远，但依靠贸易关系已使两个地区联系了几个世纪。而闽商无疑居功至伟。②

总而言之，唐末五代以后，以泉州为主要的福建区域紧跟在广州之后，成为中国的第三大港。1087年，泉州市舶司建立，泉州进入与广州并驾齐驱的历史时期；从南宋末到元代，泉州超过广州，成为东南巨镇和"梯航万国"的都会。同泉州交往的国家以东南亚国家最多，而且其数量不断增加。南宋时期，1206年成书的赵彦卫的《云麓漫钞》，明确记载"福建市舶司常到诸国船舶"有30国，其中大部分是东南亚国家。20年后，1225年，时任提举福建路市舶司的赵汝适写成《诸蕃志》，所列国家增至57国，其中23个是东南亚国家。100多年后，大约在1329年到1345年之间，元代航海家汪大渊附乘商舶从泉州港启程远航，回

---

① ［新］林亦秋：《唐代越窑与印尼室利佛逝王朝》，《收藏》，2011年第12期，第55页。
② 《中国明朝古瓷器横渡太平洋 埋墨西哥400年》，http://www.cankaoxiaoxi.com/world/20161018/1355780.shtml

国后根据"身所游览,耳目所亲见确,写成了包括99个国家和地区的《岛夷志略》,其中东南亚国家和地区有64个。①这些书对从中国到波斯湾乃至非洲东海岸的港口和政权都有所描述,皆得益于闽商在沿线的活动、参与乃至开拓,从而为古代海上丝绸之路的推进奠定了基础。

第二节 文化交流传播者

海上丝绸之路既是一条贸易之路,也是一条文化之路。闽商不仅在经济上互通有无,同时,也传递、传播着物质、精神、制度文化等,实现了中国与海上丝绸沿线的文化交流。

一、技术文化传播者

随着中国人侨居印尼,中国制作陶瓷的技术也传至印尼。印尼自9世纪起就仿造中国陶瓷。印尼人还运用中国的陶瓷技术,制出绘有印尼风光的青花瓷盘。印尼学者勃里安·哈里松指出,中国宋瓷受到亚洲各地、中东以及非洲东岸人民的热烈欢迎,它刺激了当时的南苏门答腊室利佛逝王国陶瓷业的发展。②可以说,室利佛逝王国的陶瓷制造业传承了来自唐宋时期中国的瓷器制作技术,并且结合自己的特点,不断推出具有自身特色的本地瓷器。③到后期,室利佛逝丧失了对海上贸易的控制权之后,便致力于农业发展,并获得较大发展,而不少福建人移居巨港,带来先进的农业生产技术,为室利佛逝农业获得迅速发展提供了技术支持。

在农业种植方面,以闽商为代表的海外华商将中国的制糖技术传播到海上丝绸之路沿线国家,使他们的制糖技术大为改善,增加了收入。根据《剑桥东南亚史》相关记载:"直到17世纪,中国的蔗糖计划精制方法和技术才传入爪哇、暹罗、柬埔寨和越南中部的广南地区。"④又如,生活于加里曼丹的闽商,不仅将胡椒的种植传入加里曼丹,同时还在加里曼丹将南洋的一般种植方法大大地加以改良,除去介绍了中国园艺上除草、施肥、剪枝、去叶等方法外,最重要的是,华

---

① 周中坚:《南海熙熙五百年——古代泉州港兴盛时期与东南亚的往来》,《南洋问题研究》,1993年第2期,第12页。
② 孔远志:《从印尼的中国陶瓷看中(尼)文化交流》,《东南亚》,1990年第3期,第58页。
③ 廖国一、郭健新:《从出土出水文物看唐宋时期中国对印尼的影响》,《广西师范大学学报:哲学社会科学版》,2015年第4期,第2页。
④ [新]尼古拉斯·塔林主编,贺圣达等译:《剑桥东南亚史第一卷 从早期到公元1800年》,昆明:云南人民出版社,2003年,第385页。

侨放弃了苏门答腊等地将椒藤附身在Chinkareen树上的方法，改将椒藤围绕在木杆上。由于华侨将胡椒新种植方法在加里曼丹推广，使得当地所产胡椒在质和量上均较苏门答腊为优良。①

随着商品的交换和华侨华人的移居，许多生产技术相继传入东南亚各国。仅从中国传入的生产技术就有养蚕缫丝、丝绸纺织、陶瓷制造、漆器制造、茶叶生产、农业生产、造纸印刷等。这些生产技术的传入不仅丰富了东南亚国家农业产品和手工业产品的品种，还促进了东南亚国家农业和手工业的发展。如印尼的种桑、养蚕、织丝业就是在学习了中国养蚕缫丝技术的基础上逐步发展起来的。印尼学者陶威斯·德克尔说："我们的祖先确实是从中国学习用蚕丝织绸的。不久，不仅中国的丝绸出口，我们的丝绸也出口了。"荷兰学者舍利克也指出，中国的种桑、养蚕和织丝的方法传入巴厘、楠榜、巨港和加里曼丹地区，成为这些地区的家庭手工业。②类似的例子不胜枚举。此外，东西方各国对香料等产品的大量需求在很大程度上也刺激了东南亚国家农业生产和手工业生产的发展。

建筑上，缅甸的居民住宅中，可看到有福建传入的百叶窗；在菲律宾的教堂、修道院、医院和石砌的房屋上，大量保留有福建的建造和雕刻工艺。闽南的飞檐翘角也在东南亚的庙宇、房屋建筑中普遍存在。例如槟城的极乐寺，是在客籍领袖捐款和带动地方上的闽广领袖集体支持下建起的。闽广领袖所领导的广福宫董事会，也采用了福州工匠建筑了天公坛，留下拿律内战时代难以实现的细致藻井工艺。船舶建造上，华侨在暹罗制造船只的构造、装备、饰物等都与中国船，尤其是福州、漳州一带的船舶相同。甚至位于曼谷湄南河畔龙泉寺的主体建筑是一艘船身与中国福建地区的海船一模一样的石舫。而且，泰国阿瑜陀耶王朝和曼谷王朝时期，因该国人民不谙营运，是以多请福、潮船户代驾。③农业上，在马来西亚的福建人改进了当地的胡椒种植技术，使其产量倍增；在菲律宾闽商引入了白菜、莴苣、豌豆、芋头以及橙、柚、枇杷、杏、龙眼等蔬菜和水果。其他还有制陶工艺、制糖和酿酒技术、造纸与印刷术等，皆受到福建华人的深刻影响和教化，推动了当地物质文化发展的进程。

而福建人自古以来就有饮茶、品茶的习惯。闽人出洋东南亚，不仅传播中国

---

① 田汝康：《中国帆船贸易和对外关系史论集》，杭州：浙江人民出版社，1987年，第56页。
② 转引自孔远志：《中国印度尼西亚文化交流》，北京大学出版社，1999年，第255—257页。
③ 杨保筠：《中国文化在东南亚》，郑州：大象出版社，2009年，第58—66页。

的饮茶文化，并把福建饮茶的习惯和种茶、制茶的技术也带到东南亚各国。尤其是福建人爱泡"功夫茶"，习惯喝早晚茶，善于"茶道"，结合当地的风俗人情、自然条件，同当地人民一起创造出了独具特色的东南亚国家的茶文化。至今影响着东南亚的茶风。如福建的"工夫茶"在马来西亚社交场合成为重要的饮品，在日常生活中亦发挥着重要的作用。不论是朋友亲戚聚会，还是进行工作商务谈判，茶饮料往往是不可少的，交谈中也往往把饮茶作为丰富谈话的内容，主人总是不断招呼客人饮茶和品尝其他食品，使客人始终置身于友好亲切的气氛之中。喝茶早就成为新加坡人生活的一部分，不仅考究品茶，更带有艺术享受和悠闲生活的色彩。在印度尼西亚，一日三餐，不管是华人还是当地土著，喝茶成为餐饮的一道程序，先喝茶再吃饭，或者边吃边喝，成为茶汤。而且，经过福建人在东南亚与西方人的交往，源自福建闽南称呼茶的方言"Tay"，也逐渐演变成现在的英语"Tea"，成为福建对英语文化的重要贡献。

当然，除此之外，海上丝绸之路的物质文化也同样传播到福建，进而波及全中国。譬如，花生、地瓜、烟草、占城稻等早已经闽商在周边区域的活动，传播到中国来，成为中国物质文化的一部分。双方的技术文化交流，使航业进步，经营方法改进，土产业、冶炼业、雕刻业等都活得较大改进，促进了当地人民的生活改善。

二、语言文化建构者

福建闽南话成为许多东南亚话语的借音。在菲律宾，他加禄语借用的词汇，涉及人们日常生活的许多方面。如菲律宾的许多蔬菜种子是闽商引进的，因而在他加禄语中许多蔬菜的名称是闽南话的拼音。像闽南话"白菜"，他加禄语为petsay；还有菜豆，sitaw；筒蒿菜，tangoehay；芹菜，kintsay；韭菜，kutsay等等，均如此。他加禄语中的食品词汇也有不少闽南话，如bihen（米粉）；miswa（面线）；miki（面干）；tanghen（冬粉）；tauhu（豆腐）；tauye（酱油或豆油）；taugi（豆芽）；saypo（萝卜干或菜脯）。还有闽南话称稀饭汤为"奄"，他加禄语叫am。这些词汇与日常生活密切相关，所以使用率很高。同样，在印尼和马来西亚，当地华人大多来自福建沿海一带，且经济具优势地位，因而这些国家语言的借词也以闽南话词汇为主。有人从8本印尼语和马来语词典中，查出汉语词汇511个。初步发现，其中闽南方言词汇至少有456个，占全部汉语词汇的89.2%。此外，闽南话也经由东南亚的华侨华人传播,成为英语的重要词汇。英语的茶(tea)、芒果(mango)、龙眼(longan)等,皆因为闽商携带的语言文化沿着丝绸之路影响着区域和世界。闽南方言在东南亚乃至世界的传播和使用,是闽人在当地长期劳动并与土著人民共同相处的自然结晶,也是福建文化与东南亚文化和平交流的历史见证。甚至在生活习俗上,福建的节日习俗、丧葬习俗、生活习俗以及居民喜好文身的习俗深深影响着东南亚人民。

三、精神文化传播者

根据《三宝垄纪年》所知,在郑和扫荡了旧港的福建海盗集团之后不久的1407年,"旧港就建立起了印尼群岛上的第一个哈纳菲教派(Hanafi)的华人穆斯林社区。同一年,加里曼丹岛的三发(Sambas)亦出现了另一个哈纳菲教派华人穆斯林社区"。紧接着,在1411年至1416年期间,"在马来半岛、爪哇、菲律宾群岛等地,都出现了哈纳菲教派华人穆斯林社区。在爪哇,人们在雅加达(Djakarta)的安厝(Ancol)、井里汶(Tjirebon)的森垄(Sembung)、拉森(Lasem)、杜板(Tuban)、锦石(Gresik)的新村(Tse Tsun)、贾拉丹(Djoratan)的饶洞(Djiaotung)以及其他的一些地方都建造了清真寺"。[①]由此记述间接地揭示出,郑和一行当时曾利用明王朝赋予的巨大财力和物力,借助中华帝国在海外的威望,在宣扬皇恩浩荡、扩大明王朝的朝贡贸易网络的同时,不动声色地在东南亚各地组建起华侨华人穆斯林社区的庞大网络。应当指出的是,郑和所倡导并建立起的这一庞大海外华人穆斯林网络的时期,恰好是中国私人海商,主要是闽籍海商在东南亚贸易活跃的时期,他们所构建的网络与海外华侨华人穆斯林网络互为倚重,共促发展。

除华侨华人伊斯兰的拓展受到闽籍华侨华人的影响外,中国的佛教文化业在闽籍华侨华人的带动下,在海上丝绸之路的沿线国家得到传播。自唐代始,福州的开元寺与东南亚闽人社会的联系就十分紧密。官方把开元寺作为接待各国来闽僧人的场所,或以福州为学习佛法的一个中转站,留下来大量东盟国家僧人的印迹。其中,槟榔屿华侨华人捐款给福州怡山西禅寺,而福州怡山长庆寺僧人微妙法师三至槟榔屿筹捐,于光绪十七年八月在槟城圆寂。此外,新加坡最有影响力

---

① 转引自钱江:《从马来文〈三宝垄纪年〉与〈井里汶纪年〉看郑和下西洋与印尼华人穆斯林社会》,《华侨华人历史研究》,2005年第3期,第6页。

的两座寺庙——双林寺、光明山，则分别由福州西禅寺、泉州承天寺分离出来；马来西亚最有名的寺庙——槟城极乐寺源自福州鼓山涌泉寺；印尼几个大庙，如广化寺、西禅寺也分别与莆田广化寺、福州西禅寺渊源颇深；日本的佛教不少也是从福建出去的，其颇具影响力的空海大师、圆珍大师均在唐朝时来到福州开元寺取经后返回日本，前者创立了真言宗、后者中兴了天台宗。来自福清黄檗寺的隐元大师到日本创立了黄檗宗；越南的二虎庙、普陀寺就是福州西禅寺僧人去建的。

随着闽南人到南洋谋生，其民间信仰也传播到海外。其中，福建民间信仰在东南亚各地传播最广、影响最大的当推妈祖。自1821年，泉州石狮祥芝的船员们将妈祖信仰带去东南亚之后，妈祖信仰逐渐在马来半岛外、菲律宾群岛和印尼群岛传播开来。如新加坡天福宫祀奉着"天后圣母"，在越南，不仅有天后祠的庙宇，史籍中甚至有关于天后的记载。而且，在南洋普遍经商的华侨社会中，妈祖已不止是航海之神，还是商业之神、保护神，成为东南亚华侨华人乃至土著民族的神祇。除此之外，福建许多地方神灵信仰，如吴真人、大伯公、城隍、广泽尊王、纪府王爷等，也在各地形成一定的受众群体。这体现了福建民间信仰文化循海上丝绸之路的传播和变迁，扩大了福建文化在异域的影响。

文学艺术上，随着福建籍华侨华人在东南亚一带活动的深入，中国古代四大奇书《西游记》《水浒传》《封神演义》《聊斋志异》等一大批明清小说广泛流传于东南亚一带，并被被译为马来文、爪哇文和柬埔寨文。而中国文学在东南亚各地的翻译工作，也多由福建籍华侨后裔承担。[①]法国著名东方学家苏尔梦女士在其《中国传统文学在亚洲》一文中说："在三宝垄（印尼），我们看到的全部中国小说是一套私人藏书，都是19世纪的。最早的一本是1828年的《平闽全传》译本。这部书五十二回，书前还有罗懋登（1759年）写的序，是在鹭江（厦门）新刻印的。"[②]据研究华侨文化的专家介绍，以前马来西亚等地没有小说及文学等，当地人看到福建商人带过去的中国小说，开始模仿学习，渐渐形成了当地的小说和文化。

在越南，原籍福建漳州的潘清简（1778—1867年），不仅是越南著名的历史学家，还是朝野皆知的优秀诗人和文学家，在越南历史和文学史上，均占有十分

---

① 林金枝：《福建文化在东南亚的传播及其影响》，《福建论坛》（人文社会科学版），1989年第6期，第44页。
② 中外关系史学会编：《中外关系史译丛（第3辑）》，上海译文出版社，1986年，第116页。

重要的位置。原籍福建福州府长乐县福湖乡的郑怀德（1765—1825），祖父郑会于明末清初留发南投，客寓越南的边和。郑怀德是阮氏两朝大臣，善文工诗，为"当年嘉定著名诗人"，有诗词著作《嘉定三家诗集》行世。他的《嘉定通志》则是一部史地著作，详述了越南南圻各镇之建置、疆域、风俗、土产及城池，所著多涉及历代沿革及华侨事迹，是我们今天研究越南南圻历史、地理及华侨史的宝贵材料。此书后来还是阮朝新撰《大南实录》《大南列传》以及《大南一统志》的重要资料来源。可见，郑怀德对越南的文化事业作出了重要贡献。[1]此外，泉州商人徐戬因生意缘故频繁往来高丽，因此与高丽王室熟稔。高丽朝廷委托他到杭州的印刷作坊，为高丽特别印制夹注《华严经》。1087年春，徐戬将这部由2 900余件经板组成的《华严经》运抵高丽，高丽朝廷赏其白银3 000两。[2]

此外，福建的南音和戏曲风靡东南亚。早在宋元时代，闽南人就已经将本乡本土的南音在南洋各地传唱。今天，南音不但作为我国古老的音乐在东南亚华侨中广泛传唱。在菲律宾、印尼、新加坡，马来西亚以及泰国与缅甸等地闽南华侨密集的城镇，都有南音社的组织和活动。同时，它也作为东方古典音乐代表进入世界一些国家的高等音乐学府。而且，福建地方戏曲，如莆仙戏、芗剧、高甲戏等在东盟各地华社，甚至当地土著民族中亦有着广泛的传播和受众。

四、制度文化传播者

社会结构上，南洋华侨宗亲会、同乡会的本质上是闽南传统宗族组织的移植。闽南侨乡浓厚的宗乡观念使那些即使迁移到外地的人们亦习惯于保持原乡的风俗传统和家族文化。但是，海外移民的宗族又不是简单的移植，而是利用祖籍地的血缘纽带和文化资源，结合移居地社会环境需要有所重构。因而，在南洋地区，以地缘为纽带的同乡会组织一直占有重要的地位。这种源自福建宗族社会的社会结构，也影响着东南亚的文化传统。在社会组织形式方面，马来族群也受到华侨华人族群的影响，逐渐成立了会党和私会党等社会团组织。即使是在华人会党和私会党遭受英国殖民政府的打压渐次肃清后，马来族群中的会党仍然十分兴盛。[3]在家庭关系上，菲律宾人重视父子、亲属，甚至直至五服血缘亲属之间的

---

[1] 王华：《明清初期华侨对促进东南亚文化发展的贡献》，《八桂侨刊》，2008年第4期，第34—36页。
[2] 钱江、亚平、路熙佳：《古代亚洲的海洋贸易与闽南商人》，《海交史研究》，2011年第2期，第9页。
[3] 《严拿会党》，载《叻报》，1893年5月11日。

感情，尊敬父母和长辈，节假日家庭成员大团圆，家庭中往往三世同堂，使用祖父、姑爷、阿姐、姐夫等家庭称谓，实行父母包办婚姻，甚至指腹为婚等，这显然源自闽籍移民在当地的文化濡染。

政治制度上，在越南，早在北宋时期，"闽人附海舶往（越南）者，必厚待之，因命以官，咨以决事"。在历朝政权中，都有闽人担任要职。更重要的是，据中越史籍记载和学者研究，证实越南封建王朝的建立者有为数不少的闽人。仅以李、陈二朝为例。据沈括《梦溪笔谈》所载，闽人李公蕴为于1009年登上越南王位，为李朝的创建者。关于陈朝建立者的祖籍，《大越史记全书》称：帝之先世闽人。因而，大批闽人在越南朝廷任官，或处于王者之尊，无疑对越南独立后吸纳福建文化，包括福建地域特色的制度文化有极大的推动作用。《明史》"暹罗传"曾载，汀州人谢文彬以贩盐入海，飘入其国，仕至岳坤，犹天朝学士也。《海国闻见录》写道：暹罗尊进中国，用汉人为官。理国政，掌财赋。[①]在印尼马辰，"华侨商人在马辰极占优势"，当地所有"升斗尺寸完全依照中国的标准"。[②]

闽商在海上丝绸之路沿线来来往往，虽是以经商为主，但经济与文化从来都是相携而行的。各地人员流动之间，带动的文化交流，尤其是中国文化流播海上丝绸之路沿线国家，实属必然。

第三节 经济建设者

一、推动沿线国家海洋贸易兴旺的主角

古代的海上丝绸之路，中国与各地交流，更多是以海洋贸易为主，无论是官方朝贡，抑或私人出洋，实践的是商品的互通有无。尤其是中国在很早时期就已经有了对东南亚商品的需求。这更是使海上丝绸之路沿线国家的商品价值得到提升，使当地人民获利丰厚。

例如，中国与室利佛逝之间通过海上丝绸之路进行的主要是市舶贸易。与官方贸易相比，民间商业贸易活动在规模、品种数量和频次上都要远超之，更能反映出两国之间的密切关系。尤其是在两国统治阶层有良好的接触后，贸易的安全

---

① 杨保筠：《中国文化在东南亚》，郑州：大象出版社，2009年，第36—40页。
② 转引自田汝康：《中国帆船贸易和对外关系史论集》，杭州：浙江人民出版社，1987年，第57页。

性和稳定性得到了保障,民间贸易呈现爆发式增长。早在8世纪,福建南部和东南亚各民族之间就已展开了繁盛的海上贸易往来,与此同时,中国人在贸易过程中不断侨居印尼苏门答腊岛及其周边地域,也分享着室利佛逝的海洋贸易经济活动。前述《西山杂志》记载闽商前往渤泥的远航和贸易活动,为泉州和渤泥之间的经济往来奠定了基础。而印尼群岛东部的马鲁古群岛,由于盛产胡椒、丁香等香料,闽商早已前往贸易。《岛夷志略》中称文老古,每岁有"唐舶贩其地"。①《异域志》上卷载,爪哇长期都和中国"为商往来不绝"。《岛夷志略》记载当时中国商船由泉州吴宅港开赴古里地间(今帝汶岛)的盛况云:"发舶梢众,百有余人,到彼贸易。"

商贸往来,带来了大量中国商品,如丝绸纸品、瓷器、金银器皿大量输入其国。这些物品丰富了他们物质的享用,也作为他们进一步交易的媒介,"番商兴贩(指三佛齐国商人),用金银、瓷器、锦绫、缬绢、糖、铁……等博易。"而三佛齐出产的香药和土产,有脑子、沉速、暂香、粗熟香、降真香、丁香、檀香、豆蔻等,而从大食、印度运来的货物,如珍珠、乳香、蔷薇露、栀子花、腽肭脐、没药、芦荟、阿魏、木香、苏合香油、象牙、珊瑚树、猫儿睛、琥珀、番布、番剑等,也皆于此汇集,复运我国广州、泉州。②值得注意的是,《诸蕃志》列举室利佛逝从国外进口的商品中,除了金银和瓷器等手工业品之外,还有大米。而中国其他的记载也提到宋时中国商船载运大盈的大米,"贩入诸蕃"。很可能中国出口的大米大部分是销往三佛齐的。③这些商品对改善当地人民经济生活有着突出帮助。

作为南海交通中心和贸易总汇的三佛齐,经商获利丰厚,吸引着很多泉州商人前往。如宋人洪迈所撰《夷坚志甲志》卷七"岛上妇人"条曾记载:"泉州僧本俺说,其表兄为海贾,欲往三佛齐。……落焦上,一舟尽溺,此人独得一木,浮水二日,漂至一岛。……一日叙步至海际。适有舟底岸,亦泉人以风羡至者,仍以相识。"④这也表明当时有商人往三佛齐经商的例证。又如南宋绍兴八年(1138年)立的福建莆田祥应庙碑记载,12世纪间,"泉州纲首朱纺舟往三佛齐国,……舟行迅速,无有艰阻,往返不期年,获利百倍,前后之贾于外蕃者,未

---

① 汪大渊:《岛夷志略》文老古条。
② 郑光耀:《中国古代对外贸易史》,广州:广东人民出版社,1985年,第249页。
③ 廖大珂:《室利佛逝王国社会经济初探》,《南洋问题研究》,1993年第2期,第7页。
④ 洪迈:《夷坚甲志》,卷七。

尝有是确"。①同时,也有许多慕利而来的海丝国家商人到中国来经商。如到10世纪初,福建已有三佛齐人侨居,蒲诃粟以侨商和贡使两重身份,往返于福建和三佛齐之间,由于贡奉有功,被唐朝授予"宁远将军"的中国官衔。②同样的情况亦发生在位于今越南中部沿海的占城。1166年,有一位名为陈应的闽商纲首,即商人头目,率领了五艘帆船与占城当地商民市易。这支贸易船队于翌年返回福建,船上除了满载着乳香和象牙之外,还有一个占城国王派遣的朝贡使团。之后不久,又有两批闽南商人,分别由吴兵和陈应祥带领,前往占城经商贸易。③

闽商在万丹一带从事的商业活动,不仅实现了岛际之间的贸易往来,也使当地的各种供应中国需要的产业获得发展。在这里,华商从1635年以来就一直从事于制糖业,1636年便有白糖输入巴达维亚。而巴达维亚的华商容观(Jan Kong)所经营的制糖业也在不断发展。④因此,1684年,荷兰东印度公司击败它的万丹竞争对手后,遂鼓励华侨在爪哇北海岸地区扩大甘蔗种植面积,然后由荷兰东印度公司把蔗糖出口到日本、中国和欧洲等地。⑤

17世纪中期前后到18世纪末,作为越南海外贸易中最具影响力的外商群体,闽商主导了越南与日本、中国及东南亚的贸易。他们在越南的各条对外贸易线上颇为活跃,是经营越南海外贸易最重要的群体,在沟通越南与其他东南亚地区经济联系方面发挥着无可替代的作用。可以说,参与越南海外贸易的各华商群体共同推动了越南融入远东海洋贸易体系的进程。⑥在暹罗,闽商深为王室所倚重。为此,暹罗王把王室商业委托他们经营。因而,在中日、中暹以及参与马六甲港口的国际海洋贸易活动中,闽籍华商扮演中间经纪人的重要角色。据《增补华夷通商考》载:太(大)泥、六崑(坤)、满剌加、潘丹(万丹)等地并不直接与日本贸易,而是由若干闽籍华商从中代理贸易。由此推知国内海商赴南洋各地,大概是直接与侨商进行买卖。⑦

依据日本学者岩生成一的研究,中国移民是安汶市民生活上所不可缺少的因

---

① 《一座道观,藏住半部莆田史》,《莆田晚报》,2016年10月11日。
② 周中坚:《南海熙熙五百年——古代泉州港兴盛时期与东南亚的往来》,《南洋问题研究》,1993年第2期,第11—12页。
③ 转引自钱江、亚平、路熙佳:《古代亚洲的海洋贸易与闽商商人》,《海交史研究》,2011年第2期,第3页。
④ [日]长冈新治郎著,罗晃潮译:《17、18世纪巴达维亚的糖业与华侨》,《南洋资料译丛》,1983年第3期,第101页。
⑤ [新]尼古拉斯·塔林主编,贺圣达等译:《剑桥东南亚史第一卷 从早期到公元1800年》,昆明:云南人民出版社,2003年,第412页。
⑥ 闫彩琴:《17—18世纪越南海外贸易中的华商及其构成初探》,《八桂侨刊》,2012年第1期,第25页。
⑦ 转引自李木妙:《海上丝路与环球经济——以16至18世纪中国海外贸易为案例》,《中外关系史论丛》,第185页,载《三条丝绸之路比较研究学术讨论会论文集》,2001年。

素了。他们在安汶供应布料，运走很多金钱，不过中国人的存在，对安汶岛开具居民的生活说来，已成为了不可或缺的因素，并且他们的纳税，也已构成政厅重要财源之一，不能贸然加以限制了。①在加里曼丹，英荷侵略者想破坏闽商与加里曼丹之间友好商业关系，但也不能得逞。正如1721年罗吉威恩承认的那样，华商在加里曼丹商业上的优势，据他看来："在葡萄牙人未发现好望角的航线以前，中国人早已控制了岛上的全部商业；因为欧洲人又不想在岛上长期居住下去，更使得全部商业完全落在他们手中。除去马辰之外，中国人也居住在三发、喃吧哇（Mampawa）等处。在这些地方他们贩卖丝绸、花布和其他中国与日本的货物来供应当地居民的需要"。②19世纪下半期，漳泉商人已经成功控制了华商的出入口贸易。

长期海洋贸易的结果，促进了中国与闽籍华商居住地之间社会生产力的发展，丰富了人民的经济生活。例如福建、浙江瓷业的大发展，显然就与元代泉州、温州等对外海洋贸易的繁盛有关。丝绸对印尼等国的畅销，使元代丝织业扩大了规模，并且从印尼输入的苏木紫矿中，又获得了重要的染料，进一步地提高了丝织品的质量。印尼进口的硫磺，则成为元代制造火器的重要原料。中国陶瓷虽享誉世界，但东南亚地区出产的一些特殊材料，却也为中国陶瓷品的多样化提供了重要的条件。例如，在郑和出使东南亚时，从苏门答腊、槟榔屿带回了苏泥、勃青；从文莱、苏门答腊带回了紫啡、胭脂石等，它们都是明代制作多彩瓷器的重要原料。

与此同时，当地人民亦已经采用来自中国的陶器和碗碟。由于中国与海上丝绸之路沿线国家之间的贸易，许多爪哇王的后裔做了财主，贵族也做了商人，航业进步，经营方面得到新的方法。许多人经营土产，输出到中国，使中国爪哇两方面得到利益。③国家关税收入益多，国家日益富裕起来。

二、当地种植农业经济的重要助推者

根据P.A.杜尔在《印度尼西亚的华侨》一书中曾提到，"华侨对胡椒的生产，由于采取了一套完整、先进的种植技术，大大地提高了产量。根据殖民地时期

---

① ［日］岩生成一著，李述文译：《论安汶岛初期的华人街》，《南洋问题资料译丛》，1963年第1期，第99页。
② 转引自田汝康：《中国帆船贸易和对外关系史论集》，杭州：浙江人民出版社，1987年，第58页。
③ 转引自吴世璜，《印尼史话》，（雅加达）世界出版社，1951年，第84页。

的统计，在邦加岛的胡椒园里，那些采用这种先进生产技术的，每公顷可栽种2 500株；但那些采用旧法的地方，如楠榜，只有1 200株，相差一倍以上"。接着他强调，"就是由于16世纪采取了这种先进、优越的生产种植技术，可以说是魔术般地使万丹成为世界上最大的胡椒生产地，并提高其国际贸易地位而成为世界商业的中心。确实，万丹成为胡椒生产地，与华商在当地从事种植胡椒，并采用先进的种植方法有一定的关系"。[①]由于华侨对胡椒生产采用先进的种植技术，因而大大提高了万丹地区胡椒的产量，使万丹港成为当时国际胡椒贸易的一个中心。同时，华商小商贩还深入内地向农民收购胡椒，对促进城乡的经济繁荣，也起着有益的作用。[②]同时，新的胡椒种植技术在18世纪最初十年传入加里曼丹的。华侨不仅将胡椒的种植传入加里曼丹，同时还在加里曼丹将南洋的一般种植方法大大地加以改良，华侨除在加里曼丹自种胡椒外，同样也收购当地居民所生产的胡椒，而且这种种植与收购的同步，保证了农民的收入。更重要的，商人们完全是根据平等互惠自由贸易的原则，在价格上常比荷、英侵略者在其他地区所付出的价格超出1/3。因之当时荷、英侵略者在南洋收购胡椒到欧洲贩卖的利润，通常高达200%～400%，而华侨收购胡椒在祖国销售的利润仅为90%而已。[③]

到18世纪以前，在吉兰丹，有数百闽人居埠头"贩卖货物及种植胡椒"。正如J.D.沃恩（J.D.Vaughan）在其1854年发表的论文《简论槟榔屿的华人》中写到，槟榔屿的华侨社会中，福建人和漳州人都是店主、商人和香料种植园主。[④]此外，18世纪末谢清高在其口述的著作《海录》中提到："闽粤人至此（指马六甲）采锡及贸易者甚众。"[⑤]锡是马六甲的主要出口物，"以斗锡通市"，就是盛产锡锭，以此出口。[⑥]据记载，吉兰丹和丁家奴等处均产锡。"明朝永乐年间，闽粤人多至满剌加（马六甲）采矿贸易。"[⑦]"民以流中淘沙取锡，前销成块，日斗块，每块重官秤一觯（斤）四两。"[⑧]

据《剑桥东南亚史》载："从17世纪上半叶起，甘蔗就已被作为出口产品在

---

① 温广益、蔡仁龙等编著：《印度尼西亚华侨史》，北京：海洋出版社，1985年，第63页。
② 温广益、蔡仁龙等编著：《印度尼西亚华侨史》，北京：海洋出版社，1985年，第79页。
③ 田汝康：《中国帆船贸易和对外关系史论集》，杭州：浙江人民出版社，1987年，第56页。
④ Yen Ching-hwang, *A Social History of the Chinese in Singapore and Malaya*, 1800-1910, Singapore: Oxford University Press, 1980, p.118.
⑤ 谢清高口述，杨炳南笔录，安京校释：《海录校释》，"麻六呷"，商务印书馆，2002年，第45页。
⑥ 郑光耀：《中国古代对外贸易史》，广州：广东人民出版社，1985年，第242页。
⑦ 魏源：《海国图志》，卷九。
⑧ 费信：《星槎胜览》，满剌加国。

万丹和巴达维亚地区普遍种植。这些地区的大多数蔗农都是华侨。《剑桥东南亚史》也有相关的记载:"甘蔗虽然最初起源于东南亚,但它在东南亚只是一种耐嚼的食糖。直到17世纪,中国的蔗糖精制方法和技术才传入爪哇、暹罗、柬埔寨和越南中部的广南地区。大约在1630年前后的万丹,许多农民从胡椒种植转向甘蔗种植,作为对中国的出口产品。"① 因此,1684年,荷兰东印度公司击败它的万丹竞争对手后,遂鼓励华侨华人在爪哇北海岸地区扩大甘蔗种植面积,然后由荷兰东印度公司把蔗糖出口到日本、中国和欧洲等地。"②

19世纪末20世纪初在欧美各国迅速兴起的汽车制造业,使得世界市场对橡胶的需求急剧增长,这刺激了热带国家和地区橡胶种植业的兴起。市场对橡胶的需求激增,橡胶种植的利润越来越大。另外,第一次世界大战又刺激了工业对橡胶的需求。因而,华商利用大战赐予的机会使自己的橡胶业在1914年后迅速发展。新加坡、马来亚的华侨迅速地掀起了一个种植橡胶的热潮。新加坡、马来亚华侨投入橡胶种植业,1890年种植面积不过1 000英亩,到了1902年扩展到16 000英亩。后又由1905年的38 000英亩跃进到1906年的100 000英亩。到1926年底达2 250 000英亩,占全世界橡胶种植总面积的一大半。③ 与此同时,华商橡胶种植业的发展又推动了华商橡胶贸易的产生和发展。这些华商在各地设立分厂和收购点,形成了一个以新加坡为中心的橡胶加工和贸易的网络。在1919年,仅新加坡一地,经营橡胶贸易的华商胶行即达四五十家之多,至1928年又增加到260家以上。④ 到1919年,新加坡橡胶出口量达157 000吨,占世界出口总量的2/5。荷属印度在20世纪20年代开始向新加坡大量供应橡胶,1929年新加坡橡胶出口量达254 000吨,几乎占世界总量的1/3,此外还有大量橡胶经新加坡港转运,因此世界橡胶出口总量的40%要经过这个英帝国的港口。橡胶出口在20世纪30年代继续增长,并在两次世界大战之间的1934年达到316 000吨的顶峰。⑤

胡椒贸易、蔗糖生产以及橡胶种植和贸易,传统上就是闽商从事的经济领

---

① [新]尼古拉斯·塔林主编,贺圣达等译:《剑桥东南亚史第一卷 从早期到公元1800年》,昆明:云南人民出版社,2003年,第385页。
② [新]尼古拉斯·塔林主编,贺圣达等译:《剑桥东南亚史第一卷 从早期到公元1800年》,昆明:云南人民出版社,2003年,第412页。
③ 中山大学东南亚历史研究所编:《东南亚历史论丛(第2辑)》,中山大学东南亚历史研究所,1979年,第185页。
④ 林远辉、张应龙:《新加坡马来西亚华侨史》,广州:广东高等教育出版社,1991年,第302页。
⑤ [英]W. G. 赫夫著,牛磊、李洁译:《新加坡的经济增长:20世纪里的贸易与发展》,北京:中国经济出版社,2001年,第70页。

域，他们通过种植技术的改善、收购价格的保证，以及贸易的相对垄断，对东南亚国家的人民收入和国家税收产生了极大的助益。

三、港口开发建设者

港市的兴盛从一个重要方面反映了东南亚国家对外贸易的发展。在海上丝绸之路沿线各国，定居于当地的闽商对开辟沿线各国的贸易港口，繁荣当地经济方面也起过积极作用。如扶南的顿逊，据说"其市东西交会，日有万余人，珍物宝货，无所不有"，①极其繁盛。而这与闽南的贡献关系密切。又如巨港，北宋时期已有许多中国人到此经商，"国人多是广东、漳、泉人逃居此地"。南宋灭亡时，又有福建、广东等地华人陆续移居于此。到明永乐初年，广东南海人梁道明移居三佛齐巨港，"众推为酋，闽、广流移从者数千人。"②

到明朝时期，明朝与满者伯夷王朝官方间的朝贡贸易持续发展的同时，两国间的民间贸易往来也有日渐兴盛之势。尽管明朝建立伊始，为了确保官方对海外贸易的垄断以及出于海防安全的考虑，实行了海禁政策，严禁民间海商出海通番贸易，然而，民间海商违禁下海通番的贸易活动仍旧时有发生。如前面所提到的爪哇杜板、新村、苏鲁马益等港口，以及苏门答腊的巨港等地，在洪武永乐年间就聚居了成千上万违禁出海通番贸易的中国商人。

由于贸易互动密切的结果，到16世纪末，特别是隆庆元年（1567年）开放海禁后，在民间出海贸易迅速发展的基础上，爪哇西部的万丹和马鲁古等一带的华侨又进一步增加了。有相当多的中国人贸易中心出现于环苏门答腊岛周边，诸如爪哇有厨闽、锦石、泗水、饶洞、万丹、日葛礁等，苏门答腊岛屿自身以及西婆罗洲上，大大小小许多港口因应海洋贸易繁荣而兴起。因此，到16世纪末，该地域出现了很多中国人聚集区。这些中国人都是福建和广东两省的人。其中有些已改信了伊斯兰教。③

再如望加锡的开发，闽商亦贡献卓著。1932年，据一个来自安佩南（Ampenan）叫苏红杰（Soehongjie）的人记载，首先到达望加锡的中国商人来自福建。那时望加锡港还没有繁荣，尚未有欧洲商人。他说当时每年仅有一艘帆

---

① 《梁书》卷五十四，《扶南传》。
② （明）马欢：《瀛涯胜览》。
③ W.J.卡德（W.J.Cator）著，黄文端、王云翔等译：《中国人在荷属东印度的经济地位》（序），《南洋问题资料译丛》，1963年第3期，第5页。

船,船上只带200名乘客,他们中的大多数选择不再回到中国。结合以上说法可以得出,中国人应该是在望加锡尚未建城前就已到来。① 可见,望加锡商贸港口的发展,闽商功莫大焉。马六甲,15世纪以前,它只不过是一个荒僻的小渔村,仅有二三十个土著居民,靠简陋渔具捕鱼为生,仅仅1个世纪的时间,它就成了拥有10万人的城市,而且是一个世界商人云集的城市,皮尔斯的《东方诸国记》说,在15世纪末16世纪初的马六甲市场上,人们约使用84种方言,② 可见市场之繁荣。又如槟城,在18世纪中叶(清乾隆年间),福建永定客家人胡泰兴成为槟榔屿第一位著名的华侨实业家。他以种植胡椒为业,拥有大量的胡椒园,继而在闹市区开设大商行,成为巨富。后来槟城的一条繁华马路,被命名为"泰兴路",就是纪念他开发槟榔屿的丰功伟绩。③

对于新加坡来说,英国人占领后的新加坡发展,则更是与闽商的贡献须臾不离。英国占领新加坡后,大力吸引华人移民。他们认为,"华人不只为居民中最多,而且为最勤奋、最有用的亚洲最勤劳之民族","华人为海峡殖民地中最有用不过的阶级"。到新加坡的第一批华侨主要来自马六甲和廖内岛。伴随着中国帆船与新加坡贸易往来的兴盛,不断有大量的华人移居新加坡,给新加坡早期的社会经济发展带来了最具活力的人力资源。到19世纪30年代,新加坡的华侨人口每年以5 000~8 000人的速度递增。据不完全统计,仅在东南沿海地区,中国帆船每季度都要运载800~2 000名华工前往新加坡。④19世纪后期,"新加坡华人皆闽广人,善贸易,绅商富户甚多,闽人十之七,广人十之三"。⑤

新加坡开埠后的发展,广泛得力于闽商的锐意进取。他们主导的中国帆船贸易构成了19世纪20年代后新加坡海洋贸易的重要组成部分之一。因此,中国帆船贸易是新加坡商业生活中的一件大事。即使是在东印度公司享有对华贸易垄断权之时,中国的帆船与新加坡之间的转口贸易也十分兴盛,而中国帆船贸易则是以闽商群体为主,并以他们在亚洲区域的贸易网络为载体,共同推动新加坡的经贸发展。正如法夸尔在1820年3月21日给莱佛士的信件中就提到,中国帆船和暹罗船已抵达新加坡港口进行贸易。其次,莱佛士计划开辟新加坡对安南、中国本

---

① 转引自赵璐:《16—17世纪望加锡的发展与华人活动》,《东南亚纵横》,2016年第1期,第90页。
② 余思伟:《马六甲港在十五世纪的历史作用》,《世界历史》,1983年第4期,第65—75页。
③ 丘峰:《近代东南亚客商开拓史略述》,http://blog.mzsky.cc/u/9033/blog_209056
④ 聂德宁:《中国与新加坡的早期贸易往来》,《近代史研究》,1997年第1期,第94页。
⑤ 阙名:(同治)《渡頭筆記》 载《晚清海外笔记选》,北京:海洋出版社,1983年,第74页。

土和日本的贸易,莱佛士认为这段漫长的航线,唯有中国帆船可以有效地为新加坡服务。①

其他还有福建东部的日本列岛,南部的九州岛是个天然的贸易良港,周边散布着众多大小不一的岛屿,自16世纪初以来,九州岛便是闽南海商经营走私贸易和海外侨居的大本营之一。1635年之前的那些岁月,可谓是闽商在日本九州岛经营其民间海上走私贸易活动的黄金时代。九州岛沿岸呈锯齿状分布着众多大小不一的岛屿,便于商人在此进行走私交易,闽南商人从福建沿海前来此地也不远。更何况闽商在九州岛的走私贸易活动及侨居,受到了九州岛上各藩封建领主的欢迎和庇护,因为领主们希望通过鼓励并扶持与明朝商人的海上贸易来增强其自身的经济实力。②

九州岛上的福建人侨居社区以民间海商为主,这些海商川走于日本、中国沿海地区及东南亚各贸易港埠。③甚至日本的长崎开埠与发展,都离不开闽商的创举。

第四节 和平使者

闽商在海上丝绸之路的贸易活动,注重经济互利共赢,文化交流。虽然有着许多开创性的建设,但他们未曾像欧洲殖民者那样,攻城略地,独霸一方。反而,许多闽商成为所在地区发展建设,推动与中国交流互动、友好往来的和平使者。

宋朝时期,闽人已在占城、真腊、爪哇等地普遍出现,甚至有些被委以高官,如北宋景德元年(1004年)"安南大乱,久无酋长。其后,国人共立闽人李公蕴为王"。④李公蕴在国民的一致拥戴下,被立为越南李朝的国王。这位原籍福建的安南国王登基后,就像中国历史上商周时期那样,创建了李朝盛世。由此,11世纪后还有不少闽商应邀成为安南王朝的官员。究其原因,或正如古代的中国史家所评论的那样,"其人少通文墨,闽人附海舶往者,必厚遇之,因命之官,

---

① C.E.Wurtzburg, *Raffles of the Eastern Isles*, London: Hodder & Stoughton.1954, p589.
② 转引自钱江、亚平、路熙佳:《古代亚洲的海洋贸易与闽南商人》,《海交史研究》,2011年第2期,第10页。
③ 钱江、亚平、路熙佳:《古代亚洲的海洋贸易与闽南商人》,《海交史研究》,2011年第2期,第16页。
④ (宋)沈括:《梦溪笔谈》,卷二十五。

咨以决事，凡文移诡乱，多自游客出。"①陈朝的开国国王陈日照，越南人称之为陈太祖，也是一位福建人。他们在越南的执政，为当时越南的发展做出了应有的贡献，否则，也不会陆续有闽人在此地任官。

此外，历史上的趣人趣事，则更是透射出闽商和平使者的身份。福建泉州商人王元懋于宋淳熙年间（1174—1189年）来到占城。由于他孩童时期曾在家乡的一座伊斯兰清真寺内学过一点儿占婆语，因此他成了当地通晓中文和占婆语言的双语专家，颇得占城国王的欢心和信任。王元懋成了国王的座上宾，后来还娶了占城的一位公主为妻。十年后，王元懋衣锦还乡，家财万贯。不过，故事到此还未结束。他用自己从占城王国带回的这些财富作为资本，开始在泉州做生意，并组织了大批闽南乡亲随其前往海外贸易。②而闽商曾积极地参与宋朝与高丽王国之间的外交活动，有时甚至扮演起两国之间外交信使的角色，亦能透视闽商在和平建设中的价值。如1068年，两名泉州商人黄慎和洪万来，受宋王朝的派遣，手执宋朝皇帝神宗的密函前往高丽，表明宋朝希望与高丽王国建立友好外交关系的意愿。黄慎和洪万来在高丽朝廷受到了热烈的欢迎和盛情款待。翌年，他们带着高丽王国礼部的正式答复返回泉州。③

与之相呼应地，在海上丝绸之路沿线国家，有些华侨华人也受到一些国家的信任和重用，被聘请为华人官员，为中外交流效力。如992年，福建建溪富商毛旭率领着一个朝贡使团从阇婆国（位于今爪哇岛）远航而来，之所以如此，皆因毛旭经常前往爪哇贸易，与该国统治者私交甚笃。④阇婆就聘请华商毛旭为阇婆朝贡使团使节兼向导来到中国，为发展两国关系贡献力量。暹罗皇室来华进贡和贸易船队的船员，几乎全部由华侨充当，甚至贡使也曾选用华侨，如1477年暹罗贡使美亚为福建汀州人，原名谢文彬。清雍正四年（1726年），菲律宾苏禄国王任命晋江籍华侨龚廷彩为正使，偕副使石丹率领使团访问中国，受到清政府隆重接待。⑤可见，华侨华人成为了当时中外交往的使者。爪哇国派遣前来明朝的贡使中，就有不少是那些违禁出海通番的华商担任的。如正统三年（1438年）前来明朝入贡的爪哇使臣通事亚烈、马用良、殷南、文旦等人，"皆福建漳州龙溪

---

① 钱江、亚平、路熙佳：《古代亚洲的海洋贸易与闽南商人》，《海交史研究》，2011年第2期，第5页。
② 钱江、亚平、路熙佳：《古代亚洲的海洋贸易与闽南商人》，《海交史研究》，2011年第2期，第5页。
③ 钱江、亚平、路熙佳：《古代亚洲的海洋贸易与闽南商人》，《海交史研究》，2011年第2期，第10页。
④ （元）脱脱：《宋史》卷一八六，《食货志下八·互市舶法》。
⑤ 吴泰：《晋江华侨志》，上海人民出版社，1994年，第7页。

县人"。他们趁入贡明朝之机,还至家乡"祭祖造祠堂",而后"仍回本国(爪哇)"。①

这些充作爪哇贡使的华商,承担着这些国家与中国友好交流的使命,不管是主动还是被动,他们的行为对推动所在国与中国的友好交流无疑贡献良多。

这种和平友好建设者的角色,使得福建商人在东南亚地区广受欢迎,并为当地建设贡献卓著。如马六甲王国时期,福建闽南地区与马六甲王国的密切来往,大量的福建闽南地区的泉州港在元代是中国最重要的对外港口,不少阿拉伯商人到泉州港贸易和定居,到了明代,又崛起了漳州月港和厦门港,这为闽南人民出国活动创造了非常好的条件。②而闽南与马六甲的密切贸易关系,造成大量闽南人移居马六甲,奠下了后来马六甲华商以福建漳泉人为主的格局。因此,福建闽南的漳泉华侨在马六甲此后的历史中,一直扮演华侨社会领导层的角色。在马六甲,无论是历代华侨甲必丹还是青云亭亭主③均以漳泉籍华侨为主。而漳泉籍华侨也是当地最富有的族群之一。马六甲华侨以福建闽南族群为主。从马六甲的明朝墓碑可见,早期马六甲华侨多来自闽南地区,以陈、戴、李、黄等姓为主。④17世纪初,马六甲的葡萄牙籍宇宙志学者易利迪亚(Emanuel Godinho de Eredia)在其著作中描述,中国村的居民主要是来自中国福建的漳泉人,书中附图出现"漳州门"及"中国渠"的地标。⑤根据宋哲美的《马来西亚华人史》的表述:"马六甲华侨大都来自闽省,男女顶结髻,习俗同中国,全城房屋,悉仿中国式,俨然为海外中国的城市。"⑥因而,明代中国与满剌加友好关系为中国人移民满剌加创造了良好的社会环境。华侨在满剌加受到重视,满剌加王国任命了闽人担任港主(即沙班尔,Shahbandar),负责处理有关中国和印度支那商船的事宜。⑦

除注重建设之外,闽商还与当地人一道,抗击殖民侵略。到16世纪,东南亚还有一批福建人,他们的先辈在更早的时期就离开了福建,他们因此而保留着伊斯兰教信仰,并定居在不同的港埠,尤其是聚居在爪哇岛的北岸。在满剌加沦陷后数年,据说这些第三代及第四代的中国穆斯林曾支持土著军队将葡萄牙人从

---

① 《明英宗实录》卷四十三,正统三年六月已未。
② 张应龙:《郑和下西洋与满剌加的中国移民》,《学术论坛》,2006年第3期,第189页。
③ 林远辉,张应龙:《新加坡马来西亚华侨史》,广州:广东高等教育出版社,1991年,第83页。
④ 唐苏民:《马来亚华侨志》,台北华侨协会,1959年,第78页。
⑤ 转引自张礼千:《马六甲史》,新加坡郑成快先生纪念委员会,1941年,第329页。
⑥ 宋哲美:《马来西亚华人史》,香港中华文化事业公司,1964年,第51页。
⑦ [英]温斯泰德著,姚梓良译:《马来亚史》,上海商务印书馆,1974年,第112页。

其新建立的据点中驱逐出去。"1707年英国东印度公司侵入马辰,并在该地建筑仓库、炮垒,企图进行武力占领,英船在附近河道耀武扬威,马辰居民联合当地华侨共集众三千多人,经一夜激战,焚毁刚在建筑中的仓库、炮垒、一群商人被杀,没有站住脚就被驱逐出去。①

第五节 沿线贸易一体化的缔造者

今日亚洲经贸致力于一体化,然艰难而缓慢,推进无力。但纵览历史,亚洲区域的贸易一体化却早已有之。由闽商主导,主要活跃于17—18世纪的他们,通过岛际贸易、转口贸易、区际贸易,将中国、琉球与亚洲的日本、越南、泰国、印尼、马来西亚等国家和地区紧紧联系在一起,织就了一张庞大的贸易网络,打造了一体化的亚洲贸易格局。

自宋元以来,闽商频繁活跃于海上丝绸之路沿线国家。尤其是元朝政府,没有明文禁止私营舶商从事海上贸易,而只规定凡是自行造船出海贸易的商人,其船只、人员、货物均须经过市舶司审核批准,发给许可证,才能出行。客观上有利于民间商人出洋贸易。因此,国人大量出洋。可以说,终元一代,它都是中国的重要通商国家之一。由此才有《岛夷志略》作者汪大渊对99个国家和地区的记录。仅以14世纪末期,孙天富和陈宝生这两位从事海上贸易的泉州商人为例。孙、陈二人成为结拜兄弟之后,一同泛舶海外进行贸易。在十余载的海外贸易生涯中,他们的足迹遍布亚洲的大部分主要港埠和贸易中心,如高丽、日本、爪哇和罗斛里(即暹罗的阿瑜陀耶 Ayutthaya)。②

闽商不断地活跃于海上丝绸之路沿线国家,主要为东亚和东南亚海域,不断地拓展贸易机会,也将沿海各个国家直接或间接地纳入贸易互动的网络之中。根据16世纪漳州火长使用的、首页题为《顺风相送》的针路抄本,传抄自15世纪的古本记录了自月港门户浯屿、太武出发的往西洋针路7条,即浯屿—柬埔寨;浯屿—大泥(今马来西亚Patani)、吉兰丹(今马来西亚Kota Baru);太武—彭坊(今马来西亚彭亨州北干Peken);浯屿—杜板(今印度尼西亚东爪哇厨闽Tuban);

---

① 转引自黄盛璋:《明代后期船引乏东南亚贸易港及其、相关的中国商船、商侨诸研究》,《中国历史地理论丛》,1993年第3期,第92页。
② 钱江、亚平、赂熙佳:《古代亚洲的海洋贸易与闽南商人》,《海交史研究》,2011年第2期,第4页。

浯屿—杜蛮（即杜板）、饶潼（地与杜板相连）；太武、浯屿—诸葛担篮（今印度尼西亚加里曼丹岛苏加丹那Soekedana）；① 由此，向达教授总结指出，16—18世纪中国记载的"针路"大致上分为六个区域，即（1）柬埔寨、赤坎（越南的Ke Ga）、暹罗区；（2）马来半岛区；（3）古里区；（4）爪哇区；（5）吕宋；（6）日本区；② 这六个区域其实是互相联系和互相交叉的，他们构成亚洲海上交通和商业网络。满剌加以其优越的地理位置，北上中国、越南、柬埔寨、泰国，南下印尼、菲律宾，西往印度、波斯湾和非洲，东接日本，成为亚洲重要的国际贸易港口。

又如，1591年，安东尼奥·费尔南德斯·德·伊列（Antonio Fernandes de Iher）受命为马六甲的商船采购胡椒。他曾致信国王说，过去几年中，随着柔佛被摧毁，大量的胡椒涌到了马六甲。若能阻止福建人（Chincheos）到巽他、北大年、彭亨、占碑、丁机宜（Andragiri）和其他地方采购，那么，就会有更多的胡椒来到马六甲。③ 这封信说明，到16世纪末，华商经营胡椒贸易的地理范围已经相当广泛，且经营范围已不限于马六甲一地，他们趋向多地化，从而规避马六甲贸易的风险。除北大年之外，中国私人海商还每年定期将瓷器、丝绸等商品运到广南城东的会安（Faifo）、东京、巴达维亚、阿瑜陀耶、柔佛、锦石等地与荷兰商馆交易。1622年，32艘福建商船自海澄月港驶往东南亚贸易。其中，3艘赴巴达维亚，8艘赴北大年，2艘赴锦石，2艘往比马（Bima），17艘较小的帆船去东京。④

在暹罗，华商中的一些闽商群体深为王室所倚重，还把王室商业委托华商经营。因而，在中日、中暹以及参与马六甲港口的国际海洋贸易活动中，华商扮演中间经纪人的重要角色。就越南来看，邻近地区如柬埔寨、暹罗、马来半岛、爪哇岛巴达维亚和万丹等地的闽商，多有在其居住地与越南港口之间从事短途贸易者。⑤ 此时，以马六甲为主要目的地而分布广泛的贸易港口，对接了中国漳州月港地区和台湾的崛起，成为17世纪区域性海上贸易网络中新兴的商业中心。在这个贸易网络中最重要的参与者是华商（可能大部分为闽商），因为他们总是能非常敏捷地捕捉到新出现的商机，同时也总是能够很快地适应新的环境。⑥

对于日本来说，也是透过闽商的勾连，他们与中国、南洋各地国家，以贸易

---

① 杨国桢：《闽在海中》，南昌：江西高校出版社，1998年，第53—67、195页。
② 向达：《两种海道针经》，北京：中华书局，1982年，第9—10页。
③ 转引自张廷茂：《关于16—17世纪初华商在东南亚活动的西方文献》，《中国史研究》，2004年第2期，第143页。
④ 钱江：《17至18世纪中国与荷兰的瓷器贸易》，《南洋问题研究》，1989年第1期，第86页。
⑤ 闫彩琴：《17—18世纪越南海外贸易中的华商及其构成初探》，《八桂侨刊》，2012年第1期，第24页。
⑥ 钱江、亚平、路熙佳：《古代亚洲的海洋贸易与闽南商人》，《海交史研究》，2011年第2期，第40页。

紧紧联系在一起。始终成为亚洲贸易的一环。16世纪末及17世纪初为亚洲海上贸易的高峰期。日本德川幕府自1603年成立以来，便致力与南洋发展贸易往来。日本主要目的是从南洋获得中国及南洋的生丝及其他商品。幕府鼓励商人（主要是华商、欧人次之）从南洋各地前来长崎、平户及博多等九州港口进行贸易。最初南洋的出发港多达19条，后限于东京、广南、柬埔寨及暹罗四地。往来南洋与日本的闽商不但与日本华侨有联系，其中不少日后因工作或政治等理由选择在日本定居下来。中国在明末清初实施海禁，这些在日本活动或半定居的闽商大都从事南洋贸易。透过血缘及地缘的联系，他们与中国（主要是台湾）及南洋的闽商建立起三角的贸易关系。很多闽商居无定所，往返于南洋与日本之间。斯时，日本政府因闭关锁国政策，实行朱印状制度。从1604年至1635年间共颁发356张朱印状给日商及小部份在日本定居的外国人。有11个（郑、黄、欧阳、薛、魏、李、林、张共八姓）日本华商获得共43张朱印状，从而可以继续从事南洋贸易。① 这11个华商都是长期从事南洋贸易的家族。他们大部份原藉福建，在中国及南洋均有其势力和关系网。

此外，早期散居在苏门答腊岛及其周边地域各贸易港埠的闽商侨居社区的侨领们，实际上几乎彼此熟识并经常保持密切的联系。荷兰东印度公司的档案史料偶尔会提及当时各海外闽商侨居社区之间的活动和联系，从而让人们得以窥视并了解当时的状况。例如，17世纪的占碑（Jambi）是苏门答腊岛东海岸的一个十分重要的转口贸易港。当地有一位名叫Ketjil Japon的很有势力的穆斯林中介商人，在土著部落酋长和贵族中甚有影响力。根据荷兰人的记载，这位著名的胡椒商人却是福建商贾十分密切的生意合作伙伴。② 又如，1625年3月，李旦曾拜托荷兰东印度公司的一艘商船，将他的一封私人书信从日本捎给荷属东印度巴达维亚首任华人甲必丹苏鸣岗（Bencon）。至于李旦在这封私人信件中对苏鸣岗具体谈些什么，如今已无从考证，但有一点可以明确的是：在近代早期的亚洲海域，散布在不同国家和港埠的各闽商侨居社区之间其实存在着相当密切的联系，其程度远比史学界从前所想象的要密切得多。③ 荷属东印度首任巴城华人甲必丹苏鸣

---

① 转引自吴伟明：《17世纪的在日华人与南洋贸易》，《海交史研究》，2004年第1期，第52页。
② Colenbrander, H. T. and W. Ph. Coolhaas, eds.1919-1953, Jan Pieterszoon Coen, Bes-cheiden omtrentzijn bedrijf in Indie (Jan Pieterszoon Coen: Documents Concerning His Activities in the Indies).The Hague, 7 Volumes. pp.441, 861, 898.
③ 钱江、平平、骆熙佳：《古代亚洲的海洋贸易与闽南商人》，《海交史研究》，2011年第2期，第15页。

岗曾于1636年返厦，途经台湾时还停留近三年。①他在台目的可能是为了做生意，成否不得而知，但他曾致力于台湾稻米、甘蔗栽培和农业改良，与荷兰殖民当局有密切联系。②

通过散居在亚洲海域各港埠的华商之间的来往和互通音讯，当时，不仅各华商侨居社区的首领之间彼此熟识，居住在各不同国家和地区的普通商民也竭力试图通过不同的方式来维系亲友之间的联络。荷兰人的文献中留下了一封很有意思的家书。这封信由当时荷兰人统治下的台湾岛上两名闽商寄给他们远在巴达维亚的兄弟。由于两地交通不便，他们就委托定期航行于台湾与巴达维亚两地之间的荷兰东印度公司的商船为其尺素传情。这表明，即便是在17世纪中叶航海交通困难重重的条件下，散居在亚洲各地的闽商仍然在顽强地试图建立并维系自己在海外的家族纽带。

据华商个人之间的联系对华商网络的建构和支持毋庸置疑。在这种华商的网络中，各种物品的相互流通和转口销售，更是体现出华商亚洲贸易一体化的特质。17世纪30年代中叶，各种新物品开始从巴达维亚、中国以及遍布东亚、东南亚的商埠进入VOC在中国台湾的贸易网络。被荷兰人雇用开辟中国与热兰遮城贸易的中国代理商Hambuhan、Jocksim、Jocho和Limbingh已经掌控输入中国市场的胡椒、丁香、肉豆蔻、燕窝、苏木、藤杖、欧洲和印度纺织品、动物角、肉干、咸鱼，当然还有铜、黄金和白银。③仅以锡的商品流动，我们得以窥探华商跨国网络互动的特质。锡是一种低熔点柔软金属，有良好的可塑性、延展性，可以用于制造合金。锡因其密闭性和无毒性，在储物方面得到广泛应用，如密封得当，茶叶可在锡中保持十年不变质。因此，在清代中国茶叶包装与运输中（包括外销）特别受欢迎，同时，锡还是海船很好的压舱物。因此，锡在广州很受经营茶叶生意的行商们的关注。然而，运到广州的锡并不仅仅来自锡的主产地马来半岛、印尼群岛，越南河仙也是锡的重要供应地，但河仙并不产锡。河仙出口的锡，主要由海外市场，如巨港、邦加等转贩而来。邦加地区大部分锡矿销往巴达维亚，但是有相当一部分锡矿在得到巨港苏丹的默许后运往河仙，或者被邦加的华商走私到河仙，最后销往广州。邦加锡矿的开采热为河仙锡贸易提供了重要的

---

① 转引自庄国土：《海贸与移民互动：17—18世纪闽南人移民海外原因分析——以闽南人移民台湾为例》，《华侨华人历史研究》，2001年第1期，第33页。

② C.R.Boxer, *Chinese Abroad in Late Ming and Early Manchu Period*, in T'ien Hsia Monthly, Vol. 9, No. 5, pp.463-467.

③ 参见杨国桢：《17世纪海峡两岸贸易的大商人——商人Hambuhan文书试探》，《中国史研究》，2003年第2期，第228页。

资源保证。①

等到新加坡崛起为商贸港口后，亚洲贸易一体化的规模更为扩大。闽商经营着新加坡、槟榔屿、缅甸、越南、柬埔寨、苏门答腊、爪哇、婆罗洲、马鲁古群岛、菲律宾以至日本等国家和地区的转口贸易。大部分海峡产品是华商用帆船从新加坡周围的岛屿或群岛地区运来。因而，新加坡逐渐发展为华商贸易网络的中心，甚至比暹罗更北。而且还是分散在新几内亚至苏门答腊间各岛的各种香料、森林产品和其他原料——著名的海峡产品——天然的收集和分等级中心。这些产品主要由出产地华商收集，②然后透过闽商的物流作用，这些商品运到中国、日本、欧洲，再将欧洲、中国及日本的商品运载到东南亚，乃至印度，实现了亚洲贸易一体化、互动的格局。闽商在古代海上丝绸之路上的地位与作用可谓举足轻重。

可以说，正是由于闽商，中国的福建、琉球和东亚的日本以及东南亚的群岛国家之间，甚至远及印度，透过商品贸易的流转早早实现了一体化互动，并与欧洲殖民者对接从而将亚洲的贸易与欧洲工业化对接，实现全球化的互联互通。

透过商贸关系，及其血缘，闽商将东亚与东南亚的区域，贸易互动有效贯通起来。由此，我们通过历史上闽商的互动联系可见一斑。

（杨宏云　林　勇）

---

① 李庆新：《莫久、莫天赐与河仙政权》，《海洋史研究（第一辑）》，北京：社会科学文献出版社，2010年，第171—216页。
② ［马］T H Silock著，黄文端译：《马来亚的经济》，《南洋问题资料译丛》，1959年第3期。

第二章 海丝沿线国家闽商的发展历程

第一节 海丝沿线国家闽商基本分布情况

一、概 况

福建是中国著名侨乡，现在有1 580万闽籍华侨华人分布在世界180多个国家和地区，占全国海外华侨华人总数的四分之一强。[①]排名前五位的国家是马来西亚、印尼、菲律宾、新加坡、美国，亚洲成为闽籍华侨华人的主要聚集地，其中东南亚地区占78%，有1 200万。闽籍华侨华人主要集中在新加坡、马来西亚、印度尼西亚、菲律宾四个国家，分别占各国华侨华人数量的50%、50%、50%、80%~90%[②]，其中90%以华商的形式在当地居住和经营。王庚武教授认为，华商形态是中国移民最基本的、占统治地位的形态。[③]有海外媒体甚至用"有海水之处，就有华商"来形容华商，这一点同样适用于闽商。

海外闽商的崛起可追溯到19世纪中叶，当时，依靠海上贸易辉煌一时的本土闽商在国内已经走向衰落，与此同时，大批福建先民移居海外，并迅速崛起。第二次世界大战后，东南亚华商资本逐渐向产业资本和金融资本转化，经济实力强大，在所在国经济中占据了重要位置。陈嘉庚、胡文虎、林绍良、郭鹤年、黄双安等，都是其中的佼佼者。数据显示，当今世界有6 000万左右的海外华侨华人，闽籍占了1 000多万，其中闽商占有较大的比例，他们遍布180多个国家和地区，资产存量估计已超过3 000亿美元。全球500强华人企业，闽商占了近200家；菲律宾华商企业前10名中，就有6家是闽商，印尼500富也有六成属于福建商人。[④]闽商不仅对住在国经济转型过程中起了促进作用，并成为住在国经济的重要组成部分。随着"一带一路"政策的提出，闽商更是成为沟通中国与其他国

[①]《第五届世界闽商大会新闻发布会答记者问》，东南网，2016年5月23日。
[②] 丘进主编：《华侨华人蓝皮书：华侨华人研究报告（2013）》，北京：社会科学文献出版社，2014年，第37—47页。
[③] 王庚武：《中国移民形态的若干历史分析》，《华人与中国：王庚武自选集》，上海人民出版社，第264页。
[④] 李闽榕、王日根、林琛：《闽商发展报告（2012）》，北京：社会科学文献出版社，2012年，第2页。

家的桥梁。

从19世纪末至今100多年间,闽商帮中涌现出一大批引领时代的风云人物。其中有被誉为"华侨旗帜,民族光辉"的陈嘉庚;有东南亚首富、集"面粉大王"、"丁香大王"和"金融大王"于一身的林绍良;被称为"万金油大王"的胡文虎;被誉为"世界糖王",后因香格里拉酒店而闻名世界的"酒店大王"——马来西亚郭氏集团总裁郭鹤年;世界福州十邑同乡联谊总会会长、被誉为"船王"、"木村之王"的黄双安;菲律宾商联总会永远名誉主席、人称"银行大王"、"烟草大王"、"啤酒大王"、"航空大王"的陈永栽;在东南亚有"水泥大王"、"面粉大王"之称,在国内又被誉为"地产大王"的林文镜等。

据《亚洲周刊》"2003年度国际华商500强"统计,除台湾企业之外,264家上榜华商企业中,闽商有101家,其中东南亚国家83家,香港地区18家,累计资产达2 560.1亿美元,分别占上榜企业数和资产总额的39.9%和36.8%。① 海外华商大多数已加入所在国国籍,他们创造的财富是当地的财富,他们的商业才智创造了当地经济的繁荣。

改革开放以后,许多福建人像他们的先辈一样,走出国门创业。据估算,遍布世界各地的福建籍新华侨华人接近100万人,约占中国内地新华侨华人的1/4。据了解,明溪县有10万人到欧洲的匈牙利和捷克,许多长乐人移民到纽约,福清人到日本居多。在纽约,讲福州话的人数超过讲普通话的。有30万福建人在纽约经营餐饮、贸易和实体企业。美国华商企业最具规模的前10名中有3家是福建人,广东人已经退后其次。②

二、东南亚地区

在东南亚,福建人占压倒多数的地方是菲律宾。他们在菲律宾经济,特别是在金融、贸易、碾米等方面建立了牢固的势力。其次在印度尼西亚、新加坡、马来西亚和缅甸等地,福建人也不少。其中在新加坡,闽商人数、财力及其活动领域,都占压倒优势,是其他地区的华商无法匹敌的。

---

① 李闽榕、王日根、林琛:《闽商发展报告(2012)》,北京:社会科学文献出版社,2012年,第6页。
② 李闽榕、王日根、林琛:《闽商发展报告(2012)》,北京:社会科学文献出版社,2012年,第8页。

表2-1 福建省华侨在海外的地区分布

地区	全国华侨总数（人）	福建省华侨总数（人）	占全省华侨总数（%）	占全国华侨总数（%）
印尼	2 700 000	1 350 000	36.72	50
马来亚①	3 109 109	1 243 644	33.83	40
泰国	3 500 000	350 000	9.52	10
缅甸	350 000	175 000	4.75	50
越南	1 500 000	300 000	8.16	20
菲律宾	200 000	164 000	4.46	82
沙捞越	170 354	51 106	1.39	30
北婆罗洲	82 591	24 777	0.67	30
印度	43 030	4 303	0.12	10
亚州其他地区	87 649	7 011	0.19	8
欧洲	57 277	2 863	0.08	1
美洲	176 779	3 935	0.11	2
其他	65 274			
总计	12 072 063	3 676 693		30.4

资料来源：本表根据华侨问题研究会1955年编印的《亚非地区华侨情况介绍》资料编制。

注：①本表所指马来亚包括新加坡在内。

表2-2 东南亚各国华侨人口各帮组成（%）

地区＼帮	福建	潮州	广东	客家	海南	其他①
菲律宾	80		20			
印度尼西亚	55	10	15	20		
马来西亚	30	11	26	22	5.5	5.5
新加坡	40	23	18	1		18
缅甸	50					50
泰国	10	60	8	10	10	2
老挝②		50		25		25
柬埔寨	6	67	15	5	7	
南越	8	37	41	11	3	

资料来源：根据黄天舜《华侨经济问题》编制，黄天舜：《华侨经济问题》，1963年。

注：①"其他"栏中，也包括不属于前面几栏中各帮的人。②老挝的百分比根据当地调查估计。

马来西亚华侨华人主要是明朝、清朝到民国时期数百年来从中国福建和广东、广西、海南等一带迁移而来的移民及其后代。至2005年，马来西亚共有闽籍华侨华人311.84万人，其中泉州籍186万人，福州籍34.6万人，宁德籍28万人，龙岩籍12.87万人，漳州籍12.51万人。①

表2-3 马来亚华侨华人各方言群人口数及其所占比率（以千人为单位）

年份 方言群	1921年	1931年	1947年	1957年
福建人	380 658	540 736	538 200（28.6%）	740 600（31.7%）
客家人	218 139	318 739	397 400（21.8%）	508 800（21.8%）
广东人	332 307	418 298	484 000（25.7%）	508 200（21.7%）
潮州人	130 231	209 904	201 000（11.0%）	283 100（12.1%）
海南人	68 393	97 894	105 500（5.6%）	123 000（5.3%）
广西人	998	46 129	71 100（3.8%）	69 000（3.0%）
福州人	13 821	31 371	38 600（2.0%）	46 100（2.0%）
兴化人			9 600（0.5%）	11 000（0.5%）
总人口数	1 174 777	1 709 392	1 884 500	2 333 900

资料来源：The Chinese in Malaya，Appendix V；The Chinese in Southeast Asia，p.224.

表2-4 马来亚华侨华人人口祖籍构成表

年份 祖籍	1921年		1931年		1947年		1957年	
	人口	%	人口	%	人口	%	人口	%
福建	379 028	32.33	538 852	31.6	827 411	31.64	740 606	31.8
福州	13 821	1.18	31 908	1.87	48 094	1.84	46 094	1.98
福清	4 958	0.42	15 301	0.9	12 754	0.49	9 782	0.42
兴化	1 659	0.14	31 052	1.82	17 065	0.65	11 905	0.52
客家	217 597	18.56	317 506	18.6	477 407	16.73	508 770	21.82
广府	331 757	28.29	417 516	24.5	641 945	24.55	505 524	21.7
潮州	130 026	11.1	208 681	12.24	364 232	13.93	283 076	12.1
海南	68 200	5.82	97 568	5.72	157 649	6.03	122 959	5.2
广西	998	0.08	46 095	2.7	71 850	2.75	69 122	2.96

① 《福建华侨志》（2015年送审版），第6页。

续表

年份 祖籍	1921年		1931年		1947年		1957年	
	人口	%	人口	%	人口	%	人口	%
其他	24 491	2.09			36 260	1.37	34 310	1.5
合计	1 172 535	100	1 704 479	100	2 614 667	100	2 331 848	100

资料来源：马来亚联合邦人口调查报告。

注：槟城的福建人基本都是商人、店主和富裕的种植园主。正如J·D·沃恩在其1854年发表的论文《兼论槟榔屿的华人》中写到，槟榔屿的华人社会中，福建人和漳州人都是店主、商人和香料种植园主。

表2-5　1881—1947年槟城华侨华人方言群百分比分布（%）

年份 方言群	1881年	1891年	1901年	1911年	1921年	1931年	1947年
广东人	20	23	22	24	27	22	22
福建人	30	32	35	60	53	45	43
海峡出生的华人	20	23	26	—	—	—	—
海南人	9	3	3	3	3	3	4
客家人	10	7	7	6	9	10	9
潮州人	11	12	7	6	16	16	20
人口总数（人）	46 810		70 853		111 900		247 116
华人总数（人）		63 086		69 253		168 984	
华人占总人口的比例	52	56	55	49	37	47	55

资料来源：Mak Lau-Fong, *The Dynamics of Chinese Dialect Groups in Early Malaya*, Singapore Society of Asian Studies, 1995, p.100.

注：表中若百分比之和不等于100%，是因为四舍五入的影响或不包括诸如兴化人和福州人这样的小方言群在内。

在柬埔寨，来自福建省的华侨华人几乎都是厦门附近地区的福建人。一些中国台湾和为数不多的福州人以及若干潮安人也包括在福建帮之内。大部分福建人来自泉州，在金边的福建人坟场，有45%的坟墓是泉州人的。福建人几乎全是居住在城市，只有10%居住在城镇以外的地方，而所有在农村的福建人都居住在马德望省。有某些证据表明,福建人是最早到柬埔寨定居的华人语言集团。在马德望省,就有其祖先是福建人的农民和上层高棉人;在金边,某些最富有人家就是福建人。根据1931年的人口调查,柬埔寨云南籍华侨占35%,广东籍占17.6%,福建籍占25.8%,其他籍占21.6%。①W.E.威尔莫特的统计数据则存在较大差异,认为在柬埔寨,潮州人为主,占柬埔寨华侨华人人口的77%,其次为广府籍,约占10%,再次为海南和福建籍,各占8%和2%。②

表2-6 按语言集团划分在柬埔寨城乡的华侨华人(1962—1963年)

语言集团	城市		农村		总计		各集团百分比	
	人数	百分比	人数	百分比	人数	百分比	城市	农村
潮州人	170 000	68%	154 000	88%	324 000	77%	52%	48%
广州人	36 000	14%	7 000	4%	43 000	10%	84%	16%
海南人	25 000	10%	8 000	5%	33 000	8%	76%	24%
客家人	10 000	4%	4 000	2%	14 000	3%	71%	29%
福建人	9 000	4%	1 000	1%	10 000	2%	90%	10%
北方人	1 000	0			1 000	0	100%	—
总计	251 000	100%	174 000	100%	425 000	100%	59%	41%

资料来源:W.E.威尔莫特:《柬埔寨华人人口概况》,《东南亚研究资料》1983年第4期,第91页。

表2-7 按原籍划分在柬埔寨的福建人

地区	占82块墓碑的百分比	占22篇传记的百分比
泉州	46%	27%
同安	31%	18%
漳州	6%	—
厦门	4%	45%
诏安	4%	5%
永春	2%	—
安溪	1%	—
云霄	1%	—

① 田家青:《缅甸华侨的人口与分布》,《尹江周报》,1961年9月3日。
② W.E.Willnott, *The Political SStructure of the Chinese Community in Cambodia*, University of London, The Athlone Press, 1970, p.7.

续表

地区	占82块墓碑的百分比	占22篇传记的百分比
福州	1%	—
台北	1%	—
三明	2%	—
建宁	—	5%
总计	99%	100%

资料来源：W.E.威尔莫特：《柬埔寨华人人口概况》，《东南亚研究资料》1983年第4期，第94页。

闽南人指福建南部操闽南方言的人。如果按缅甸闽南人约占缅甸福建人80%的比例推算，20世纪90年代在缅的闽南人约有15~19万人。这些闽南人中，人数较多的有同安、海澄、晋江、厦门、安溪、南安、惠安、龙岩等县、市。早年闽南人在缅经营的行业多为土产、米厂、百货，后来也进入其他行业，诸如石油、进出口、旅馆，甚至银行等。闽南人善长经商，勇于开拓，素有重视教育、热心公益的传统，加上在工商文教各界人才济济，因而在缅华社会的经济、文化诸多方面起着主导作用。福州人指旧属福州府所辖、操福州方言的人群。据20世纪80年代后期的估计缅甸有3.6万人。①第二次世界大战以后，像印度尼西亚等国家的福州人早已出现一批大企业家，在当地举足轻重，而缅甸的福州人因受条件的限制，大多依然经营茶店、餐厅、百货等，变化不大。

表2-8　1931年全缅华侨华人籍贯统计表

	全缅华侨、华人	籍贯			
		云南	福建	广东	湖北、山东、浙江等
人数	193 594	67 691	50 038	33 990	41 875
百分比	100%	35%	26%	17%	22%

资料来源：郑祥鹏：《黄绰卿诗文选》，北京：中国华侨出版社，1990年，第494—495页。

福建人占印度尼西亚华族人口的绝大多数，造成这种情况的原因是：福建人较早移居印度尼西亚，以及福建的方言集团和宗族集团有集中于该地区的明显倾向。根据1930年的人口统计数字，福建人占了印度尼西亚华族人口的50%，其次

---

① 吴同永：《福州地区华侨出国史略》，《福州地区华侨出国史论文集》，福州市华侨历史学会，1994年，152页。

是客家人（占16.5%）、广府人或广州人（占11.5%）和潮州人（占7.5%）。其余的华人来自中国的其他省份，其中有很多来自海南岛。在闽籍华侨华人中，来自福建南部的泉州人、漳州人和厦门人在经济上处于支配地位。

第二次世界大战以后，前往印尼的福建人主要来自福州地区，少部分人来自泉州地区。根据福建省调查资料，1996年前往印尼的新移民及其子女约30 900人。到2005年，在印尼的福州籍新移民增至51 311人。[①]2003年6月5日，印尼大同党中央总主席、《和平日报》社社长吴能彬先生访问泉州时称，印尼2 000多万华侨华人中，福建人占1/3以上。[②]来自福清和兴化（都在福建省）的移民的经济实力开始变得强大，可与闽南籍华人相匹敌。

表2-9　1930年印尼华侨数量和籍贯构成

籍贯	总数	在华侨人口中的比例	土生华侨比例
福建	553 981	46.6%	77%
客家	200 736	16.9%	60%
广肇	136 130	11.4%	37.4%
潮州	87 812	7.4%	33.5%
其他	210 355	17.7%	58.4%
合计	1 190 014		

资料来源：厦门大学东南亚研究中心，http://nanyang.xmu.edu.cn/Article/ShowArticle.asp?ArticleID=9581

目前，菲律宾华侨的人口为160～200万，其中九成左右为福建籍，绝大部分是闽南人，籍属泉州府的龙溪、同安、海澄等地以及厦门、金门；10%为广东人，其余10%来自其他省份，[③]主要是广东籍与台湾籍。20世纪80年代初期，闽南人，尤其是晋江人大批前往菲律宾，是中国最早的新移民之一。据福建省侨办80年代末的统计，菲律宾华侨华人约100万，绝大多数来自闽南地区，其中晋江籍者约占2/3。[④]近年来，大部分新移民集中在宿务为中心的菲律宾中部。闽籍华侨华人中，以原属泉州的晋江、惠安、南安等地最多，大部分居住在吕宋岛，尤

[①] 福州市华侨华人调查资料，未刊，2006年。
[②] 泉州晚报网，2003年6月9日，http://www.qzwb.com/gb/content/2003-06/09/content_889707.htm
[③] 李闽榕、王日根、林琛：《闽商发展报告（2012）》，北京：社会科学文献出版社，2012年，第31页；[日]李国卿著，郭梁、金永勋译：《华侨资本的形成和发展》，福州：福建人民出版社，1985年，第191页。
[④] 福建省地方志编纂委员会：《福建省华侨志》，福州：福建人民出版社，1992年，第81页。

其是大马尼拉地区，所经营的工商业和文教事业，也以在大马尼拉地区的最为发达。原属漳州的龙溪、海澄等地，以及同安、厦门、金门的华侨华人大多数在中部维萨亚地区的宿务等地和棉兰佬岛各处。①

在越南，根据1989年越南人口普查数据，籍贯以广肇籍为多，约占56.5%，其次是潮州人，约占34%，再次为福建人和海南人，分别占6%和2%。②文莱华侨华人大多数为福建移民及后裔，约占80%，其中以福建金门人为多。其他为广东籍贯，主要是客家人和潮州人，多来自揭阳县。福建人集中在首都及其周边地区，主要从事商业。泰国现有以经商为主的福建人30多万人，③许多已成为泰国社会的中坚，进入社会的主流。

中国人旅居新加坡可溯至10世纪左右，而大量移居新加坡则始于英国对新加坡的殖民开发。19世纪后期，"新加坡华人皆闽广人，善贸易，绅商富户甚多。闽人十之七、广人十之三"。④华商在南洋群岛经营的成功反过来又促动新移民的涌入。1846年同安人王友海由新加坡到古晋开展两地之间贸易活动，取得成功后通过他的关系，不少闽南人到沙捞越谋生。⑤90年代闽南安丰山"乡之族人，……纷赴小吕宋各埠，亲属介绍接踵而行，甚有举家而往者。"⑥华侨华人从1830年以后，一直是新加坡的第一大民族。新加坡独立后，绝大部分华侨自愿选择了新加坡国籍，成为新加坡公民。据1996年6月新加坡政府统计，新加坡的华族2 352 700人，占人口数的77.3%。在新加坡华人中，闽南人约占40%；潮州人约占20%；广府人占近20%；客家人占不足10%；其余为讲其他方言人群。

表2-10　2000年和2010年新加坡华侨华人常住居民方言群分布

方言群	2000年		2010年	
	数量（人）	所占比例（%）	数量（人）	所占比例（%）
福建（闽南人）	1 033 337	41.11	1 118 817	40.04
潮州人	528 259	21.01	562 139	20.12
广府人	386 144	15.36	408 517	14.62

① 《菲律宾华人概况》，《菲华商联总会红宝石纪念特刊》，第522—526页。
② 潘翎主编：《华侨华人百科全书》，华艺馆，1998年，第230页。
③ 李闽榕、王日根、林琛：《闽商发展报告（2012）》，北京：社会科学文献出版社，2012年，第42页。
④ 阙名：(同治)《游历笔记》，《晚清海外笔记选》，北京：海洋出版社，1983年，第74页。
⑤ 陈乔之：《白色拉者统治时期沙捞越的中国人移民概况》，《华侨史研究论集（一）》，上海：华东师大出版社，1984年，第106页。
⑥ 刘安居、陈芳荣主编：《南安华侨志》，北京：中国华侨出版社，1998年，第27页。

续表

方言群	2000年		2010年	
	数量（人）	所占比例（%）	数量（人）	所占比例（%）
客家人	199 080	7.92	232 914	8.34
海南人	168 338	6.70	177 541	6.35
福州人	47 076	1.87	54 233	1.94
兴化人	23 649	0.94	25 549	0.91
上海人	21 588	0.86	22 053	0.79
福清人	15 555	0.62	16 556	0.59
其他	90 821	3.61	175 661	6.29
合计	2 513 847	100.00	2 793 980	100.00

资料来源：Census of Population2010和Census of Population2000，Singapore. http://www.singstat.gov.sg/docs/default-source/default-document-library/publications/publications_and_papers/cop2010/census_2010_admin/cop2010admin.pdf和http://www.singstat.gov.sg/docs/default-source/default-document-library/publications/publications_and_papers/cop2010/census_2010_admin/cop2010admin.pdf

三、其他地区

与东南亚相比，其他地区闽籍华侨华人人数较少，统计也难以准确。

表2-11 拉丁美洲主要国家华侨华人来源地与分布地一览表

国家	目前人数	主要来源地	主要分布地
阿根廷	6万	台湾、福建、江苏、浙江、香港	布宜诺斯艾利斯及周边省份
巴拿马	12万	广东（四邑及花县）	巴拿马城、科隆、圣地亚哥、达维德
巴西	20~25万	广东（四邑）、浙江（青田、温州）、江苏、北京、台湾	圣保罗、里约热内卢、巴西利亚、阿雷格里港、库里提巴、维多利亚、纳塔尔、米纳斯吉拉斯
秘鲁	130万	广东	利马、奇克拉约、卡亚俄港
多米尼加	1.67万	广东（恩平、开平）	圣多明哥
厄瓜多尔	16.5万	广东（中山、台山、潮汕、广州郊区）、福建（福清、连江）、上海、山东、辽宁	瓜亚基尔、克维多、基多

续表

国家	目前人数	主要来源地	主要分布地
法属圭亚那	3 000	广东、江苏、浙江（青田）、上海	卡宴
哥斯达黎加	6万	广东（恩平）、台湾	圣荷西、利蒙、蓬塔雷纳斯、瓜纳卡斯特
古巴	7 000	广东（台山、新会、恩平、开平、南海、中山）、福建	哈瓦那、圣地亚哥、卡马圭
墨西哥	6万	广东（台山、新会、中山）、福建	下加利福尼亚州、墨西卡利、蒂华纳、恩塞纳达、墨西哥城、华雷斯城、塔帕丘拉、奇瓦瓦、韦拉克鲁斯
苏里南	4万	广东、浙江（温州）	帕拉马里博
委内瑞拉	16万	广东（恩平）	加拉加斯、马拉开波、巴基斯梅托、拉克鲁斯港、巴伦西亚
牙买加	2万多	广东	金斯敦、圣安德鲁
智利	2万多	台湾、香港、广东、福建、东北地区	圣地亚哥、塔拉帕卡、安托法加斯塔

资料来源：丘进主编：《华侨华人蓝皮书：华侨华人研究报告（2013）》，北京：社会科学文献出版社，2014年，第163—164页。

第二节 海丝沿线国家闽商的成长与壮大

一、殖民地经济时期

16世纪初，葡萄牙攻占马六甲王国，东南亚开始殖民地化的历史进程。到第二次世界大战前，除泰国以外，东南亚各国均已沦为殖民地（保护国），状况大致如下：英国占有缅甸、马来亚、沙捞越、沙巴、文莱、新加坡；法国占有越南、老挝、柬埔寨；荷兰占有印度尼西亚群岛；葡萄牙占有东帝汶；美国占有菲律宾群岛。东南亚经济发展服从于宗主国的需要，处于单一性、片面化的畸形状态。第二次世界大战前，东南亚华商在零售商业占有很大的比重，一般都占

80%~90%。①1939年，在菲律宾总共约一亿美元的华商资本额中，投入零售商业就达到2 500万美元。②

闽商早期经营的行业，随着各个国家和地区资源开发情况的不同而有所差异。印尼的闽商多集中于爪哇和马都拉，大多数是从经营胡椒、椰子、蔗糖等土产的种植、加工和销售起家的；而马来亚的闽商则是以经营树胶种植、加工出口工业为主；由于新加坡是东南亚货物集散口岸，那里的闽商也多经营转口贸易；菲律宾华商则集中经营蔗糖、椰子、苎麻、大米和烟草等土产；在越南，闽商的主要职业是商业，经营米店，次之为五金、钢铁、电影和咖啡。

表2-12　1930年东南亚各国各产业部门中的华人就业占比（%）

	马来亚和新加坡	印度支那	泰国	印度尼西亚	菲律宾
第一产业部门	39	16	10	21	
第二产业部门	23	28	20	30	25
第三产业部门	28	56	70	49	75
合计	100	100	100	100	100

资料来源：[日]福田省三：《华侨经济论》，岩松堂书店，1939年，第88页。

战前菲律宾，闽商以经营工商业为主。菲律宾早期的华侨先辈，大多数是经营"菜仔店"，即小型零售店，几乎每条街的每个角落，都可以看到华侨经营的此类小店。"旅非（菲）之华人，以福建漳泉二属为多，广东人居至少数"③，"华人在非（菲）岛之商务，占全岛百分之七十，种类以进出口业为大宗。余如航业米木酒布杂货等，皆有之。……去年统计营业税之出自华人者，占百分之六十五。"④1912年在菲律宾的华侨批发商有3 335人，居全菲律宾批发商之首位；华侨零售商有8 455人，占菲律宾零售商第二位。该年度华侨出售的货值达3.249亿比索，占全菲律宾贸易额的3/5。"据1914年，菲律宾收税局调查，8万在菲商人之商品交易额，计菲人71 000，占83.53%，华侨12 000，占14.12%"。⑤1917年华资在总贸易额中所占比例为3.51%，同年美国资本占其3.59%，菲律宾人占

---

① 汪慕恒主编：《东南亚华人经济》，福州：福建人民出版社，1989年，第62～63页。
② 黄滋生：《菲律宾华侨史》，广州：广东高等教育出版社，1987年，第328页。
③ 《菲律宾之华侨》，《东方杂志》，1917年第十四卷第五期。
④ 《菲律宾之华侨》，《东方杂志》，1917年第十四卷第五期。
⑤ 傅无闷：《南洋年鉴审部》（新加坡）南洋商报出版部，1939年，第66页。

2.7%。①又据菲律宾农商部1932年统计，华商零售业占有重要地位，华商经营的商店达13 758间，占19.2%，比之1912年增加500余间。到1941年华商零售业营业额占菲律宾零售总额的44.21%。据1936年马尼拉中华商会纪念刊记载：菲律宾全国零售店72 003所中，菲律宾人零售商店已达56 758所，占总数的78.8%，华商零售商店13 758所，占总数的19.2%。②

在20世纪30年代以前，菲律宾零售商业的80%为华商掌握。③1948年华商的总投资中有2/3投于商业，而从事商业者占就业人口的58.8%。④1952年菲律宾工商部调查，华侨华人约占该国商业（零售商业）的40%，碾米业的80%，纤维业的60%，制材工业的50%，烟草业的70%，金融业的80%，华人投资占该国总投资额的35.9%。⑤另据统计，华侨华人的资本占全菲律宾总资本的20%。⑥第二次世界大战前，菲律宾的2 500家碾米厂中，华商约占75%，1935年菲律宾204家木材厂中，华商经营的达148家，投资额为2 679 658比索，约占木材业总投资的88%。木材主要销售国内市场，内销木材中的40%是华商企业生产的。著名华商企业家李清泉，从事植林、采伐、制材、加工、销售、出口等系列经营，创办多家企业，木材年产量占全菲律宾总产量的1/10，被称为"木材大王"。

海外闽商在菲律宾经济发展中创造了一个奇迹。菲律宾华侨华人，其财富多来自制造业、房地产、金融业、采矿业和大规模贸易等行业。菲华商联总合会员99%以上是闽商。

在印度尼西亚，商业是印尼闽商经济活动的传统领域。在历史上，闽商很早就在印尼各地从事商业贸易活动。到1930年从事商业活动的华侨华人人数已增至171 979人，占在职华侨华人总人数469 935人的36.6%，仅印尼爪哇一地从事商业活动的华侨华人，就占从事各行各业活动的华侨华人总数的57.6%。印尼独立后，根据印尼政府1959年7月办理外侨商业登记的传统材料，华侨华人经营贸易及批发商业的有692家，中介商业24 991家，零售商业83 783家，合计109 466家，约占印尼商业数的60%。⑦以后，虽然受到印尼政府的种种限制，并且受到商

---

① [日]李国卿著，郭梁、金永勋译：《华侨资本的形成与发展》，福州：福建人民出版社，1985年，第11—12页。
② 聂德宁：《近现代中国与东南亚经贸关系史研究》，厦门大学出版社，2001年，第171页。
③ 傅无闷：《南洋年鉴辰部》，(新加坡)南洋商报出版部，1939年，第158页。
④ 郭梁：《战后菲律宾的华侨政策和华侨同化》，《南洋问题》，1986年第3期。
⑤ 《东南亚研究资料》，1984年第3期。
⑥ 《特区经济资料》，1983年第24期。
⑦ 子林：《当前印尼的华人经济概况》，《南洋问题》，1985年第1期。

业资本转为工业资本的影响,但华侨华人经商的比例仍然最高。由于受传统经营方式的束缚,大部分是零售商,其次为中介商,少数批发商。①

华侨华人大批发商和输出入商也在20世纪初期前后发展起来。经营进出口业和批发业需要雄厚的资本和一定的国际贸易知识和经验,许多大批发商和进出口商正是经历了流动小摊—零售商—中介商—批发商—进出口商这一发展过程,是在逐步进行资本积累的基础上转而经营出入口和批发业的。华商经营的进出口贸易中确实在有些商品方面占有较大的比重,如大米进口(1933年以前约90%是华商经营),黄仲涵的"建源公司"和郭河东经营的公司在糖的出口方面占有主要地位。1929年他们经营的数额达65万吨,约占全爪哇糖购买额的25%。1929年华商经营的进出口贸易总额共20 100万盾,占同年荷印进出口总额25亿盾的9%左右。②

以黄仲涵为例,他在经营农、副、土特产,特别是糖业的输出及其他工业品的输入等方面,一度足以与荷兰及欧洲资本的输出入商行相匹敌。19世纪末,建源公司拥有5个糖厂和7 082公顷的甘蔗种植园,糖产量达到101 500吨;到1910—1914年,建源公司出口的糖每年平均达到15万吨。建源公司除在印尼各地设立20多个分支机构外,到20世纪30年代为止,已在伦敦、新加坡、槟榔屿、怡保、加尔各答、孟买、曼谷、阿姆斯特丹以及日本的大阪设立了分行,专门经营爪哇砂糖、橡胶、椰干、胡椒、薯粉等进出口业务。据估计,1924年时建源公司的总资产已达2亿盾左右。但是,黄仲涵公司最后在荷兰殖民政府和西方垄断资本的双重排斥和夹击下,到20世纪20年代末已开始走下坡路了。

祖籍福清的印尼华商有经营纺织业的传统,他们早年开办的多半是以手工业操作为主的小型纺织厂,后来采用半机械化生产。到第二次世界大战后他们在万隆近郊马查拉亚珍投资兴办了数十家中、小型纺织厂。他们经过十多年的苦心经营,终于把这座小村镇建成为一座远近闻名的纺织城。而分布在爪哇岛的一些重要港口城市经营纺织业的福清籍闽商,已在该行业中形成了一个产销联营的网络。③

商业方面,第二次世界大战前,闽商主要从事二盘商、三盘商、经营进出口

---

① [日]李国卿著,郭梁、金永勋等译:《华侨资本的形成与发展》,福州:福建人民出版社,1985年,第11—12页。
② [日]福田省三:《华侨经济论》,岩松堂书店,1939年,第275页。
③ 杨力、叶小敦:《东南亚的福建人》,福州:福建人民出版社,1993年,第117页。

的头盘商以及遍及城镇乡村的零售商、过街小贩。根据报纸记录,"闽粤人土稍集旅费,至南洋后,身无分文。先为人作苦力,得资后改作小贩商人,由小贩商人不数年即一跃而为巨贾。故今日南洋之大腹贾大半皆出身微贱,甚且有目不识丁者。"①据1931年马来西亚人口统计,马来联邦列入从商的人口中,华侨占76.5%,从事商业的华侨占华侨就业人口的14.4%,仅次于从事橡胶种植和采矿的人数。海峡殖民地从商的华侨比例更高,占华侨就业人口的23.3%。②1954年,在马来亚85 120家正式登记的小型企业中,63 634家或75%归华侨华人所有,其中大部分是零售商店。③

就整个东南亚而言,1930年闽商投资的行业比重中,商业资本所占比重几乎达到资本总额的一半。④不过,闽商经营的商业仍以小商小贩等零售商和中介商为主。直到50年代后,闽商传统经营的商业领域中,零售商和进出口业仍占有一定的比重;而且在一些国家和地区,由于华商一向恪守信用,由各地华商构成的流通渠道效率很高,这种以零售商为主构成的商业网络,仍保持着一向的优势地位。作为欧洲进口商和乡村与城市消费者之间的中间人,华侨华人的活动加剧了必需品的流通。大小城镇和乡村里的华侨华人商店及其经营者,显示出华侨华人这一角色的重要性。更重要的是,他们凭着创业精神,随时准备把有限的资金和积蓄投资于那些重要的领域,让出口导向的经济能够顺利运作。

表2-13 1957年马来联邦各种族职业人口产业部门结构比重(%)

种族别	第一产业部门	第二产业部门	第三产业部门
马来人	73.2	6.1	20.7
华侨	40.1	22.4	37.5
印侨	55.7	10.7	33.6
其他族群	18.8	8.1	73.1

资料来源:[日]李国卿著,郭梁、金永勋译:《华侨资本的形成与发展》,香港社会科学出版社,2000年,第100页。

采矿业是第二次世界大战前闽商在东南亚经营的第二个重要行业,以马来西

---

① 《申报》,1934年4月21日。
② 徐钧尧:《两次世界大战期间的马来亚华人经济》,《华侨华人史研究集》,1989年,第315、325、327—329页。
③ 林伍光:《战后马来西亚华侨华人经济的发展与现状》,载汪慕恒主编:《东南亚华人经济》,福州:福建人民出版社,1989年。
④ [日]福田省三:《华侨经济论》,岩松堂书店,1939年,第273—274页。

亚最为典型。早在15世纪初，就有华侨在马来西亚从事开矿，魏源《海国图志》卷九云："永乐时，闽粤人多至满剌加采锡贸易"。19世纪中叶，马来西亚霹雳地区发现大量锡矿，导致国人移民的第一次高潮，以闽粤地区居多。1912年，马来西亚80%的锡矿由华侨开采和经营。这些华侨中以福建籍最多，被誉为"马来西亚橡胶王国的四大功臣"中三人为祖籍福建的闽商。19世纪末，华侨采矿业由露天表层开采转为采用机器挖掘的深层生产，经济效益明显提高。至20世纪10年代初期欧洲人引进铁船采锡法之前，锡矿业一直都是由闽商主导。根据统计，20世纪初期，东南亚地区仅马来亚的年产锡量就达到4万吨以上，位居世界之首，华侨华人成为当时当地采锡业的主力军。①在泰国，闽商许沁美从福建龙溪招募工人到董里种植橡胶，开创了泰国的橡胶种植业。这个时期，东南亚出现规模较大的华侨矿山和资本雄厚的闽商矿业主。②

闽商率先经营的诸多产业奠定了住在国经济的基础，这方面最典型的例子是种植业。新加坡、马来亚种植橡胶的成功和此后橡胶业的发展，应主要归功于华侨的力量。在马来亚经营橡胶工业的华侨，"不是闽南帮，必是潮汕帮，其他各帮，几乎是没有插足之余地的"③。马来亚华侨从事橡胶贸易者几乎都是福建人，被誉为"马来西亚橡胶王国的四大功臣"中三人为祖籍福建的闽商，而福建人中尤以永春县人尤多。④马来亚的橡胶栽培历史始于1877年，但是商业性的栽培是在1895年前后。最早提倡种植橡胶的是林文庆和陈齐贤，两人均为福建海澄人。⑤1887年，马六甲华侨陈齐贤首先在马来西亚试种树胶获得成功。⑥1894年，林文庆、陈齐贤组织联华橡胶种植有限公司，在新加坡杨厝港购置4 000英亩土地种植橡胶。1897年陈齐贤又在马六甲投资20万元建成了马来亚第一个商业性橡胶种植园。1898年，陈、李两人又邀请闽人李俊源、邱丽容、陈启锦、曾江水等集资组成公司，在马六甲武吉亚沙汉开垦5 000英亩土地，各种一半木薯与树胶。到20世纪初，欧美汽车工业的兴起，大大刺激了橡胶的需求量，新加坡、马来亚华侨的橡胶种植业应运而生，形成了以马六甲为中心的马来半岛西部橡胶地带。1906年陈嘉庚以1 800元向陈齐贤购买了18万粒种子发展其橡胶事业。到

---

① 林昆勇：《试论华侨华人对东南亚锡矿开发的贡献》，《广西民族大学学报》（哲学社会科学版），2008年12月。
② 李鸿阶：《华侨华人经济新论》，福州：福建人民出版社，2002年，第13页。
③ 《马来西亚的华侨工业》，《亚洲世纪月刊》，1947年5月1日，第46页。
④ 《日本对南洋华侨调查资料选编（第二辑）》，《华侨的工商业》，2011年，第372页。
⑤ 林文庆一说为福建厦门人。
⑥ 陈怀东、黄海龙：《海外华商贸易现况与展望》，台湾世华经济出版社，第59页。

1925年，他拥有橡胶园15 000英亩，成为华侨中最大的橡胶垦殖者之一。1910年前后，马来亚掀起了一股种植树胶的热潮。一些原来种植甘蜜、胡椒、甘蔗的华侨华人小园主，及小矿主、矿工也纷纷转而种植橡胶。

除了华侨橡胶经营者外，华侨橡胶园的基本劳力也是华工。正是他们的血汗和创造精神，使马来亚的橡胶产量迅速跃居世界前列，成为世界最大的天然胶产地。1905年，马来亚橡胶首次输出欧洲只有175吨，1914年即增至4.8万吨，超过巴西跃居世界产量的一半以上。1912年针对橡胶种植业进行的第一次调查显示，华侨华人控制的种植园面积占了全马来亚种植园总面积约20%~25%。[1]到1928年，这一比例增加至1/3。[2]在早期马来亚经济中占主要地位的锡矿开采和冶炼，到1915年时已被橡胶业取而代之。1953年，华侨华人的橡胶出口贸易额占马来亚橡胶出口总额的42%。

表2-14　马来西亚主要闽商橡胶种植业者　　　　　　　（单位：万海峡元）

姓名	核定资产
陈锡敏	2 000
李光前	600
谢荣西	300
陈仰藏	300
王文达	100
陈廷谦	90
陈嘉庚	30

资料来源：《南洋华侨丛书（第五卷）》，第157页，1941年。

表2-15　马来西亚福建华侨主要橡胶工厂

店名	所有者
陈嘉庚公司	陈嘉庚
信诚	陈廷谦
振成丰公司	陈永泮
庆丰公司	股份制

[1] 文平强：《马来西亚华人与国族建构——从独立前到独立后五十年（上册）》，马来西亚华社研究中心，2009年，第239页。
[2] ［日］福田省三：《华侨经济论》，岩松堂书店，1939年，第138—139页。

续表

店名	所有者
新成茂	陈煦士
益和	股份制
志诚	陈廷献
南春	股份制

资料来源:《南洋华侨丛书(第五卷)》,第188页,1941年。

除了种植经济作物外,闽商还在菲律宾、越南、马来西亚开垦荒地、种植水稻,使得侨居地成为住在国主要的产粮区之一。同时,华侨华人也从事水果、甘薯和蔬菜种植,以为各城镇供应日常所需。印尼独立前,从事农牧渔业劳动的闽人,除在荷兰人经营的种植园当劳工外,也有一家一户或几家联合开垦、种植甘蔗、橡胶、胡椒、丁香等热带经济作物。独立后,他们响应政府号召,大力种植木薯、玉米、高粱、花生等杂粮和市场上畅销的草菇、芦笋、凤梨等;居住在郊区的农户则种植瓜果、蔬菜和经营畜牧业。据印尼国家种植局统计,至1957年年底由华侨华人经营的中、小种植园共314个,占印尼全国种植园数的20%,总面积136 576亩,约合全国耕地面积的10%。早期移民新加坡的华侨华人也有不少从事农业的,但随着农业在新加坡经济所占比重越来越低,农业产值占新加坡国内生产总值比重不到0.5%,华侨华人从事该业的已越来越少,主要是经营家禽饲养业、园艺种植业和渔业。

金融业是闽商在东南亚各国家的重要行业,也是闽商企业表现较为突出的领域。华侨华人在20世纪初开始创办银行,以满足小型华裔商家的需求。最初开办银行的主要是来自闽粤的华侨,其中,华侨银行、华商银行、和丰银行、大华银行、华联银行、万兴利银行与广利银行都是由闽商创办的,属于福建系。[1]1932年,华商银行、和丰银行、华侨银行合并为新的华侨银行。菲律宾的华资银行,绝大多数是福建闽南人经营,如首都银行的主要股东郑少坚是福建永春人;远东银行的施维翰、联盟银行的陈永栽、安全银行的李南文、中兴银行的李世伟、建南银行的吴沛然、交通银行的高祖儒,都是福建晋江人;黎刹银行的杨应琳、合众银行的郑龙溪、信托银行的叶永禄,则是福建南安人。1929—1933年经济危机爆发前,有中兴、华兴、民兴三家华侨银行设在首都马尼拉。闽商李清泉于1920

---

[1] 阳力:《试论新加坡独立后"福建帮"华资银行的崛起》,《华侨华人历史研究》1990年第4期。

年创建了中兴银行，成为菲律宾第一家私营商业银行。到1931年该行总产值为2 408万比索，占全菲律宾各银行总资产的9.96%，该行对菲律宾华侨经济的发展起过重要作用。最具规模者为创建已达20多年的，由林绍良领导的中央亚细亚银行，其注册资本总额为100亿盾，收足60亿盾，是印尼10家外汇银行中的一家，在印尼各地设有20多处分行，从业人员达千余人。①

除了以上的行业外，不同国家的闽商经济也有自身的特点。1686年有一艘中国商船从福建出发，开往巴达维亚，船上共载有80名中国移民。在1706年的一年时间里，来到巴达维亚的中国移民大约是2 000人。②中国移民的不断增加，极大地补充了巴城华侨蔗糖业所需要的劳动力，而新来的中国移民当中，有不少是从以"垦辟晓确，植蔗煮糖"著称的福建南部地区来的。到了巴城之后，自然而然地干起了老本行。在红溪惨案发生之前，从事制糖业的华侨，占寓居巴达维亚成年华侨总数的85%。③

20世纪初，沙捞越诗巫的兴起，是华侨开发东南亚的又一重要贡献。福建闽清人黄乃裳招募乡亲1 100余人，往诗巫拓荒垦殖，经过数十年的艰苦劳动，地广人稀的拉让河流域变成富甲一方的土地，诗巫小镇也在垦殖活动的基础上发展成一座著名城市，被称为"新福州"。福建兴化移民建立了自己的垦区，俗称"兴化芭"。诗巫的成功，使华侨的垦殖活动很快遍及沙捞越其他各省，他们种植蔬菜、胡椒、椰子等多种农作物。胡椒是沙捞越的主要出口商品之一，种植者几乎都是华侨。

除了东南亚外，美洲、非洲等地也开始出现闽商的身影。在美洲，1845年通过了一项法律在古巴镇压奴隶贸易，哈瓦那的官方委员会决定招募中国劳工作为替代品，800名中国苦力从厦门抵达古巴。1847年8月开始大规模的中国移民到新大陆。④在非洲，1844年底从新加坡引进华工，这批华工多系闽籍人，表现得较为服从。留尼汪政府决定直接从中国福建招募华工。⑤1846年，留尼汪岛招到一批契约华工计200人，从厦门出港。1855年起，留尼汪政府恢复招募契约华工，一直持续到1901年。1901年，法商法郎西斯·魏池受马达加斯加殖民当局的

---

① 《特区经济资料》，1983年第24期。
② 卡德：《中国人在荷属东印度的经济地位》，《南洋问题资料译丛》，1963年第3期。
③ 黄文鹰等：《荷属东印度公司统治时期巴城华侨人口分析》，厦门大学南洋研究所，第57页。
④ Eugenio Chang-Rodriguez, *Chinese Labor Migration into Latin America in the Nineteenth Cen-tury*, Revista de Historia de America, No.46, 1958, p.379.
⑤ 华侨经济年鉴编辑委员会：《华侨经济年鉴》，1959年，第725页。

委托，向福州洋务总局提出在福州招工的要求。魏池和他所雇用的招工人员采取欺骗手段，将812名福州人通过德国轮船运抵留尼汪。在1901—1902年期间陆续招到3 000多人，让他们分批搭乘法国轮船前往马达加斯加和留尼汪两地。招募这批契约华工的初衷是让他们修筑塔那那利佛铁路，但最后参加修建铁路的只有280人，其余被分派到殖民地各地区。① 如下：②

表2-16 契约华工的分布地区

地区	人数（人）
塔马塔夫	100
"大圈地"	26
马任加	50
安布西特拉	19
菲亚特兰楚瓦省	200
塔那那利佛—曼扎卡里纳—穆拉曼加	280
阿尼瓦勒诺	39
贝托弗	20

资料来源：Slawecki, French policy towards the Chinese in Madagascar, p.97.

由于对气候条件不适应，加上工作环境恶劣，待遇不佳，大部分华工身体不适，病倒在床；有的则以此作为反抗的手段。最后，殖民政府不得不将大部分华工遣返回国。

最早抵达马达加斯加北部迭戈地区的是契约华工，马达加斯加的契约华工"为了逃避极为艰苦的劳动条件"，逃进山区。③ 例如马达加斯加岛南部马南扎里的华侨华人先辈大伯公福建人霍沃，就是当年逃进山区的契约华工。④ 后来福建人魏顺发等人迁居此地，以种瓜菜为生。1843年，毛里求斯经营甘蔗种植园的两家公司——英国资本的巴克莱兄弟公司和法国资本的吉魁特公司，曾委托槟榔屿的英商勃朗公司和新加坡的英商斯波蒂伍德·康诺利商行招雇中国福建厦门籍的农业工人，原计划招1 000名，结果实际招到838名，这些契约华工都送到了

---

① 何静之：《留尼汪岛华侨志》，第17页。
② Slawecki, *French policy towards the Chinese in Madagascar*, p.97.共计766名，原文如此。
③ Slawecki, *French policy towards the Chinese in Madagascar*, p.102.
④ 陈铁魂：《马拉加西共和国华侨概况》，第29页。

毛里求斯。①契约华工大部分是30岁至43岁的中年人，也有少数13岁上下的青少年。这些华工除了充当种植园或糖厂的雇工外，不少人在路易港的造船厂劳动，或充当码头装卸工人。

1857年一位名叫陈璋满的福建人在留尼汪开设了一家商店。在罗帝利岛也有一些华侨。最早到此定居的是以林伟为首的4名福建人，他们于1850年左右从毛里求斯迁到此岛。林伟尝试着开设店铺，其余几位则与当地人为伍，从事务农畜牧。毛里求斯最早的华侨华人首领、闽商陆才新（亦称亚贤）即开办了一家公司，其规模介于大商店和小商店之间。他于1826年从中国带来的5名中国人成了"陆记公司"的雇员。他对这几个新移民进行训练后，让他们分管自己的分店，从而使业务大大扩展。1831年，他又为一位叫阿冈的中国人提供了担保。从那时起直到1847年止，他始终是迁移到毛里求斯来的中国人的主要担保人。他将新来的移民安置在马拉巴尔移民聚居地，并尽量在全岛开设商店，将后来的新移民安置在他的商店里工作。他一直是华侨中无可争议的首领，并于1847年被当地政府授予英国国籍。

1892年，从厦门、汕头等地去香港的居民，又有几百人被招募到了毛里求斯。②

表2-17 非洲华侨经商人数统计表（1929年）

地名	华侨人数	男侨	商人（商店）	店员
马达加斯加	2 403	1 563	579（680）	1 079
毛里求斯	6 747	4 124	490（920）	2 326
留尼汪	1 988	1 396	490（498）	494
塞舌尔	273	141	51（40）	51
约翰内斯堡	1 704	1 186	500（418）	556
伊丽莎白港	596	318	180（200）	82
德班	52	27	12（12）	15
东伦敦	140	49	40（42）	9
开普敦	76	70	16（8）	
金伯利	133	70	38（40）	32

---

① 陈翰笙主编：《华工出国史料汇编（第九辑）》，北京：中华书局，1984年，第259—260页。
② 陈翰笙主编：《华工出国史料汇编（第九辑）》，北京：中华书局，1984年，第261页。

续表

地名	华侨人数	男侨	商人（商店）	店员
布拉瓦约	80	38	20（20）	18
索尔兹伯里	20	20	12	8
南非其他地区	80		30（30）	20
达累斯萨拉姆	54	47		
桑给巴尔	10	10	1	4
英属东非其他地区	30	30		
洛伦索—马贵斯	460	330	15（10）	30
贝拉港	577	515	39（32）	40
葡属东非其他地区	70	70		

资料来源：陈翰笙主编：《华工出国史料汇编（第九辑）》，北京：中华书局，1984年，第261页。

表2-18 非洲华侨店员月平均工资一览表

地名	上等	中等	下等
马达加斯加	500法郎	300法郎	200法郎
留尼汪	400法郎	300法郎	150法郎
毛里求斯	80卢比	25卢比	10卢比
塞舌尔	40卢比	30卢比	20卢比
约翰内斯堡	15英镑	10英镑	7英镑
伊丽莎白港	15英镑	10英镑	7英镑
布拉瓦约	15英镑	12英镑	10英镑
桑给巴尔	15英镑	12英镑	10英镑
洛伦索—马贵斯	10英镑		3英镑

资料来源：方积根：《非洲华侨史料选辑》，新华出版社，1986年，第3—17页。

二、民族经济建立和发展时期（20世纪50—90年代）

第二次世界大战结束后，东南亚国家纷纷独立，从殖民地经济向民族经济转变成为迫在眉睫的事情，闽商经济商业资本向产业资本的转化，带动和促进了所在国经济结构的转换。从资本结构看，东南亚地区善于经商理财的闽商过去多以经营商业为主。战后，他们大量投资房地产、制造业（包括加工装配业）和金融业，使华侨资本从单一的商业资本向产业资本转化，在东南亚各国向多元化经济结构的转变过程中起了促进作用。

再从经营方式看，东南亚地区的闽商过去多经营中小商业，其中相当一部分人是靠经营夫妻店、父子店做小本生意起家的。在战后初期，即使一些规模较大的企业、商号，仍保持原有的家族式（即家长制）的经营管理方式。进入20世纪70年代后，闽商通过不断扩大投资领域并与海外跨国公司合作，加上受过西方高等教育的新一代华侨华人比他们的父辈更善于适应新的经济形式，易于接受西方的先进技术和经营管理方式，使企业朝着现代化经营的方向发展。

但是，应当注意到的是，第二次世界大战后的东南亚各国，在取得了政治独立之后，都面临着如何摆脱旧的殖民地经济结构，建立新的独立的民族经济结构，发展民族经济问题。要着手解决这一任务，各国政府都不得不面对本国存在久已的华侨华人经济力量问题。由于西方殖民者在东南亚长期实行"分而治之"政策的影响，各民族在经济地位上有着差异，而华侨华人经济与资本经过多年积累，已在东南亚奠定了稳固的基础。作为民族主义国家的执政者，东南亚国家某些领导人一开始就将华侨华人的经济力量视为民族经济的对立面。他们认为是华侨华人控制了国内经济，是剥削者和殖民主义残余。并认为，要提高原住民族的生活水平，缩小经济差距，制造国内就业机会，就必须用政府立法限制和排挤华侨华人经济力量，提高原住民族的经济地位，最后取代华侨华人的经济势力。在这样狭隘的民族主义思想指导下，加之当时东西方冷战的国际环境的催化，以及统治阶级自身利益的需要，东南亚国家除新加坡外，都先后制定和实行了限制和排斥华侨华人经济的政策法令。如马来西亚的"新经济政策"，菲律宾的菲化政策，泰国的銮披汶以及反共为名的排华政策，印度尼西亚的排华苛政和反华暴乱等等，都是企图以牺牲华侨华人的经济利益来提高原住民的经济地位，借以缓和国内矛盾。

20世纪60年代中期以后，为了缓和政治矛盾，东南亚当局转而采取"利用为主，限制为辅"的华侨华人经济政策，一些国家对待华侨、华人资本的态度和政策也逐步从限制、排斥、打击转向利用它们。而华资企业之间也随着东南亚地区经济建设发展的需要，不断加强资本和技术的交流，并不断出现企业间的分化、合并、改组现象。在新的形势下，一些积累了一定资本的闽商，顺应所在国民族工业的发展趋势，转向经营民用工业，并逐步改变过去由家庭集团独立经营的封闭状态，通过成立有限公司，公开发行股票，在当地证券市场上市。同时，进一步加速各华资企业集团之间的相互联系、渗透，以广泛吸收和利用华侨华人社会的闲散游动资金。有的在把投资重点转向工业生产的过程中，为了获得保护和专利，通过与当地官僚资本、外国资本结合，不断扩大经营范围和规模，逐步向多边、多元化、多层次的经营方向发展。

从微观来看，东南亚华侨华人经济的崛起，也为所在国经济的发展做出了直接的贡献。主要是：第一，华侨华人在涉及衣、食、住等行业的突出表现以及遍布国内的中小商业网络，搞活和繁荣了所在国的市场。例如，印尼生产面粉、面条等面制品企业有75%是华商企业。此外，华侨华人经济还占有成衣业的近80%，纺织、蜡染业的65%，木材、夹板业的80%。在丁香烟、小型机械、农具、化纤、旅游、汽车、电器等行业亦有相当雄厚的实力。第二，东南亚华侨华人经济的发展，为所在国提供了大量的税收和就业机会。第三，为东南亚各国培养了一批企业管理人才。华商企业无论在经营管理、技术能力、信息销售网络等方面都较土著企业有更大的优势，因而许多土著企业都在同华商企业的经济合作中，模仿华商企业的组织机构和管理方法，培养和锻炼了一批经营管理人才。

马来西亚独立后，面临的一个基本问题是如何依靠国内的力量保持和发展生活必需品的自给。郭鹤年的马来亚糖厂承担起了这一重任，其产品满足了全马80%的食糖需求量，迅速弥补了英国商人撤出马来西亚食糖市场留下的空缺。[1]到1973年马来西亚基本实现了砂糖自给。马来西亚华侨华人经济月刊《商海》列举的"十大华裔实业家"，其中7家为福建籍。[2]1955年，在以小型企业为主的制造业者当中，华裔占了80%~90%。世界银行在1955年进行的一项研究也证实华侨华人积极参与制造业，并占了该领域总劳动力的80%~90%。在沙捞越，福州人在木制与藤制家具、建筑材料等商品的制造生产上居于领先地位。1970年新经济政策实施之前，华侨华人资金对马来西亚经济的贡献是十分明显的。华侨华人在建筑领域的所有权高达52.8%，接着是交通运输与通讯43.4%、商业贸易30.4%、银行与金融24.3%、农林渔业22.4%、制造业22.0%及其他。过去50年来，华侨华人作为主要的经济活动者提升了马来西亚经济的竞争力及其面对未来挑战的能力。

---

[1] 郑学益、周黎安：《郭鹤年的经营管理艺术与风格》，《北京大学学报》(哲学社会科学版)，1994年第5期。
[2] ［日］原不二夫著，陈文寿译：《马来西亚的新经济政策与华侨华人企业的发展》，《华侨华人新论》，北京：中国华侨出版社，1997年。

表2-19 华侨华人职业的地缘特征(1970年的人口调查)

籍贯	人数(比例)	主要居住地	主要职业偏向
福建人	1 122 739(31.6%)	雪兰莪、柔佛、槟城、吡叻	商业、种植业、胶商
广东人	659 050(18.5%)	(50%)雪兰莪、吡叻	建筑业、商业、矿业
客家人	862 050(24.2%)	雪兰莪、吡叻	建筑业、矿业
潮州人	421 997(11.9%)	柔佛、槟威、吡叻、吉打	商业
海南人	152 790(4.3%)	雪兰莪、柔佛、槟威、吡叻、马六甲	咖啡店、餐旅业
广西人	77 577(2.2%) 不包括沙巴、沙捞越	彭亨、吡叻州的上吡叻县	上吡叻烟农
福州人	147 689(4.2%) 不包括沙巴	沙捞越和吡叻州	商业和种植业,吡叻州的实兆远有"小福州"之称,多数为小园主

资料来源:《马来西亚华人经济问题专辑》,雪兰莪中华总商会,1978年,第51—70页。

注:其他籍贯的华侨华人有94 895人,只占华侨华人人口的2.7%,各行各业都有。

印尼的华侨华人人口约800多万,虽然数字庞大,但仅约占总人口的1.5%。印尼的华商企业除了170家堪称为大企业集团外,极大多数为中小型企业和微型企业。据统计,印尼华商在印尼全国中小城市经营的中型企业约5 000家,小型企业2.5万余家。主要经营日用杂品、食品油料、服装百货、零售商、餐饮、制造加工业、农产品加工业等。[①]此外,华商经营的中小型企业和家庭式手工业小作坊难以计数,它们遍布印尼政府设在全国各乡镇的约1万个小型工业区内。

在印度尼西亚,各行业都有华商经营。商业方面,独立初期,闽商多经营食品、纺织、木材、橡胶、烟草、丁香等经济作物和加工业,而且规模也不大。1953—1956年间,由于印尼政府忙着接管外资企业,无暇顾及华商中、小资本经营的轻工业部门,闽商中小工商业者在原有的经济基础上,顺应形势,发展了种植(木薯、香料)、椰油、木材加工、纺织、印染、布匹出口及塑料、小五金、百货等业。据1959年7月印尼政府办理外侨商业登记统计,华商经营贸易及批发业者992家,中等商业24 991家,零售商83 783家,合计109 766家。另据《1978年东南亚年鉴》估计,印尼华商机构在12万家以上。[②]

---

① 蔡仁龙:《印尼华人企业集团研究》,香港社会科学出版社,2004年,第6—7页。
② 宋哲美主编:《东南亚年鉴(1978)》,东南亚研究所,1978年,第83页。

表2-20　印尼华侨商业资本情况表

类别	商业家数
土产商资本十万盾以上者	1 500家
杂货商资本五万盾以上者	1 250家
布匹商资本五万盾以上者	600家
普通商人资本一万盾以上者	28 000家
普通商人大资本五十万盾以上者	140家
普通商人大资本一百万盾以上者	50家
普通商人大资本一千万盾以上者	8家
总计	31 548家

资料来源：丘守愚：《二十世纪之南洋》，北京：商务印书馆，1934年，第180页。

主要的闽商有：

祖籍泉州、南安一带的华侨由于定居当地较早，经营土产时间较长，因此多集中于食品和经济作物加工业。在这段时间内祖籍泉州的黄奕聪家族所经营的椰子种植加工出口业发展较快。他们拥有大面积的椰子种植园，同时又在靠近原料基地的望加锡、雅加达、泗水等地设了10多家椰油厂。到20世纪70年代中期，以这个家族集团为主逐步形成的金光集团成为印尼五大私人财团之一。

祖籍南安的吴家泰、吴家雄兄弟和祖籍漳州的庄南华等经营的饲料加工及土产出口业，在70年代中期也得到较大发展，以后逐步形成以经营合成饲料为主的印尼大马集团，其股东也大都是闽商。早年祖籍南安的闽商企业家黄怡瓶之侄黄印当、黄灿堂、黄金钟兄弟在楠榜经营的木薯种植和初加工业，在当地也垄断了这一行业。祖籍南安的还有经营珍珍食品罐头公司的黄欲水、黄正泉父子，也是包罗了收购原料及加工、销售等环节而逐步发展起来的。在先达地区经营当地盛产的文烟（香料）加工厂的王宁泄、王宁恭兄弟，祖籍也是南安，他们看准了这个基地，从小规模的加工厂逐步发展到种植加工联合经营，以至垄断了先达地区的文烟加工业。在靠近产鱼区的锡江经营必利达渔网、铁丝、尼龙厂的黄仲咸、黄仲伍兄弟原籍也是南安人。

祖籍福清的印尼闽商有经营纺织业的传统，他们早年开办的多是以手工操作为主的小型纺织厂，后来采用半机械化生产。随着工业技术的发展和设备更新，到第二次世界大战后他们在万隆近郊的马杳拉亚镇投资兴办了数十家中、小型纺织厂。

仙游籍闽商则有不少经营土产、木材加工业，在这一阶段也有发展。如后来发展成为宇宙集团董事主席的陈江苏，当时也是从经营橡胶、土产出口业开始的。此外，还有经营木材业的杨金枝，他不仅设有加工厂还拥有自己的船队。福清籍的姚春桂和永春的陈良雄也是经营橡胶、土产、木材加工业起家的。

在这一时期还有不少定居城市的原籍福清、南安、仙游、永春、福州、漳州的闽商，也开始经营百货、鞋类、五金交电、自行车装配以及金银珠宝首饰等业。而那些生活在集镇、乡村中的福建华侨，除少数开垦种植经济作物外，多数人还是开设本小利微的亚弄店（即夫妻商店）或经营短途贩运。他们走乡串户，肩挑车载，收购土产、零售布匹、日用百货、食杂商品，给当地人民生活提供了诸多便利。

表2-21　大雅加达首都特别区的注册企业（1966年年中数据）　　（单位：家）

已注册登记的民间企业总数		27 598
按企业主分	持有印尼国籍的华商企业	12 476
	华商企业	14 956
	其他外国人企业	166
按行业分	商业（包括对外贸易）	14 155（占51.3%）
	工业（包括家庭手工业）	3 935（占14.3%）
	农业	22（占0.1%）
	公用事业	222（占0.8%）
	陆上及海上运输业	229（占0.8%）
	银行、保险业	67（占0.2%）
	医药、保健	118（占0.5%）
	其他	8 850（占32.0%）

资料来源：［日］游仲勋：《华侨资本的形成与发展》，福州：福建人民出版社，1985年，第123页。

从以上数字可以看出，华侨虽受到迫害、镇压，但由于他们所经营的行业与国计民生密切相关，因而长期以来形成的华商经济基础并未受到摧毁性打击。

20世纪70年代中期以来，印尼政府对待华侨华人的经济政策有了较明显的改变。因此，随着印尼国民经济的发展，闽商经济也得到了较大的发展。像在东南亚的其他国家那样，印度尼西亚华商所经营的行业是因地区、方言和宗族社团而异的，但也存在某些互相交叠的情况。根据雅加达华侨华人商会1972年4月报告的材料，福建集团热衷于经营橡胶、椰仁干、咖啡、胡椒、烟草和其他土产的生产，以及进出口、橡胶与塑料加工、纺织、针织、编织、服装、玻璃制品、陶器、茶叶加工、药品、黄金珠宝、自行车、三轮车、印刷、旅馆、娱乐业和金融等行业。80%的印尼华侨华人都有自己的产业，主要从事零售超市、房地产、纺织、渔业、农业、旅业和金融等，遍及印尼经济的第一、第二、第三产业，近乎掌握印尼经济命脉的50%。

表2-22　华侨华人在印尼商业中所占的比重（1984年8月）

规模	总家数	其中由华侨华人经营的家数	百分比
大商	39 127	14 260	36.4%
中商	221 018	87 487	36.9%
小商	578 915	114 628	21.7%
合计	838 664	216 375	25.6%

资料来源：雅加达华人商会1972年4月报告。

长期从事转口贸易的福建华商，利用他们各自国外开设的分号，加强与东南亚各国华商的联系，同时开展与外国企业合资或合作经营，积极参与政府经济发展计划，努力向外开拓，对当地的经济建设与发展起了积极的作用。在这方面，林绍良的三林集团最具代表性。林绍良从经营大米、花生油等食品及杂货起家。为了适应形势变化的需要，从20世纪50年代开始，林绍良就有意识地扩展经营范围，逐步把积累的资本转向工业和其他行业，先后创办肥皂厂、铁钉厂、自行车零配件厂和纺织厂，并涉足出口贸易和金融业，创办"中央亚细亚银行"，奠定了多元化发展的格局。60年代以后，林绍良更是大规模地向工业发展，兴办了面粉厂、水泥厂、木材厂等，还创办建筑、航运、进出口贸易等一系列企业，扩大了在金融业的投资。到1997年金融危机发生前，三林集团经营的行业无所不包，形成了一个成龙配套、结构多元化的庞大企业集团。

新加坡的华侨华人人口约占总人口的77%，华商中小企业约占当地企业总数的80%~90%，主要从事的行业是：商业零售、日用品和加工业、国内外旅游、小规模的进出口贸易和建筑工程承包等。据1983年统计，新加坡的3.91万家商铺中，绝大多数为中小商店，为中小华商所有。

表2-23　各行业部门的各个种族就业人口　　　　　　　（单位：人）

行业部门	华侨华人	马来人	印度人	其他	合计
农、林、渔业	21 022	1 045	315	76	22 458
采矿、采石	1 663	129	60	316	2 168
制造业	121 616	12 683	6 443	2 358	143 100
电力、煤气、供水	3 016	2 292	2 118	189	7 615
建筑业	35 660	3 824	3 179	463	43 126
商业	129 536	6 930	14 420	2 024	152 910
运输、通讯	58 268	11 915	7 016	1 842	79 041
金融、保险和商业事务所	17 583	2 315	1 964	1 122	23 071
政府机构和地方自治机构	121 326	27 373	15 220	5 414	177 022
其他	253	51	22	50	381
合计	509 943	73 671	53 424	13 854	650 892

资料来源：1970年新加坡人口调查。

与过去新加坡华商主要从事华南和东南亚地区的转口贸易不同，第二次世界大战后，特别是新加坡发展面向出口工业以来，华商所经营的对外贸易已经从较单纯的转口贸易，发展到大量进出口新加坡需要或生产的产品，商品的来源和流向也从战前集中华南和东南亚地区扩大到日本、美国、西欧，乃至东欧社会主义国家和全世界。

在新加坡，木材加工业是福建华商经营的传统领域。战后，新加坡亟待恢复、扩建，对建筑材料的需求量大增。独立后，由于马来西亚限制原木出口，早年在内地从事伐木业的福建华商也开始转向木材加工和建筑业。因此，发展最快的首推建筑材料和建筑行业。目前经营建材、建筑业及房地产的华商约有600家，占当地这一行业的65%左右。[1]其中起步较早的是战前由祖籍福建同安的孙炳炎兄弟经营的森林公司。

食品加工业也是新加坡华商经营的主要传统行业之一。随着城市人口增长和旅游业的发展，闽商经营百货、食品、酒店的增多。至1986年底，由华商经营的食品业有900家，占当地这一行业的85%左右。[2]

---

[1] 《华侨经济年鉴》，1987年，第92页。
[2] 《华侨经济年鉴》，1987年，第95页。

新加坡华商建筑业和房地产业是华商经济的一个重要领域,早期二三十家大小不一的建筑商,主要是承接一些技术要求较低的建筑工程,如搭建简易楼房等。新加坡自治独立后大力发展建筑业,发展住房建设,重建城市,兴建公路、铁路、机场、码头等基础设施,兴建工业区和各种旅游区,为华商建筑业的发展提供了广阔的天地。当时,除少数特殊建筑仍需外资承建外,新加坡绝大部分建筑工程的现场作业,主要由华商建筑公司承担。

华商建筑业的迅速发展,还带动了华商房地产业的发展,一些华商地产商向政府或私人购买地皮,兴建大厦等物业,以供出租或销售,新加坡较大的华商企业几乎都涉足建筑房地产业。80年代后期,华商经营建筑和房地产业的公司约600家,占该领域公司的65%。其中规模较大的有孙炳炎的森林集团公司、李金塔家族的李金塔私人有限公司、黄廷芳的远东地产置业公司,以及郭芳枫的丰隆集团等。远东机构集团创办人黄廷芳因在黄金地段乌节路拥有颇多地皮和房产,被誉为"乌节地王"。

商业和外贸是新加坡华商的传统行业。华侨华人的商业网络在新加坡国内流通领域始终占重要地位。到1983年,新加坡3.91万家商铺中,绝大多数仍然为华商经营,特别是零售商,几乎全部为华商。是年,新加坡的商业、餐馆业和旅馆业产值为72.406亿新元,其中华侨华人商业产值占了70%。[①]华商在新加坡对外贸易中始终占有一席之地,全新大大小小的进出口企业中,约80%属华侨华人所有,所经营的进出口货值额占新加坡外贸总额近一半。华侨华人商行还不断增加,据新加坡统计局的资料,2000年新注册的大大小小商行共25第411家,[②]其中80%~90%为华侨华人拥有。

表2-24 新加坡各业上市公司华资比重(1973年12月)

产业部门	企业家数	华资所占比重				全由华资掌握经营权者
		100%	50%以上	50%	50%以下	
工商业	49	15	15	3	15	1
金融业	11	3	6	1	1	0
旅馆业	14	7	6	0	1	0
不动产	6	2	3	0	1	0

---

① 黄滋生、温北炎主编:《战后东南亚华人经济》,广州:广东人民出版社,1999年,第171页。
② 《新加坡年鉴(2001)》,第133页。

续表

产业部门	企业家数	华资所占比重				全由华资掌握经营权者
		100%	50%以上	50%	50%以下	
合计	80	27	30	4	18	1

资料来源：[日]李国卿著，郭梁、金永勋译，《华侨资本的形成和发展》，福州：福建人民出版社，1985年，第155页。

从上表可以看出49家工商企业中，华资掌握经营权的就占30家之多，而金融、旅馆和不动产业的华资公司更是占绝大多数。

就华侨华人各个帮派的经济活动领域看，闽南人和潮州人在新加坡华侨华人人口中占最多数，他们的经济活动领域几乎涉及各个方面。其他帮派的华人在新加坡华人人口中占少数，他们的经济活动领域都有一定的范围，分别限定在某些特定的经济行业部门，例如兴化人、福清人限在运输业部门。一般说来，闽南人是以经商为主，也经营金融业和原始产品（主要是天然橡胶、椰子）的种植园，并投资于各种现代轻工业生产部门。

表2-25 新加坡中华总商会高级职员的帮派构成（1973—1974年） （单位：人）

帮派	人数
闽南帮	23
潮州帮	11
广府帮	5
三江帮（上海帮）	3
客家帮（大埔）	1
客家帮（梅县）	1
海南帮	1
总计	45

资料来源：《新加坡中华总商会年报》。

在1965年11月马科斯上台执政后，特别是1975年中菲建交后，菲律宾政府对待华侨、华人的政策朝着与五六十年代不同的方向发展。这一时期的华侨华人政策可以概括为：经济上利用、入籍上放宽、教育上同化三个方面。这给华侨华人创造了比较稳定的生存环境，有利于华商经济发展，也有利于华侨的同化。

纺织工业是菲律宾华商经营的传统行业之一，是华商制造业中最大宗的行业，在菲律宾同行业占有压倒性的优势。华商纺织业战前主要为进口、批发或零售纺织品，战后这部分商人由从事纺织行业的商业转入纺织品制造业。尤其是1954年实施零售业菲化案以来，华商被迫实现资本转移，纺织行业因而发展速度惊人。70年代中期，华商纺织企业在菲律宾全部纺织厂家中占80%。在这些生产厂家中，比较有名的有大众、声望、联合、中央、菲律宾、佩伦纺织厂、中央纺织厂、杨彭哥棉纺厂和大陆织造厂等，其中闽商占大多数。

菲律宾华商还在这个时期恢复了在零售商业上的优势。在80年代，他们最引人注目的业绩是大型百货公司的发展。到90年代，全菲律宾估计有8 500家菲华零售和批发商行。施至成的鞋庄连锁店就占了零售和批发商行总资产的49.5%，吴奕辉的罗宾逊百货公司与施至成的鞋庄集团旗下的百货公司在各地有上千家分店，在零售业中占主导地位。

菲华企业在航空和海运业方面的业绩也引人注目。陈永栽拥有菲律宾航空公司超过一半的股份。吴奕辉的JG高峰控股公司建立的宿务太平洋航空公司于1996年开始营运。张伟廉也拥有航空菲律宾公司。从事内海航运业的菲华家族有12个，主要从事如海鲜、蔬菜和水果等食品的冷藏运输，资本共100亿比索。在房地产业，菲华资本也占有显著的地位。全菲律宾共有房地产与建筑公司500个，而在大马尼拉地区由菲华拥有的这类公司就有120个。

食品工业也是华商发展较早的传统行业，战前即有少数作坊式的酿酒、椰子加工、制糖、饮料、糖果饼食等生产企业，碾米、磨粉厂、油坊更为普遍。截至1970年，在全菲律宾的1 086家食品生产企业中，85%由华裔菲律宾人或中菲混血儿拥有。现在华商食品工业的经营范围，主要包括蔗糖炼制，椰子加工（椰油、椰干等），碾米和磨粉，肉、蔬果加工，以及西点、饼干、糖果、粉丝、面条制作，软硬饮料和罐头的生产等。

表2-26　1969年、1973年菲律宾新登记注册的独资企业　　（单位：百万比索）

行业	企业总数	菲律宾人			华商		
		企业数	在企业总数所占比	资本额	企业数	在企业总数所占比	资本额
1969年							
农业	4	4	100%	0.8	—	—	—
矿业	5	5	100%	0.92	—	—	—

续表

行业	企业总数	菲律宾人			华商		
		企业数	在企业总数所占比	资本额	企业数	在企业总数所占比	资本额
运输业	99	99	100%	6.4	—	—	—
制造业	338	300	88.6%	5.7	3.8	11.2%	0.92
批发零售业	1 695	1 638	96.64%	375	55	3.25%	1.8
批发进出口业	864	588	68.66%	23.3	254	29.39%	4.6
零售业	2 856	2 723	68.06%	30.78	128	4.48%	2.7
合计	5 861	5 357	95.35%	105.4	440.8	—	10.02
1973年							
农业	11	11	100%	1.37	—	—	—
矿业	11	11	100%	0.42	—	—	—
运输业	318	381	100%	261.8	—	—	—
制造业	4 097	4 047	98.79%	82.4	36	0.88%	1.7
批发零售业	4 100	4 060	99.03%	143.3	38	0.92%	2.6
批发进出口业	1 873	1 760	93.96%	54.3	84	4.49%	3.1
零售业	21 315	21 167	99.3%	169.1	141	0.66%	2.2
合计	31 788	31 437	—	712.69	299	—	9.6

资料来源：[日]《亚洲月刊》，1975年第12期。

在1990年，在菲律宾名列前茅的1 000家私营企业中，菲华企业占了35.9%。在100强私人企业中，菲华企业占了27.5%。在1992年菲律宾股票交易所上市的排名前500家公司中，约有1/3是菲华企业。1993年拉莫斯总统指名协助国家建设的六大华商财团（施至成、杨应琳、吴奕辉、陈永栽、郑少坚、吴天恩），其巨额财富多来自制造业、房地产业、银行金融、采矿业和大规模贸易等新兴行业。①

---

① [菲]黄淑秀：《近现代菲律宾的华人企业家族》，陈文寿主编：《华侨华人新论》，北京：中国华侨出版社，1997年，第264—267页。

20世纪70年代中期以来，随着所在国经济的发展及华商资本的相对集中，加上由于华资企业经营拓展的需要，闽商经营的银行也不断增资、扩大，如排在新加坡私营银行前列的大华、华侨银行及丰隆金融有限公司等7家金融机构，均以闽商资本为主。印尼由闽商经营的中央亚细亚银行和泛印银行，无论从资本或经营范围来看，均是东南亚地区实力较为雄厚的两家民族私营银行。在菲律宾，私人商业银行绝大多数是由闽南人经营的，全菲律宾28家私营银行，华资商业银行占16家，其总资本额占全菲律宾所有私人商业银行资本的48.5%，总资产则占菲律宾全部私人商业银行总资产的51.1%；其流动资金占全菲律宾私人商业银行流动资金的56.45%；总贷款占全菲律宾私人银行总贷款的48.3%，总存款占全菲律宾私人商业银行的54.9%；而这些银行都是以闽商资本为主。[1]

在印度尼西亚，有一个时期华侨银行在爪哇、苏门答腊等地达7家，1931年前后相继破产，至1940年只剩下黄仲涵（经营糖业致富的闽商大企业家）银行及和丰、华侨两银行的分行（两银行的总行均设在新加坡），而且资本很少。巴达维亚银行（即雅加达），泗水的中华银行资本总额达新荷币300万盾，黄仲涵银行总资本400万盾，棉兰中华商业银行总资本是100万盾。把这些资本额加起来，还不足1 000万盾。而现在由林绍良任董事长，李文正任总经理的中央亚细亚银行，除在本土设有49家分行，稳执印度尼西亚私人金融业之牛耳外，其金融业务遍布港、新、日、荷、美、英、澳等地，跻身于国际银行之列，形成具有一定范围和自身系统的金融网。仅注册资本就为100亿盾，印尼10家外汇银行中，华资银行就占了5家。这家银行以其所得的高额利润支持该财团所办的企业，使二者互为依存和发展。

新加坡金融业是这一时期发展最为迅速的行业，有必要进行重点阐述。新加坡的华侨华人也和东南亚其他国家一样，是以祖籍或方言语系结成帮派，而"福建帮"在新加坡华侨华人人口中，历来所占比重较大，其中又以闽南人为多。

表2-27　新加坡华人祖籍构成比重

祖籍	1957年		1970年	
	人数	百分比	人数	百分比
闽南	442 707	40.59%	666 944	42.22%

---

[1] ［菲］《世界日报》，1986年12月1日。

续表

祖籍	1957年		1970年	
	人数	百分比	人数	百分比
福州	16 828	1.54%	27 075	1.71%
兴化	8 757	0.8%	38 122	2.41%
福清	7 614	0.7%		
潮州	245 190	22.48%	352 971	22.34%
广府	205 773	18.87%	268 548	17%
海南	78 072	7.16%	115 460	7.31%
客家	73 072	6.7%	110 746	7.01%
广西	292	0.3%		
浙江等地	12 282	1.13%		
总计	1 090 596	100%	1 579 366	100%

资料来源：《1957年新加坡人口调查报告》《1970年新加坡人口调查报告》。

从上表可以看出，福建人在新加坡华人人口中所占比重与广东大体相同，但由于历史上形成的原因，其经济实力则一直处于优势地位。新加坡华资银行历来存在有帮派主义，从建立直到发展成为股份有限公司以至银行集团，始终都是以家族财团。这种帮派主义虽然不能说具有排他性，但却是在同族、同乡、同地方语言的银行家相互间的密切关系的基础上发展起来的，"福建帮"在当地的银行业中，无论在数量和财力方面都一直据有绝对优势。

20世纪30年代前后，一批财力较大的华商纷纷联合起来组建银行。当时在新加坡成立的华资银行中，除从沙捞越古晋移资新加坡建立大华银行的黄庆昌外，其余几家创办人和主要股东，无一不是经营土产、橡胶加工、出口贸易和航运业发家的闽南富商。这不仅反映了"福建帮"当时在星、马华侨经济中所占的优势地位，同时也可以看出这几家银行都是在原有信贷关系的基础上联合几个同乡家族建立起来的。因此，无论在资本规模和经营方式等方面，都无法与控制整个马来亚地区金融市场的西方银行相抗衡。

表2-28 新加坡"福建帮"华资银行成立年份及股东一览表

银行名称	成立年份	主要股东
华商银行	1912	李光前（同安、叶玉堆（同安））

续表

银行名称	成立年份	主要股东
和丰银行	1917	林和坂（漳州）、徐垂青、陈祯禄（南靖）、李俊成（永春）
华侨银行	1919	李光前、李俊成、叶玉堆、陈延谦（同安）、陈振传（厦门）
华侨银行股东有限公司	1932	陈笃山（陈延谦之子）、林秉祥（林和坂之子）、李成义（李光前之子）、陈修信（陈祯禄之子）
华人联合银行	1935	黄庆昌（金门）
大华银行	1948	黄庆昌、黄祖耀父子
华联银行	1949	连瀛洲（广东）、郑棣（永春）、陈六使、陈永和叔侄（厦门）
崇侨银行	1950	胡文虎（永定）、高德根（龙溪）
新加坡工商银行	1954	陈锦章（安溪）
亚洲商业银行	1959	洪恭兰、洪永裕父子（南安）
远东银行	1959	黄桂楠、黄英杰叔侄（惠安）
达利银行	1974	吴水阁（南安）、吴子听（南安）
新加坡国际银行	1974	由新加坡发展银行及华侨、华人、华联投资合办

资料来源：陈维龙：《新马注股商业银行》，1975年；《新加坡华联银行五十周年纪念刊（1932—1982）》；《大华银行五十周年纪念刊（1935—1985）》。

1967年，新加坡与马来西亚币制分家。在这段时期内，"福建帮"银行也纷纷到国外主要商埠开设分行，并加强与世界各大银行的业务来往，也实现自身的国际化。与此同时，几家资本较大的华资银行为了加强市场上的竞争能力，通过控股不断调整合并，逐步形成了大华、华侨、华联三个银行集团。在新加坡四大银行集团中，除为政府投资建立的新加坡发展银行外，其余三大银行集团中，华联集团所属银行为闽、粤华资参半，大华、华侨两大集团则仍以"福建帮"华资为主，因而进一步促进了以金融资本为核心的福建华商经济的迅速发展。

表2-29 新加坡四大银行集团资本、存款、资产、放款及流动资金一览表（1985年12月）

（单位：百万新元）

银行名称	资本总额	存款	资产总额	放款	流动资金	并入该集团时间
新加坡发展银行	1 614.4	7 782.8	12 862.8	5 282.7	6 486.1	1968年政府投资创办

续表

银行名称		资本总额	存款	资产总额	放款	流动资金	并入该集团时间
大华银行	大华银行	1 627.5	5 577.1	7 189.2	3 210.2	3 188.2	
	崇侨银行	317.8	2 064.9	2 567.9	1 417.1	614.9	1971年3月
	利华银行	69.5	723.4	865.1	596.2	211.1	1972年12月
	远东银行	51.8	148.3	199.6	67.4	15.8	1984年8月
	新加坡工商银行	131.9	384.8	981.6	586.5	427.9	1987年11月
华侨银行集团	华侨银行	1 815.3	5 423.7	7 239.1	4 374.8	2 679.3	
	四海通银行	53.5	438.4	545.1	258.4	243.6	1972年
	新加坡银行	44.4	169.2	219.4	151.3	68.6	1985年
华联银行集团	华联银行	666.3	4 978.8	6 292.4	3 214.8	2 584.7	
	新加坡国际银行	183.6	746.2	889.8	413.8	457.5	1983年
	亚洲商业银行	146.7	482.5	666.8	331.5	388.8	1982年
	达利银行	225.7	1 812.3	1 592.3	772.3	633.6	1983年
本地银行		5 582.7	33 566.3	42 109.5	20 215	671 724.1	
新加坡全体商业银行		5 475.5	25 744.5	78 910.0	37 183	138 370.1	

资料来源：1985年新加坡金融管理局年报、1985年各银行年报。

在新加坡华资银行当中，规模最大的是闽南帮的华侨银行。新加坡华侨银行有限公司是新加坡最大的金融集团之一，1982年资产额达28.4亿美元，名列世界500家最大银行的第457位。[①]

除此以外由祖籍福建人所经营的金融公司其经济实力在当地也具有举足轻重的地位。被香港《经济评论》列为亚洲1981—1984年十大首富之一的丰隆集团董事长郭芳枫、郭令灿叔侄所经营的丰隆金融有限公司，其附属子公司有：东方信贷实业（私人）有限公司、安顺贸易（私人）有限公司，占其股权72%的新加

---
① 《银行家》，1983年第6期。

坡金融有限公司。在马来西亚注册的新加坡信托（私人）有限公司。此外，还有统一大酒店有限公司（占股34%），建昌石厂有限公司（占股50%），南洋铁钉制造厂私人有限公司（占股31%）等联号。[①]还有祖籍南安的王振墙、王清安家族经营的芝加哥亚洲第一证券有限公司，祖籍金门的王济堂经营的新加坡金融有限公司、蔡普中经营的亚洲商业金融有限公司、祖籍同安的孙炳炎经营的森林金融有限公司等。

这一时期，柬埔寨华商经营的工业，以中小型企业为主。1960年，华商工厂有3 313家，占全国工业的53%。华商经营的食品加工业以碾米、酿酒、制糖等规模较大。1961年华商碾米企业有1 092家，占全柬1 206家的80%，闽商肖金栖在马德望经营的建南米绞厂规模颇大。华商经营的糖厂中，以闽商陈豹父子在金边经营的联华糖厂规模最大。

在非洲，在原来闽商较多的国家和地区，闽商对当地经济发展的贡献分为两个层次。第一，在非洲居留时间较长的闽商以经商为主要职业，为激活国内外贸易、连接国内各地经济、沟通城乡之间关系做出了自己的贡献。第二，从20世纪60年代起，即有少数闽商从香港、东南亚和台湾等地移民非洲，从事新的创业；从80年代后期起，一批闽商来到非洲，引进新的企业、新的产品、新的管理方法。这些新移民携带资本技术，来到非洲或创设制造业，或推广贸易，或投资工业自由区。他们于当地华商相结合，对促进当地的经济发展起到了极大的作用。这些新的产业既为所在国解决了一部分就业问题，也为这些国家赚取了大量外汇，从而为当地经济发展做出了贡献。

在欧洲，从19世纪末开始，福建籍海员相继受雇于欧洲各轮船公司，种种原因使其中一些人滞留于欧洲各国，就这样荷兰有了最早的福建人。20世纪30年代，已有闽商在荷兰经营小商小贩。第二次世界大战以后，更多的福建人来到荷兰，并开始经营餐馆业。由于荷兰人没有经营餐馆的习惯，经营餐馆特别是经营中餐馆很快成为荷兰闽商的主要行业。[②]20世纪70年代以后，来荷兰的福建人迅速增加，并形成了继广东人和浙江人之后的又一个来自中国的省级地缘群体，其祖籍地主要为闽东，包括福州、连江、长乐、福清等地。

法国的福建人主要来自印度支那的越南、老挝和柬埔寨，他们的祖籍地大多

---

① 丰隆集团1985年年报。
② 谷岐：《低地的潜龙——荷兰华人沧桑点滴》，《荷兰华人手册（1998—1999）》，第1—3页。

是闽南，他们只是法国华人中次要的方言群。1975年南越及柬、老政权易主引发的难民潮中，有大批华人涌入法国，其中大部分属广州、潮州、海南和客家方言群，属闽南方言群的只占少数。①初到法国时，这些祖籍福建的移民几乎无一例外地都是难民身份，大约有数千人聚居于大巴黎地区。经过20年左右的奋斗，他们中的一部分人成了贸易商和餐馆主，并取得了法国国籍。但还有一些人仍然是难民身份，他们大都受雇于华商经营的一些行业。

三、全球化时期（20世纪90年代以来）

20世纪90年代后，世界经济活动超越国界，通过对外贸易、资本流动、技术转移、提供服务、相互依存、相互联系而形成的全球范围的有机经济整体，闽商在此期间取得了巨大的发展。

就企业规模而言，闽商企业在东南亚各国占据了重要地位。1991年印尼当地经济杂志发表了以销售额为标准而确定的200大财团，其中排名前20的企业中有12个为闽商所统率。②虽然该杂志根据的销售额和排名只是推测，但以此作为大概标准显然足以说明闽商企业在名列前茅的企业中占较高比例。菲律宾华商上市公司共73家，占菲律宾上市企业总数的30%，几乎全部为闽商，资产总额约为421.18亿美元。③在东南亚金融危机前，全菲律宾不少于300家大型企业，大都隶属于闽商的商、企业集团。1997年东南亚经济危机对闽商企业造成了不小的冲击，尽管如此，根据2005年《亚洲周刊》"国际华商500强"统计，仅在印度尼西亚、马来西亚、新加坡和菲律宾等东南亚四国，闽商大企业就有85家，其中菲律宾和印度尼西亚华商前10名中，有6家都是闽商。

《福布斯》2011年东南亚富豪榜，上榜富豪中前31名富豪分别来自印尼、新加坡、菲律宾、泰国，马来西亚五个国家。其中华商富豪为24名，闽商占去了75%，达到了18人，总资产648亿美金。以五国的GDP为例：印尼6 951亿（IMF数据）、泰国3 126亿（IMF数据）、新加坡2 032亿（政府预估）、马来西亚1 786亿（本国央行数据）、菲律宾1 727亿（政府预估）。在印尼，华商企业所占经济份额则是全印尼的80%。在销售额排行前20名的企业集团中，有18家为华商企业。

---

① Gregor Benton、Frank N. Pieke, *The Chinese in Europe*, Palgrave Macmillan, 1998, p.100.
② 转引自佐藤百合著，陈文寿译：《印度尼西亚华侨华人企业集团的发展和变化》，《华侨华人新论》，北京：中国华侨出版社，1997年。
③ 王望波、庄国土：《2010年海外华侨华人发展报告》，厦门大学出版社，2013年，第73页。

闽商的前18名东南亚富豪资产分别占印尼、泰国、新加坡、马来西亚、菲律宾全国GDP的9%、21%、32%、36%、38%。而这仅仅是上榜的18名闽商富豪创造的奇迹，（10亿美金以上的资产才能上福布斯富豪榜），没上榜的资产在10亿美金以下的应该更多。

2012年福布斯富豪榜显示，新加坡、马来西亚和印尼的华商富豪人数中闽商占绝对优势，新加坡前10名富豪中的8位、马来西亚前9名富豪中的6位、印度尼西亚前7名富豪中的6位都是闽商，著名海外闽商施至成则连续6年蝉联菲律宾首富，"糖王"郭鹤年则多年来一直是马来西亚的首富。2012年东南亚最大的20家华人上市企业中，闽商企业仍占据了3/4。[①]根据2014年《世界周刊》"全球华商1000排行榜"，闽商企业共有46家，其中新加坡15家，菲律宾9家，马来西亚18家，印度尼西亚6家，分别占各自国家上榜企业总数的54%、90%、66%、67%。[②]

表2-30　东南亚华人的经济成就

国家	人口（百万）	所占总人口比例（%）	对GDP的贡献（百亿美元）	在GDP中所占比重（%）	华人所拥有的上市公司比例（%）
新加坡	2	76	62	76	81
马来西亚	6	32	48	60	61
印度尼西亚	8	4	98	50	73
菲律宾	1	1	30	40	50

资料来源：The Limits of Family Values, The Economist, 9-15 March, 1996; John Naisbitt, Megatrends Asia (New York: Simon and Schuster, 1996), pp.19-20.

除了规模庞大的大企业外，闽商企业中占大多数的还是中小企业，他们作为所在国华人经济的基础，在当地的生产和流通中发挥着相当重要的作用。[③]正如日本学者岩琦育夫认为的那样，"无数的家族小企业固守着传统的形态和产业领域而生存着"。这些企业的可靠数据不易取得，因为这些企业是根据营业性质，而不是按照业主的族裔来注册的，更不必说闽商企业在其中所占比例了。但是，

---

① 根据《亚洲周刊》发布的"2012全球华商100强"数据资料整理而来。
② 根据2014年《亚洲周刊》"全球华商1000排行榜"整理。
③ 关于中小企业的界定，各国标准不尽一致。

透过华人同业公会和行业组织的间接性资料，大致还是可以反映出闽商中小企业的发展现状的。在马来西亚，20万家中小型企业中，80%为华人所有。在新加坡，华商中小企业占据了新加坡企业总数的80%~90%。①在马来西亚，根据1991年针对企业所有权模式进行的一项研究的估计，华人持股比率在建筑业是50%，批发业82%，零售业58%，制造业约40%，小型企业则将近70%。②

表2-31　1995年华人对马来西亚国内生产总值的贡献

人口数（百万）	占总人口比率（%）	生产总值（百万美元）	占总生产总值比率（%）
6	32	48	60

资料来源：文平强：《马来西亚华人与国族建构——从独立前到独立后五十年（上册）》，马来西亚华社研究中心，2009年，第206页。

在解决就业和缴纳税务方面，陈永栽1993年向菲律宾政府缴纳赋税80亿比索，约占菲律宾整个预算的2.5%，是菲律宾最大的个人纳税者。③在印尼，私营企业中位居前10名均为华人；在前50名中，华人拥有36席，占总数的72%。这些华资私人企业除了向国家缴纳巨额税收外，还为每年新产生的250万人的劳动大军创造了大量的就业机会。仅福清籍华侨华人的经济活动，至少使500万印尼人直接或间接得到就业。印尼国家税收80%来自华人工商业者，其中福清籍华侨华人税收占30%。1990年，印尼财政部首次公布个人缴税最多的200人名单，林绍良名列榜首。蔡云辉的"盐仓集团"上缴税费占整个国家税收的3%，作为世界上最大的丁香烟生产厂家，每年为印尼换取大量外汇。

从市场份额来看，在印尼，盐仓集团一家生产的丁香烟占据了印尼香烟市场的50%。④20世纪80年代，三林集团的水泥产量占印尼60%；1991年生产的面粉和水泥分别占印尼国内产量的95%和44%；2006年，三林集团印多熟食面的市场占有率达80%，面粉市场占有率达69%，食用油市场占有率达50%。⑤马来西亚是世界上最大的胡椒出口国，年出口量3万吨，其中90%是沙捞越华商生产的。丰隆集团的建材产量占马来西亚全国的1/3。邱继炳的"泛马洋灰"占全国总产量

---

① 廖小健：《全球化时代的华人经济》，北京：中国华侨出版社，2003年。
② *Malaysian Business*，1991年1月16日。
③ 蒋细定：《菲律宾陈永栽及其企业集团发展问题初探》，《南洋问题研究》，1994年第3期。
④ 王望波、庄国土：《2010年海外华侨华人发展报告》，厦门大学出版社，2013年，第67页。
⑤ 《印多食品扩大市场占有率》，[印尼]《国际日报》，2006年9月8日。

的30%。郭氏兄弟集团生产的食糖和面粉占国内产量的50%和45%。在菲律宾，以陈永栽为首的菲律宾华商企业集团属下的福川烟厂生产的香烟占全菲律宾卷烟市场的64%。

以东南亚闽籍华人聚居的印度尼西亚、马来西亚、新加坡、菲律宾为例：

华人作为印尼的少数民族，人口数量只占印尼人口总数的4%左右，而其华商资本额（1 638亿美元）相当于印尼2009年名义国内生产总值（GDP）（5 908亿美元）的28%左右，无疑是印尼国内一股强大的经济力量。

根据印尼1986年统计资料，谢建隆阿斯特拉集团生产的丰田、大发、日产、标致、雷诺、BMN等各种汽车68 446辆，占全印尼汽车产量的42.09%；林绍良沙林集团生产的铃木、日野、马自达等汽车49 203辆，占总产量的30.25%，仅这两集团就占印尼汽车生产七成以上。此外，沙林集团还垄断了印尼水泥生产的近80%。近几年，以谢建隆为首的阿斯特拉财团在廖内开辟了面积达5 000公顷的油棕种植园，1981年又在楠榜开辟面积达10 000多公顷的木薯种植园，并附设有日产1 000吨木薯粉的加工厂。

到20世纪90年代时，华商经营的行业主要有商业（含进出口业）、木材及胶合板工业、汽车工业、纺织及成衣业、丁香烟业、金融业、房地产业、旅游业及服务性行业等，已形成的大型企业集团约300个，其中规模最大的40个，共拥有1 990家企业公司，产品及服务遍及世界各大洲。[①]可见，战后印尼华商在居住国民族经济新体系中的资源配置具有较高的资源边际产出率，能够以尽量少的资源投入创造出更多的经济、社会效益。这一时期印尼华商的经济实力明显提高，在印尼国家经济建设中发挥了重要作用。

表2-32　印度尼西亚主要企业的民族别和产业别企业数统计（1990年）　（单位：家）

行业	政府、原住民企业（占比）	华商企业（占比）	其他投资（占比）
矿业	103 896（84.5%）	18 625（15.1%）	424（0.3%）
制造业	1 437 881（94.9%）	76 028（5.0%）	244（0.0）
大企业	290（9.9%）	2 170（73.7%）	194（6.6%）
中企业	151（13.6%）	756（68.2%）	
小企业	29 440（33.4%）	59 689（66.6%）	

① 冯翔：《印尼华人企业集团与合作社》，《南洋问题研究》，1992年第1期。

续表

行业	政府、原住民企业（占比）	华商企业（占比）	其他投资（占比）
家庭工业	1 408 000（99.0%）	14 593（1.0%）	
电气、煤气、自来水	1 326（6.5%）	15 940（78.7%）	2 987（14.7%）
建筑业	66 368（77.2%）	19 499（22.7%）	80（0.1%）
商业	4 802 703（94.1%）	302 921（5.9%）	18（0.0）
批发	119 000（95.2%）	6 036（4.8%）	
超级市场	3（1.3%）	236（98.7%）	
零售	3 900 000（95.1%）	200 698（4.9%）	
餐馆	777 000（90.0%）	85 876（10.0%）	
宾馆	6 700（39.9%）	10 075（60.0%）	18（0.1%）
运输	850 458（96.4%）	31 891（3.6%）	
金融	135 001（63.2%）	78 191（36.6%）	327（0.2%）
银行	101（7.0%）	1 307（90.0%）	42（2.9%）
农村金融	4 440（84.9%）	788（15.1%）	
保险、经纪人	6 460（40.0%）	9 596（59.5%）	85（0.5%）
不动产	124 000（65.0%）	66 500（34.9%）	200（0.1%）
日常服务业	1 073 064（82.0%）	235 319（18.0%）	440（0.0）
民营教育	40 300（89.1%）	4 500（9.9%）	400（1.0%）
医疗	24 700（70.0%）	10 604（30.0%）	
修理业	42 200（30.0%）	98 411（70.0%）	
染色、洗衣店	942 800（90.0%）	104 777（10.0%）	
其他	23 064（57.5%）	170 27（42.5%）	
总计	8 470 697（91.5%）	788 594（8.4%）	4 520（0.0）

资料来源：黄滋生、温北炎主编：《战后东南亚华人经济》，广州：广东人民出版社，1999年。

表2-33　排名前20位的印尼华人家族资产　　　　　　　　（单位：亿美元）

序号	华人富豪	2009年资产总额	
		《福布斯》	《环球亚洲》
1	黄惠忠、黄惠祥	70	41
2	吴笙福	30	13
3	蔡道平	26	11

续表

序号	华人富豪	2009年资产总额	
		《福布斯》	《环球亚洲》
4	黄奕聪	24	32
5	比特宋达	21	8.4
6	林天喜	20	22
7	陈江和	19	11.5
8	林逢生	14	26.8
9	苏吉哈托·索斯罗佐约	12	NA
10	刘德光	11.8	NA
11	陈锡基	11	11
12	汤新隆	7.5	5.2
13	范乔诺	7.1	NA
14	傅志宽	6	9.9
15	彭云鹏	4.7	6
16	李文正	4.4	7.1
17	曾国奎	4.3	4.1
18	徐清华	4.2	4.2
19	林文光	3.5	1.2
20	林德祥	3	3
总计		303	217

资料来源：黄滋生、温北炎主编：《战后东南亚华人经济》，广州：广东人民出版社，1999年。

1997年东南亚金融危机发生后不少华人大企业以出售非主营或成长瓶颈的资产，或将经营核心转到更具赢利潜力的行业等方式进行企业重构，从而增强了风险抗御能力。2009年，华商企业集团的资产增长迅速，一些家族资产翻番。

表2-34 2008—2009年排名前10位的印尼华商资本变化表 （单位：亿美元）

	2008年	2009年
黄惠忠	33	70
吴笙福	13	30
蔡道平	6.4	26

续表

	2008年	2009年
黄奕聪	9.5	24
比特宋达	9	21
林天喜	15	20
陈江和	20	19
林逢生	2.8	12
苏吉哈托·索斯罗佐约	2.1	12
刘德光	2	11

资料来源：《福布斯》2008年、2009年印尼富豪排行榜。

印尼华人大多经商，著名华商企业家陈伯年认为80%的印尼华人都有自己的产业。结合林文光以及索菲安·瓦南迪的判断，可知绝大部分华商实际上属于资本较小的个体工商户，其确切数字与印尼的华人人口相关，按印尼华人总数约1 000万，也就是说，印尼有约200万华人家庭，按80%的华人家庭拥有产业估计，扣除拥有大中小型企业的家庭后，性质为个体工商户的华人约有130万户。印尼合作社委员会称"95.7%的印尼企业属个体工商户性质，资产在5 000万~2亿印尼盾之间"。此外，根据印尼合作社委员会2008年7月的数据，全印尼数千万企业中，资产10亿~500亿印尼盾的中型企业占0.24%；资产500亿印尼盾以上的大企业占0.01%。[①]从华人在印尼经济中的历史地位判断，5 000家华商企业大部分应属大型企业的范围。因无具体资料，此处仅以净资产500亿印尼盾（500万美元）这一划分大中型企业的界限作为上述华商企业的平均资产。以此推算，这部分华商企业的资产约250亿美元。资产在2亿~10亿印尼盾之间的小企业占了印尼企业总数的4.05%。如以其中间值6亿印尼盾（6万美元）作为华人小企业的平均资产，则可估算出30万华人业主的总资产大约为180亿美元。

20世纪90年代上半期闽商大企业在马来西亚经济各行业中的地位：

工业方面，云顶集团兴建的一家年产100万吨的综合造纸厂是全马最大的纸厂，已开工生产的褐色级纸厂和双联纸厂，综合年生产能力为33万吨，占全国总产量的45%。金狮集团属下的合营制钢公司所生产的钢坯、钢条、圆铁，占全

---

① 转引自印尼法规研究中心：《中小型和微型企业法及其实施的挑战》，http://202.134.5.138：2121/pls/PORTAL30/indoreg.irp_editorial.show_editorial?id=1180

马同类产品的35%。郭令灿、骆文秀、邱继炳、刘耀全、林添良分别参与投资经营的泛马水泥、大石水泥和吉打水泥厂,其产量占全国的68.9%,其中仅邱继炳的"泛马洋灰"就占全国总产量的30%。林敬奎的益东实业公司是马最大的棕油提炼厂之一。杨协成家族经营的不含碳酸气饮料,占全国产销市场的50%。刘集汉领导的立达环球公司是马最大的电缆制造商,陈唱集团则是马最大的汽车零件制造商。马来西亚是世界上最大的胡椒出口国,年出口量3万吨,其中90%是沙捞越华商生产的。丰隆集团的建材产量占马来西亚全国的1/3。郭氏兄弟集团生产的食糖和面粉占国内产量的50%和45%。张晓卿是全马最大的夹板出口商。

金融业方面,1990年马来西亚22家私人商业银行按股东基金和总资产排队,林梧桐女婿陈中贤控制的南方银行分别列第6和第11位;郭鹤年及其女婿拉昔胡申支配的马法银行按资产列第12位。至于金融公司,闽商企业集团则占有较重要的地位。在马上市的43家金融公司中,按资本额排列,丰隆信贷公司、马联工业金融公司、马婆资本公司分列第2、3、9位。

种植业方面,闽商企业集团多数在马来西亚投资油棕、橡胶、可可等经济作物的种植及其产品的加工业。仅郭鹤年、林梧桐和林天杰所属企业,1991年分别拥有作物面积45 000公顷、40 700公顷和37 800公顷,合计123 500公顷;郭氏兄弟集团是马来西亚最大的蔗糖种植集团;骆文秀是浮罗交怡岛最大的地主,拥有该岛50%的土地。

此外,林梧桐是东南亚地区的"赌业大王",云顶集团是马来西亚最大的旅游系列集团,也是世界上最大的经营赌业跨国企业集团之一。以郭令灿为主席的"南洋报社",是马来西亚最大的华文报业集团。

除此之外,闽商企业还积极参与住在国的基础设施建设。20世纪90年代,杨忠礼机构与政府签订了8.4亿的合同,为配合政府实施的全国农村地区医疗网络计划而设计并建造12家医院。此外,杨忠礼机构还参与了修建120座工业园、机场等项目。[①]

[①] Edmund TerenceGomez, *Chinese Business in Malaysia: Accumulation, Ascendance, Accommodation*, Routledge Curzon Press, 1999, p.165.

表2-35　1970年、2000年、2004年、2006年、2008年马来西亚有限公司的拥股资本分布情况表

拥股类别		土著个人、信托机构	华人	印度人	其他	代理公司	外国人	总计
马币（百万令吉）	1970	125.6	1 450.3	55.9	320.1	—	3 377.1	5 329.2
	2000	62 976.0	129 318.3	5 136.8	2 957.7	28 119.4	103 909.4	332 417.6
	2004	100 037.2	206 682.9	6 392.6	1 897.3	42 479.1	172 279.6	529 768.7
	2006	120 387.6	263 637.8	6 967.8	2 608.8	41 185.3	187 045.8	621 833.5
	2008	127 407.6	203 092.1	9 564.6	698.8	20 547.2	220 530.8	581 841.2
百分比（%）	1970	2.4	27.2	1.1	6	—	63.3	100
	2000	18.9	38.9	1.5	0.9	8.5	31.3	100
	2004	18.9	39	1.2	0.4	8	32.5	100
	2006	19.4	42.4	1.1	0.4	6.6	30.1	100
	2008	21.9	34.9	1.6	0.1	3.5	37.9	100

资料来源：《第三马来西亚计划（1976—1980）》《第九马来西亚计划（2006—2010）》《第九马来西亚计划中期检讨报告书》《第十马来西亚计划（2011—2015）》。

新加坡独立后的金融业中，仍以闽商经营的华资银行最多，其规模、资产额及经营范围也较大。他们纷纷到国外主要商埠开设分行，并加强与世界各大银行的业务往来以实现自身的国际化。被《世界银行》杂志列为1983年世界500家最大私人银行的新加坡四大银行集团中的华侨银行、大华银行和联华银行，从创办人到股东几乎都是福建华商，而华联银行则是闽、粤华资各占一半左右。

如今，大华银行在国内外已有上百家分行。据该行公布的年报统计数看，盈利最高的1983年获净利15 379.5万新元，居全国之首位。[①]

表2-36　20世纪90年代初东南亚部分华商银行一览

国别	银行名称	创办时间	银行资产额	银行分支机构或控制的海外银行	所属集团
印度尼西亚	中亚银行	1957年	115 204亿盾（1992年6月）	国内分行400多家、香港第一太平银行等	三林集团
	力宝银行（前身为印尼商业银行）	1989年	330 41亿盾（1992年6月）	国内分行140多家、香港华人银行、美国加州力宝银行等	力宝集团

① 《星洲联合早报》，1985年3月31日。

续表

国别	银行名称	创办时间	银行资产额	银行分支机构或控制的海外银行	所属集团
马来西亚	大众银行	1965年	26.61亿美元（1990年底）	国内外分支机构81家	大众银行集团
马来西亚	丰隆银行（前身为马联银行）	1994年（1960年）	37.7亿美元（1989年底）	国内外分支机构71家、香港道亨银行等	丰隆集团
菲律宾	首都银行	1962年	20.78亿美元（1991年底）	国内外分支机构223家	郑少坚集团
菲律宾	黎刹银行	1960年	10.42亿美元（1992年3月）	国内分行100余家	杨应琳集团
菲律宾	联盟银行	1977年	10.13亿美元（1992年3月）	国内分行128家	陈永栽集团
新加坡	大华银行	1935年	418.3亿美元（1992年底）	国内外分支机构132家	大华银行集团
新加坡	华侨银行	1932年	411.4亿美元（1992年底）	国内外分支机构99家	华侨银行集团
新加坡	华联银行	1949年	158.9亿美元（1992年底）	国内外分支机构105家	华联银行

资料来源：王勤：《东南亚华人金融集团的发展与特点》，《华侨华人历史研究》1994年第3期。

据统计，20世纪末，菲律宾股票公开上市的工商控股公司有45家，华商为大股东的约有20家。华商拥有全菲律宾1 000家最大公司和所有中型公司的半数，并在纺织及成衣、漂染、钢铁、五金、制糖、塑胶、木材加工、建筑材料、百货及金融等行业占优势。[①]闽商在食品工业领域可以说是战果丰硕，涌现出了一批有名的工业巨子，如蔡文华享有"菲律宾糖王"之称；以吕希宗为首的吕氏家族拥有东亚最大椰油厂及世界上数一数二的椰油出口公司，企业业务还由椰油生产扩展至炼制菜油、食物油、人造奶油、酥油；陈觉中的佐利比食品公司1990年的净收入为12亿比索，超过当年菲律宾麦当劳的年收入，1994年该公司在菲律宾拥有100多家分店，成为菲律宾最大的快餐连锁集团，并向东南亚地区市场

---

① 华人经济年鉴编辑委员会编，《华人经济年鉴（2000—2001）》，北京：朝华出版社，2001年，第96页。

发展。①菲律宾的烟厂基本上全部是华商经营，现在共有6家烟厂，生产香烟及雪茄，为提高品质，20年前就聘请国外专业人员改良烟草品质、卷烟配方，因此菲律宾华商的雪茄驰名国际，菲律宾华商对烟草种植与加工外销做出了巨大的贡献，获得菲律宾国人的好评。

闽商企业的跨国经营也促进了东南亚各国对外贸易合作的蓬勃发展。这方面表现最为突出的是，印尼的三林集团与马来西亚的嘉里集团、新加坡与马来西亚的丰隆集团。这些闽商企业跨国经营的开展和华人经济国际化程度的提高，有力地促进东南亚国家的对外经济交往，为东南亚国家扩展海外市场，密切与世界各地的经贸合作关系，开辟了新的途径，奠定了良好基础。

表2-37 当代著名海外闽商

姓名	2012年财富值（亿元人民币）	籍贯	企业	所在地	行业
郭鹤年	790.2	福建福州	郭氏兄弟集团、嘉里集团	马来西亚	酒店、房地产、饮料、粮油
黄志祥（黄志达）家族	590.0	福建莆田	香港信和集团、新加坡远东机构	新加坡	房地产
施至成家族	517.1	福建晋江	SM企业集团	菲律宾	零售、投资
黄奕聪	515.5	福建泉州	金光集团	印度尼西亚	纸浆造纸、金融、农业及食品加工、房地产
黄惠忠	417.5	福建晋江	印度尼西亚针记香烟集团	印度尼西亚	金融、房地产
黄惠祥	404.8	福建晋江	印度尼西亚针记香烟集团	印度尼西亚	金融、房地产
李深静	335.3	福建永春	IOI集团	马来西亚	油棕种植
郭令灿	273.1	福建厦门	国浩集团	马来西亚	金融
黄祖耀	245.8	福建金门	新加坡大华银行	新加坡	金融
林逢生	241.7	福建福清	三林集团	印度尼西亚	多元化经营
郭孔丰	232.2	福建福州	新加坡丰益国际集团	新加坡	粮油、化工、能源、房地产

① 叶祥松：《东南亚华人经济研究》，北京：经济科学出版社，1999年，第181页。

续表

姓名	2012年财富值（亿元人民币）	籍贯	企业	所在地	行业
陈永栽	225.7	福建晋江	陈永栽财团	菲律宾	房地产、航空、银行、烟草、酒
吴奕辉	209.9	福建晋江	JG控股公司	菲律宾	石化、食品、房地产、航空、电信
吴笙福	200.4	福建晋江	新加坡丰益国际集团	印度尼西亚	粮油、化工、能源、房地产
陈江和	187.6	福建莆田	金鹰国际集团	新加坡	油气、能源开发、农产品加工
郭令明家族	160.8	福建同安	丰隆集团	新加坡	金融、房地产
吴聪满	139.4	福建晋江	美佳世界集团	菲律宾	食品、酒、房地产
林荣福	114.3	福建莆田	丰益控股、FJ Benjamin、Brewerkz	新加坡	食用油炼油
郑少坚家族	111.8	福建永春	首都银行集团	菲律宾	金融
李成伟	90.4	福建南安	新加坡华侨银行	新加坡	金融
陈觉中家族	88.2	福建晋江	快乐蜂家族	菲律宾	餐饮连锁
林德祥	84.0	福建莆田	佳通集团	印度尼西亚	橡胶
张晓卿	80.7	福建闽清	常青集团	马来西亚	林业、矿业、金融、投资
杨致远	76.0	福建福州	雅虎网络	美国	互联网
杨恭旗	45.2	福建晋江	上好佳	菲律宾	食品
李文正	42.3	福建莆田	力宝集团	印度尼西亚	金融、房地产

资料来源：根据《2012年闽商百强榜（全球榜）》整理，新浪网，http://mn.sina.com.cn/news/b/2012-09-07/18017440.html

改革开放后，许多福建人走出国门到海外创业。据估算，自20世纪80年代我国改革开放以来，闽籍新移民人数接近300万人，约占我国新移民数量的1/4。20世纪90年代，到南美（如阿根廷）、非洲（如南非）以及欧洲（俄罗斯、匈牙利、西班牙和意大利等）的新闽商，以打工和经商为主。三明市明溪县的新闽商，在欧洲以务工和从事贸易为主，泉州市晋江籍的新闽商多在菲律宾经商。进入90年代后期，来自福建的新移民，由于各类"非正常迁移"，故而迅速成为一个引人注目的社会群体。

根据福建社科院华侨华人研究所2008年8月侨乡调查，美国福州籍的新华侨华人仅开餐馆、打工的年收入估计达100亿美元。如马尾区亭江镇的新华侨华人，在美国从事餐饮、装修和制衣业，最低月工资在2 000美元左右，人均年收入约3万美元。三明市明溪县的新华侨华人，主要从事皮革加工、餐饮和贸易业，年人均收入在5万元人民币左右。在美国，如今，纽约的中餐外卖店90%都是福建人开的，至少有5 000家。福建新移民在中餐外卖店和中国食品超市上的成功发展带动了很多边缘行业。

最典型的就是长途汽车运输业的发展。由于闽商的中餐外卖店在纽约越开越多，市场空间越来越小，因此他们瞄准了外州的市场。但是，在外州开办中餐外卖店，炉具设备和食品原料最初都得从纽约购买，员工也基本要从纽约雇。因此，一些闽商就借机开办起了长途运输公司。闽商的长途客车每天定时往来于华人比较多的城市，近的可以到费城、波士顿、华盛顿，远的可以到芝加哥，几乎每小时就有一趟。起初，只有华人乘坐，但因为车况好、票价便宜，后来许多美国人也跑到唐人街来搭乘。闽商的客运线路已成了热门线路，到了节假日，乘客随到随上，人满开车，非常方便。福建新移民逐渐在美国站住脚，收入稳定了，成家立业的就多起来。由此产生的婚庆市场也被闽商看在眼里。他们很快就在纽约办起了一家又一家婚纱影楼。目前仅曼哈顿下城的老唐人街就有17家闽商开的婚纱摄影店，他们的婚纱摄影生意已经占到整个华人婚纱摄影业的70%。以福州新移民为例，2000年后，纽约的福州新移民开始向外流动，不少福州新移民在房价房租远低于纽约的费城创业置产，并发展出餐饮、零售、装修、银行、保险等五脏俱全的华人社区。

闽商在美国华人超市业中颇有建树。中国城超市集团由闽商邓龙创办，是一个以超市零售为主，集外贸进口、批发、仓储物流、农业种植、餐饮服务于一体的综合性企业集团。它在纽约艾姆赫斯特、华埠及法拉盛设立起11个大型超市，并开展农场、连锁餐饮、食品进口批发、物流配送，业务覆盖全美20余个州，企业员工1 000多人，在竞争激烈的美国超市行业中昂首挺立，目前已成为全美最大规模的亚洲超市集团之一。随着福建新移民的到来,以李贵先为领军人物的福州福清人开办的超市和便利店也相继开张,至今,福建人开的超市垄断了多伦多、温哥华等地的华人超市。据《世界日报》报道,多伦多的福清人有2 000多人,他们的影响力日益增强。2001年多伦多福清移民所开的华人超市从1家增长到12家。据多伦多福清同乡会会长李贵先表示,还有更多的福清移民正在寻找机会,希望在经营超市方面展露自己的才能。2002年,由福清人经营的多伦多中型规模企业至少有30家,涉及领域包括超市、农场、茶叶、家具、五金、花卉、便利店、建筑装修等。[1]

1980年以前阿根廷华侨华人主要来自台湾,之后大陆移民迅速增加,大部分来自福建省。阿根廷闽商主要以经营餐饮、超市和商贸为主。20世纪90年代以来,大批的福州籍闽商以投资移民、技术移民方式进入阿根廷,其中70%经营超市。2005年阿根廷《财富周刊》报道,"华人超市目前在全国总数逾3 000家,尽管社会上存在许多偏见,然而华人超市依然在零售业市场上蓬勃发展。仅于首都和大布宜诺斯艾利斯地区,就有近2 200家华人超市,内地有800多家,每家华人超市每日营业额平均介于1 500披索至2 000披索,亦即使在如此低迷的经济现况中,华人超市业界每年所掌控的资金流量仍不低于10亿披索。"[2]2007年,阿根廷闽商超市占全国食品销售总额的30%,以每个月大约20家的速度向内地市场扩张。[3]发展至2010年,阿根廷华商已开办超市8 000多家,仅在首都布宜诺斯艾利斯就有1 300多家。[4]据调查统计,由福州籍闽商开办的超市约占阿根廷超市总数的80%~90%。

十多年前,就有不少闽商纷纷到南非等地发展。据莱索托王国福建同乡会常务副会长兼秘书长方传木估计,在南非、莱索托等地生活的福建人有3~4万人,在当地超市和百货业占有很大的市场份额。虽然闽商在非洲大多数国家的投资才刚刚起步,但在南非,闽商已经成为当地不可忽视的商界力量。据了解,目前在南非生活的福建人有3万多人,福建人在当地打工的很少,主要是开超市、百货批发以及从事家具业等。在南非和莱索托两国当地的超市零售业,一半以上的市场都是中国人在做,其中又以福清人为主。这些福建人在当地的投资,虽然不能

---

[1] 《伦多福清移民经商显身手》,《福建侨报》,2002年2月9日。
[2] 《财富周刊报导布宜诺省市华人超市公会消息》,《阿根廷华人超市公会月刊》,2005年9月,第18页。
[3] 《阿根廷华人超市公会已经全国联邦化》,《阿根廷华人超市公会月刊》,2007年5月。
[4] 陈传业:《出访阿根廷、巴西、智利情况报告》,《福建侨务》,2010年第6期,第11页。

在任何统计数据中体现，但积聚的财富数字也是惊人的。

据悉，福清有三个家族在南非从事超市业，一家是方家，另两家为江阴的陈家和城头的陈家。据悉，方家的领头人方则基1992年到南非，是最早到南非的那批福建人之一。方家从最早开百货零售店开始，慢慢发展到连锁超市，后来又开车行以及从事进出口贸易等。其在南非的公司方林贸易集团，近年斥资4 000万美元投资纽约国际商品展览城，其经济实力可见一斑。福建石狮灵秀籍闽商蔡国伟在马达加斯加从事服装贸易生意仅十余年，但事业发展迅猛，在华商界颇具影响力，2007年被推选为当地华商总会首任会长。

在中东地区，从1995年开始以色列转向非阿拉伯地区招募劳务人员，而中以关系又明显改善；同时东南亚国家在金融危机后经济萧条，所需劳务人员数量大幅度下降，于是，前往以色列的福建劳务人数相应增长。福建新华商（新闽商）职业范围从原来从事经商、制衣、餐馆、建筑等少数职业，拓展到经营超市、装修、科研、旅游等行业，经营领域日益多元化。[1]在建筑劳务市场中，中国北方大型国有建筑公司在以承包大型建筑工程后，再从国内组织施工队赴以工作，而福建人则大多通过中介公司赴以，主要从事铺砖、刷墙等建筑装修业务。在以色列的中国务工人员中有多少福建人？有报道认为，在以色列的中国劳工中，"90%以上为福建人，他们大都来自该省的福清、平潭、莆田、泉州、厦门等地"[2]。

另据香港《文汇报》报道，1992年中国和以色列建交时，以色列国土上只有10名中国人，十分"珍稀"。然而，自中、以建交并签订劳务合作协议以来，经过十多年的交往，在这片只有2万平方公里、硝烟炮火弥漫的土地上，每平方公里就有1~1.5名福建人。[3]照此统计，在以色列仅福建人就可能达到2~3万人。上述数据的准确性自然有待考量，但在以色列的中国劳务人员中，福建人的数量可观已是一个不争的事实。迪拜的闽商则主要从事油画、沙发、家具、木雕、奢侈品等行业，较少投资地产业。

福建人传统海外迁移的主要目的地以东南亚为主，虽然早在第二次世界大战前已有福建人谋生于欧洲的荷兰、丹麦、法国、意大利等国，但人数不多。改革开放初期的20世纪七八十年代，福建人跨境迁移的主要方向最先以日本、美国

---

[1] 李明欢：《谋生于合法与非法之间：在以色列的福建人》，《世界民族》，2008年第4期。
[2] 在以色列的中国福建女劳工已经开始撤离，2003年3月22日。http://news.sohu.com/09/18/news207451809.shtml
[3] 参见郭成荣：《硝烟炮火无所惧？以色列每平方公里一名福建人》，2002年7月20日。http://www.dzwww.com/xinwen/guoneixinwen/200207200575.htm

为主,欧洲是在90年代后才逐渐凸显为又一迁移的目的地。进入欧洲的福建人以闽东福清、长乐及闽西三明地区为主。由于福建人进入欧洲以后可资凭借的纽带远不如浙江人,更比不上广东人或香港人,因此,他们的立足、创业过程都显得极为艰难。在业已进入西欧国家的福建人中,一部分已经借意大利、西班牙、葡萄牙、法国等国家的几次大赦,获得了合法居留,有些并已迅速创业致富。但是,相当一大部分则还处于朝不保夕的非法居留、非法打工的阶段,或是在难民中心等候获得庇护。据李明欢的估算,2000年后全欧洲福建移民的总数很可能已达到5万人以上。①

表2-38 ASLC登记的法国的中国新移民人数(按所登记的省籍划分,2005年1月统计)

省、直辖市、自治区		总人数	百分比(%)	
浙江		12 038	58.5	
福建		2 318	11.3	
辽宁	"东北人"或"北方人"	2 018	9.8	21.6
山东		1 210	5.9	
天津		606	2.9	
吉林		468	2.3	
黑龙江		151	0.7	
上海		1 043	5.1	
其他各省市自治区②		734	3.5	
总计		20 586	100.00	

表2-39 西班牙华侨华人原省籍分布③(2010年3月统计)

省、直辖市、自治区	总人数	百分比(%)
浙江	100 530	61.72
福建	35 000	21.49

---

① 李明欢:《欧洲华侨华人史》,北京:中国华侨出版社,2002年,573页。
② 来自其他省市自治区的新移民人数包括:广西96,广东93,江苏92,河南81,河北70,江西58,四川39,湖南38,北京35,湖北34,安徽27,山西21,新疆10,贵州7,云南7,甘肃5,内蒙古5,海南4,重庆4,青海3,香港3,宁夏1,西藏1。资料来源:李明欢:《21世纪初欧洲华侨华人人口构成概览》,《华侨华人蓝皮书:华侨华人研究报告(2014)》,北京:社会科学文献出版社,2014年,第40页。
③ 李明欢:《21世纪初欧洲华侨华人人口构成概览》,《华侨华人蓝皮书:华侨华人研究报告(2014)》,北京:社会科学文献出版社,2014年。

续表

省、直辖市、自治区	总人数	百分比（%）
上海	5 200	3.19
山东	4 500	2.76
辽宁	3 000	1.84
台湾	2 800	1.72
河南	2 600	1.60
广东	1 980	1.22
吉林	1 800	1.11
黑龙江	1 700	1.04
其他各省市自治区①	3 779	2.31
总计	162 889	100.00

（吴元林勇）

---

① 来自其他省市自治区的新移民人数包括：江苏960，北京360，四川320，湖南280，广西250，香港230，云南225，天津180，安徽150，江西140，重庆110，陕西98，河北85，湖北72，西藏68，海南60，贵州60，新疆31，澳门30，甘肃18，内蒙古18，山西17，青海10，宁夏7。资料来源：李明欢：《21世纪初欧洲华侨华人人口构成概览》，《华侨华人研究报告（2014）》，北京：社会科学文献出版社，2014年，第41页。

第三章 海丝沿线国家闽商企业的特点及实力
——以东南亚国家为例

第一节 东南亚华商主要特点

以《亚洲周刊》公布的"全球华商1000"排行榜为分析样本,进入2007年"全球华商企业1000"排行榜的非中国大陆企业,总共有729家,到2009年则减少为335家。减少的394个席位,全部被中国大陆企业占据。具体到相关各国,被排挤出全球华商1000排名榜最多的是总部设在新加坡的华商企业。2007年,有232家新加坡企业上榜,到2009年只有28家,减少了204家;同期,东南亚华商由上榜315家,减少到77家。海外投资失利、国际需求低迷、中国企业异军突起,是其被排挤出"全球华商1000"排行榜的主要原因。2014年上榜的东南亚华商公司86家,包括总部在新加坡30家,马来西亚23家,印尼12家,泰国11家,菲律宾10家,跟2009年比变化不大。(见表3-1)

表3-1 "全球华商1000"企业地区汇总(非中国大陆部分)

国家/地区	2007年11月		2009年12月		2014年1月	
	上榜公司数目	资产(亿美元)	上榜公司数目	资产(亿美元)	上榜公司数目	资产(亿美元)
中国香港	159	7 174	139	10 247	138	16 874.6
中国台湾	255	11 053	119	12 141	107	16 948.3
新加坡	232	27 32	28	3 847	30	6 357.8
马来西亚	31	1 418	25	1 838	23	3 028.7
印尼	35	175	9	316	12	1 036.4
泰国	9	910	7	1 173	11	2 085

续表

国家/地区	2007年11月		2009年12月		2014年1月	
	上榜公司数目	资产（亿美元）	上榜公司数目	资产（亿美元）	上榜公司数目	资产（亿美元）
菲律宾	8	337	8	405	10	770.4
中国澳门					2	29.1
合计	729	23 799	335	29 967	333	47 130.3
东南亚合计	315	5 572	77	7 579	86	13 278.3
东南亚占比	43.21%	23.41%	22.99%	25.29%	25.83%	28.17%

资料来源："全球华商1000"排行榜，《亚洲周刊》2007年11月25日；《亚洲周刊》2009年12月6日；《亚洲周刊》2014年1月26日。

一、东南亚华商行业分布

以2014年"全球华商1000"中东南亚华商行业/产业分布数据进行分析，见表3-2。

（一）在行业分布上相对集中于服务行业

东南亚华商资本涉及服务行业的业务较广，但分布不平衡，房地产业、金融业所占比重较大。86家公司中，行业涉及金融32家，房地产29家，酒店、休闲、娱乐、医疗16家，分别或多项涉及以上行业的有57家，占比66.28%；其中包括13家综合企业，见表3-2。

（二）在三次产业分布上偏重第三产业

按三次产业分，涉及第三产业66家，占比76.74%；第二产业30家，占比34.88%；第一产业8家，占比9.30%；其中涉及多行业有16家，占比18.60%，见表3-2。

（三）行业分布特点与福建当前和今后引资的行业选择方向比较契合

福建今后实现经济发展方式转变和跨越发展，需要加大推动城镇化功能性行业发展的投资。东南亚华商在服务业上的资本优势，尤其是综合型企业对跨行业资源的整合能力，以及占大比重的金融（含房地产）行业优势等，有利于福建省在发展现代城市服务业方面引入市场活力，包括金融创新、房地产、医疗保健、职业教育等。

表3-2 2014年"全球华商1000"中东南亚华商行业/产业分布

行业分类	公司数目	占比(%)	产业分类	公司数目	占比(%)
金融	32	37.21	第一产业	8	9.30
房地产	29	33.72	第二产业	30	34.88
酒店、休闲、娱乐、医疗	16	18.60	第三产业	66	76.74
食品及饮料	13	15.12	其中多产业	16	18.60
零售、贸易、购物中心	12	13.95			
通讯及传媒	6	6.98			
综合企业	13	15.12			

资料来源：根据《亚洲周刊》（2014年1月26日）"全球华商1000"整理。

二、东南亚华商资产实力估算

（一）华商个体经济实力比较雄厚

从表3-1的总资产数据来看，发现一个有趣的现象，东南亚华商上榜公司数目从2007年315家狂减到2009年77家，2014年略回升到86家，在非中国大陆地区中占比分别为43.21%、22.99%、25.83%；但是总资产及其占比却都是上升的，三个年份总资产分别是5 572亿美元、7 579亿美元、13 278.3亿美元，占比分别是23.41%、25.29%、28.17%。从新加坡来看，单个公司平均资产在上述三年中分别为11.78亿美元、137.39亿美元、211.93亿美元，增长幅度高于非中国大陆地区的平均数（32.65亿美元、89.45亿美元、141.53亿美元），见表3-1。可见，新加坡华商企业在2008年金融危机后，实现单个企业资产规模大幅度的重组和提升，具有比较明显的规模优势。

从"2014年全球华商1 000"中东南亚华商企业单体实力来看，低于上榜公司的平均水平，上榜公司数目86个，市值4 337.8亿美元，资产13 278.3亿美元，分别占总量的8.6%、7.17%、5.59%，见表3-3。但是，基于以下因素分析可知，东南亚华商的资产实力还是比较大的。

一是平均市值50.44亿美元，超过50亿美元的32家。以国际资本市场常用的标准来衡量，一般市值超过50亿美元、甚至100亿美元的企业，被称为大型企业

(Large Capitalization Company)。

二是中国大陆上榜公司数量较大,且相当部分是国企央企。667家,占比66.7%;资产190 590.5亿美元,占比80.17%,见表3-3。很明显的,在资产体量上,国企央企是东南亚华商企业无法相比的。

表3-3　2014年全球华商1000地区分布

国家/地区	上榜公司数目	市值(亿美元)	资产(亿美元)
中国大陆	667	41 743.0	190 590.5
中国香港	138	8 387.4	16 874.6
中国台湾	107	5 868.0	16 948.3
新加坡	30	1 459.8	6 357.8
马来西亚	23	994.0	3 028.7
印尼	12	594.6	1 036.4
泰国	11	695.9	2 085.0
菲律宾	10	593.5	770.4
中国澳门	2	131.9	29.1
总计	1 000	60 468.1	237 720.8
东南亚合计	86	4 337.8	13 278.3
东南亚占比	8.6%	7.17%	5.59%

资料来源:根据《亚洲周刊》(2014年1月26日)"全球华商1000"整理。

三是东南亚华商上市公司的背后是华商家族集团,华商个体所能掌控的资产比较大。就上榜公司而言,一些华商家族集团有多家上榜公司。如上榜4家的华商家族有郭令灿家族、林逢生、林国泰、黄祖耀家族3家,上榜2家的华商家族有郭鹤年家族、陈志远、黄奕聪家族、施至成、吴奕辉、谢国民家族、杨忠礼家族、李智正,见表3-4。当然,华商家族集团中还有没有上市、没有上榜的公司。

四是部分东南亚华商将香港作为拓展中国大陆市场的桥头堡。一些上榜的香港公司,其主要股东是东南亚华商。如郭鹤年家族的香格里拉(亚洲)有限公司、嘉里建设有限公司,郭令灿家族的国浩集团有限公司,林国泰的云顶香港有限公司,谢国民家族的卜蜂国际有限公司等。这样算来,华商的经济实力是相当可观的。

五是许多华商企业集团多元化经营,特别是相当部分拥有自己的银行,从而保证旗下的实业不受资金链短缺的困扰。如施至成、郭令海、吴奕辉、李文光、黄惠祥、黄惠忠、黄一宗、陈永栽、吴炳炜、梁炜宁、李智正、陈有汉、伍万通、郑鸿标、薛敏佬、郑康为等等，都拥有自己的银行或采取参股的方式加入各大金融公司。

（二）华商群体经济实力十分雄厚

从"2014年福布斯华人富豪榜"来看，以个人净资产10亿美元为标准，上榜290位，净资产总额8 756亿美元，其中上榜的东南亚华人47位，净资产1 661.5亿美元，分别占总数的16.21%、18.98%（详见表3-5）；若扣除中国大陆的，有138位，净资产总额5 008亿美元，东南亚华人占比分别为34.06%、33.18%。富豪榜的47位东南亚华人中，有23位富豪与"2014全球华商1 000"榜单公司的主要股东名单重叠，那么，还有24位富豪所掌控的大量企业资产实力需要进入我们的估算范围。

以上还只是"榜上有名"的，未在榜上的还有许多颇有实力的著名华商，不一一列举。据统计，在东南亚证券交易市场上市企业中，华人上市公司约占70%。[①]其实，海外华商的经济实力还有很重要的因素，就是其资本背后的商业网络、社会关系，包括其跨国整合市场资源要素的潜力、视野、实力，因此，海外华商经济实力的估算还应该包括其隐性部分。

表3-4　2014年"全球华商1000"上榜2家以上的华商及其企业

华商家族	名次	公司名称	总部所在地	行业	总资产（百万美元）
黄祖耀家族	312	华业集团有限公司	新加坡	金融、房地产、酒店	7 653.3
	916	虎豹企业有限公司	新加坡	医药、休闲	1 896.9
	32	大华银行有限公司	新加坡	金融	202 368.2
郭令灿家族	259	丰隆金融	马来西亚	金融	58 428.2
	145	丰隆银行	马来西亚	金融	52 960.9
	650	国浩房地产有限公司	新加坡	房地产	7 325.7
	161	城市发展有限公司	新加坡	金融、房地产	12 489.6

---

① 王尧：《"一带一路"与华商经济可有机衔接（侨连四海）——访国务院侨办副主任何亚非》，人民网：《人民日报》，2014年7月3日，http://finance.people.com.cn/n/2014/0703/c1004-25231509.html

续表

华商家族	名次	公司名称	总部所在地	行业	总资产（百万美元）
林逢生	211	印多福食品CBP公司（Indofood CBP sukses Makmur）	印尼	食品及饮料	1 891.4
	214	印多福食品有限公司	印尼	食品及饮料	6 320.1
	402	Metro Pacific Investments Corporation	菲律宾	综合企业（电力、供水、道路、医院）	4 108.6
	972	IndomobilSukses Internasional（印多汽车股份有限公司）	印尼	汽车	1 872.6
林国泰	81	云顶新加坡	新加坡	休闲娱乐	10 367
	109	云顶有限公司	马来西亚	综合企业（休闲、娱乐）	21 243
	151	云顶马来西亚	马来西亚	休闲娱乐	5 459.5
	562	云顶种植	马来西亚	房地产、休闲、酒店、旅游、娱乐	1 529.4
郭鹤年家族	248	PPB集团有限公司	马来西亚	综合企业（金融、食品及饮料、娱乐、房地产、种植业）	5 043.8
	59	丰益国际	新加坡	种植业、农产品加工、贸易	41 920.1
陈志远	843	成功置地有限公司	马来西亚	房地产	3 971.4
	718	成功多多有限公司	马来西亚	娱乐	499.6
黄奕聪家族	198	金光农业资源有限公司（Golden Agri-Resources Ltd）	印尼	食品及饮料	13 286.1
	651	SMART	印尼	石油及能源	1 730.9
施至成	87	SM投资公司（SM Investments Corp）	菲律宾	综合企业（零售、购物中心、金融、房地产、酒店及会展中心）	13 303.7
	183	鞋庄控股	菲律宾	综合企业（零售、购物中心、金融、房地产、酒店、娱乐）	3 507.8

续表

华商家族	名次	公司名称	总部所在地	行业	总资产（百万美元）
吴奕辉	193	环球罗宾娜	菲律宾	食品及饮料	1 657.3
	203	巅峰控股（约格森米）	菲律宾	综合企业（房地产、金融、通讯、纺织、食品）	8 058.4
谢国民家族	202	卜蜂食品企业大众有限公司	泰国	食品及饮料	9 990.8
	124	CP All Public Company Limited（泰国正大集团子公司）	泰国	商务服务、零售	2 309.9
杨忠礼家族	231	杨忠礼机构有限公司	马来西亚	综合企业（金融、石油及能源、建筑、房地产）	17 359.3
	350	杨忠礼电力	马来西亚	石油及能源	12 602.4
李智正	467	京都水泥大众有限公司	泰国	建筑材料	900.9
	159	大城银行大众有限公司	泰国	金融	34 487.2

资料来源：根据《亚洲周刊》（2014年1月26日）"全球华商1000"整理。

表3-5 "2014年福布斯华人富豪榜"中的东南亚华商

华人富豪排名	全球富豪排名	姓名	年龄	净资产（亿美元）	国籍	行业
10	95	郭鹤年/Robert Kuok	90	115	马来西亚	酒店、多元金融、原材料、运输
11	97	施至成/Henry Sy	89	114	菲律宾	零售、多元金融
11	97	谢国民/Dhanin Chearavanont	74	114	泰国	食品饮料
13	106	黄志祥与黄志达兄弟/Robert & Philip Ng	/	110	新加坡	房地产
18	141	苏旭明/Charoen Sirivadhanabhakdi	69	90	泰国	食品饮料

续表

华人富豪排名	全球富豪排名	姓名	年龄	净资产（亿美元）	国籍	行业
20	173	黄惠忠/R. Budi Hartono	73	76	印度尼西亚	银行、烟草
22	184	黄惠祥/Michael Hartono	74	73	印度尼西亚	烟草、银行
27	212	郭令灿/Quek Leng Chan	70	64	马来西亚	银行、房地产
29	227	陈永栽/Lucio Tan	79	61	菲律宾	房地产、酒精类饮料、烟草
34	253	郑鸿标/Teh Hong Piow	83	56	马来西亚	银行
37	270	郭氏兄弟/Kwee	69	52	新加坡	房地产
37	270	黄祖耀/Wee Cho Yaw	85	52	新加坡	银行
41	319	吴聪满/Andrew Tan	61	47	菲律宾	多元化经营
45	345	李深静/Lee Shin Cheng	74	43	马来西亚	原材料、房地产
55	388	吴奕辉/John Gokongwei	86	39	菲律宾	多元化经营
80	609	李智正/Krit Ratanarak	67	28	泰国	媒体、房地产
85	642	杨忠礼/Yeoh Tiong Lay	84	27	马来西亚	建筑与工程、房地产
92	663	张虔生/Jason Chang	69	26	新加坡	半导体与半导体生产设备
98	687	李文正/Mochtar Riady	84	25	印度尼西亚	多元化经营
102	731	郭令明/Kwek Leng Beng	73	24	新加坡	多元化经营
108	763	林荣福/Peter Lim	60	23.5	新加坡	多元金融
109	764	郑少坚/George Ty	81	23	菲律宾	银行
109	764	郭孔丰/Kuok Khoon Hong	64	23	新加坡	原材料

续表

华人富豪排名	全球富豪排名	姓名	年龄	净资产（亿美元）	国籍	行业
119	827	吴钦亮/Goh Cheng Liang	/	21.5	新加坡	材料
120	828	陈江和/Sukanto Tanoto	64	21	印度尼西亚	多元化经营
128	869	魏成辉/Sam Goi	65	20	新加坡	食品饮料
149	973	翁俊民/Tahir	61	18.5	印度尼西亚	多元化经营
153	988	张晓卿/Tiong Hiew King	78	18	马来西亚	原材料、媒体
153	988	林恩强/Lim Oon Kuin	70	18	新加坡	石油
165	1 036	傅志宽/Murdaya Poo	73	17.5	印度尼西亚	多元化经营
166	1 046	陈觉中/Tony Tan Caktiong	61	17	菲律宾	食品饮料
166	1 046	吴笙福/Martua Sitorus	54	17	印度尼西亚	原材料
175	1 092	陈志远/Vincent Tan	62	16	马来西亚	多元化经营
175	1 092	潘日旺/Pham Nhat Vuong	45	16	越南	房地产
203	1 270	黄创山/Keeree Kanjanapas	64	13.5	泰国	房地产
205	1 284	刘锦坤/Surin Upatkoon	64	13	泰国	电信服务、博彩、保险
205	1 284	刘德光/Kwong Low Tuck	65	13	印度尼西亚	原材料
205	1 284	徐清华/Ciputra	82	13	印度尼西亚	房地产
219	1 356	曾立强/Chen Lip Keong	66	12.7	马来西亚	博彩
222	1 372	沈财福/Ron Sim	56	12	新加坡	零售
222	1 372	许伟明/Koh Wee Meng	50	12	新加坡	房地产、酒店

华人富豪排名	全球富豪排名	姓名	年龄	净资产（亿美元）	国籍	行业
222	1 372	钟声坚/Zhong Sheng Jian	56	12	新加坡	房地产
222	1 372	**谢重生/Edwin Soeryadjaya**	65	12	印度尼西亚	原材料、多元金融
239	1 442	陈志成/Danny Tan Chee Sing	58	11.5	马来西亚	房地产
245	1 465	吴鹏员/Goh Peng Ooi	59	11	马来西亚	软件与服务
268	1 565	**吴天恩/Andrew Gotianun**	86	10	菲律宾	房地产
268	1 565	林联兴/Hariyanto Wijaya Sarwono Lim	86	10	印度尼西亚	原材料

资料来源：根据"2014年福布斯华人富豪榜"整理。

注：加黑部分为闽籍华商。

第二节　海丝沿线国家闽商企业的发展

一、闽商企业集团发展概况

海外闽商历史久远，福州人在行船时，随风漂流海外，至今已有1000多年的历史；闽南人出国的历史也可以追溯到唐宋，《明史》卷三二三的吕宋条中，还有过闽人在菲律宾"商贩者至数万人，往往久居不还"的记载。海外闽商以闽南商帮、福州商帮为主体，他们善于把握当地社会经济、政治形势，寻找商机，无论是在顺境，还是在受当地政府、原居民的排挤甚至迫害的逆境中，都能顽强地闯出生存和发展之路，并涌现出许多成功的企业家。由于历史因素，闽籍华人的集聚度呈不均衡性，以东南亚的若干国家为主，如新加坡、马来西亚、印度尼西亚、菲律宾等。因此，其资本的积累和发展亦秉承这一历史渊源，呈较明显的集中化特点，并在其集中度较高的区域内处于十分有实力的地位，同时，也显示了其区域的局限性，在世界经济格局中仍处于明显的劣势。海外闽商主要集中在东南亚地区，这一地区闽商资本的集聚历程表现出了独特的轨迹。

（一）殖民地半殖民地时期的早期商业企业

海外华商企业是华商资本积累到一定程度后的必然产物。企业的早期资本主要是通过零售、中介和批发等商业渠道积累一定量的资本，然后再投到这些领域进行扩张性运营，从而形成一定规模的商业资本；经过一定的商业资本积累，部分华商于19世纪下半叶开始创办和经营工场手工业和小型工厂，标志着第一代的华人企业家的出现；在第二次世界大战前已有一定数量和规模，并出现了极少的家族式的企业经营群体，这可以称之为旧式的企业集团，如东南亚华人企业界的"四大天王"：黄仲涵、陈嘉庚、陆佑、胡文虎等企业集团。其中，黄仲涵、陈嘉庚、胡文虎为闽籍华侨。

（二）二战后至20世纪70年代初期的产业资本形成

这一阶段，闽商企业由商业资本向工业资本转移或扩张，新兴企业集团萌芽。第二次世界大战后，东南亚国家相继独立，外国资本地位的削弱为国内民族资本的发展创造了条件。尤其是东南亚国家推行工业化政策，推动了东南亚国家的华人资本由商业资本形态向产业资本形态的迅速转变，经营领域和资本规模也随之扩大。一些国家禁止华侨经营零售商业，同时鼓励发展工业投资。面对这种形势，闽商及时把握发展契机，将商业资本逐步转向工业领域。20世纪60年代末70年代初，一批华人企业相继在当地股市挂牌上市。上市后的华人企业为了扩展其经营规模和范围，进而开始收购当地企业、买入其他企业股权，以及发展附属公司。

（三）20世纪70年代中期后的企业集团形成与发展

1. 通过上市，实业资本与金融资本相互促进，华商企业集团初步发展。在传统的实业资本取得一定发展的同时，积极发展金融事业，适时地将"标会"、"钱庄"、"银号"等"未组织化金融"向银行、保险公司、证券公司等"组织化金融"过渡。充分发挥金融业在社会财富集聚中的加速器作用，实现财富的快速扩张和集中。

2. 20世纪80年代后，华商大型工业企业集团发展。企业的资本和规模扩大；多元化经营、跨国经营开始发展。进入20世纪80年代，东南亚各国开始着力发展基础工业和重化工业，并为此提供许多优惠政策，从而为一批大型华商工业集团的形成和发展创造了有利条件。另外，不少华商企业通过收购、兼并、参股、协作等手段，不断扩大其经营领域和范围，逐步发展成为多元化经营的跨国企业集团。

3. 20世纪90年代后，华商企业集团向大型综合性企业集团发展。资本的跨国扩张快速发展。20世纪90年代以后，由于东南亚各国的鼓励政策，以及世界经济的国际化趋势等因素，东南亚闽商资本的跨国扩张进入快速发展期。到20世纪90年代中期，海外闽商已经走上以金融业、房地产业、商业贸易、制造业等为主体业务的多元化企业经营道路，以及国际化资本扩张道路，实现了较高水平的资本集聚。从《Forbes资本家》发布的1996年世界华人富豪榜的数据分析可知，海外闽商的资本实力十分可观。所列的376名华人富豪中，闽商及其家族占89名，占总数23.67%；闽商财富总额1452亿美元，占总数35.94%；前20名中，闽商占10名，财富总额670亿美元，分别占50%、48.91%。

（四）海外闽商企业的新发展

首先，自新移民中成长起来了一批新华商，表现出许多新的特点，更多地投身于高科技产业。其次，新一代的领导人纷纷崛起，成为东南亚大型企业集团新的领航者，使华商企业加快融入全球化的经济浪潮中。再次，1997年和2008年的金融危机，使得东南亚华商企业的经济活动发生变化，步入以提升核心实力为主的稳健发展期。多数海外闽商通过归核、转移、购并等方式，对其资本结构进行重构和调整，提升了自身的核心竞争力，在巩固传统市场的同时，稳步新领域、新区域扩张，闽籍华商企业资本依然保持较大的实力。根据2014年福布斯全球富豪榜，东南亚上榜的有菲律宾、马来西亚、泰国、印度尼西亚、新加坡、越南等六个国家70位富豪，净资产2 239.5亿美元。其中华人富豪47位，净资产1 661.5亿美元，分别占67.14%，74.19%。闽籍华商31位，净资产1 194亿美元，分别占前者的44.29%，53.32%；分别占后者65.96%，71.86%。[1]

表3-6 2014年福布斯全球富豪榜（东南亚）

排名	姓名	年龄	净资产（亿美元）	国籍	财富来源
97	施至成/Henry Sy	89	114	菲律宾	多元化经营
227	陈永栽/Lucio Tan	79	61	菲律宾	多元化经营

---

[1] 根据表3-6数据计算。

续表

排名	姓名	年龄	净资产（亿美元）	国籍	财富来源
319	吴聪满/Andrew Tan	61	47	菲律宾	多元化经营
354	恩里克·拉松/Enrique Razon	54	42	菲律宾	港口
388	吴奕辉/John Gokongwei	86	39	菲律宾	多元化经营
483	大卫·康森吉/David Consunji	92	33	菲律宾	建筑施工
764	郑少坚/George Ty	81	23	菲律宾	银行
1046	陈觉中/Tony Tan Caktiong	61	17	菲律宾	快餐
1154	罗伯特·柯依尤托/Robert Coyiuto	61	15	菲律宾	电力
1565	吴天恩/Andrew Gotianun	86	10	菲律宾	房地产
95	郭鹤年/Robert Kuok	90	115	马来西亚	多元化经营
100	阿南达·克里斯南/Ananda Krishnan	75	113	马来西亚	电信
212	郭令灿/Quek Leng Chan	70	64	马来西亚	银行，地产
253	郑鸿标/Teh Hong Piow	83	56	马来西亚	银行
345	李深静/Lee Shin Cheng	74	43	马来西亚	棕榈油，房地产
520	赛莫达/Syed Mokhtar AlBukhary	62	31	马来西亚	多元化经营
642	杨忠礼/Yeoh Tiong Lay	84	27	马来西亚	建筑，房地产
988	张晓卿/Tiong Hiew King	78	18	马来西亚	木材/媒体
1092	陈志远/Vincent Tan	62	16	马来西亚	多元化经营
1356	曾立强/Chen Lip Keong	66	12.5	马来西亚	赌场
1372	穆扎尼·马哈蒂尔/Mokhzani Mahathir	53	12	马来西亚	石油与天然气服务
1442	陈志成/Danny Tan Chee Sing	58	11.5	马来西亚	房地产
1465	吴鹏昱/Goh Peng Ooi	59	11	马来西亚	软件

续表

排名	姓名	年龄	净资产（亿美元）	国籍	财富来源
97	谢国民/Dhanin Chearavanont	74	114	泰国	食品
141	苏旭明/Charoen Sirivadhanabhakdi	69	90	泰国	饮料
429	万尼奇·查亚万/Vanich Chaiyawan	/	36.5	泰国	保险，饮料
609	李智正/Krit Ratanarak	67	28	泰国	传媒，房地产
1036	普拉瑟特·普拉萨通-奥索斯/Prasert Prasarttong-Osoth	80	17.5	泰国	医院
1092	他信·西那瓦/Thaksin Shinawatra	64	16	泰国	投资
1154	维猜·斯里瓦塔那布拉帕/Vichai Srivaddhanaprabha	56	15	泰国	免税店
1270	黄创山/Keeree Kanjanapas	64	13.5	泰国	房地产
1284	刘锦坤/Surin Upatkoon	64	13	泰国	电信/彩票/保险
1442	汤格玛·维吉波旁/Thongma Vijitpongpun	55	11.5	泰国	房地产
1465	阿洛克·洛希亚/Aloke Lohia	55	11	泰国	石化
106	**黄志祥与黄志达兄弟/Robert & Philip Ng**	/	110	新加坡	房地产
270	**郭氏兄弟/Kwee**	69	52	新加坡	房地产
270	**黄祖耀/Wee Cho Yaw**	85	52	新加坡	银行
663	**张虔生/Jason Chang**	69	26	新加坡	电子产品
731	**郭令明/Kwek Leng Beng**	73	24	新加坡	多元化经营
763	**林荣福/Peter Lim**	60	23.5	新加坡	投资
764	**郭孔丰/Kuok Khoon Hong**	64	23	新加坡	棕榈油
827	吴钦亮/Goh Cheng Liang	/	21.5	新加坡	涂料

续表

排名	姓名	年龄	净资产（亿美元）	国籍	财富来源
828	拉吉·库玛和吉辛·RK/Raj Kumar & Kishin RK	59	21	新加坡	房地产
869	魏成辉/Sam Goi	65	20	新加坡	冷冻食品
988	林恩强/Lim Oon Kuin	70	18	新加坡	石油贸易
1372	阿索克·库玛尔·赫然安达尼/Asok Kumar Hiranandani	59	12	新加坡	房地产
1372	许伟明/Koh Wee Meng	50	12	新加坡	房地产，酒店
1372	沈财福/Ron Sim	56	12	新加坡	零售
1372	钟声坚/Zhong Sheng Jian	56	12	新加坡	房地产
1465	朱章元/Choo Chong Ngen	62	11	新加坡	酒店
173	黄惠忠/R. Budi Hartono	73	76	印度尼西亚	银行，烟草
184	黄惠祥/Michael Hartono	74	73	印度尼西亚	烟草，银行
375	凯鲁·丹绒/Chairul Tanjung	51	40	印度尼西亚	多元化经营
446	斯里·普拉卡·洛希亚/Sri Prakash Lohia	61	35	印度尼西亚	聚酯纤维
609	彼得·松达/Peter Sondakh	62	28	印度尼西亚	投资
687	李文正/Mochtar Riady	84	25	印度尼西亚	多元化经营
828	陈江和/Sukanto Tanoto	64	21	印度尼西亚	多元化经营
869	巴齐蒂阿·卡里姆/Bachtiar Karim	57	20	印度尼西亚	制造业
973	西奥多·拉赫马特/Theodore Rachmat	70	18.5	印度尼西亚	多元化经营
973	翁俊民/Tahir	61	18.5	印度尼西亚	多元化经营
1036	傅志宽/Murdaya Poo	73	17.5	印度尼西亚	多元化经营
1046	吴笙福/Martua Sitorus	54	17	印度尼西亚	棕榈油
1092	阿西马德·哈马米/Achmad Hamami	83	16	印度尼西亚	重型设备
1284	徐清华/Ciputra	82	13	印度尼西亚	房地产

续表

排名	姓名	年龄	净资产（亿美元）	国籍	财富来源
1284	刘德光/Kwong Low Tuck	65	13	印度尼西亚	煤炭
1372	**谢重生/Edwin Soeryadjaya**	65	12	印度尼西亚	煤炭，投资
1372	哈里·塔诺索迪布/Hary Tanoesoedibjo	48	12	印度尼西亚	媒体
1465	哈约·苏塔诺/Harjo Sutanto	87	11	印度尼西亚	消费品
1565	**林联兴/Hariyanto Wijaya Sarwono Lim**	86	10	印度尼西亚	棕榈油
1092	潘日旺/Pham Nhat Vuong	45	16	越南	房地产

注：加黑部分为闽籍华商。

二、海外闽商企业最新发展趋势

（一）新移民中成长起来的闽商

改革开放后，许多闽籍华侨华人像祖辈那样，走出国门创业海外。据估算，遍布全球的闽籍新移民接近300万人，约占中国大陆新移民总数的1/4。①这些新移民的走向明显具有"扎堆"特点。据了解，明溪县有10万人到欧洲的匈牙利和捷克，许多长乐人移民到纽约，日本则以福清人居多。大批闽籍新移民在国外经商、务工，形成庞大的新闽商群体。②"福建自然人对外直接投资活跃，投资形式灵活多样。由其对外直接投资多属自发性质，尚未纳入国内商务主管部门的审核备案体系，造成整体情况难以把握。如福清市新华侨华人有40多万人，主要分布在日本、阿根廷、匈牙利等地，拥有数量庞大的超市、批发市场、销售网点，在阿根廷经营的超市达3 000多家，并在匈牙利创办小商品市场和福清江阴市场。此外，莆田、泉州、福州长乐、连江和三明明溪等地，也存在大量自然人对外直接投资情况。"③

自新移民中成长起来的闽商表现出许多新的特点，其参与意识、自我价值实

---

① 王丽：《以华商网络的视角看东南亚华人企业的发展与转变》，暨南大学硕士学位论文，2012年5月。
② 《海外传统闽商在大陆悄然布局》，华夏经纬网，2006年2月21日。
③ 李鸿阶等：《福建省对外直接投资发展及其政策选择》，《亚太经济》，2014年第6期。

现意识方面的不断增强。新移民选择出国发展多半都具有较好的资金基础，有着清晰目标和规划，以及强烈的社会、政治、经济诉求。这些从新移民中崛起的闽商有许多是留学者，不同于传统东南亚企业偏向于金融、房地产、餐饮等行业，这些闽商更多地投身于高科技产业，技术研发在其企业中占有更重要的位置。随着中国经济的发展，他们与中国大陆保持着更为密切的联系，并且越来越多的华侨华人选择把中国作为发展期事业的起点。

（二）东南亚闽商企业接班人

东南亚众多闽商企业都为家族经营，这些企业经过数十年的发展，第一代的掌舵人已逐渐退位，新一代的领导人纷纷崛起，成为东南亚大型闽商企业集团新的领航者。[1]由于生活环境、教育背景的不同，新一代闽商有着不同于父辈的特点：

首先，新一代闽商往往有着较高的受教育水平，而且多半接受过西方高等教育。如早在1994年便从父亲郭芳枫手中接手丰隆集团的郭令明，其教育背景为美国约翰威尔士大学的工商管理博士；郭鹤年的长子郭孔丞毕业于澳洲摩纳大学，获得经济学学士。林国泰为云顶集团创始人林梧桐次子，其于1975年从英国伦敦大学土木工程系毕业，1976年加入马来西亚云顶集团，1979年进入哈佛大学商业系研修管理发展课程。不同的教育背景必然使得这些二、三代接班人在思维方式，以及企业的经营方式上与上一辈有着或多或少的差异。

其次，新一代闽商更多地引进现代化的经营方式。在家族经营的基础上逐渐实现所有权与管理权的分离；更注重专业人才的吸收和培养，注重企业的国际化发展方向；在投资上，除了传统的制造业、金融、房地产等方面，更加注重技术和科研上的投资。接班丰隆集团后，郭令明很早就意识到人才的重要性。他把自己的集团称为"国际化新加坡公司"，从世界各地网罗人才。为此，他坚持决策人必须懂得将生意交给专业人士管理，而不能只掌握在家族成员手中。目前，丰隆集团内大多数高级管理人员都是来自家族以外的专业人士，本地和外地人都有。新加坡的丰益国际在2009年斥资8亿在上海高东工业园区成立丰益全球研发中心，成为目前全球粮油产业中最大的纯研发中心之一，该中心的建立将进一步促进尖端技术在中国的引进与推广，增进对外的合作交流。

---

[1] 王丽：《以华商网络的视角看东南亚华人企业的发展与转变》，暨南大学硕士学位论文，2012年5月。

新一代闽商所表现出来的特点无疑顺应了全球经济的发展趋势，同时也是全球化不断深入的结果。而这些特点必然最终体现于由新一代闽商所领导的闽商企业的发展道路上，使闽商企业加快融入全球化的经济浪潮中。

（三）后金融危机时代东南亚闽商企业的转变

新一代闽商的崛起使东南亚闽商企业在多方面都呈现出新的变化，除了企业经营方式和理念的变化外，东南亚闽商企业在经营领域上的转变更值得注意。[①] 这点可以借由东南亚闽商财富来源结构的变化侧面反映出来。根据2010年福布斯富豪版的统计，虽然东南亚华人富豪的财富来源仍为房地产、银行与金融、农业综合经营、多元化投资控股等传统行业，但与过去不同的是，IT、电子、环保、生物制药等高科技产业已开始成为东南亚华人富豪的重要财富来源，以这些业务为核心业务和从事多元化业务的富豪占总数的近10%。

外部环境的变化也使得东南亚闽商企业的经济活动发生变化。2008年全球经济危机使世界范围内的国家和经济体都遭受了不同程度的影响，华人经济也不例外。据《2008年世界华商发展报告》统计，金融危机后，世界华商资本相比2007年减少1.2万亿美元，大约缩水三成。

（林心淦）

---

① 王丽：《以华商网络的视角看东南亚华人企业的发展与转变》，暨南大学硕士学位论文，2012年5月。

第四章 菲律宾的闽商

菲律宾现有华侨华人160余万[①]，占该国总人口不到2%，其中80%以上的祖籍是福建，以晋江、南安、惠安、永春、厦门和泉州等地区为主；而广东籍者次之，约占10%，大部分来自台山、开平、中山、新会、恩平等地。菲律宾闽籍华侨华人主要集中在大马尼拉、宿务、达沃等地区的大城市。

菲律宾华侨华人对菲律宾经济发展作出了重要贡献。华商经济遍及菲律宾经济生活和社会生活的各个方面，从手工、加工业到钢铁制造业；从餐饮业到房地产业；从轻纺化工到农牧渔业；从进出口贸易到金融、电信业等都有华商活跃的身影。

闽商大多经营工商业，少数从事农业。开办的工厂有纺织、钢铁、金属制品、机械、电子、电器、木材加工、建材、食品、烟草、化工、皮革、塑料、胶制品等；经营的商业有零售业、批发业、进出口业、餐馆、酒店、药店、旅游服务业、运输业、房地产业；闽商在金融领域主要是经营银行和保险业；从事农业只要是种植业、畜牧业、渔业。出现了杨应琳、陈永栽、吴奕辉、郑少坚、施至成、吴天恩等华人大企业集团。

第一节 菲律宾闽商的历史演进

一、西班牙殖民统治时期

最初到菲律宾的福建人，除了路过者之外，大部分都是为了贸易而来的。后来，在中国封建王朝的苛政下，闽南沿海的农民，开始大批移居菲律宾，成为菲律宾最主要的手工业者和工匠。

在宋代，中菲两国已有贸易往来。福建海商从泉州港出发，航行到菲律宾

[①] 丘进主编：《华侨华人蓝皮书·华侨华人研究报告（2013）》，北京：社会科学文献出版社，2014年。

各岛进行贸易。当时,著名的刺桐(今泉州)丝绸和瓷器已运销菲律宾麻逸(今民都洛)和马尼拉港口的三屿。随着海上交通的发展,中菲之间民间贸易得到进一步发展。宋赵汝适《诸蕃志》"麻逸"条载:泉州海商"用瓷器、铁鼎、乌铅、五色玻璃珠、铁针等博易"。每当福建商船入港,"蛮贾丛至,随皮篾(竹排)搬取物货而去"。"乃以其货转入他岛屿贸易,率至八九月始归,以其所得准偿舶商,亦有过期不归者,故贩麻逸,船回最晚"。泉州商船到达麻逸附近的三屿,"驻舟中流,鸣鼓以招之,蛮贾争棹小舟,持吉贝、黄蜡、番布、椰心簟等至,与贸易"。

至明代,福建人旅居菲律宾者大量增加。据何乔远《闽书》记载,成化八年(1472年)市舶司移至福州。"民初贩吕宋,得利数倍,其后,四方贾客丛集,不得厚利,然往者不绝也。"明万历十七年(1589年),每年获准去东洋的商船有44艘,其中41艘开往菲律宾。随着经济活动的发展,许多闽商开始留居当地,从事商品的转手买卖,在推销舶来品的同时,也收购和出口当地的土特产品,成为当地的华侨经济的萌芽。据张燮《东西洋考》"吕宋"条载:"华人既多诣吕宋,往往久住不归,名为压冬,聚居涧内为生活,渐至数万。"

西班牙殖民者入侵菲律宾后,为了有效地征税和控制华侨经济,于1582年,在马尼拉巴石河南岸涧内设立贸易市场"巴利安"作为华侨商业街区,内有数百间华侨商店和数千名华侨。福建商船到达马尼拉港,先把货物运入涧内的华侨商店,然后卖给菲律宾西班牙人和马尼拉市民,涧内实际上已成为马尼拉市的交易中心。华侨商人除把中国精美的丝绸、瓷器、漆器、硝石卖给西班牙商人外,还把杂货运销到穷乡僻壤,又从内地收购当地的土特产,对繁荣菲律宾经济起了积极作用。[1]

从1588年到1645年的将近60年,为巴利安的鼎盛时期,从表4-1可以看出,其市场规模宏大,商业繁荣。到1628年,居住在巴利安华侨约有1.2万人;1638年达2万多人;1645年店铺数目最多,达1 200间。沙拉萨主教曾于1590年6月24日上书西王说:"余将毫不迟疑地向陛下证实,巴利安市场使马尼拉城繁荣,西班牙没有其他城市足以和它相比,在这里中国货物齐全,琳琅满目,是整个中国贸易的缩影,巴利安市区内,百业皆备,居住市内的华侨皆有各自职业,没有

---

[1] 林仁川:《明末清初私人海上贸易》,上海:华东师范大学出版社,1987年,第190—191页。

一个游手偷闲的人,他们所造物品,胜过西班牙运来者。"[1]

表4-1　1588—1645年菲律宾"巴利安"华侨人口及店铺数目统计表

年份	商铺数目(间)	华侨人口(人)
1588	150	600
1589	-	2 000
1591	200	2 000
1599	300	3 000
1602	400	8 000
1605	-	700
1606	500	-
1628	800	12 000
1637	-	20 000
1645	1 200	

资料来源:陈荆和:《菲律宾华侨大议》,《大陆杂志》1953年第5期,第72页。

早期福建华侨在菲律宾的职业,以小商贩为业,还有少部分工匠和农民。巴利安的华侨,有经营中国货丝绸和陶瓷为主的殷实商人,有小商贩在巴利安贩卖菜、肉类、禽类、鱼类及其他食品;也有从事裁缝、鞋匠、面包师、木匠、制烛者、油漆匠、银匠、理发师等各种手工业的工匠,甚至还有刻板印刷、装订书本者和从事自由职业的医生药师。从表4-2可以看出,菲律宾华侨已经涉足各行各业。到了1804年西班牙殖民政府令工匠迁出,巴利安才成为一个纯粹的市场。[2]

表4-2　1689年"巴利安"华侨的职业分类统计表

职业	人口(人)	职业	人口(人)	职业	人口(人)
捕鱼业	70	木匠	17	捐客	16
渔民	38	酿酒商	10	挑夫	33
渔夫(乘船)	26	黄铜商	10	市场零售业	301
渔夫(用渔网)	6	制席商	6	家禽商贩(乘船)	19
加工及制造业	266	铸造匠	5	家庭商贩	7

[1] 刘芝田:《菲律宾华侨史话》,台北:海外出版社,1958年,第17页。
[2] 黄滋生、何思兵:《菲律宾华侨史》,广州:广东高等教育出版社,1987年,第111页。

续表

职业	人口(人)	职业	人口(人)	职业	人口(人)
织工	31	洋服裁缝	6	糖果小贩	24
银匠	21	造箱工	7	米商	6
染工	24	华服裁缝	6	槟榔商	33
制面商	18	洋伞商	3	茶商	4
有店铺的蜡烛商	14	蔬菜商	26	毛毡商	31
无店铺的蜡烛商	14	服务行业	131	Tahug商	12
铁匠	8	华人厨师	12	藤器商	10
制鞋商	8	守卫	9	书商	3
糖果制造商	6	来往邦板牙的船夫	23	食水商	6
食米加工商	6	来往宿务的船夫	8	烟商	28
锁匠	4	来往怡朗的船夫	6	丝绸商	50
绳索制造商	3	理发师	11	小贩	27
织网商	27	药材商	5	食油商	11
帽和剑的制造商	13	船工	8	陶器商	7

资料来源：吴玉英：《西班牙统治菲律宾时期华人的经济活动》，香港：新亚研究所，1993年，第58—59页。

从事农业、园艺和渔业的华侨，则靠开垦荒地种植米麦、蔬菜，饲养禽畜，捕捉鱼虾，供应市场的需要。华侨中的农民、工匠绝大多数来自闽南沿海。他们把当时中国的榨蔗制糖和采矿炼铁等生产技术传授给菲律宾人，并向他们传授使用中国犁耙等农具，还将造纸、印刷及使用中国罗盘等航海技术以及建筑技术介绍给当地人民。

在西班牙统治者大肆屠杀华侨后，马尼拉经济陷入萧条，物资匮乏。连殖民者也不得不承认："当时没有理发师，没有裁缝，没有鞋匠，没有厨师，也没有农夫和牧人。"[1]

1750年以前，华侨经济活动区主要分布在西班牙殖民者居住区。后来西班牙

---

[1] E.M.Alip, *Ten Centuries of Philippine-Chinese Relations*, P.40.

人放宽限制旅行和居住的法律，允许华侨不分职业可以在群岛的各地居住，华侨的经济活动才逐渐伸展至被西班牙人称为"土著"的当地人生活区。

　　进入19世纪后，西班牙当局感到华侨商业日益繁荣，于是对运来的货物一律检查登记，将他们需要的货品，由官吏自行定价，抢购一空。大批福建侨商为了避免强征苛税，只好支付高额贿赂，结果造成物价飞涨，经济动荡。直到1860年，西班牙殖民当局下令废除了全部"巴利安"。据日本箭内健次教授在《论马尼拉的所谓"巴利安"》一文分析估算，从1582年"巴利安"的设立到1860年完全废除的280余年间，西班牙殖民政府的年财政收入有20%～30%是由华侨负担的，其中包括以后在"巴利安"以外种植园和制糖工厂劳动的华侨所纳的贡税，约比原住民高出3倍，但绝大部分仍来自从"巴利安"征收的居留许可税和人头税。

　　早期的华侨商贩，多是经营菲律宾的马尼拉麻、制糖及烟草等业。据1891年殖民当局的官方税收记录统计，菲律宾华侨有12%～15%聚居于马尼拉麻的产地，在主要产糖地区，约集中了华侨总人口的4%。如许玉寰（龙海县人）与其兄许瑞益于咸丰十年（1861年）往菲律宾，许瑞益在马尼拉谋生，许玉寰则在丹辘经营糖业。后来玉寰与菲律宾妇女结婚，并于19世纪70年代到中吕宋打拉省皓尼圭经营园丘，逐渐致富，成为中吕宋有名的富商。

　　在1880年殖民当局废除烟草垄断法律之后，经营烟草业的华侨迅速增加，仅马尼拉的烟厂便有200多家。其中较著名的有闽商许书文、许经黎1881年投资55万比索开设的许庆泉烟厂有限公司。该厂置有机器30架，工人200名。1890年杨邦俊也开设了源馨烟厂，置有机器36架，工人300名。[1]1880年殖民政府废止了酿酒专利以后，华侨在怡朗、宿务、新怡、诗夏、庞邦加、巴塔安、邦加斯南、巴坦加斯和南卡马林内斯开设酒厂，酿造兰姆酒和棕榈酒。此外，华侨还从事碾米业，到20世纪初华侨在碾米业中已占75%。从1891年官方公布的数字来看，当时华侨在菲律宾群岛的经济活动已开始转向在当地推销商品和收购土特产品。由于越来越多的福建人定居于菲律宾，形成了一些特定的聚居和经济活动区域，并逐步形成了作为当地经济组成部分的华侨经济。

---

[1]　宁明：《菲律宾岷里拉中华商会三十周年纪念刊》，中华商会出版部，1936年，第47页。

二、美国殖民统治时期

1898年，美国统治菲律宾后，华侨经济力量有所增长。这段时期内，福建华侨在菲律宾除经营零售商、手工业作坊外，还经营进出口业、航运业、碾米业、木材业，并兴办了不少烟厂、酒厂。

华侨经营的零售业，在较大的城镇，有资本雄厚、规模较大的商号，其中有百货店，也有布店、鞋店、珠宝首饰店、钟表店、铁器店、瓷器店、家具店、土产店、杂货店、药店、电器店和书店等等。这些大商号，几乎都是从零售店由小到大地发展起来的；以后发展成商行，便开始经营金融、信托业务，甚至办起了工厂。[①]在华侨零售商中，小零售商占绝大多数，少数人拥有1 000~2 000比索的资本。按其经营方式，又可分为小杂物店（即"菜仔店"）、叫卖商贩和公共商场中的摊档商贩三类。在美国统治菲律宾的最初十几年，华侨在批发、零售商业上占优势地位，如表4-3所示。从1932年起，特别是1935年美国国会通过《钟士法案》，通过立法限制华侨经济，同时鼓励菲人经济力量的发展。受此影响，华侨零售业在店数、资本或投资额、营业额诸方面所占的比例都呈萎缩之势。在营业额方面，1912年菲人仅占14.91%，1941年升至51.74%；而华侨则从59.52%减少到44.21%。如表4-4所示。

表4-3　1912年菲律宾人及外侨在菲律宾国内商业地位统计表

国籍	批发商人数（人）	零售商店数（间）	售货价值（比索）	占总售货价值的百分比（%）
菲律宾人	3 152	67 740	80 295 540	14.91
中国人	3 335	8 455	320 494 920	59.52
西班牙人	340	557	43 648 326	8.11
美国人	207	371	35 454 661	6.58
日本人	45	280	1 321 932	0.25
印度人	41	90	1 334 322	0.25
英国人	54	37	286 95 822	5.33

---

① 黄明德：《菲律宾华侨经济》，台北：海外出版社，1957年，第189页。

续表

国籍	批发商人数(人)	零售商店数(间)	售货价值(比索)	占总售货价值的百分比(%)
德国人	55	13	20 972 157	3.89
其他	75	202	6 268 932	1.16
合计	7 304	77 745	538 486 594	100.00

资料来源：1.叶绍振：《三十年来菲岛国内商业并对外贸易》，华侨中西学校编：《小吕宋华侨中西学校三十周年纪念刊》，马尼拉：华侨中西学校，1930年，第81页。2.刘继宣、束世澂：《中华民族拓殖南洋史》，台北：台湾商务印书馆，1971年，第201页。

表4-4　1941年菲律宾人及外侨零售商店资产与营业额统计表

国籍	零售商店数(间)	资产额(投资额)		营业额	
		比索	百分比(%)	比索	百分比(%)
菲律宾人	106 617	200 323 138	55.82	174 181 924	51.74
中国人	15 356	118 348 692	32.98	148 813 239	44.21
其他外侨	1 646	40 187 090	11.20	13 630 239	4.05
合计	123 673	358 858 920	100.00	336 625 402	100.00

资料来源：黄明德：《菲律宾华侨经济》，台北：海外出版社，1956年，第142—143页。

华侨在菲律宾出入口贸易中，所占比重约20%。进出口商大多资本雄厚，并兼营航运业。如泉州籍富商杨嘉种的洽成行，除在马尼拉设总行外，在宿务等地设有30多个分支行；并购置了以其父命名的大轮船"孙獭号"及小轮船多艘，成为华侨发展内海航运业的先驱。施光铭经营的泉益行也拥有"捷益号"、"万益号"、"同益号"、"莱特号"等多艘轮船。郑焕彩（晋江人）的郑正益行在其"航业部"自置轮船5艘。一般进出口商行都有小轮船或帆船，川行于菲律宾各岛，进行运输业务。另一大进出口商吴记霍（南安人）在马尼拉创办"吴记霍进出口公司"，在经营出入口之外，还办有义源布庄、长江椰油厂、丰年麻袋厂、勤农肥粉厂、竹林纸厂、汉治萍铁钉锌线厂、丰利制造食品豆油厂；在国内也设有上海嘉福行、铁钉厂等企业，在厦门、福州、汉口等城市设该公司的代理行。[①]

据20世纪30年代我国驻菲律宾总领事的估计，菲律宾华侨金融业总投资约

---

① 黄滋生、何思兵：《菲律宾华侨史》，广州：广东高等教育出版社，1987年，第336—337页。

2 000万比索。其业务可分为三类:一是汇兑和信局,主要办理华侨与国内之间的批银往来。当时仅马尼拉一地便有大小信局60家,如经营侨汇的万里信局、文明行、华南信局等;也有出入口大商行利用自置商船兼办汇兑信局的,如马尼拉的谦顺行,主要经营糖、米、杂货出入口,兼营漳、泉汇兑业务;郑焕彩的郑正益行也设汇兑部专营香港、上海、厦门等地的汇兑。二是保险业,专门从事这项业务的有邱允衡的益同人和贻记公司。前者接受水(海上)、火保险,并为侨商贷款担保;后者接受水、火和汽车保险。三是银行业,菲律宾福建籍侨商兴办了中兴、华兴、民兴三家银行。①在1929—1933年资本主义世界经济危机中,民兴银行关闭,华兴银行并入中兴银行。中兴银行是由闽南著名侨商李清泉(晋江人)、薛敏佬(厦门人)、黄奕住(南安人)、吴记藿和邱允衡(海澄人)等人于1920年创办的,最初注册资本只有290万比索,总资产达974万比索,1921年总资产已有2 132万比索。1931年,该行总资产占菲律宾银行总资产24 181万比索的9.96%。到1937年已达2 700万比索。该行分设商业部及储蓄部,还在上海、香港、欧、美、日设立通汇机关。②

华侨木材业在菲律宾木材业中比重较大。在1901年菲律宾46家木材厂中,华侨开办的有21家。起初,这些华侨木材厂依赖各省的菲律宾人供应原木,以后由于木材需要量日增,便把营业扩展到各省。世界经济危机中,因木材出口锐减,造成城市木行大量倒闭或停业,华侨锯木厂更是"多数难以维持,或则宣布破产,或则自动停业,仍继续工作的只有30多家"。1935年,华侨木材厂(场)又得到恢复和发展,在菲律宾的204家木材厂(场)中,华侨拥有148家,投资额达268万比索,占外侨在木材业总投资的一半以上。在木材零售业方面,华侨占40%。最大的华侨木材商是中兴银行大股东之一的李清泉,他从1907年接任其父经营的"成美木业公司"后,不久即把木业经营发展为从事造林、采伐、制材、加工、销售出口的联合企业体系,因而被誉为"木材大王"。吴克诚(晋江人),也继承父业经营木材业。他在三宝彦附近觅得未经采伐的森林,与当地政府订立采伐条约,将其地命名为"新晋江"。通过集资购置机器设锯木厂、买轮船,大规模经营木材业,成为华侨木材业中的翘楚。③

---

① 黄滋生、何思兵:《菲律宾华侨史》,广州:广东高等教育出版社,1987年,第337页。
② 宁明:《菲律宾岷里拉中华商会三十周年纪念刊》,中华商会出版部,1936年,第37—38页。
③ 宁明:《菲律宾岷里拉中华商会三十周年纪念刊》,中华商会出版部,1936年。

1942年，日军攻占菲律宾后，立即封闭各大工商企业，大量掠夺对战争急需的五金器材、机械、粮食及其他物产，运往日本。在日本占领期间，华侨经济和当地经济一样，受到战争破坏和侵略者毁灭性的掠夺，损失惨重。当时聚居于城镇居民区的侨商，生活十分困苦。不少人靠卖香烟或其他小买卖过活，也有一些人每天从各处乡间向马尼拉以转运出售蔬菜、木薯、瓜果、绿豆等农产品为生。

三、菲律宾独立后

1946年7月4日菲律宾宣布独立后，闽商随着当地经济得到恢复和发展。菲律宾的华侨主要经营商业，华侨商业总资本占整个华侨总资本76%。闽商在商业中经营形式主要有三种：一是头盘商，即收买土产商和进出口商。二是二盘商，即为外国商人、入口商及零售商的媒介，就是批发商。三是零售商，数量最多，即所谓的菜仔店。据统计，20世纪50年代前期，菲律宾华商零售资本仍占80%，他们虽是小本生意，但遍布菲律宾，以至深入社会底层，是菲律宾当时推销日常用品的商业网主体。

独立后不久，菲律宾当地政府在"菲律宾人第一主义"的口号下，在经济上推行一系列菲律宾化政策。1946年10月颁布《公共菜市菲化法律》，规定只有菲律宾人才有资格在公共菜市承租摊位营业。当时马尼拉10个菜市的7 000多个华侨经营的摊位全部被取缔。1948年颁布《银行菲化法律》，规定新成立的银行三分之二的董事应为菲律宾人，60%以上的资本应属菲律宾公民所有。1955年颁布《零售商菲化法律》和1960年颁布《米黍业菲化法律》，木业、锯木、家具、面粉、药品、出入品业等要菲化，甚至木履制造、养鸭生蛋、舞场舞女等也都有菲化的提案。从20世纪40年代后期到60年代前期，菲律宾国会提出的限制华侨经济的菲化案不下160种。

华侨为了适应环境，投资经营的方向有所改变。如表4-5所示。闽商大多数经营商业，其中以零售业居多。受零售商菲化案影响，闽商逐渐由零售商业转向进出口贸易、批发业、制造业、社会与商业服务等方面谋求发展。①

---

① 田世范：《零售业菲化律施行后华侨经济应有之改进》，《大中华日报》，1964年8月9日。

表4-5　1952—1964年菲律宾华侨投资分类表　　　　　（单位：千比索）

业别 年份	林业、渔业、家畜业	制造业	建筑业	电、煤气、食水服务业	批发与零售业	不动产业	运输、储藏与交通业	社会与商业服务业	娱乐业与个人服务业
1952	416.3	8 434.4	177.3	1.7	16 671.8	251.5	153.6	515.2	756
1953	-	12 608	200	-	28 126	418	183	151	358
1954	164	11 025	300	-	35 179	889	113	82	694
1955	424	8 622	60	-	18 401	499	147	120	250
1956	204	7 621	55	-	12 823	392	20	84	569
1957	321	7 527	85	3	13 119	77	189	184	373
1958	226	11 279	332	-	15 636	63	101	379	1 193
1959	430	8 192	347	14	16 748	173	196	2 507	620
1960	115	9 262	166	-	12 794	16	152	279	1 159
1961	147	6 896	175	-	11 973	134	576	552	968
1962	1 126	10 026	208	-	20 008	250	42	547	1 511
1963	1 193	13 994	91	-	25 535	139	45	1 347	1 166
1964	1 445	10 183	340	-	22 423	312	304	1 626	761

资料来源：陈章士：《华侨投资与菲律宾经济》，菲华年鉴编撰委员会编：《1964—1965年菲华年鉴——菲华商联总会成立十周年纪念特刊》，马尼拉：菲华商联总会，1965年，第104—111页。

对福建华侨经济打击最大的是菜市、零售商、米黍行业。这些项菲化案实施之后，使这些行业几乎陷于被消灭的境地。据菲华商联总统计，1954年全菲华侨（主要是闽侨）经营的各种零售商店有20 268家，到1964年底停止营业的9 100家。实施菲化案后，广大华侨为便于在当地生存发展，纷纷申请加入菲律宾国籍，加速了华侨经济向华人经济的转化；有不少侨商将资本由商业转入工业，也迫使大批华侨小商贩转到城镇经营手工业、加工业。

1952年菲律宾保安司令部进行人口普查时登记，菲律宾118 728名华侨中，店主占11.67%，高级职员占4.75%，普通职员占10.61%，专门人才占4.5%，工人3.3%，家庭主妇及儿童占48.1%，失业及退休者占6.4%。20世纪60年代后期，马科斯执政后，对华侨经济采取限制、利用的政策，有利于华侨、华人经济的发展。菲律宾华人企业在菲律宾各种事业中的比重为：商业（批发商业和零售商业）占40%，碾米业占80%，纤维纺织业占60%，木材制材工业占50%，烟草工业占70%，金融业占30%，华侨华人资本占菲律宾产业资本投资总额36%。

据1971年菲华商联总会统计，华侨经营的商业有35类，包括200多种行业，共12 380家（这个数字不包括1954年菲律宾政策实行零售业菲化至1971年华侨零售商停业者12 644家，也不包括已转向投资工业或其他行业的，或者由其有菲律宾公民权的子女经营的华人商家），到1977年已减至5 900余家。至20世纪80年代初，菲律宾华零售商已不及3 000家。但华人青年新创办的超级市场、百货公司，规模却比过去大，马尼拉市的电器五金业多由华商经营，宿务市的五金业也多由华侨经营，菲律宾近一二十年来，日用消费品的市场扩展和劳动密集型的工业产品外销量增加以及各大城市的批发业及进出口业，也多由闽商经营。

菲律宾的水稻种植是由早期福建华侨传播的。战前华侨掌握了主要粮食产区——中吕宋的大米、玉米等食物的生产和流通环节。当时从事谷物和贸易的华侨就组织了菲律宾米商公会，战后改名为菲律宾米业工商同业工会，与菲律宾的制糖业、木业、铁业、烟业并列为菲律宾五大商会。20世纪60年代初实施米黍业菲化法令，许多华侨米商因未加入菲律宾籍而不能经营米业。该会遂告停顿，其结果是菲人无法取代华侨的地位和作用，导致菲律宾粮食生产和流通发生困难，为此马科斯于1973年宣布废止"米黍菲化法案"。菲华商总极力倡导华侨发展农业，帮助菲律宾政府实现食米自给自足计划。20世纪70年代菲律宾米荒严重，当时仍然控制米黍行业的侨商恢复成立菲律宾五谷商同业公会，帮助当局抑制米价。至20世纪80年代后期较具规模的米黍收购、储运、加工贸易企业仍多由华侨、华人经营，约占菲律宾大米批发市场的80%。其他经济作物如甘蔗、椰子、蔬菜的种植，菲律宾农业产品的初级加工，大多由华商经营。畜牧业中的养猪、养牛、养鸡等业，中小规模的华资企业遍布菲律宾。渔业方面，菲律宾多为近海捕捞，宿务岛北面的曼达燕渔场，捕鱼业多为华资所经营，雇当地人以小型船只在近海作业，规模不大。

由于菲律宾实施的菲化案多以商业为对象，因此，华侨多转向工业方面发展，表4-6所示。就其资本能力，分别从事中小型生产事业，而若干在侨社具有声望者，亦多组织股份公司，经营大规模的新兴事业，如汽车装配、制药、造纸、纺织、炼钢、烟酒、食品加工、电机器材、塑胶加工、肥皂制造、玻璃制造、锯木、化学原料等工业，其中多为闽商经营。①

表4-6　1948年、1955年、1963年华侨在菲律宾投资业别百分比统计表（%）

产业别＼年份	1948	1955	1963
商业	75.8	63.0	57.0
工业	18.4	29.2	31.0
其他行业	5.8	7.8	12.0
合计	100	100	100

资料来源：Limlingan, V.S., The Overseas in ASEAN: Business Strategies and Management Practices.Pasig: Vita Developmeng Corporation, 1986, P.106.

这一时期，华侨、华人工业资本约占20%，菲律宾250家制造业公司中，华资企业占1/3。纺织工业是华人传统经营的行业之一，由华资经营生产设备较先进的10多家组成，资本约占有75%；其生产技术和设备多和台湾厂商结合，或聘台湾的技术人员工作，使纺织品和成衣成为菲律宾主要出口的工业品之一。华资经营烟草工业的约有6家，规模较大，设备先进，如陈永栽（原籍晋江县）的福州烟厂，是菲律宾规模最大、设备最先进的香烟厂，其生产的中档香烟一度占菲律宾中档烟市场的70%。木材加工业和建筑材料工业，是华侨、华人经营的传统行业，有4家规模较大的华资木材加工企业，经营采伐、制板、家具、门窗框架等生产和销售。由于菲律宾近年限制原木输出，鼓励加工出口，华人在木材采伐方面的发展受到限制，但在木材加工和木质建筑材料生产行业上则发展很快，吴清流（原籍晋江县）在宿务市办的板材厂是东南亚最大的木材加工企业之一。华资经营的电子器材和电器生产企业多属中小规模，而且多和外国公司结合，或利用外资的技术、资金在本土生产或为其代理销售和从事转口贸易。化学工业包括化工厂原料酸碱的生产及造纸等，华资也占有一定的优势，如郑龙溪（原籍南安）的造纸厂，杨子华（原籍惠安）的京华造纸厂，林西京（原籍福建）经营的京西纸厂均为菲律宾有数的大型造纸企业。食品加工业是华侨、华人经营的传统行业，菲律宾中、小型华资工厂多达数百家，其中采用现代设备生产的规模较大的也有数10家。钢铁工业，华资电炉炼钢业较具规模者有3家。如"阿波罗"钢

---

① 华侨经济年鉴编辑委员会编：《五十年华侨经济年鉴》，台北：侨务委员会，1962年，第295、317页。

铁厂，虽然生产规模不大，生产水平也不高，但在菲律宾却是最大的钢铁厂。

由于菲化影响，侨资转入金融业甚巨，华侨从事金融业者为数不少，特别以保险及信贷公司居多。以1962年为例，向菲律宾保险专属登记的华侨保险公司有51家之多，每家资本由70~100万比索不等，这些保险公司的业务非常广泛，而其主要的业务，却是贷款。①华侨投资银行方面，计有9家，这9家银行为中兴、建南、康利、太平洋、黎刹、交通、首都、亚洲及合众银行，均为华侨所创办，绝大多数是闽商经营的。如首都银行的主要股东郑少坚是福建省永春县人；中兴银行的李世伟、建南银行的吴沛然和交通银行的高祖儒都是福建晋江县人；黎刹银行的杨应琳、合众银行的郑龙溪则是福建南安县人。到1971年6月30日止，这9家银行在存款、资产及净值方面均有限制增长。如表4-7所示。

表4-7　1971年6月底菲律宾华侨9家银行与全菲商业银行比较表（单位：百万比索）

	资产总额	生息资产	存款	净值
中兴银行	604.5	495.3	360.1	96.4
建南银行	578.1	465.3	418	63.2
康利银行	507.9	360.5	323.3	42.6
太平洋银行	421.9	328.6	275.5	42.7
黎刹银行	384.3	331	212.9	28.5
交通银行	304.3	252.6	181.4	37.4
首都银行	247.9	181	140.7	23.4
亚洲银行	115.2	94.8	48.4	22.1
合众银行	87.7	68.3	36.3	21.5
合计	3 251.8	2 577.4	1 996.6	377.8
全菲商业银行	14 676	11 449.2	8 622.9	1 449.4
9家华侨银行与全菲商业银行之百分比（%）	22.16	22.51	23.15	26.10

资料来源：第四届世华金融联谊会编：《菲律宾地区经济与金融概况报告》，台北：第四届世华金融联谊会，1971年，第4页。

---

① 华侨经济年鉴编辑委员会编：《五十三年华侨经济年鉴》，台北：侨务委员会，1965年，第14页。

四、20世纪80年代至今

20世纪80年代以来,菲律宾华侨社会已变成了华人社会,华人经济从形式到本质都是当地民族经济的有机组成部分。在转化为华人经济的过程中,闽商自身也发生了很大变化,传统上占大头的商业资本比重有所下降,转入制造业的资本比重上升。而且进入制造业的闽商资本发展较快,成为菲律宾华人经济中最具活力的部分。菲律宾政府放宽华侨入籍及推行进口替代工业化等政策鼓励了许多闽商转向经营工业、服务业等其他行业,他们因时趁势,发挥其适应性强、善于经营和联系网络广泛的优势,很快就在制造业等方面开辟了新的经营领域,闽商也从而获得了较大的发展。

华人经济不仅在与外资合作、利用鼓励国内外投资的有利条件,发展壮大了自己的实力,而且也成为投资国内经济建设的一支重要力量。按菲律宾投资局的批准额计算,菲律宾华人的投资额1986年为38百万比索,1987年为169百万比索,1988年为557百万比索,1989年为740百万比索,1990年为441百万比索,1991年为564百万比索。[①]菲律宾华人经济在20世纪80年代以来有了很大的发展,华人企业占菲律宾两百大企业中的40家,资产占14.5%,营业额占11.2%,税后利润占11.1%。[②]华人经济的实力由此可见一斑。

由于血缘、地缘、人缘的关系,港商、台商及其他国家和地区的华人投资菲律宾时,往往会选择菲律宾华人进行合资。而其他外国跨国公司在寻求经营伙伴时,也往往乐意选择有一定的资本和经济实力、资信良好、经营网络广泛、和当地军政官员或有关机构有良好密切合作关系的华人企业作为合资、合作对象,而华人企业也能借机掌握先进的生产技术和管理经验,借助外国公司的媒介作用打入国际社会,实现经济外向化。这在客观上有助于华人经济地位的巩固和加强。如马来西亚闽商郭鹤年兄弟在菲律宾设立的郭氏兄弟菲律宾物业公司,1993年与菲律宾华商仙美讫公司附属的地产公司及苏达诺地产公司合作,在马加地金融中心兴建40层豪华商业大楼,共集资14亿比索。另外又与施至成的Shoe Mark Icn.投资集团及香港AIA Capital集团合资在菲律宾避暑胜地大雅台市开辟一座国际性的高尔夫球场与旅游区。[③]至于台湾厂商经台湾投资主管机关核准至菲律宾投资

---

① 汪慕恒:《菲律宾外资政策的演变》,《南洋问题研究》,1995年第3期,第66页。
② 侨务委员会编印:《华侨经济年鉴》,1993年,第172页。
③ 陈怀东:《香港华人经济现况与展望》,台湾世华经济出版社,1995年,第213页。

者，到1993年底累计共66件，投资额25 002万美元。①外资的进入，大大地增强了菲律宾华人经济的实力。

菲律宾自实施零售商菲化法以来，虽当时对华商冲击颇大，但也促进了华商转向工业发展，同时随着华侨入籍及第二代华裔自然拥有菲律宾籍，冲淡了此项冲击。现在闽商经营零售业有的已发展为大型百货公司。如施至成的Shoe Mark Icn.，1991年营业收入79.43亿比索，以营业收入排名菲律宾两百大企业中第13名，聘用员工近1万名，占有菲律宾百货业市场的54%，拥有6家购物大型商场及6家百货公司。②

由于大多数华侨已加入菲律宾籍，20世纪80年代以来菲律宾政府的鼓励国内投资和大力引进外资的优惠政策，为菲律宾开辟新的经营领域创造了有利的条件，同时也为他们在这种较为有利的条件下再展宏图提供了契机。菲律宾的华侨、华人资本向产业资本转化的过程中，通过和外资企业的合资或合作，加快了华人资本向现代产业资本的演化，提高了华人资本在各个工业部门中的地位。如钢铁工业，华人资本占70%；纺织工业华资企业中设备较先进的有十多家；纺织成衣是菲律宾的主要出口工业，华资约占75%；烟草工业中华资经营的有6家，规模均较大，设备先进。此外，在木材加工业、建材工业、电子业、化工业、食品加工业、农产品加工业等工业部门中菲律宾华人企业家也均有投资。③

菲律宾华人企业家不但利用政府鼓励发展工业的政策把商业资本转向工业资本，而且根据现代社会发展的需要，掌握市场与经济动脉，向房地产、金融、保险、旅游服务等行业发展。如以多数股份由华人所拥有来作为华资银行的话，那么在菲律宾34家商业银行中，列为华人商业银行的计有9家，即郑少坚的首都银行、杨应琳的黎刹银行、吴宇宙的建南银行、陈永栽的联盟银行、李彼得的中兴银行、高祖儒的交通银行、叶应禄的菲律宾信托银行、李永年的菲律宾银行、许亨利的大东银行。据吴文焕先生的统计，到1993年6月底为止，上述9家华人商业银行总资产为1 873.7亿比索，占国内28家私人商业银行总资产的38.4%；流动资金总额为680.3亿比索，占37.8%；资本总额为217.36亿比索，占35.7%。④在保险业方面，1991年底菲律宾华资保险公司已有23家，占菲律宾保险公司总数

---

① 侨务委员会编印：《华侨经济年鉴》，1993年，第194页。
② 侨务委员会编印：《华侨经济年鉴》，1993年，第184页。
③ 汪慕恒：《东南亚华人经济》，福州：福建人民出版社，1989年，第54-55页。
④ ［菲］《世界日报》，1993年10月3日。

的16%和保险市场总额的40%。①

在房地产业方面，据统计，现今菲律宾华商的营建公司约有500家。如郑周敏的发迹就与土地与房地产的开发有关。他在菲律宾所拥有的旅店、房地产投资公司与纺织厂近20家（其中房地产公司10多家），资产总值约为2.8亿美元。又如吴奕辉集团在1988年成立罗宾逊置地公司，现为菲律宾四大上市地产公司之一。②

第二节　菲律宾闽商的主要成就和贡献

从菲律宾的经济发展过程可以看到，闽商作出了巨大的历史贡献，没有闽商的辛勤劳动，艰苦开发，菲律宾的经济发展很可能会更为迟缓，更为落后。正如菲律宾史学家赛德所言："在西班牙统治时期，菲律宾的经济生活主要依赖华人劳动力和勤苦经营。"③闽商对菲律宾的经济开发，表现了全面性与多层次的经济特色。全面性，是指闽商的经济开发，深入至菲律宾社会的各个重要经济领域中。多层次是指在经济开发活动中，依靠各种方式，各种手段，或引入技术，或举家经营，或远涉重洋，或深入僻壤，以小到大，不拘一格，为菲律宾经济的全面发展其奠定了坚实的基础。尽管西班牙殖民者曾多次以血腥手段驱赶镇压华侨，但每次暴行都给菲律宾社会带来了政治经济上的危机。因为华侨华人，主要是闽籍华侨华人，已经成为菲律宾社会经济生活中一个不可分割的机体。更进一步说明了，闽商对菲律宾经济发展，社会进步所作出的巨大贡献，乃是不可磨灭，具有深远的意义。

一、农业开发的贡献

菲律宾农业一直较为原始落后。闽人很早就对菲律宾农业开发作出过贡献。相传14世纪期间，有闽人名林旺者，航海至菲。"为菲人烈山泽，驱猛兽，教菲人以种耕稼上之知识，菲人始由游牧时代，渐入农业时代。日用诸物亦皆自吾国南方输入，因之吾国南方商人，相继偕来"。④16世纪时，菲律宾农业生产仍然处

---

① 汪慕恒：《东南亚华人企业集团研究》，厦门大学出版社，1995年，第159页。
② 汪慕恒：《东南亚华人企业集团研究》，厦门大学出版社，1995年，第160页。
③ Gregorio F.Zaide, *The Republic of the Philippines*, Manila1963, P.102.
④ 郑民：《菲律宾》，商务印书馆，1925年，第31—32页。

于刀耕火种的阶段，生产技术极为落后。而具有悠久农业历史传统的福建人，在移居菲律宾后，勤劳勇敢，披荆斩棘，开辟荒地，以较为先进的方法进行农业生产，进一步推动了当时菲律宾农业的发展。明朝万历年间，福建巡抚徐学聚在给皇帝的奏折中曾指出："吕宋本一荒岛，魑魅龙蛇之区，徒以我邦小民，行货转贩，外运各洋，市易诸夷，十数年来，致成大会。亦由我压冬之民教其耕艺，治其城舍，遂为隩区"。[1]闽人对菲律宾农业开发所作的贡献，菲律宾史学家也给予了充分的肯定。菲律宾史学家赛地在《外侨是菲律宾经济的奠基者》一文中曾指出："他们（华侨）开发了处女林，在无数世纪静止的荒野中，开辟了茂盛的稻米、苎麻、蓝靛、椰子、烟草和其他谷类的耕种地，他们在峡谷山林间，披荆斩棘，开辟荒野，而后发掘了腹地的宝藏。"[2]反映了闽人在菲律宾的土地上，白手兴家，把荒野开辟成肥沃土地的历史事实。

闽籍华侨在菲律宾的农业开发上所作的贡献，主要表现在两个方面。一方面是属于生产性，主要是以自己的辛勤劳动开垦土地，耕种粮食。早在16世纪90年代，当时的西班牙殖民者就利用闽籍华侨，在一些私人和教会的土地上进行耕种，生产稻谷、蔬果和饲养禽兽。1628年8月，当时的总督胡安·尼尼奥·塔沃拉在写给西班牙国王的信中曾这样写道："我们正蒙受极大的恩赐，那就是将从最近由西班牙人建立的许多农庄生产大量稻米，这些农庄是靠华人耕种的，他们是优秀的农夫。我们正竭尽所能鼓励这种做法，因为我认为这是向马尼拉城供应丰富粮食的捷径。"第二年，塔沃拉又向西班牙国王报告："过去三年，华人（基督教徒和非基督教徒）专心致志地播种稻谷，结果菲律宾有了充裕的粮食供应。"[3]可见正是闽籍华侨的辛勤劳动，改变了菲律宾粮食供应不足的状况。因此依靠华侨耕作垦地，便成为西班牙殖民统治政策的重要内容之一。

闽籍华侨在菲律宾的农业开发取得很大成果。例如把内湖（lagun ade）沿岸大片土地，逐渐开垦成膏腴之地。1629年在内湖水畔卡兰巴一地种稻华人即达6 000人。说明了闽籍华侨耕种规模之大。一些菲律宾学者对于闽籍华侨的耕作给予很高的评价，称他们是菲律宾的农学家。[4]闽籍华侨甚至在完全荒芜的土地

---

[1] 《明经世文编》卷四三三，徐学聚：《报取回吕宋囚商疏》。
[2] 吴景宏：《中菲关系论丛》，新加坡，1960年，第199页。
[3] Blair and Robertson, *The Philippine Islands*, Vol23, PP. 36-37.
[4] E.Rodrigucz I, *Pioneers of our Agriculture*, Manila1936.

上生产出各种优良的植物。①

另一方面，农业开发还表现在技术性。不仅是指闽籍华侨本身采用较为先进的技术进行农业生产，更重要的是把中国农业许多先进的生产技术与生产工其传播到菲律宾，为菲律宾农业的持续发展带来了新活力。

如耕犁的引进，在16世纪时期，闽籍华侨已向菲律宾人民介绍了犁耕方法与工具。②一位英国人曾指出，菲律宾用的犁具是中国式的，有一个手柄，设有犁头或犁头后的定形铁（犁刀），犁头的上部是扁平的，在耕地时转向一边而发挥功用。③闽籍华侨还把水车、水磨和水牛、黄牛、马、粪肥或其他有机肥料的使用传播到菲律宾。有人曾指出："可以断定，在西班牙人到来前夕，菲律宾人已经懂得使用以驯服的水牛牵引犁，当然这种牛是来自中国的船定期运来的，并且很可能驯练它们，深而整齐的犁地技术也是由早期华人首先引进到菲律宾。"④

此外，闽籍华侨还把一些农作物的种植与加工技术，逐步在菲律宾地区推广应用。布赛尔在《东南亚的中国人》一文中曾记载，在菲律宾群岛的苏禄人说过："有许多中国人和他们在一起，而他们的接种改良水果品种的技术，还是中国人教给他们的。"还把石磨除稻壳的方法传授给菲律宾人民，"他们用两块石头把糙米的慷皮磨掉，比棉兰姥人民用木臼捣米的方法便利得多。"⑤农作物加工技术的传播，最典型的是甘蔗种植与加工技术。闽籍华侨把种植甘蔗以及把从甘蔗中取糖的技术介绍给菲律宾人民，并传授榨糖制糖的方法。⑥他们还把用垂直的石碾和铁熬锅的榨糖煎糖技术引进菲律宾，在菲律宾建立了第一家使用这种技术的糖厂。⑦

把大农批作物品种引入菲律宾，也是闽籍华侨对菲律宾的一个重要贡献。很多蔬果都是由闽籍华侨带到侨居地，如白菜、芥菜、豌豆、桃、李、梨、柚、枇杷等，进一步丰富了菲律宾农作物品种。这在语言上也有反映。菲律宾他加禄语中许多蔬菜名称，就是以闽南方言拼音的。如他加禄语中的Petsay，闽南语中为白菜；Kinsay，闽南语中称芥菜；Bataw，闽南语称肉豆；Tangochay，闽南语称

---

① E.M.Alip, *The Chinese in Manila*, Manila1974, P.26.
② 刘芝田：《菲律宾华侨史话》，海外文库出版社，1958年，第47—48页。
③ Blair and Robertson, *The Philippine Islands*（1493-1898）Vol51, P.80.
④ Fr Horacio De La Costa, *Chinese Values in Philippine Culture Developmeng*, Manila1974, P.52.
⑤ 巴素：《东南亚之华侨路》，台湾国立编译馆，1974年，第905页。
⑥ Fr Horacio De La Costa, *Chinese Values in Philippine Culture Developmeng*, Manila1974, P.52.
⑦ John Foreman, *The Philippine Islands*, London1899, P.118.

茼蒿菜。说明了闽南华侨在农业技术传播方面的历史贡献。

二、手工业开发的贡献

手工业也是经济生活的一个组成部份。中国是一个具有悠久历史的文明古国，不少手工业工艺技术曾经对世界文明作出了巨大贡献。16世纪以后，大批福建人开始移居菲律宾，同样为菲律宾手工业的发展作出了巨大贡献。曾经代理过菲律宾总督的莫尔加在1609年曾写道："要是没有中国人充当各行业的工匠，并且如此勤恳地为微小的工资而劳动，这个殖民地就不能生存，这是确实的。"[1]事实也反映了这一点。

16世纪以后大批福建移民，不少人具有一技之长，能够从事各种手工业劳动。正如明人顾炎武《天下郡国利病书·福建六》中所言："则我人百工技艺有一挟器以往者，虽徒手，无不得食，民争趋之。"西班牙殖民者也需要利用各种类型的中国工匠，以便就地生产更多的手工业产品，以满足殖民统治之需。还可以减少对中国贸易的依赖，减少白银流入中国。因此对闽商在菲律宾从事手工业生产，一般都表示欢迎。正如西班牙早期有关菲律宾的著作中，就明确指出，西班牙人"准许华人进入菲律宾群岛，只是为了使他们耕种土地或从事手艺工作。"[2]在这样的历史条件下，闽商能进一步为菲律宾手工业发展，提供更多的人力与技术。

闽商在菲律宾的手工业活动，首先表现在行业众多、规模较大的特点。闽商在菲律宾从事的行业包括裁缝、织染、刺绣、制皮、制造家具、打铁、打银、制锁、修锁、打铜、打锡、制马具、钉书、制砖瓦、打石、烧石灰、泥水、制蜡烛、油漆、制鞋、制毡、酿酒、榨油、制糖等。[3]为菲律宾人们日常生活需要提供大量的产品。根据刘芝田《中菲关系史》的记载，在菲律宾古籍中，曾载洪武十二年，一位名叫辛榜的华侨教菲律宾人制造土巴酒的方法，用曲刀割裂树花，把它的汁放到竹筒中酿成，据说这种酒直到今天还为菲律宾农民所喜爱。另外在马尼拉还有很多闽商从事蜡烛制造业。[4]给日常生活照明以及一些宗教信仰活动，提供了极大的方便。又早期菲律业印刷业，主要是由闽商充当重要角色。赛义德

---

[1] E.M.Alip, *Ten Centuries of Philippine-Chinese Relations*, P.12.
[2] 布赛尔：《东南亚的中国人》，《南洋问题资料译丛》，1958年2-3期合刊。
[3] Blair and Robertson, *The Philippine Islands*(*1493-1898*)Vol52, P33-34, P.212-238.
[4] Alfonso Felix Jr, *The Chinese in the Philippines*(*1570-1770*), Manila1966, Vol1, P.135.

曾经指出，1593年，菲律宾出版的《基督教教义》（加禄语版与中文版），就是由马尼拉一位华人天主教徒约翰维拉所刊印，他是菲律宾第一个著名印刷匠。[1] 印刷业也成为菲律宾闽商的一个传统手工业，他们的印刷技术，至今仍对菲律宾印刷事业带来重要的影响。[2]

闽商对菲律宾手工业的开发，还表现了技艺高超，特别是对于一些技术性要求较高的行业，闽商也显示了勤劳智慧、技术超群的特点。如建筑业、雕塑业等，闽商以砌成的石块或砖瓦，建筑优美廉价的房屋。而且速度很快，许多很豪华的房屋、教堂、修道院、医院和炮台，都能在很短时间里建成。[3] 在菲律宾还可以找到许多具有中国风格的建筑物。如内湖一旅游胜地入口处有雄伟的牌楼（1668年以前中国人居住的小城），牌楼顶有一对摆着作战姿态的中国狮子。许多庙宇街道都明显打上了中国传统建筑的烙印。在菲律宾一些17世纪的建筑物中，还可以看到作为尖前饰的砖瓦上显示出纯粹的中国风格各种雕刻。[4]

闽商在手工业中，并非仅仅是把中国传统的生产技术生搬硬套地在菲律宾中应用，而是根据当地的生产条件和环境，有所发明，有所创造。如闽商向菲律宾传播推广各种建筑材料的制造技术和建筑房屋的方法，而且还适应当地的条件，发明了制造优质石灰的方法。据西班牙人的记载："起初，如同在西班牙一样，石灰是用石块制成的，但现在中国人利用在海边发现的白珊瑚和牡砺烧制成石灰，开始我们不相信这种石灰的质里，但它生产出来后与我们先前制造的一样好，并使本市不再使用它种石灰，这种石灰非常便宜。我们用千里拉购买12薄式耳（420立升）的石灰。"[5] 所以菲律宾学者谓"我们国家早期的艺术家、雕刻家和建筑师都是中国人。"[6] 的确言之不虚。

闽商在菲律宾的手工业开发中，还表现了一个重要特色，就是产销结合，把国内手工业生产者生产和销售结合的传统经营方式带到菲律宾。他们用自己的手艺制作或加工某些产品，然后就摆在自己的店铺里或沿街贩卖，如面包制造业。据载1590年在马尼拉市场上，"许多华人面包师用从中国运来的小麦和精细面粉制作面包，并且在市场上销售或沿街叫卖。这对这个城市大有裨益。因为他们制

---

[1] Gregorio F Zaide, *Philippine History and Civilization*, Manila, 1939, p.388.
[2] E.M.Alip, *Ten Centuries of Philippine-Chinese Relations*, PP.26, 29.
[3] Alfonso Felix Jr, *The Chinese in the Philippines*（1570-1770）, Manila, 1966, Vol1, P.127.
[4] E.M.Alip, *The Chinese in Manila*, Manila, 1974, P.60.
[5] Alfonso Felix Jr, *The Chinese in the Philippines*（1570-1770）, Manila, 1966, Vol1, P.127.
[6] E.M.Alip, *Ten Centuries of Philippine-Chinese Relations*, P.97.

造优质面包且以低价出售。因而虽然本地大量生产稻米，但现在许多人改吃面包，这在以前是没有的。"①类似的手工业生产方式，产销结合，既降低了生产成本，也给菲律宾民众的生活带来了更大的方便，为菲律宾社会经济生活带来了深刻的影响。

三、商业开发的贡献

16世纪以后，是菲律宾商业蓬勃发展的时期，其中闽商的商业开发活动尤为举足轻重。西班牙人康塞普逊提及17世纪初菲律宾的情况时曾经指出："要是没有中国人的贸易和商业，这些领地就不能存在下去。"②菲律宾与闽籍华侨最早发生联系，或者可以说最早移居菲律宾，就是以商业贸易为媒介。不少闽南族谱对此作了记载。如晋江大仑《蔡氏族谱》载："景思……娶妇后，遂往吕宋求货……，乙丑年（1565年），自吕宋归。"晋江安海《飞钱陈氏族谱》谓："陈章灿……生万历癸巳年（1593年），卒崇祯年（1630年），商于吕宋，葬其地"。又《金墩黄氏族谱》载："黄亚官，生崇祯十二年巳卯（1639年），商游吕宋，卒葬其地"。明人张燮《东西洋考》卷九所记载的中国商人，主要是以福建商人为主，到菲律宾贸易，常到地点就达40多处。反映了福建人与菲律宾密切的商业贸易关系。因此，不论他们继续留在菲律宾，或者返回原居住地，他们的商业活动，都对菲律宾的商业经济发展做出了重大贡献。而闽商所表现的形式多样，规模庞大的商业特点，更对16世纪以后菲律宾的经济开发带来了深刻的影响。

从闽商在菲律宾的商业贸易的发展方向观之，主要表现为远洋贸易与内地贸易两大类型。远洋贸易，主要是中国与菲律宾的商业贸易。这方面福建商人充当了重要的角色。菲律乔治曾详细记述了16、17世纪福建商人与菲律宾贸易的情况。他指出当时赴菲商船，多数是来自福建漳州、厦门。"他们运售各种果品，如柑、花生、葡萄干及柿子。……他们也运来各种布匹，有几种质地好较诸法荷的出品并无逊色，有几种墨色的布，东印度人用以缝衣服，还有粗或细的丝货，地毡、蔍笆线、花边、化妆品、床帷、椅垫等。普通瓷器也有运售，……他们也运来珠、金、铁、麝香、雨伞、假宝石、峭石、面粉、各色纸张以及其他雕刻、油漆极为美的木器。"当时菲律宾不少消费品主要是依赖中国供应，特别是福建

---

① Blair and Robertson, *The Philippine Islands* (*1493-1898*) Vol5, P.277.
② John Foreman, *The Philippine Islands*, Shanghai, 1906, P.110.

地区。因而福建商品甚为畅销。闽商"每年总要到这儿（马尼拉）做生意。……华商运来的货物，有些是杂碎的零星日用品，其中有菲律宾摩尔人常用的大瓮，此外尚有粗磁铁针器，另有精细瓷器及丝织品"。"他们运来一些精美的陶器，所有货物销路都很好。""例如水银、火柴、胡椒、肉桂、丁香、糖、铁、铜、纹丝、丝织品、面粉等货品，都是别的商人未曾用过，而且也未曾售过的。"① 大部份的生活必需品丰富了菲律宾人民的生活，满足了他们的生活需要。据1591年4月一位名叫拉莫斯的庞邦加省的村长说，从前他省里的所有菲律宾人差不多同样穿着本地织造的衣服，自从中国人运来大量各种衣料后，人人都开始用进口料子。② 以至当时西班牙殖民当局为了减少中国布匹进口，减少白银外流，乃禁止本地人穿用中国衣料做的衣服，他们指出，"当西班牙人发现这个群岛时，本地人除了穿本地衣服外，不穿其他衣服，可是他们现在穿中国织物和中国绸衣。"③ 但是也未能真正禁止菲律宾民众穿用中国织物做的衣服。可见远洋贸易所带来的中国商品对菲律宾经济生活影响之大。

除了海上远洋贸易，闽商还积极进行菲律宾内地贸易，进一步沟通菲律宾城乡的商业贸易联系。福建侨商从事群岛内部城市与内地之间的中介商业活动，他们深入穷乡僻壤，推销由中国带来的商品，收购土特产品，再销售给西班牙人。有的甚至在乡村定居下来，开设店铺，如南安丰山《陈氏族谱》载："陈×，年十八，渡小吕宋岷里拉习商业，为东人信任，俾以重权，甫三年以所分红利，别自营业"。正是这些福建华侨，在一些内地山区从事类似带有某些易货性质的中介商业活动，推动了菲律宾城乡地区之间经济交流的发展，丰富了边远地区人民的生活，同时还促进了边远地区的生产，由于商业销售的需要，一些乡村地区利用自然条件的优势，发展经济作物，如马尼拉麻、甘蔗、松脂等，就是在福建侨商的城乡中介商业活动中，由此而发端。所以福建侨商的内地商业活动，对当时菲律宾这个国家具有最重要最深远意义的影响。④

从贸易活动的商业形式，也可划分为两种情况。一类是属于流动性质的行商，他们多从事远距离的远洋贸易活动，或充当城乡商业活动。一类则是属于固定性质的坐商。主要是在具有相对固定的地点或固定的商业行业条件下，从事某

---

① 菲律乔治：《西班牙与漳州之初期通商》，《南洋问题资料译丛》，1957年第4期。
② Conrado Benitez, *History of the Philippine Revised Edition*, 1940, P.75.
③ 布赛尔：《东南亚的中国人》，《南洋问题资料译丛》，1958年2-3期合刊。
④ Renacio Constaniono, *The Philippines*, *A Past Revisiced*, Quezon city, 1975, P.75.

些专营性的商业活动。16世纪末年逐步兴起的，以闽籍华侨为主的聚居地——帕利安，就是一个典型的商业市场或商业中心。帕利安，是16世纪中叶以后闽籍华侨最集中的地方，它既是一个闽人社区，更是一个闽商的贸易中心。虽然几经焚毁，但在16至18世纪期间，其作为闽商的商业中心或商业象征的历史地位，一直未变。据载："帕利安内部有许多成衣馆、修鞋匠、面包商、蜡烛匠、糖果铺、药铺、油漆匠、银匠及其他各种行业。""每日在此有菜市以贩鸡、猪肉、鸭、猪禽、野猪、水牛、鱼、面包、蔬菜、其他食品以及柴薪。此外在街上也贩卖大批中国杂货。""在帕利安的市场中，可以看到中国的各种行业，各种商货以及中国运来的名贵品，这些商品已在帕利安开始制造，而且质量比中国制造更好，制造时间又较快。"① 由此可知帕利安是一个重要的商业城，对16至18世纪菲律宾的商业开发具有很大的影响。其一，它集中了从中国运来的大量货物，由此分销至各地区。其二，它供应马尼拉城的一切生活必需品以及提供各种服务。其三，它产销结合，更加快了商品销售及商业资金的周转。而且其内部还体现了传统中国工商行业的分布特点。天主教修道士博托洛梅·德莱络纳在1661年左右曾指出，帕利安"早时有一万五千人住在那里，……，即中国人，他们都是商人和工匠，按着街道和方块划分区域，开设各种商店，销售社会所必需的各种商品，应有尽有。"② 从16世纪末至18世纪末，马尼拉的商业活动，大都是通过帕利安进行的。据日本学者箭内健次研究，帕利安的华人店铺数目多达1 200间。③ 而闽商正是当时帕利安的重要商业支柱，他们对菲律宾以后的商业发展带来重要的影响。直至18世纪末到19世纪上半期，马尼拉地区仍然是闽商的零售商业与手工业中心。1828年马尼拉及顿多地区有华侨5 279人，占菲律宾华侨总数的93%。④ 他们大部份从事固定的零售商业，直接或间接地支配菲律宾的侨商活动，实际上也支配了菲律宾的商业活动。在这方面，闽商乃是功不可没，正是他们以各种形式，各种渠道和各种规模，开发了菲律宾的商业活动。所以在16世纪末至18世纪末，马尼拉有东方威尼斯之称，乃是言之不虚。也从一个侧面反映和歌颂了闽籍华侨商业功勋。而他们所具有的良好商业道德与商业信誉，更是为人所称颂。他们在商品销售中，价廉物美，以致西班牙统治者也感到惊奇，他们曾记载谓："他们的

---

① Blair and Robertson, *The Philippine Islands* (*1493-1898*) Vol7, P.34.
② Blair and Robertson, *The Philippine Islands* (*1493-1898*) Vol6, P189.
③ 陈荆和：《16世纪之菲律宾华侨》，新亚研究所，1963年，第134页。
④ Victor Purcell, *The Chinese in Southeast Asia*, Oxford University press, 1965, P.503.

商品卖价是那样低廉，使我们只能认为，要不是他们的国家里，这些产品无需花多少气力制作、种养，就是俯拾皆是"。①侨商为了适应当地人民的购买力，一般只赚微小利润的价钱出售他们的商品。②甚至给予赊欠的方便。③因而闽商以及他们的商品深受欢迎，他们的商业文明，也是华侨商业经济在菲律宾长盛不衰的重要原因之一。

第三节 菲律宾闽商企业集团的形成与发展

东南亚华人企业集团早在战前殖民地时期业已出现，但其数量屈指可数，著名的华侨大企业，曾被称为南洋"四大天王"的黄仲涵、陆佑、陈嘉庚、胡文虎家族企业，就是20世纪30年代以前形成的华人企业集团。例如印度尼西亚华侨黄仲涵的建源公司，是以蔗糖生产和贸易为主业的多元化经营集团，还包括化工、航运、金融、不动产、仓储等多种行业，在伦敦、阿姆斯特丹、加尔各答、孟买、卡拉奇、曼谷、新加坡以及中国的上海、天津、广州等大城市建有分公司，形成了覆盖欧亚的贸易网络。到1942年黄仲涵去世时，他的资产估计已达2亿荷兰盾。④陈嘉庚的橡胶企业在20世纪20年代的鼎盛时期，也是典型的跨国企业。但是，这几家华侨大企业由于各种原因在战后已风光不在。

第二次世界大战结束后，华人企业集团的形成大体上可分为两种类型。一种是旧华侨财团型，即由第二次世界大战前已初步形成，但资本与规模都还有限的华侨企业发展而来。战后，这类企业抓住国际经济和东南亚国家实施工业化等机遇，进一步发展、壮大，成为多元化经营的跨国企业集团，如新加坡的华侨银行集团就属此种类型，但数量极少。另一类型是新兴企业型，即在第第二次世界大战后尤其是20世纪70年代以后，随着东南亚国家经济发展而兴起的华人企业集团，这种类型在东南亚华人企业集团中占绝大多数，如印尼的三林集团、马来西亚的云顶集团、新加坡的丰隆集团、泰国的正大卜蜂集团、菲律宾的陈永栽集团等。

---

① Blair and Robertson, *The Philippine Islands*(*1493-1898*) Vol6, P.302.
② John Foreman, *The Philippine Islands*, Shanghai, 1906, P.111.
③ Conrado Benitcz, *History of the PhilippineRevised Edition*, P.154.
④ [日]吉原久仁夫著，周南京译：《黄仲涵集团——东南亚第一企业帝国》，北京：中国华侨出版公司，1993年，第185页。

一、闽商企业集团的形成

菲律宾闽商企业集团的产生，经历了漫长而艰辛的资本积累过程。闽商企业早期的资本积累，主要是通过零售业和粮食贩销业而发展起来的。而后菲律宾闽商也一直在这两个领域处于举足轻重的地位。1755年之前，华侨几乎垄断了菲律宾的零售业。1755年之后，菲律宾华侨在零售业的垄断地位被打破。但随着西班牙人、西菲混血儿企图组建并形成菲律宾商业网络的经营失败，华侨零售业迅速得以了恢复。1912年，华侨零售额占菲律宾总零售额的59.52%。[1]菲律宾的华侨经济逐渐发展起来。

但在第二次世界大战之前，菲律宾闽商企业的经营基本上是以家庭式独资形式为主，规模小且经营方式落后。早期在菲律宾的福建华侨，多以小商贩为主要职业，进而成为中介商，积累资本后再投资工商业。19世纪下半叶，菲律宾闽商在商业零售业有所发展的基础上，积累了一定的资本，开始涉足进出口业。一些人创办了小型工厂，其中以木材业、烟草加工业的发展较为突出。20世纪初，首次出现了闽商银行和商会，这标志着闽商资本的形成。

第二次世界大战期间，日本占领当局以勒索钱财、不断骚扰等方式来打击菲律宾华侨的零售业，菲律宾闽商遭到了严重的打击。第二次世界大战结束至20世纪60年代中期，菲律宾政府更是针对华侨经济出台了一系列的菲化政策，企图达到限制并排挤华人，以提高原住民在本国经济中的地位。菲化政策的出台使闽商的发展蒙上了巨大的阴影。菲化政策前后推行了长达20年之久，这给长久以来形成的以商业为主的菲律宾闽商以沉重的打击，对菲律宾闽商的发展产生了巨大的阻碍作用。

但从长期来看，菲化政策却促使处于发展困境中的菲律宾闽商开始寻求新的出路，比如促使菲律宾闽商打破了原先以零售业为支柱的局面，开始向更广泛的领域发展；促使华人资本组织形态由独资向集资、合资等形式发展，从政府限制的商业领域转移到政府鼓励的制造业等工业领域等，很多大型的菲律宾华人企业正是在这一时期发展起来的。据统计，菲律宾为250家最大的企业中的80家华人大企业，有80%是在菲化运动期间转向制造业的。[2]另外，菲化政策在一定程度

---

[1] 黄滋生、温北炎：《战后东南亚华人经济》，广州：广东人民出版社，1999年，第199页。

[2] Yoshihar Kunio, *Philippine Industrialization*, *Foreign and Domestic Capital*. Ateneo de Manila University Press.1985, p.90.

上也强化了菲律宾华侨加入菲律宾国籍的紧迫感，客观上促使华侨经济向当地化的转变。

总的来看，第二次世界大战后，特别是20世纪50、60年代，菲律宾的闽商企业集团逐渐兴起。现在在菲律宾较为出名的闽商企业集团的领军人物，如陈永栽、吴奕辉、施至成、叶应禄、姚祖烈等大体上都是创业于20世纪50—60年代。这些企业集团的共同特点是资本规模日趋强大，经营行业日益多元化。菲律宾闽商企业集团的兴起是菲律宾民族主义发展的产物，也是菲律宾华人经济走向成熟的标志，更是菲律宾华商经济地位增强的重要表现。

二、闽商企业集团的发展

菲律宾闽商企业集团大多于20世纪50、60年代随着第二次世界大战结束之后，在菲律宾经济形势逐步好转时开始形成并发展起来的。随着菲律宾工业化的发展，闽商企业集团也逐渐发展壮大。1950年起，菲律宾开始推行进口替代型工业发展战略，政府一方面采取限制消费品进口和外汇管制政策，另一方面则通过税收等优惠政策，鼓励进口替代工业的发展。

1965年马科斯上台后，将"民族经济主义"转化为"民族经济的解放"，把菲化政策转向发展经济以摆脱贫困，同时对华人经济成分也转化为利用和激励的政策。20世纪70年代初，菲律宾开始转向发展出口导向型工业，许多华人工业企业通过与外资合资或合作经营，引进资本与技术，扩大资本规模和经营领域。而后随着菲律宾政府在入籍政策上的调整，大量菲律宾华侨入籍成为菲律宾公民。华侨加入菲律宾国籍后就能得到和土著菲律宾人一样的权利，经营不再受到菲化法令的限制，使得华人经济可以在一个更为宽广的平台上进行发展。加之华人资金一般较为雄厚且拥有广泛的商业网络，菲律宾闽商企业集团得以迅速发展，这也成为菲律宾闽商发展的一个分水岭。在这一时期，菲律宾闽商新企业迅速增加，闽商在菲律宾的投资也持续高涨，闽商进一步发展。

1972—1981年，马科斯在国内实行军管法统治，不少菲律宾传统的家族财团受到了清算，西班牙裔财团大量外逃，欧美财团望而却步，从而为华人资本开拓了更为广阔的经济活动领域。[1]并且这一时期马科斯的"密友资本主义"兴起，

---

[1] 汪慕恒：《东南亚华人家族企业集团研究》，厦门大学出版社，1995年，第154页。

颁布了的一系列政策有利于与国家政权勾结较为紧密的大商人，其中获益的就有陈永栽家族等一些闽商企业集团。1983年阿基诺参议员被暗杀后，菲律宾国内爆发了严重的政治与经济危机。不少国内投资商又一次将资金撤出菲律宾。面对困难，大多数闽商企业集团仍选择将大部分的资金投资在菲律宾，使闽商企业在逆境中得到了进一步的发展。1986年"二月革命"后，阿基诺执政时期，闽商企业集团仍能站稳脚跟，并在菲律宾经济发展中发挥着举足轻重的作用。

从20世纪50、60年代企业成立之初，经过20年到30年的发展，菲律宾闽商企业集团的实力在20世纪80年代有了较大的提升。据统计，华人企业占菲律宾200大企业的40家，在200大企业中资产占14.5%，营业额占11.2%。[①]1994年菲律宾市值最大的37家上市公司中，华人控制的有18家，合计市值284亿美元，占总市值的52%。[②]虽然菲律宾闽商企业集团有了很大的发展，但同同盟其他国家华人企业集团相比，经济实力仍比较弱。根据香港《Forbes资本家》（1992年）统计显示，除个别外，大多数菲律宾闽商企业集团核心人物的个人财产均低于5亿美元。如表4-8所示。

表4-8　1990—1991年菲律宾的主要闽商企业集团

首脑/集团名称	主要业务	所拥有的挂牌公司	主要公司及资本地区分布	个人财富估计
郑周敏：亚洲世界集团	房地产、金融、建筑、旅游、纺织等		亚洲世界国际集团、大亚百货公司、开南木材公司、亚洲传播公司、亚洲乐园、交通饭店、美国亚洲土地公司、亚洲依托投资公司、美国加州银行等。资本分布：菲、中国台湾、美、日、加、马、中等	15亿美元
陈永栽：陈永栽集团	烟厂、农场、啤酒厂、银行、坑道、航空等	联盟银行	控股公司、福川烟厂、福牧农场、亚洲酿酒厂、联盟银行、世纪公园喜来登店、新联财务、建东集团等。资本分布：菲、中国香港、美、关岛、加拿大、巴布亚新几内亚、中等	6亿美元以上

---

① 王望波：《八十年代以来菲律宾政府的华侨华人政策对华人经济的影响》，《华侨华人历史研究》，1996年第2期。
② 唐礼智：《东南亚华人企业集团对外直接投资研究》，厦门大学出版社，2004年，第86页。

续表

首脑/集团名称	主要业务	所拥有的挂牌公司	主要公司及资本地区分布	个人财富估计
吴奕辉：JG Summit控股集团	食品、糖厂、饮料、服装、玻璃、半导体、房地产、银行、发电、电讯、水泥、石化等	罗宾森置地公司、环球罗宾娜公司、JG Summit控股公司	JG Summit控股公司、环球罗宾娜公司、综合食品制造公司、罗宾森置地公司、菲律宾数码电讯公司、罗马拉城中旅社及地产公司、环球罗宾娜糖厂公司等。资本分布：菲律宾等	5亿美元以上
杨应琳：杨应琳集团	保险、金融、投资、贸易、农业、石油开发、通讯、木材、采矿、房地产等	黎刹商业银行、投资控股公司	中华保险公司集团、投资控股公司、黎刹商业银行、MICO证券公司、泛马来亚管理及投资公司、钻石农场公司、BA储蓄银行等。资本分布：菲、美、欧洲、非洲、拉美、亚太、中东	3亿美元以上
郑少坚：首都银行集团	银行、投资、保险、旅行社、汽车、房地产、塑料等	首都银行	首都银行、菲律宾储蓄银行、菲人寿保险公司、第一首都投资公司、菲塑料集团有限公司、有利信用卡公司等。资本分布：菲、中国台湾、港、关岛、美、中等	约3亿美元
施至成：SM集团	超级市场、商场租赁、银行、房地产、旅游、电脑咨询、投资、水泥、证券等。	SM基金公司、鞋市第一控股公司	SM投资公司、SM基金公司、鞋市有限公司、黄金储备银行、汽车进化论零件服务公司、第一亚洲发展公司、超级价值公司、鞋市第一控股公司等	约3亿美元
黄登士：黄登士集团	面粉、食品		通用面粉公司、阿拉斯加贸易公司、加利福尼亚饼干厂等。资本分布：菲、美	约2亿美元
叶应禄：叶应禄集团	新闻出版、航运、银行	马尼拉公报出版公司	马尼拉公报出版公司、菲律宾总统船务公司、菲律宾信托银行。资本分布：菲、美等	1亿多美元

续表

首脑/集团名称	主要业务	所拥有的挂牌公司	主要公司及资本地区分布	个人财富估计
吴天恩；吴天恩集团	房地产、农业、商业、制造业、服务业	菲律宾地产投资公司	菲律宾投资发展公司、菲律宾地产投资公司、菲律宾农场投资公司、太平洋食糖控股公司、菲律宾技术投资工业公司、通用合成油墨制造公司、ALG管理服务公司。资本分布：菲、加	

资料来源：香港《Forbes资本家》（1992年）、菲律宾《世界日报》等有关资料整理。

三、闽商企业集团的特点

伴随着菲律宾华商经济的发展，菲律宾闽商企业集团迅速兴起。这些企业集团已拥有一定的经济实力，逐渐向海外扩展。他们呈现出以下特点：

首先，闽商企业集团的经济实力迅速扩大。菲律宾的闽商企业集团大多在20世纪50、60年代形成，而其经济实力的迅速扩大则是在70、80年代，尤其是80年代中后期。目前，菲律宾知名的闽商企业集团主要有：亚洲世界集团、陈永栽企业集团、吴奕辉企业集团、杨应琳企业集团、首都银行企业集团、SM集团、黄登仕企业集团、叶应禄企业集团、吴天恩企业集团等。菲律宾闽商企业集团的经济实力迅速扩展，表现为企业集团的资产额猛增，企业规模扩大，上市公司增多，所占市场份额增大。例如，以陈永栽为首的企业集团是菲律宾最大的华人企业集团之一，拥有附属公司100多家，该企业集团属下的福川烟厂的产量占菲律宾卷烟市场的64%。

福牧农场是菲律宾国内最大肉猪生产企业，亚洲酿酒厂是菲律宾国内第二大啤酒厂，联盟银行是菲律宾最大的私营银行之一。以吴奕辉为首的JG高峰控股公司拥有附属公司25家，其中上市公司3家，1993年资产额达304.6亿比索，该企业集团拥有国内最大的制糖企业、最大纺织企业和第二大面粉厂。以郑少坚为首的首都银行集团是菲律宾最大的私营银行集团，拥有国内外银行分支机构300多家。以施至成为首的SM集团是菲律宾最大的百货零售企业集团，每年营业额约3亿美元，占菲律宾百货市场营业额的45%。

其次，闽商企业集团的经营结构日趋多元化。随着菲律宾工业化进程的加快，主业结构急剧变化，新兴制造业部门迅速发展，第三产业部门不断扩大。许多闽商企业由单纯经营农业和商业转向农林牧资源加工业、制造业和服务业，进而向多元化经营型企业集团发展。如杨应琳集团已从最初的主要经营保险业，发展到今天扩及银行与金融、投资、贸易、石油勘探、探矿、房地产、建筑、木材、水泥、发电、通讯、农渔业等等领域。又如施至成集团已从最初经营鞋店扩展到现今经营大商场、银行、房地产、娱乐、旅游、股票、保险、商场租赁、虾类养殖、电脑咨询、水泥生产、汽车零件服务等领域。从企业集团的经营结构看，菲律宾闽商企业集团大致可分为产业型企业集团、金融型企业集团和服务型企业集团，而各种类型的企业集团的经营发展也日趋多元化。

目前，以制造业为主多元化发展的企业集团有陈永栽企业集团、吴奕辉企业集团、黄登仕企业集团；以农林牧资源加工为主多元化发展的企业集团有行裕集团等；以金融业为主的多元化企业集团有杨应琳企业集团、首都银行集团等；以房地产业为主多元化发展的企业集团有亚洲世界集团、吴天恩集团等；以百货业为主多元化发展的企业集团有SM集团等。

再者，闽商企业集团的经营体制逐步变革。20世纪80年代中期以来，为了适应经济发展的需要，菲律宾闽商企业集团在不断地变革传统，逐步建立与完善现代化的经营体制。菲律宾闽商向来以家族经营为主，企业实行集权式管理，不愿将其资本社会化。这一特征的产生既与社会生产力水平低下及家长制传统密切相关，同时也是华人在当地的特殊地位所使然。

随着经济的快速发展和市场竞争的日趋激烈，许多闽商企业集团开始超越家族经营的束缚，逐渐淡化家族经营色彩，借鉴和吸收西方的现代企业制度和管理模式，建立现代企业经营体制。目前已有一些闽商企业集团逐步聘用族外管理人员，尝试所有权和经营权分离的现代经营方式，如首都银行集团等。随着菲律宾股市规模扩大，闽商企业集团的上市公司也不断增加，如菲律宾百货大王施至成的鞋庄控股公司在1994年7月正式成为上市公司。尽管菲律宾闽商的家族经营传统短期内仍难以完全改变，但变革已成必然趋势。

最后，闽商企业集团的跨国经营不断扩大、发展。随着资本规模和经济实力的扩大，菲律宾闽商企业集团的跨国经营迅速发展，不少闽商企业集团制定海外投资战略，调配各自的经营资源，积极开拓海外市场。菲律宾闽商企业集团主要是以在国外收购当地企业、直接投资设厂以及经营合资项目等方式来开拓海外业务的，并由此逐步建立起跨国经营网络。

20世纪90年代以来，以郑周敏为首的五洲世界集团在海外的投资迅速增加，在美国、加拿大、日本、马来西亚、中国内地和香港、台湾等地均有投资。其中，亚洲世界集团在台湾拥有众多企业，如大亚百货、亚信传播、亚洲乐园、开南木业、三民建筑、周武公司、交通饭店、环亚发展公司等。80年代起，陈永栽企业集团先后投资10亿美元在香港设立了福川贸易公司、新联财务公司和裕景地产公司等，由此建立以香港为海外投资基地的跨国经营网。该集团还在美国收购海洋银行；在巴布亚新几内亚购置300万平方公里土地，设立烟叶和薄荷种植场、畜牧场、炼铁厂以及钢轨厂；在美国关岛购置大片土地，兴建大型商场和休闲中心，并拥有当地最大的面包厂；在加拿大也设有地毯厂、炼钢厂、面包店和药房等。以郑少坚为首的首都银行集团积极向海外扩展，自1970年在台北开设首家分行后，又先后在香港、关岛等地开设分行。1975年收购美国加州国际银行，1981年收购香港第一国际投资公司。到1993年12月底已在菲律宾国内和国外设立了223家分行，业务遍布菲律宾国内以及国外的纽约、加利福尼亚、洛杉矶、旧金山、关岛、东京、北京、上海、香港、台北、高雄等地。再如杨应琳企业集团控制的多尔菲律宾公司在泰国、日本、美国的夏威夷等地都设立有水果贸易和加工分公司。他所控制的黎刹商业银行在新加坡设有东盟财务公司，在美国、印尼、马来西亚和泰国设有分公司。他所控制的中华保险公司在伦敦、关岛和亚州设有分公司，在欧洲、非洲、中东、拉丁美洲设有附属机构。

第四节　菲律宾部分闽商企业集团及其发展特点

据2007年6月中国首次发布的"2006年全球华人富豪500强"排行榜，菲律宾入选华商有表4-9所列5人，个人资产总额为440亿元；入选前50名的有2人；排名最前的为第34名的陈永栽（陈永栽财团），个人资产152亿元，主要从事烟草、银行、房地产行业。

表4-9 "2006年全球华人富豪500强"菲律宾入选华商

排序	名次	姓名	个人资产（亿元）	主要公司	主要行业
1	34	陈永栽	152	陈永栽财团	烟草、银行、房地产
2	49	施至成家族	112	SM企业集团	零售、房地产
3	61	郑少坚家族	85.6	首都银行集团	金融、保险、汽车、房地产
4	72	吴奕辉家族	70.4	JG控股	食品、金融、房地产、电讯
5	222	陈觉中	20	快乐蜂集团	快餐连锁

一、陈永栽企业集团

陈永栽，英文名叫Lucio Tan，1934年出生，祖籍福建省晋江县青阳镇，菲律宾籍，在菲律宾经营有烟厂、农场、啤酒厂、银行等，投资分布于菲律宾、美国、中国、中国香港、巴布亚新几内亚、加拿大等地。他是20世纪70年代新兴的菲律宾华人企业家，是菲律宾菲华企业界举足轻重的人物，菲华商联总第一副理事长，1999年3月当选第23届菲华商联总会理事长，曾被日本《朝日新闻》列为"世界各国经济显要人士"之一。

（一）陈永栽企业集团发展史

陈永栽4岁时即随父母亲到菲律宾谋生。初去时定居宿务，靠父亲在郊区开了一家小店铺度日。9岁那年，其父不幸患重病卧床，从此失去劳动力。其母蔡琼霞只好带着孩子护送丈夫返回福建晋江家乡。在此期间，陈永栽曾在晋江和厦门求学。两年后，家乡又遭灾荒，刚满11岁的陈永栽只好跟着叔父再赴菲律宾，并在宿务市描沓安烟厂当童工，做杂役。年少的陈永栽在其母亲的谆谆教诲下，在当童工、做杂役的少年时代，利用夜晚休息时间刻苦自学，不仅自修完中学全部课程，而且考上了菲律宾远东大学化学工程系。自此，他坚持半工半读，孜孜不倦地勤学苦读，终于完成了大学全部学业。毕业后，他到庄万益公司下属企业任实验室助理。由于他谙熟业务又潜心工作，两年后便被提升为生产经理。然而，年轻的陈永栽并不满足于此，他满怀开拓实业之志，渴望能在实业界施展自己的才华，干出一番事业来。1959年，陈永栽创立一家制造甘油的小公司，并与他人合伙经营化工原料。到20世纪60年代中期，他的母亲向香港同乡亲友筹借到70万港元作为他的创业资本，陈永栽于1965年初在马尼拉市郊区购置了一片土地，开始兴建福川烟厂（Fortune Tobacco Corp.），从而开始走上了企业家的道路。

最初，福川烟厂的厂房简陋，设备落后，不少生产环节都靠手工操作。陈永栽全力以赴，苦心经营，几乎每天都亲自到车间指导生产。由于他正确地选择了生产面向大众的、市场较为宽广的中档香烟，加上他经营有方，又善于开拓产品销路，因此，福川烟厂投产后发展很快，生产和盈利成倍增长，短短几年便在菲律宾烟业市场占了很高比重。一些牌号的香烟还出口到海外。20世纪90年代初，福川烟厂生产有6种当地和3种国际牌子的香烟，如"福牌"（Hope）、"冠军"（Champion）、"摩尔"（More）、"云丝顿"（Winston）、"骆驼"（Camel）、"沙龙"（Salem）等，在菲律宾当地甚为畅销。属下有5家公司负责推销工作。

1993年，福川烟厂共生产了177亿支香烟。该厂在菲律宾每年约670亿比索的香烟市场中所占的比重，已从1985年的44%上升到1991年的64%。1992年营业额4.26亿美元。据报道，该厂每年净收入在3 000万美元以上，直接雇佣工人达6 000人。① 福川烟厂的兴建和发展，为菲律宾政府增加了一项可观的税收来源，并直接或间接地创造了大量的就业机会。1993年该厂上交税收34.4亿比索，占菲律宾香烟消费税总额的55.26%。菲律宾北部生产的烟草约75%是由该厂收购的，估计约有35万烟农及其眷属是依靠向福川烟厂提供或出售烟叶维持生计的。②

陈永栽在发展其事业或企业集团过程中，既重视了解市场供求信息，又善于抓住商业机遇。在他的福川烟厂已逐步打开局面并积累了一定的资本后，他抓住20世纪60年代末马尼拉生猪市场供不应求的商机，几经运筹，便不失时机地选定了另一新的主要投资领域：发展大型养猪业。1969年陈永栽开始筹建福牧农场（Formost Farm）。他亲自勘察选址，在马尼拉市郊购置了328公顷土地，开垦种植饲料。接着在这片地的中心地带，建起了一座与现代化大型养猪场相配套的自动化饲料加工厂。该厂每小时生产饲料30吨，饲料配方由电脑操作，饲料除自用外，还供应菲律宾国内畜牧场。接着又从国外引进一批优良种猪，建立年出栏数可达12万头的福牧养猪场，随后再扩大为拥有多个生产基地的福牧农业有限公司。③ 福牧农业有限公司属下的各大养猪场，从规划、动工到投产，环环紧扣，充分发挥了投资效益，加上经营管理有方，饲养得法，发展很快，不到两年

---

① 汪慕恒：《东南亚华人企业集团研究》，厦门大学出版社，1995年，第167—168页。
② 庄国土、陈华岳：《菲律宾华人通史》，厦门大学出版社，2012年，第599页。
③ 云冠平、陈乔之：《东南亚华人企业经营管理研究》，北京：经济管理出版社，2000年，第263页。

时间，便占领了菲律宾各大埠的猪肉市场。福牧农业有限公司每年生猪出栏数为18万头，其规模、存栏数及销售量均列为世界同类企业的第2位。①

陈永栽在创办烟厂等企业获得巨额利润后，便利用积累起来的资金，大展拳脚，多元拓展。他除了运用他的化工专业知识和经验，继续创办一批新的工厂如椰油厂、肥皂厂、石棉瓦厂等项目外，还经营进出口、地产、建筑及电子等业。他所投资经营的企业，除石棉瓦厂和报业因中途转手而未能最终操得胜券外，其他各项均获得了较大的成功。20世纪70年代中后期，已拥有较为雄厚财力的陈永栽开始进军金融界。1976年，他与许文墨（Willington Kou）等人合作收购了面临倒闭的普通银行（General Bank），更名为联盟银行（Allied Banking Corporation），并在该行任董事长。他以高薪延聘了一批谙熟金融业务的职员协助经营银行业务。他凭着自己在企业界的信誉和已积累起来的理财经验，使联盟银行的业务得到迅速发展。1977年该行资产为8 000万美元，但到1993年12月底，联盟银行资产总额已达295.1亿比索（约合11亿美元），居菲律宾华资商业银行第3位；流动资产99.4亿比索，居第4位；贷款总额166.8亿比索，居第3位；存款总额183.9亿比索，居第4位；资本总额43.1亿比索，居第2位。②该行现为菲律宾十大综合商业银行之一。此外，该行还设有保险与投资等许多相关机构，如阿拉巴信旗投资和保险公司等。1991年该行总收入为22.27亿比索。

1980年，陈永栽投资约2亿美元，开始兴建占地达400公顷的亚洲酿酒厂（Asia Brewery Inc.）。该厂为菲律宾第2家现代化啤酒厂，设有电脑控制生产线，生产德国啤酒配方的"豪申"啤酒和其他牌子的啤酒，如马尼拉啤酒（Manila Beer）、啤中啤（Beerna Beer）等，年产4 800万箱。1988年与丹麦嘉士伯酒商合作，开发新产品嘉士伯啤酒（Carlsberg Beer）和生产烈性酒。1991年菲律宾啤酒业收入为197.1亿比索，亚酿的年收入约为19.7亿比索，占菲律宾啤酒市场约10%。③同年，陈永栽又斥资10亿比索收购了丹内酒厂（Tandnay Distillery Inc.），并兴建亚酿分厂。

陈永栽的亚洲酿酒厂创建投产以来，一直都与菲律宾啤酒业的巨无霸生力公司（San Miguel Corp.）打市场战，但自1988年9月生力公司向法庭控告亚酿仿

---

① 蒋细定：《菲律宾陈永栽及其企业集团发展问题初探》，《南洋问题研究》，1994年第3期。
② 庄国土、陈华岳：《菲律宾华人通史》，厦门大学出版社，2012年，第600页。
③ 汪慕恒：《东南亚华人企业集团研究》，厦门大学出版社，1995年，第169页。

造商标、不公平竞争开始,火药味便更为浓烈。亚酿与生力公司又因争夺菲律宾杜松子酒的市场而加深敌意。亚酿属下的丹内酒厂与生力公司属下的 La Tondena Distillers Inc. 也短兵相接。丹内收购了后者的酒精供应厂商亚洲酒精厂,生力不甘屈服另辟新厂,双方为此展开了一场争夺战。90年代初,亚酿已设有3大分厂,自推出嘉士伯啤酒后,生力公司啤酒倍受来自亚酿的威胁与竞争。1989年陈永栽以850万美元收购了世纪公园喜来登酒店 (Century Park Sheraton Hotel)。该酒店每年平均入住率高达近9成,每年为他赚到10余亿比索,为马尼拉同类酒店中业绩最佳的。[①]他在马卡迪 (Makati) 另拥有2家中档旅馆。自收购喜来登酒店后,这两家旅馆便统一由喜来登酒店管理。

在菲律宾政府推行国营企业私营化计划中,陈永栽在1992—1993年间先后投资51亿比索,参与菲航PR控股公司的股份 (拥有51%的股权),从而在菲律宾航空公司中取得33.5%的股权。[②]自1993年3月以来,陈永栽任菲航副董事长。菲律宾航空公司始建于1941年,从事国内外的航空服务。该公司也为设在马尼拉的近30家国际航空公司提供飞行用餐、陆地装卸服务和飞行训练。共雇有员工13 790人。1992年《亚洲周刊》评出的亚洲25家大航空公司中排名第18位。1991年6月至1992年6月营业额8.88亿美元,资产7.25亿美元。[③]菲律宾政府推行国营企业私营化计划后,虽然政府出售了在菲航中的一部分股权给私营部门,但仍直接或间接地拥有菲航46.4%的股权,并且仍由政府指派人员担任董事长和总经理。由于经营管理等方面仍存在不少问题,菲航在1993年3月至12月间的净收入降至5 690万比索 (合210万美元),比1992年同期大幅度减少95%。[④]为扭转这种状况,1994年初陈永栽提出对菲航的管理要有更大的控制权。同年2月底陈永栽属下扶西·牙细亚就任菲航新总经理 (而董事长仍由政府委派的人员担任)。陈永栽甚至提出使菲航进一步私营化的设想,即让文莱苏丹主有的文莱投资署和马来西亚郭鹤年集团收购政府在菲航的股权,从而使菲航实现全盘私营化。2000年,陈永栽陆续购得菲律宾国家银行86%的股份,并采取积极措施,使之成为菲律宾最赚钱的银行。[⑤]

---

① 郑学益:《商战之魂:东南亚华人企业集团探微》,北京大学出版社,1997年,第340页。
② 蒋细定:《菲律宾陈永栽及其企业集团发展问题初探》,《南洋问题研究》,1994年第3期。
③ 庄国土、陈华医:《菲律宾华人通史》,厦门大学出版社,2012年,第601页。
④ 蒋细定:《菲律宾陈永栽及其企业集团发展问题初探》,《南洋问题研究》,1994年第3期。
⑤ 福建画报社、菲律宾《纵横》杂志社编:《菲华精英》,福州:海潮摄影艺术出版社,2004年,第2页。

20世纪80年代后，陈永栽的事业已发展到跨越国界，向世界各地开拓发展的时期。他深深懂得，只有国内外相互沟通，才能取得更大更快的发展。陈永栽企业集团的跨国化经营首先是从在香港创设一些公司开始的，如福川贸易公司、新联财务公司等。如今，他在香港拥有或控制有不少公司，如福景集团、建东集团、福川易公司、新联财务公司、Allied Pacific Corp.、B & Mckay Nominees, Ltd.、Bartondale Ltd.、Co Finance Nominees Ltd.、Commons Seal Ltd.、Cotton Corp.Ltd.、Harris Secre-taries、Limited Services Ltd.、Polo Nominees Ltd.、Red Seal Ltd.、SPlendid Nominees Ltd.、Young Tai Ltd.等。1981年，陈永栽在美国投资开设海洋银行（Oceanic Bank）和地产公司。后来又在美国关岛买了大片地产（约相当于该岛总面积的1%），在那里办起了与人民生活休戚相关的面包厂，很快便占领了当地面包市场。接着，他又利用当地自然风物，开辟了旅游区，办起了游乐场、商场和休闲中心，接待了数以万计的各国度假旅游者。

在巴布亚新几内亚，他购置有300万平方米土地，开办了烟叶和薄荷种植场、畜牧场，并投资工业，办有炼铁厂和日产500吨的轧钢厂。在加拿大，陈永栽也开办有地毡厂、炼钢厂、面包店与药房，如Sterling Carpet Man Ltd.；Sterling Carpet sales Ltd.； Mercury Drug Stores Ltd.； Mereury Energy Resources Ltd.等。在台湾他也办有福川烟草机械公司。而陈永栽控制的联盟银行，更在美国的加利福尼亚、旧金山和关岛，日本的东京，英国的伦敦，澳大利亚的悉尼，新加坡，中国香港，巴林等国家或地区广设分行和办事处。

陈永栽的企业或机构也积极向中国大陆进军。如联盟银行除在厦门设立代表处外，并成立厦门商业银行（联盟持股51%，陈永栽集团其他公司持股49%），准备以厦门为据点，向中国各大城市挺进。1994年4月，陈永栽拥有的香港裕景兴业集团有限公司同厦门海沧管委会签订了合作建设海沧港一期工程意向书，拟投资5亿元人民币，在海沧建设3万吨级集装箱和2万吨级杂货泊位各1个，以及相应的后方货场、仓库、场地道路、装卸机械等配套设施。同时，该香港公司也拟独资建设海沧新市区，首期开发50公顷，1994年内动工，1997年完成规划设计项目。[①]

据估计，陈永栽在海外建立的庞大的商业网络，其规模可能不逊于其在菲律

---

① 《新加坡大华银行有限公司及附属机构》，载新加坡《联合早报》，1993年6月11日。

宾的事业。陈永栽的经济实力与影响，已跨越了菲律宾国界，成了一位举世瞩目的多元化菲华企业家。1994年，陈永栽的公司向菲律宾政府完纳税赋80亿比索，约占菲律宾整个预算的2.5%，为菲律宾最大的个人纳税者。[1]根据1986年菲律宾廉政会披露的有关资料，陈永栽是通过其控股公司（Shareholding Inc.）拥有其主要公司或支柱公司——福川烟厂、福牧农场、亚州酿酒厂与联盟银行的，这些支柱公司再往下控制许多的子公司，从而形成了错综复杂的公司网络。图4-1为陈永栽企业集团网络简图[2]：

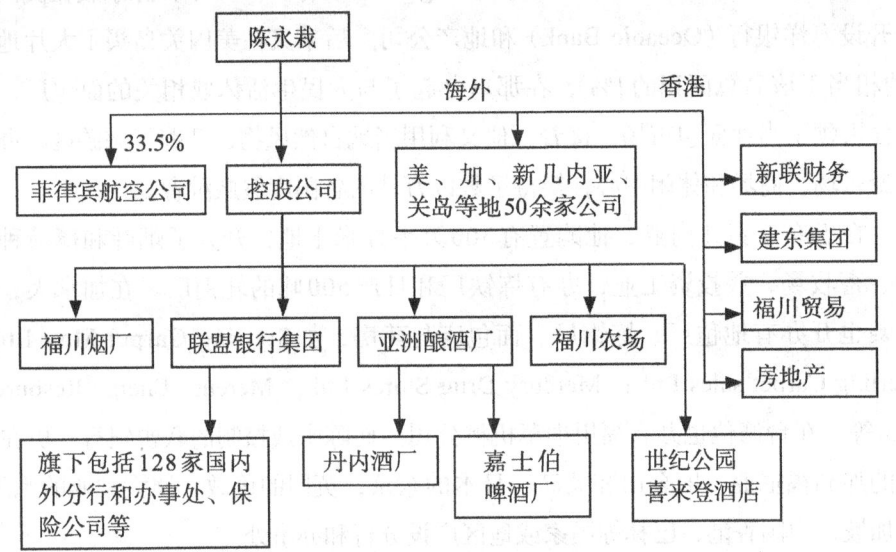

图4-1　陈永栽企业集团的公司系统网络（1986年）

注：百分比数字指控股比率。

（二）陈永栽企业集团发展特点

从陈永栽企业集团的发展与壮大过程以及经营方面来看，陈永栽企业集团具有以下几方面的特点：

1. 从资本投资结构看，从单一领域投资往多元化领域投资的方向发展。如前所述，陈永栽是以其福川烟厂建立其企业王国的。创业时，其借贷资本都投入到福川烟厂的兴办上。随着香烟销路的扩大和盈利的增长，陈永栽才开始把积累下来的资本逐步往多元化的投资领域发展。

---

[1] 汪慕恒：《东南亚华人企业集团研究》，厦门大学出版社，1995年，第171页。
[2] 《Forbes资本家》，1993年8月，第53页。

2. 从资本投资地域结构看，从国内经营往跨国经营方向发展。在20世纪80年代以前，因受到经济实力的限制，陈永栽企业集团的资本投资主要投在菲律宾国内或局限于在菲律宾投资。而20世纪80年代以后，由于其企业集团已具有一定的经济实力，因此，从20世纪80年代开始陈永栽集团到国外投资的步伐加快了，并且在国外的投资经营领域也逐步走向多元化。在海外的投资中，陈永栽集团的投资主要投向香港、美国、加拿大和新几内亚。

3. 走产业资本与金融资本相结合的发展道路。陈永栽企业集团的形成与发展是从利用借贷资本投向产业领域起步的。随着产业资本的日益扩大以及对金融在企业集团发展中的重要性的认识日益加深，陈永栽企业集团在产业发展先行一步并积累了一定资本之后便锲入金融领域，于1977年以50万比索收购了普通银行。这一收购，使陈永栽企业集团的产业资本与金融资本密切地结合了起来，为吸纳资金，扩大资本基础，融通企业集团产业的进一步发展，提供了重要的保证或条件，从而也使陈永栽集团发展成集产业与银行于一体的企业集团。

4. 勇于向菲律宾传统的大家族垄断的领域挑战或渗透，从而扩大经营领域和影响力。以啤酒业来说，菲律宾的生力公司早已闻名于世。该公司为西班牙后裔的家族企业，始建于1890年9月。长期以来，该公司在菲律宾啤酒生产上一直处于垄断的地位，并且多元化经营到包括饮料、食品、包装、饲料与家禽、椰油和农商业等领域。该公司为菲律宾经济实力最为雄厚的公司之一，在1992年《亚洲周刊》评出的亚洲首千家大企业中排名第390位，在菲律宾首20家大企业中排名首位。1991年6月至1992年6月营业额达533亿比索，获纯利37亿比索，上交税款144.8亿比索，占菲律宾政府税收收入总额的7%；其生产总值占菲律宾国民生产总值的4%。1990年直接雇用员工39 000人以上，菲律宾有30万个推销商销售该公司的产品。对于生力公司的经济实力以及它在菲律宾啤酒业的霸主地位，陈永栽在1980年开始兴建亚洲酿酒厂时并非不了解，然而，他却勇于向菲律宾这家啤酒业霸主发起挑战，顽强地与之角逐并已在菲律宾啤酒市场上占有一定的地位。这一挑战，使垄断菲律宾啤酒市场的生力公司的一统天下终于被打破。另一个例子是陈永栽从安顿钮·许寰哥（Antonio Cojuanco）集团和亚耶拉家族手中夺取了对菲律宾航空公司的控制权。

5. 经营上具有较大的封闭性、家族性。陈永栽的二弟陈永灿毕业于西安交通大学，曾任福建省三明化工厂技术人员，现在菲律宾管理福牧养猪场及饲料厂。

三弟陈永年在陈永栽的总公司管财政，也是PR控股公司的董事，该公司占菲律宾航空公司67%股权。四弟陈永涵在菲律宾参加啤酒厂管理工作，也任福川烟厂董事。大妹夫蔡黎明负责管理化工原料贸易。二妹夫前曾经在巴布亚新几内亚管理农场，现在北京管理有关在中国的啤酒厂业务。

6. 在不利的外部压力中不断发展壮大。自1986年菲律宾"二月革命"以来，陈永栽企业集团经常受到一些机构或人士的非议，特别是在有关税务和与马科斯的关系上。这些非议的背景与目的虽然错综复杂，但陈永栽及其企业集团却能在这种不利的外部压力下或环境中从容以对，并在这风风雨雨中不断扩充和壮大自己的经济实力。这可说是陈永栽集团在发展壮大过程中有别于其他大多数菲律宾华人企业集团的特点之一。

二、施至成企业集团

施至成（Henry Sy）祖籍中国福建省晋江洪溪，1924年出生。施至成从20世纪50年代经营鞋店开始，经过数十载商场驰骋，已在菲律宾缔造了购物王国，成为菲律宾乃至东南亚国家零售业大王和世界领先的商场运营商。除了零售业和购物中心业务外，其SM集团的核心业务还涉及了零售业、银行与金融、地产开发与旅游业等领域。其SM集团因在经营管理、财务状况、企业治理、社会责任、环境保护及投资者关系等方面的出色表现，连续多年获得菲律宾企业家管理协会、菲律宾工商协会、菲律宾零售业协会、新加坡亚太房地产协会等机构及《亚洲金融》《资产》《欧洲货币》《华尔街日报》《亚洲公司治理》《阿尔法东南亚杂志》《国际金融评论》等亚太、欧美国际杂志颁发的亚洲企业治理杰出奖等诸多奖项。

（一）施至成企业集团的发展史

1936年12岁的施至成跟随父母从厦门来到马尼拉，协助其父经营两家小杂货店，直至第二次世界大战爆发马尼拉遭受战火重创满目疮痍，其父经营的小杂货店亦因故倒闭。战火所带来的灾难迫使其父劝施至成返回中国，但他执意留在菲律宾寻找商机。他先从小本生意做起，几经磨难，从最初在马尼拉中心区开办的一家简陋的鞋零售店发展到1958年在马尼拉Carriedo街开设了第一家属于自己的鞋庄，取名"Shoe Mart"（SM）。其后，他又陆续开了几家鞋庄。由于当地鞋的供货不能满足其鞋庄的需求，以及经营单一等原因，他在70年代开始由鞋类零售向百货业发展。1972年，马尼拉Carriedo鞋庄（Shoemart Carriedo）拓展为首家SM百货公司（SM Department Store）。1975年，马卡蒂鞋庄（Shoemart Makati）同样转化为一家大型百货公司。其后不久，Cubao鞋庄（Shoemart Cubao）亦改造为第三家SM百货公司。

施至成的生意经营并未止步于从鞋类零售到百货业务，他通过到世界各地考察，尤其是对西方发达国家零售业的发展与变革的考察，以更为人性化的理念和以长远的眼光预见发展大型商场的无限商机，从而及时调整、充实新的经营战略，把发展大型商城与发展百货公司、超级商场三者有机地结合起来，融购物与休闲和与亲友欢聚为一体。因此，从20世纪80年代初开始，他把这一理念付诸实践。1983年，他投资1亿美元，在大马尼拉的奎松市北邑沙兴建面积达14万平方米的大型商城SM City North Edsa，1985年开业。除经营百货和各色专卖店外，该商城还设有12家电影院，以及快餐厅、咖啡厅、饭馆、儿童游乐场和停车场等，每天接待顾客约达20万人次。①该大型商城历经6次扩建，现建筑面积已达近48.3万平方米，成为菲律宾最大且盈利性最高的商城之一。在《福布斯》杂志评比的全球十大购物中心中，该商城位居第三。②自该大型商城开业以来的20多年里，SM购物中心在菲律宾遍地开花。

截至2011年8月，施至成旗下的SM在菲律宾已拥有数十家大型综合购物中心，遍布在大马尼拉及菲律宾其他主要城市，成为菲律宾购物、休闲的潮流标杆和菲律宾人生活不可或缺的一部分，彻底变革了菲律宾的购物休闲文化和生活方式。以施至成最引以为傲的SM Mall of Asia（亚洲商城）为例，该商城内有900多个店面、可容纳900人的歌剧院、世界上最大的IMAX电影屏幕、奥林匹克赛场规模的真冰溜冰场、科技馆、水族馆、保龄球馆、儿童游乐园等世界级的设施。这些一般购物中心鲜见的项目让SM亚洲商城成为朋友约会、亲人聚会、购物休闲、旅游观光的最佳场所。SM在菲律宾的购物中心已达500万平方米，每天人流量300万人次，现每年还在增建之中，SM构建的庞大购物中心网络让菲律宾傲然屹立在世界零售业的版图之上。③在全球十大购物中心中，SM旗下的购物中心占据了3席，除SM City North Edsa位居第三外，尚有SM Mall of Asia位居第

---

① 云冠平、陈乔之：《东南亚华人企业经营管理研究》，北京：经济管理出版社，2000年，第267页。
② 《厦门晚报》，2011年8月29日。
③ 华商韬略编委会：《华商名人堂：菲律宾SM集团董事长施至成》，2013年。

四，SM Megamall 位居第七。

除了发展大型商城或购物中心之外，施至成的商业版图还覆盖到其他多个领域。其企业集团（The SM Group of Companies）拥有的企业大体可分为四类：

第一类是零售商业和大型商场。零售商业由鞋庄有限公司（Shoemart Inc.）主理。鞋庄有限公司组建于1960年，是菲律宾最大的零售连锁公司。20世纪90年代中期，该公司经营的SM百货会司就已达11家。1993年，该公司是菲律宾第19家大公司，资产总额为55.57亿比索，营业收入为79.6932亿比索。而大型商城则由鞋庄第一控股有限公司（SM Prime Holdings Inc.）主理。鞋庄第一控股有限公司在1994年组建并上市，是SM大型商城连锁如SM City North Edsa，SM Centerpoint，SM Megamall，SM City Cebu，SM Southmall，SM City Baccor，SM City Fairview等的主要开发商和经营者。1996年3月，鞋庄第一控股有限公司的市值为24.65亿美元，施至成持股80%。[1]

第二类企业为银行和投资公司。到1996年3月，鞋庄基金（SM Fund）公司的市值为1.05亿美元，施至成持股83.4%。1976年，施至成收购一家储蓄银行，易名为金融银行（Banco de Oro），后升级为商业银行。1996年3月该行的资产总额为44亿美元，施至成持股57%。施至成亦为中兴银行最大股东，持股21%，在远东银行中持有6.6%股权。[2]此外，20世纪90年代中期，施至成在菲律宾国家银行（PNB）、西班牙裔创建的阿亚拉公司（Ayalal Corp）以及ABSCBN广播公司中均拥有部分股权。1994年，施至成与新加坡吉宝集团等合作，收购菲律宾最大的船务公司即菲律宾船坞与工程公司（Philippine Shipyard & Engineering Corp）。施至成还创建七海采油公司（Seven Seas Oil Exploration & Resources）。

第三类是旅游与房地产开发，所属公司有鞋庄吉宝海峡置地公司（SM Kepel Strait Land Inc）、大雅台观光发展公司（Tagatay Resort Development Corp）、综合房地产开发公司（Multi Realty Development Cooperation，1974年成立）、第一亚洲房地产开发公司（First Asia Realty Development Corp.）等。施氏曾许下豪言：要在菲律宾广设50家SM分店。为此，20世纪80年代开始即大肆收购地皮，如1988年以10亿比索收购碧瑶山旅馆，占地4.5公顷；以9500万比索收购宿务填海区13公顷的地皮；以3亿比索在怡朗机场附近收购10公顷的地皮，并收购

---

[1] 庄国土、陈华岳：《菲律宾华人通史》，厦门大学出版社，2012年，第593页。
[2] 庄国土、陈华岳：《菲律宾华人通史》，厦门大学出版社，2012年，第593页。

一个占地100公顷的养虾场。1990年又以2亿比索收购位于奎松市的北美景区（North Fairview）占地19.7公顷的地皮，并以3.3亿比索收购亚拉邦（Alabang）一块17公顷的地皮。[①]

施氏的一连串收购地皮行动，带动了菲律宾房地产热潮，也刺激了各地的经济发展。20世纪90年代初，施氏又收购了菲律宾上市公司Belle Resources Corp. 8%的股份，进入该公司的董事会，该公司当时的市值为6.3亿比索。该公司与香港的AIA Capital集团和郭鹤年在菲律宾上市的郭氏兄弟地产公司合资在菲律宾避暑胜地大雅台市开发一个国际的高尔夫球场和旅游区。施氏在大雅台市也拥有该市唯一的五星级酒店Taal Vista Hotel。[②]施至成在水泥工业方面也有大量投资，1993年收购了描东岸的幸运水泥公司（Fortune Cement Corp），另外在波特兰水泥公司（Portland Cement Corp）中也持有大量股份。

施至成及其SM企业集团除了在菲律宾诸多领域投资外，自2001年以来也在中国先后投资兴建了多个SM大型商城（表4-10）。购物商场业态业种齐备，能满足全家的一站式购物消费和一站式文化、娱乐、休闲、餐饮享受，采取只租不售的招商经营形式。据报道，截至2010年，SM集团资产净值为552亿元人民币。2010年菲律宾的十大富豪中施至成排行第一，个人财富50亿美元。

表4-10　SM集团在中国投资兴建的商城

时间	地点	投资	项目简介
2001年	厦门	在中国境内开设第一家SM商城，SM（厦门）城市广场	建筑面积达12.6万平方米，提供1 500多个免费室外停车位。日平均客流量10万人次，最高日人流量50多万人次。厦门SM城市广场琳琅满目的商品加上丰富齐全的业态，将"一站式"购物、娱乐、美食、休闲的消费生活理念诠释得淋漓尽致。
2005年	晋江	在中国福建泉州晋江开设SM（福埔）城市广场	首期设计建筑共5层，建筑面积17.6万平方米，1 700多个露天停车位。
2006年	成都	在中国四川成都开设SM（成华）城市广场	建筑面积为17万平方米，停车位1 000余个。

---

① 庄国土、陈华岳：《菲律宾华人通史》，厦门大学出版社，2012年，第593页。
② ［菲］《世界日报》，1992年1月15日。

续表

时间	地点	投资	项目简介
2009年	厦门	在中国厦门开设SM新生活广场	投资总额约4亿人民币,楼层面积达11万平方米,拥有1 000多个地下停车位,32台自动手扶梯及10部电梯。它率先在厦门市乃至福建省引进Lifestyle Mall(生活广场)的理念,锁定注重生活品质的中产阶级、都市白领、年青时尚家庭等中高端消费市场。
2011年	苏州	在中国苏州开设SM苏州吴中城市广场	项目建筑面积约7.25万平方米,其经营业态涵盖大型综合超市、服饰零售品牌店、特色餐饮、3C数码体验、娱乐休闲、户外大型广场等,同时商场提供大量室内外停车位。
2012年	重庆	在中国重庆开设SM重庆渝北城市广场	项目单体总建筑面积约15万平方米。
2015年	淄博	在中国山东淄博开设SM淄博淄川城市广场	总建筑面积约15万平方米,拥有1 200多个停车位。集吃、喝、玩、乐、购五大业态于一体,内含百货、大型超市、影院、品牌商店、主题商店、餐饮美食、娱乐健身、IT卖场以及包括银行、书店在内的其他功能服务区,涵盖购物、美食、文化、休闲、娱乐等众多业态,覆盖不同档次品牌,面向淄博、辐射鲁中地区消费群体。
2016年	天津	SM天津滨海第一城购物中心	建筑面积56万平方米,项目投资近30亿元。SM滨海城市广场内包含SM百货、大型超市、影院、探索乐园、主题商店、餐饮、家庭娱乐中心(FEC)、美体健身、银行及书店等,集购物、美食、休闲、娱乐、文化体验等众多业态于一体。
2016年	扬州	扬州SM购物中心	SM扬州项目是集大型购物中心和城市住宅两种主要功能为一体的商业综合体项目,其中,购物中心建筑面积约17万平方米,高档住宅和配套约10万平方米。

资料来源:根据SM官网相关资料整理,http://www.smcity.cn/XM/index.aspx

施至成育有四子二女。长子施俊龙(Henry Sy Jr.)生于1954年,曾在香港经营菲华发展有限公司,1991年将公司出售,并返回菲律宾,任第一亚洲房地产开发公司董事长。长女施蒂丝（Teresita Sy Coson）生于1951年，曾在亚当逊（Adamson）大学攻读商科。后任金融公司总裁。其丈夫许有墙主管家族拥有的水泥厂。次子施汉生（Hans Sy）生于1956年，毕业于拉刹大学机械工程系。后为鞋庄的营业与工程部主管，并为家族在中兴银行的代表，任该行副董事长。三子施汉铭（Herbert Sy）生于1957年，负责鞋庄集团的汽车零件贸易和超级市场管理。四子施俊麟（Harley Sy）生于1960年，总管采购业务。次女施美致（Elizabeth Sy）生于1953年，主管在关岛的合营企业阿加纳（Agana）公司。

施至成的子女除在鞋庄任职外，同时创办自己的企业，如施俊龙、施汉生和施汉铭于1989年曾创立最优橡胶公司（Best Rubber Corp），施蒂丝与其他亲属合作创立鞋庄H&B公司，经营化妆品业务。据《福布斯》杂志估算，1996年施至成家族拥有财富约25亿美元。①

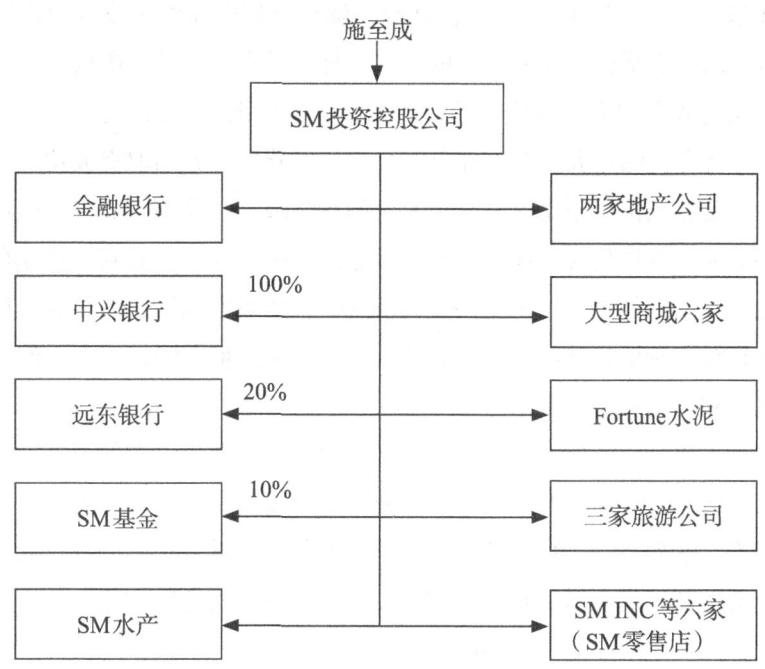

图4-2 施至成企业集团的公司系统网络

注：百分比数字指控股比率。
资料来源：《Forbes资本家》1993年8月，第59页。

---

① 华侨华人百科全书编辑委员会：《华侨华人百科全书（经济卷）》，北京：中国华侨出版社，2000年，第386页。

(二)施至成企业集团发展与经营的特点

施至成企业集团在其发展与经营方面具有以下一些特点：

1. 立足现实，着眼长远。施至成企业的发展是从鞋零售开始的，后来发展到百货业，进而发展到投资经营大型商城或购物中心，从而在菲律宾缔造了购物王国。从其企业发展轨迹中不难看出，其企业的成功有一重要因素是立足现实，着眼长远的企业发展战略。施至成事业一开始是从经营鞋店起步的，在经营鞋店的十余年里，他立足现实，积累经验，蓄势待发，既立足于做好鞋店经营，又着眼于企业向百货业发展积极做准备，以克服专营鞋店存在的产品销售过于单一等问题。因此，当他开设第二家鞋店时，他就着意扩大了经营范围，使鞋店经营往百货公司的经营目标靠拢。在其后增设的鞋店中，就大多采取了以鞋业为主，同时兼营百货的经营方式。

在此基础上，从20世纪70年代开始，施至成把企业的主攻方向往经营百货方向发展，因为百货公司是零售业的支柱，规模较大，经营范围较广，可提供种类繁多、花色齐全的商品和优良的设施与服务，以满足广大顾客在衣、食、用、文化娱乐等各方面的需要。只有在百货公司的经营管理方面取得成功，才能在零售业中占有优势地位。正是这种着眼未来的战略眼光，使施至成投下巨资在菲律宾建成多家大型百货公司。而在发展百货业过程中，他也注意到百货业存在的利弊，因此在发展以百货公司为主的经营模式中，也兼顾辅以发展超级市场，从而让顾客在超级市场里自选购物，既方便了顾客，又降低了经营成本，使其企业取得了先机之利，增强了竞争力。

经过十来年百货业的经营，施至成又把西方零售业先进的经营模式引入到发展大型商场经营管理之中并发扬光大，使大型商场与百货公司、超级市场三者有机结合起来，融购物、美食、休闲、娱乐、商务和增进亲情于一身，从而成就了一个全业态的新兴商业城，在菲律宾开创了新型的购物休闲文化，其企业也不断发展壮大，登上了一座又一座高峰。

2. 条块结合，管理科学。施至成的战略布局是：在大都市开大商店，小都市设小商店，争取在菲律宾每个人烟稠密的城镇都有SM的存在。[1]在其零售业王国中，既有包括百货公司、超级市场在内的大型商城，又有独立于大型商场之外的百货公司、超级市场，还有不少连锁店。面对这个庞大而又复杂的零售业系统，

---

[1] 《Forbes 资本家》，1995年8月，第36页。

施至成采用了条块结合的科学管理模式,从而使其庞大的零售网络有序运作,稳健推进。

以"块"的方面说,对大马尼拉的大型商城、百货公司及超级市场,由施至成为首的领导层直接统筹,而大马尼拉以外的省市则以区域性的方式管理。他说:"大都市大商店,小城镇小商店,我们用区域性方法控制小分店,再由大马尼拉总部监导各区域分店。"[1]这样,既有利于各省市分店发挥其主动性、积极性,因地、因时制宜地开展零售业务,同时又避免了权力过于分散、过度下放而造成总部失控的弊端。

与区域性的"块"的管理相配合、相协调,施至成对大型商城、百货公司、超级市场及一些大宗商品还实行"条"的管理。如大型商城由"鞋庄控股"统一领导,百货公司则由"鞋庄公司"主管等等。施至成条块结合的管理模式,一方面增强了总部的统筹能力,有利于统一经营、集中进货,获得规模经济效益;另一方面,对提高各地区、各部门的经营管理水平也起到了促进作用,使其灵活性和应变能力不断增强。这种管理模式使施氏的零售业王国受益匪浅。据统计,在菲律宾全国百货业市场中,施至成领导的SM集团的市场占有率超过45%。

3. 善抓机遇,重视人和。施至诚的经营之道,颇为重视天时、地利、人和三大要素。他善于预测、把握"天时",能够在市场变幻中预测发展大趋势,发现机会,把握时机,从而领导企业在市场角逐中长期保持主动、领先的地位。在20世纪六七十年代,菲律宾的百货业方兴未艾,他看准了机会,恰逢其时地开设了多家百货公司,以较大的步伐将百货业同行甩在其后。

进入20世纪90年代以后,菲律宾经济有了长足的发展,市场较为活跃,消费者购物欲望提升,施至成抓住机遇,投以巨资兴建大型商城,大大地提升了其企业经营形态,使之在激烈的零售业竞争中胜券在握。施至成不仅能够抓住经济发展给企业带来有利影响的良机,而且也能在经济不景气或其他原因给企业带来不利影响、构成威胁时利用危机,转危机为机会,化险为夷。如1985年马科斯统治末期,政局动荡、经济衰退,不少企业收缩经营,减少甚至撤走投资,以逃避风险,而施至成看到菲律宾房地产的潜力。他认为当时的经济萧条只是暂时的现象,不久即会走向复苏和繁荣,而且在经济不景气时,地皮、建材价格及劳动力成本大力下降,投资更为有利。因此,经过深思熟虑以后,他选择了与众不同

---

[1] 《Forbes资本家》,1995年8月,第38页。

的战略决策，不仅不压缩投资，反而迎难而进，投入巨资兴建大型商城，从而为后来的大发展打下了良好的基础。

除了善于把握、利用"天时"商机，施至成在兴建大型商城时同样以独到的眼光看待"地利"因素。如1983年，施至成在一片质疑声中，毅然在马尼拉北部奎松市的偏僻城郊投建大商场SM City North Edsao。该商城建成之后，周边原先偏僻、荒芜的土地地价便如火箭般大涨，居住区和商业区也如雨后春笋般涌现。又如2001年，SM集团选址厦门湖里城郊乌石埔作为在中国投资的第一站时，那里荒芜待兴，商业凋零，人烟稀少。但SM商业城建成后的成功运营，不仅使其成为厦门乃至周边地区地标性消费首选地，还带动了厦门市郊的发展。当年荒芜的乌石埔，现已发展成为人气旺盛的消费和居住热点。

施至成在经营管理中也十分重视"人和"因素。他认为公司外部的"人和"，主要是以优质的商品、优良的服务来赢得顾客的心。他指出："SM公司提供货色齐全、物美价廉的商品，特别是环境清洁，服务殷勤，因此发展迅速。"[1]他的长女蒂丝也把提高服务质量作为经营管理的一大法宝。正因为施至成家族将与广大消费者的"和"作为企业活动的出发点和归宿，所以他们提出了"为大多数人服务，薄利多销"的经营方针，这个方针确保了施至成能够在东南亚各国经济中较为落后的菲律宾崛起，成为称雄东南亚同行的零售业大王。[2]

当然，施至成企业集团在经营管理上还有其他诸多特点，如：

（1）SM商城店面的经营坚持只出租不出售的做法，但把广大商户看成合作伙伴，全权把握租户情况，定期了解租户的需要，及时提供服务，与租户建立长期牢靠的合作关系。很多租户随着SM一起成长，从最初经营一家小店到连锁经营。这是SM与众不同之处。

（2）SM商城为了实现其成为人们生活中不可或缺的一部分，即可以购物、享用美食、休闲娱乐或者与家人、朋友聚会的目标，不断地对购物中心进行改革和创新，不断改变商店品牌的组合搭配，以此来满足顾客不断变化的各种需求。同时，SM也加重了美食和娱乐的成分，就像SM亚洲商城，里面有许多其他购物商城里鲜见的项目。这些对SM来说意味着刚开始的时候需要牺牲一些利润去成就价值，但从长远来看，这种模式更能吸引顾客，这也是SM商城立于不败之地

---

[1]《Forbes资本家》，1995年8月，第36页。
[2] 郑学益主编：《商战之魂》，北京大学出版社，1997年。

的法宝。

（3）为了保证商城的人流量源源不断，除了上述提到的不断创新和改革商城，SM还处处以顾客为本，例如在亚洲商城，SM细心观察顾客需求，从而增加公共车站点、无线上网功能、商城安检等人性化措施，提供专门的哺乳场所、环保回收市场，同时也为残疾人增加洗手间、电梯、指示牌，甚至饮水机等，更在电影院里为他们提供就业职位，这使亚洲商城获得了"2007年最受残疾人欢迎的购物中心"称号。此外，SM还经常举办各种特色活动，吸引消费者前往参与。

（4）施至成企业集团资本经营已多元化，其资本构成包括了商业资本、产业资本和金融资本，除在菲律宾投资外，也从事跨国经营。在谈到其经商成功要诀时，施至成简要地总结说："个人经历，事先做好规划。勤奋工作、讲信誉、提供优质服务、拥有一支得力的管理人才队伍，培训好工作人员，再加上运气好，这都是我成功的因素。"[1]

三、吴奕辉企业集团

吴奕辉（John Gokongwei），1926年出生于菲律宾宿务市，祖籍中国福建省石狮市坑东村（现为宝盖乡），他是菲律宾一位引人注目的华人企业家。其企业集团经营范围十分广泛，包括面粉加工、家禽饲养、饲料、纺织、食品、银行、电讯、电力、半导体、百货、旅馆与房地产业等。

（一）吴奕辉企业集团的发展史

吴奕辉，1926年出生于福建厦门鼓浪屿，1927年随父母移居菲律宾宿务。他的高祖文魮（Don Pedro L Gotiaoco，1856—1921）是19世纪宿务巨商之一，创办有吴魮哥公司（Gotiaoco Hermanos Inc.），经营大米贸易，兼营椰干贸易、苎麻贸易与保险业。在美国统治菲律宾时期，吴奕辉的叔父吴天为（Don Manue Gutianuy）是早期宿务中华商会会长。吴奕辉虽然门第显赫，但他成为一位菲华富商却经历了艰辛的历程。

吴奕辉13岁时父亲去世，而在此之前，由于他高祖父辈所开创的基业已经开始衰落，加上第二次世界大战期间宿务华侨备受摧残，其家族企业已告破产。吴奕辉只能白手起家从头做起，从15岁时便为生计所逼，开始靠着一辆自行车载着生活用品在宿务及周边乡镇市场沿街叫卖、挨户兜售零头布料以维持生计。

---

[1] ［菲］《世界日报》，1989年6月4日。

1949年吴奕辉转到马尼拉寻找发展机会,初时仍主要经销零头布料、肥皂、针线、蜡烛等与美军剩余物资等商品。20世纪50年代初,菲律宾政府推行发展替代进口工业政策,吴奕辉以其在经销布料、服装所积累的一些资金,并从中兴银行贷款50万比索,于1956年创办环球玉米制品公司(Univesal Corn Products Inc.),后改名为环球罗宾娜公司(Universal Robina Corp.),生产葡萄糖与玉米淀粉。1961年,创办综合食品制造公司(Consolidated Foods Corp.),生产咖啡、饼干、冰淇淋、巧克力与糖果。

随着第二次世界大战后菲律宾的工业化发展,吴奕辉企业的经营范围不断扩大,最后形成吴奕辉企业集团。该集团主要通过JG高峰控股公司(JG Summit Holdings)控制了超过25个的子公司与附属机构,包括环球罗宾娜公司、综合食品制造公司。罗宾森置地公司(Robinson Land Corp.)、马尼拉城中旅馆及地产公司(Manila Midtown Hotelsand Land Corp.)、环球综合制造公司、利顿纺织公司(Litton Mills Inc.)、罗比特克斯纺织公司(Robitex Mills)、马克电子公司(Mark Electronics Corp.)、环球罗宾娜糖厂公司(Universal Robina Sugar Milling Corp.)、南内格罗斯发展公司(Southern Negros Development Corp.)、综合食品麦克维蒂公司(CFC McVitie Inc.)、综合罗宾娜资本公司(Consolidated Robina Capital Corp.)等。这些公司有的还有自己的子公司。到1992年底为止,JG高峰控股公司的总资产额为183.03亿比索,1993年底增至304.6亿比索。1992年,该公司的营业收入额为83亿比索,净收入额为16亿比索。①

JG高峰控股公司的支柱公司是吴奕辉借以起家的环球罗宾娜公司、综合食品制造公司、罗宾森置地公司以及马尼拉城中旅馆及地产公司。环球罗宾娜公司加上综合食品制造公司是菲律宾当前最大的食品工业公司。环球罗宾娜公司下分五大部门,即(1)工业部:生产玉米淀粉、饲料、葡萄糖;(2)农场部:供应新鲜肉类,如鸡、牛、猪肉以及鸡蛋等;(3)面粉部;(4)杂货部:生产Jack & Jill牌的各种零食、速食面、早餐食品等;(5)纺织成衣部:以利顿纺织公司为主体。综合食品制造公司下分四大部门,即(1)食品部:生产咖啡、巧克力与饼干等;(2)超级市场部:出售各种罐头食品;(3)化妆品部;(4)牛乳部:以制造Presto & Tivoli牌冰淇淋为主。1991年,环球罗宾娜公司和综合食品制造公司合计营业额为67.97亿比索,资产额为93.35亿比索,纯利7.67亿比索,占JG高峰控股公

---

① 汪慕恒:《东南亚华人企业集团研究》,厦门大学出版社,1995年,第175页。

司营业额的72.5%、纯利的73%。①

环球罗宾娜公司的面粉部于1992年投资3.26亿比索在达沃市（Davao City）建造一座年产4.99万吨的面粉厂，从而使环球罗宾娜公司的面粉年产能力达到25.31万吨，仅次于菲律宾原住民资本控制的RFM公司（年产能力为35.99万吨）。环球罗宾娜公司属下有3家糖厂，1992年底，其中一家糖厂投资4.35亿比索添置设备，使这3家糖厂合计日产量从1.2万吨增至1.6万吨，从而成为菲律宾最大的制糖企业。1990年3家糖厂的资产总额为7.4亿比索，股本5.7亿比索（约合2 166万美元）。②

罗宾森置地公司是吴奕辉企业集团中最早挂牌上市的公司，也是菲律宾四大上市地产公司之一。该公司的主要业务为开发大型商场与地产业。1991年，该公司投资20亿比索（约合7 600万美元），兴建豪华型的集办公、商用与酒店于一体的罗宾森雅丽亚购物商场大厦（Robinson Galleria Mall）。1990年底，该公司的总资产额为21.76亿比索，股本14.73亿比索。1992年1—9月的总收入额为3亿比索，纯利1.89亿比索。③

马尼拉城中旅馆及地产公司主要经营旅游饭店业务。该公司拥有3家酒店，即马尼拉城中酒店（Manila Midtown Hotel）、宿务城中酒店、Galleria酒店。其中，马尼拉城中酒店1990年名列菲律宾第559家大公司，总资产6.52亿比索，股本4.43亿比索。1991年，马尼拉城中旅馆及地产公司的营业收入额为2.92亿比索，纯利4 106万比索，资产8.6亿比索。④

JG高峰控股公司通过环球综合制造公司与综合食品制造公司持有菲律宾国际商业银行（Philippine Commercial International Bank）与远东银行（Far East Bank & Trust Company）的股份，连同吴奕辉个人的持股计算，共持有菲律宾国际商业银行股权的28%、远东银行股权的20%，为菲律宾国际商业银行的最大股东，在远东银行也处于举足轻重的地位。到1992年3月20日为止，菲律宾国际商业银行总资产额为363.45亿比索（约合13.81亿美元），股本44.88亿比索（约合1.71亿美元）。同期，远东银行的总资产额为445.47亿比索（约合16.93亿美元），股本47.99亿比索（约合1.83亿美元）。1994年初，远东银行已在菲律宾各地设有

---

① 庄国土、陈华岳：《菲律宾华人通史》，厦门大学出版社，2012年，第605页。
② 郑学益：《商战之魂：东南亚华人企业集团探微》，北京大学出版社，1997年，第350页。
③ 汪慕恒：《东南亚华人企业集团研究》，厦门大学出版社，1995年，第176页。
④ 庄国土、陈华岳：《菲律宾华人通史》，厦门大学出版社，2012年，第606页。

175家分行。①

1980年，吴奕辉创办罗宾森公司（Robinson Inc.），在马尼拉城中酒店旁边兴建百货公司，迄今已有5家分公司。1990年，罗宾森公司名列菲律宾第244家大公司，总资产额为3.43亿比索，股本2 000万比索。1993年11月，吴奕辉集团还投资10亿比索，重建位于马尼拉Ermita区的已有20年历史的罗宾森百货商店，把它改造成为一座现代化的综合购物中心。JG高峰公司属下的利顿纺织公司，为菲律宾最大的纺织企业，1990年名列菲律宾第222家大公司，总资产额为14.39亿比索，股本8.07亿比索。②1989年，吴奕辉组建酋都传播时报公司（Metromedia Times Corp.），并收购菲律宾著名的英文日报《马尼拉时报》。

在菲律宾总统拉莫斯提出私营企业界协助政府解决电力短缺问题的号召下，1992年底吴奕辉集团与洛佩斯家族集团（Lopez Family Group）合资组建第一太平洋菲律宾电力公司（First Pacific Philippine Power Corp.），吴奕辉集团拥有该公司33.3%的股权；参与建造6座中型发电站，并计划发展成为菲律宾最大的私营电力公司。该公司在拉乌尼翁省建造了一座215兆瓦的内燃机发电厂，于1994年下半年开始供电。该公司又参加菲律宾国家电力公司在邦加锡南省的Sual地区建造一座投资额高达15亿美元的1 000兆瓦发电厂。③

1992年，JG高峰控股公司投资2亿比索，创办剑桥电子公司（Cambridge Electronics Corp.），生产电子、电脑器材等产品。1993年6月，吴奕辉投资2亿比索，参股菲律宾数码电讯公司（Digital Telecommunlcations Co.）。吴奕辉在该公司拥有57%的股权，并任该公司的总裁兼首席行政官员，该公司的另一主要持股公司为英国电报暨无线电公司，持股27%。④菲律宾数码电讯公司以400亿比索的标价赢得经营吕宋地区的国有电话设施的政府合同，并宣布在10年内将铺设100万门程控电话。20世纪90年代，该公司已在中吕宋4个省份经营电话系统。该公司的法定资本为60亿比索。

1994年4月，吴奕辉与菲律宾自由电讯公司签署一项合资协议，投资3亿比索，在大马尼拉和宿务创办一家经营付费电视的传播公司，吴奕辉企业集团拥有86.6%的股权，由此在大马尼拉和宿务分别控制6个和8个的超高频电视频道。⑤

---

① 庄国土、陈华岳：《菲律宾华人通史》，厦门大学出版社，2012年，第606页。
② 汪慕恒：《东南亚华人企业集团研究》，厦门大学出版社，1995年，第177页。
③ 庄国土、陈华岳：《菲律宾华人通史》，厦门大学出版社，2012年，第606—607页。
④ 云冠平、陈乔之：《东南亚华人企业经营管理研究》，北京：经济管理出版社，2000年，第265页。
⑤ 汪慕恒：《东南亚华人企业集团研究》，厦门大学出版社，1995年，第178页。

为了满足菲律宾国内基础设施建设和建筑业发展对水泥消费的日益增长的需求，吴奕辉企业集团在90年代初设立了JG水泥公司。该公司并扩大位于菲律宾宿务的水泥制造项目，把项目总成本从20亿比索增加到30亿比索，从而使水泥生产从100万袋提高到200万袋。

吴奕辉企业集团也大力向石油化工领域拓展，在JG高峰控股公司属下设立JG石化公司。1994年1月，吴奕辉集团向菲律宾投资署提出了建造投资3.57亿美元、生产聚乙烯和聚丙烯的石油化工项目，并获得该署的批准。其年生产能力达35.5万吨，其中聚乙烯17.5万吨，聚丙烯18万吨。1994年2月，吴奕辉企业集团以14.3亿比索的价格收购菲律宾东方石油矿物公司（Oriental Petroleum & Minerals Corp.）的1 835万股股票，从而持有该大型石油公司的19.73%的股权，成为该石油公司的最大股东，吴奕辉并出任该公司的董事长。[①]菲律宾东方石油矿物公司是巴拉望海域西利纳帕坎油田（West Linapacan Oilfield）的最大股东（持股36.6%）。1994年4月，吴奕辉又增建一座投资将达238亿比索（约合8.5亿美元）的石油裂变厂，成为菲律宾第一个石油裂变工程项目。

截至1992年年底，吴奕辉企业集团的主要公司系统网络如图4-3所示[②]。

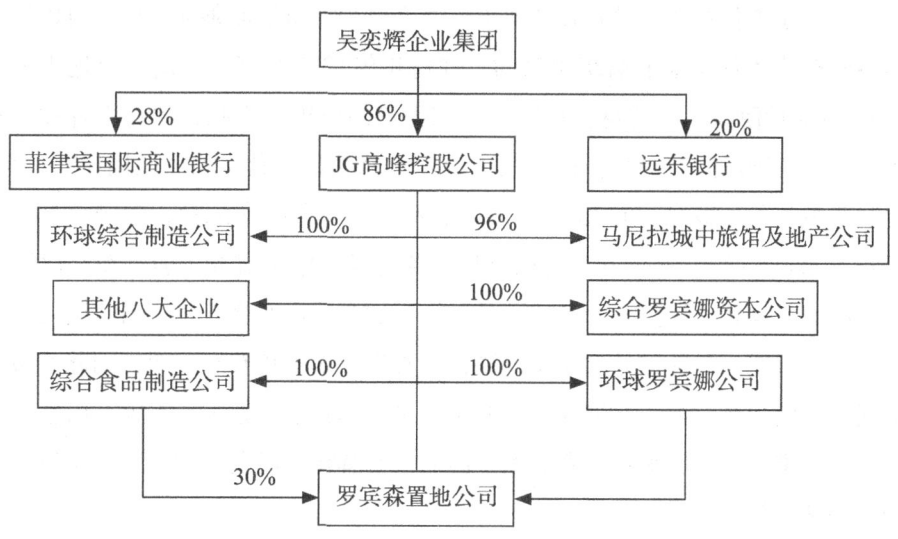

图4-3　吴奕辉企业集团的公司系统网络（1992年）

注：JG高峰控股公司、环球罗宾娜公司、罗宾森置地公司为上市公司。百分比指控股比率。

---

① 云冠平、陈乔之：《东南亚华人企业经营管理研究》，北京：经济管理出版社，2000年，第265页。
② 《Forbes资本家》，1992年9月，第57页。

随着吴奕辉企业集团的壮大，他也把经营范围扩大到国外。早在20世纪60年代，他就有着把其商品售到整个亚洲的愿望，也有把其环球罗宾娜公司发展为一家真正的以菲律宾为基地的跨国公司的梦想。吴氏期盼通过其食品公司在全球市场竞争的梦想终于成真。在2000年至2004年，环球罗宾娜公司国际部（University Robina Corporation International Group）在泰国、印尼、马来西亚、中国本地及香港、新加坡和越南扩展了市场，也把其产品售至日本、韩国、中国台湾和欧美、中东等数十个国家与地区。在2004年，该公司在亚洲国家建立了5家生产食品的基地，设立了13个配售中心。其构想就是要成为一家区域性品牌食品领导者。如今，国外市场的开拓已成为吴奕辉企业集团重要收入来源。

除了食品业的跨国经营，吴奕辉在其他领域也开展跨国业务，如航空业，其拥有的宿务太平洋航空公司已从服务国内航线扩展到国际航线。到21世纪初，该航空公司的航线已经扩展到中国香港、韩国、新加坡、印尼、泰国、马来西亚等国家和地区。

（二）吴奕辉企业集团发展与经营的特点

吴奕辉企业集团在其迅速发展中表现出以下一些特点：

1. 善于抓住机遇，敢冒投资风险。吴奕辉善抓机遇或善抓商机，可以说是从他少年时为生活所逼而磨练出来的。在他年仅13岁时其父因病过早地去世，使他在15岁时便以兄长的身份挑起了养家糊口的重担。为此，他克服各种艰难险阻，冒着各种风险，寻找各种商机。1941年15岁时，他在宿务及周边四处奔波，寻找商机兜售小商品。1943年17岁时，他开始冒着生命危险，颠簸海上，乘坐一种称为batel的小船往返于马尼拉与宿务之间，把从宿务买的可在马尼拉更好出售的商品运到马尼拉卖，又把从马尼拉买的商品运回宿务卖。当时尚处第二次世界大战时期，各种物品、商品稀缺，他看到买卖旧货有利可图，因此便做起了买卖旧货的生意，如买卖旧轮胎（旧轮胎可制作鞋子、拖鞋等）等。历经少年时生活的磨难，使得后来走上企业家生涯的吴奕辉在商场上常常显现善于抓住商机的意识和本领。

吴奕辉抓住20世纪50年代菲律宾政府鼓励商业资本转向发展进口替代工业这一机遇，奠定其事业的初步基础。20世纪70年代中期，菲律宾政府为了迎接1975年国际货币基金组织和世界银行年会在马尼拉召开，通过国营银行向参与旅馆建造的开发商提供巨额贷款，吴奕辉及其企业集团又抓住时机利用政府贷款开始向酒店和房地产业投资。1986年科·阿基诺上台执政之后，由于发生多次未遂军事政变，不少大企业对政局的稳定缺乏信心，更多的人对投资前景持谨慎的观望态度，而吴奕辉及其企业集团在20世纪80年代后半期到90年代初期不断扩大其投资。例如，吴奕辉企业集团以20亿比索的巨额投资在马尼拉的奥蒂加斯大道（Ortigas Avenue）兴建罗宾森雅丽利亚购物商场大厦，当时招致种种议论与质疑，最后证明其这一举措是有远见的。这一地区的地价已从当时的每平方米2 000比索涨到90年代初的3.5~4万比索。

2. 从单一化经营向多元化经营方向发展。这种经营方针在吴奕辉企业集团主要体现为在巩固原有低增值产业领域的同时，积极拓展高增值的产业部门。近年来，该集团抢占石油化工、电子、电讯等高技术产业领域，并与国际和国内大企业集团合作，进行大规模的项目开发。例如，该集团与洛佩斯家族集团的合作。1987年，这两个家族集团以13.4亿比索携手收购菲律宾国际商业银行的52%的控股权。到90年代初，这家银行已成为菲律宾第四大商业银行，在1991年菲律宾最大的200家公司排名中居第26位，税后纯利达11.29亿比索。1992年10月，这两个企业集团又合作组建第一太平洋菲律宾电力公司，并计划将其发展成为菲律宾最大的电力公司。通过与其他大企业集团的合作，吴奕辉企业集团也增强了自身的经济实力，扩大了其经营领域。

3. 所有权和经营管理体制仍属家族控制。尽管吴奕辉企业集团采取现代化股份公司的形式，也向社会招股，但所有权和经营权仍然由吴奕辉家族所控制。到20世纪90年代初，JG高峰控股公司股权的结构为：吴奕辉家族占48.7%、吴奕辉兄弟基金占24.7%、吴奕辉亲族占12.5%，而社会公众股仅占14%。吴奕辉是JG高峰控股公司的主席，其5个兄弟分别在属下主要企业中任董事长、董事和总经理等职务。该企业集团的一些重大举措都在家族之间商定，吴奕辉拥有最后决策权。吴奕辉的二弟吴亨利（Henry）主要管理面粉、饲料、玉米等食品加工与销售；三弟吴约翰逊·罗伯特（John Robert）主要管理种植业、糖厂、商业和酒店；四弟吴詹姆斯（James）主要管理生活用品、纺织品制造业和房地产业，五弟吴伊格内乔（Ingacio）主要管理家族在宿务地区的事业。在这个核心领导层中，还有曾在美国受过专业教育的吴奕辉的儿子吴兰斯（Lance）。

四、杨应琳及其企业集团

杨应琳（Alfonso T. Yuchengco），1923年出生于菲律宾马尼拉，菲律宾籍，祖籍福建省南安县金淘乡杨坑村。他是菲律宾著名的银行家和实业家，曾在菲律宾经济界与社会团体中担任多种领导职务。1955年他被菲律宾商业记者协会推举为"1955年最杰出的保险商"，1956年前菲律宾总统为表彰他在发展菲律宾民族经济方面所作出的贡献而授予他奖章，1976年被选为马尼拉最佳市民，1993年日本政府为表彰他在促进菲日经济关系方面作出的杰出贡献而授予他勋章。从80年代初期开始，他积极参与和组织反对马科斯政权的活动，在科拉松·阿基诺总统执政初期出任菲律宾驻中华人民共和国大使。

（一）杨应琳企业集团的发展史

杨应琳的祖父杨肇基，原在福建家乡务农。清朝末年，他随乡亲搭乘帆船到菲律宾马尼拉，后经营木材生意得到发展，并投资房地产业，也获得成功，在马尼拉市拥有许多地产。他去世后，杨应琳的父亲杨仲清（杨清哥，Yuchengco）在事业上又有所发展，初步形成一个商业家族企业，并在当时马尼拉华侨社会中具有一定的势力。

杨仲清，1879年10月7日出生于福建家乡，19世纪末前往菲律宾，在其父亲店中任职，并表现出其经营才干和组织能力。1912年，以他的名字命名的木材公司已在马尼拉拥有4家分号。除继续经营其父创立的木材业、房地产业之外，他和当时著名的建筑设计师托马斯·马波亚（Tomas Mapua）共同经营建筑业，承建马尼拉邮政大楼等建筑，还参与烟草贸易、酿酒、碾米等行业。1921年杨仲清成为马尼拉木材商会的领导人之一，该商会是菲律宾华商最早成立的同业公会。1930年，杨仲清创办菲律宾首家华侨保险公司"中华火险担保公司"（China Insurance and Surety Co.）。虽然该公司创建时仅有14万多比索的资本，也只有8名保险经纪人，但因恪守信用，处理赔偿迅速，很快获得客户的信任，成为当时在马尼拉经营非人寿保险的美国和菲律宾的74家保险公司强有力的竞争对手。1940年，该公司的资产总额已达40.23万比索。[1]但在日军占领菲律宾期间，杨仲清经营的工厂被毁，保险公司也关闭。第二次世界大战后，该保险公司复办，英文名称改为Malayan Insurance Co.，中文名称通译马来亚保险公司，但菲华社会

---

[1] 汪慕恒：《东南亚华人企业集团研究》，厦门大学出版社，1995年，第183页。

仍习惯称之为中华保险公司。

杨应琳早年就读于菲律宾著名的远东大学，1949年毕业获商科学士学位后，又赴美国哥伦比亚大学攻读商业管理硕士学位，后来又获得菲律宾De La Shalle大学商业管理荣誉博士学位。从美国返菲律宾后不久，他就开始参与中华保险公司的经营，在1953年其父去世前已接掌中华保险公司总经理的职务。

杨应琳接掌中华保险公司后，首先致力于扩大中华保险公司的业务网络，既重视在菲律宾国内也积极在国外设立分支机构。此外，从20世纪50年代中期开始他又陆续创办一批新的保险公司，在1955年设立银行家制造商保险公司，其后又与日本东京海上火险公司合资（日方出资30%）创办泛马来亚保险公司，接着又建立第一普通保险公司等。因此，保险业务迅速扩大，收入迅速增长。中华保险公司在20世纪50年代中后期之后每年的保险收入约有300万比索，其分支机构和业务活动从中吕宋、北吕宋、西米沙鄢等地区继续向东米沙鄢、南吕宋、棉兰老等地扩展，并在香港和东南亚一些地方设立分号，还将其保险业务发展到美、英、南美洲和欧洲某些国家。到了1980年，即中华保险公司成立50周年时，该公司在菲律宾国内已拥有16家分公司和办事处，在五大洲16个国家也有许多分公司、子公司和代理公司，是菲律宾国内最大的非人寿保险公司。[①]

至20世纪90年代初，中华保险公司属下有4家产业保险公司、1家再保险公司。1990年，该集团总保险费收入为12.44亿比索（约4 607万美元），资产总额为29.4亿比索（约1.12亿美元），股本额6.29亿比索（约2 390万美元）。1991年，中华保险公司名列菲律宾第109位大公司，同年总保险费收入为4.56亿比索，净盈利为1.99亿比索。[②]

20世纪60年代，杨应琳开始向银行金融业和其他领域发展。1960年，杨应琳与日本三和（Sanwa）银行（日方出资25%）合作创办黎刹商业银行（Rizal Commercial Banking Corp.）。经过30余年的经营，至20世纪90年代初，该行已晋升为菲律宾第五大私营商业银行。到1994年3月底，该行的总资产额为397.6亿比索，流动资产额为88.7亿比索，贷款总额为249.9亿比索，存款总额为272亿比索，股本32.2亿比索。1991年，该行的营业总收入为40.18亿比索，税后盈利5.65亿比索，在菲律宾前200家大公司中居第38位。[③]至20世纪90年代初，黎刹

---

① 云冠平、陈乔之：《东南亚华人企业经营管理研究》，北京：经济管理出版社，2000年，第262页。
② 庄国土、陈华岳：《菲律宾华人通史》，厦门大学出版社，2012年，第611页。
③ 汪慕恒：《东南亚华人企业集团研究》，厦门大学出版社，1995年，第184页。

商业银行属下拥有六大公司，包括亚细安财务公司、黎刹商业银行国际财务公司、第一中华租赁公司等。黎刹商业银行在菲律宾国内设有150家分行，在世界许多大城市设有分行与办事处，雇用员工为2 000多人。

1976年，杨应琳与拉蒙·许寰戈（Ramon Cojuangco）等人合作，从美国通用电话电气公司收购了菲律宾长途电话公司。该公司为菲律宾最有盈利的公司，其电话线路占菲律宾全国的94%。1991年，该公司在菲律宾前200家大公司中名列第7位，总资产额为439.87亿比索，股本为173.6亿比索，营业收入总额为168.16亿比索，税后纯利为47.22亿比索。到1993年底，该公司在全菲安装的电话机总数达137.24万部。该公司总资产额又增至600亿比索，同年的营业收入额为205亿比索，税后盈利额为55亿比索。[①]杨应琳在该公司中拥有部分股权，时任该公司的董事长。

20世纪70年代，杨应琳组建投资控股公司（House of Investment Inc.）。至90年代初，该公司所收购或参与投资的公司已有几十家，其经营范围涉及制造业、建筑与地产开发、金融保险、农产品加工、服务业与贸易业。到1991年底，该公司累积资产额达46.43亿比索，1991年全年纯利额为1.35亿比索。1993年该控股公司又发行3.92亿比索的新股，筹资扩展经营领域。其中，属下的BA财务公司是菲律宾最大的财务公司。1991年，该公司的营业总收入为7.78亿比索，纯利1.27亿比索，资产总额27.79亿比索。杨应琳在该财务公司原持有59%的股权，后因受到菲律宾中央银行有关财务公司股东持股的最高限额不得超过30%的规定限制，售出30%的股权。[②]该投资控股公司属下的其他主要公司还有：马尼拉纪念墓园公司（Manila Memorial Park Cemetery）、菲律宾富士影印公司（Philippine Fuji Xerox Corporation）、菲律宾磐石公司（Phil.Pock Products Inc.）、钻石农场公司（Diamond Farms Inc.）。该控股公司85%的收入来自这几家公司以及BA财务公司。至90年代初，该投资控股公司又大力扩展，投资6 000万比索于其原持有股权的工程设备公司（Engineering Equipment Inc.）；又在菲律宾富士影印公司增资6 400万比索，使其持有的股权从33%增大到55%。同时，该投资控股公司还在哥打巴托省投资4 000万比索开发工业园区；在菲律宾南部省区投资8 000万比索开发香蕉种植园。至90年代初，杨应琳企业集团还与日本的旭硝子光学公司

---

① 庄国土、陈华岳：《菲律宾华人通史》，厦门大学出版社，2012年，第612页。
② 汪慕恒：《东南亚华人企业集团研究》，厦门大学出版社，1995年，第185页。

(Asahi Optical Co.Ltd.) 合资组建中华旭硝子物业公司，其中前者持有60%的股权，拟在甲米地省开发房地产项目。

杨应琳企业集团除了控制中华保险公司、黎刹商业银行、投资控股公司等主要公司外，也持有菲律宾许多家大型企业的股份。这些大公司包括菲律宾长途电话公司、菲律宾电话投资公司、东方石油矿业公司（Oriental Petroleum & Minerals Corp.）、滨海资源公司（Seafront Resources Corp.）、油田勘探开发公司（Petrofields Exploration and Development Corp.）、本格特公司（Benguet Corp.）等。其中，本格特公司是菲律宾最大的矿业公司。

至20世纪90年代初，杨应琳企业集团在菲律宾拥有的公司及其附属机构甚多。据报道，仅其所控制的中华保险公司、黎刹商业银行和投资控股公司3家，其属下的公司便已近100家。该企业集团除控制投资控股公司之外，还控制另外两家控股公司，即泛马来亚管理与投资公司（Pan Malayan Management and Investment Corp.）和MICO证券公司（MICO Equities Inc.），这2家控股公司在许多家菲律宾公司中持有股权，如前者在菲律宾环球通讯公司（Philippine Global Communications Inc.）拥有7%的股权。

杨应琳企业集团经过战后几十年的发展，至20世纪90年代初已经形成一个庞大的企业网络。如图4-4所示。

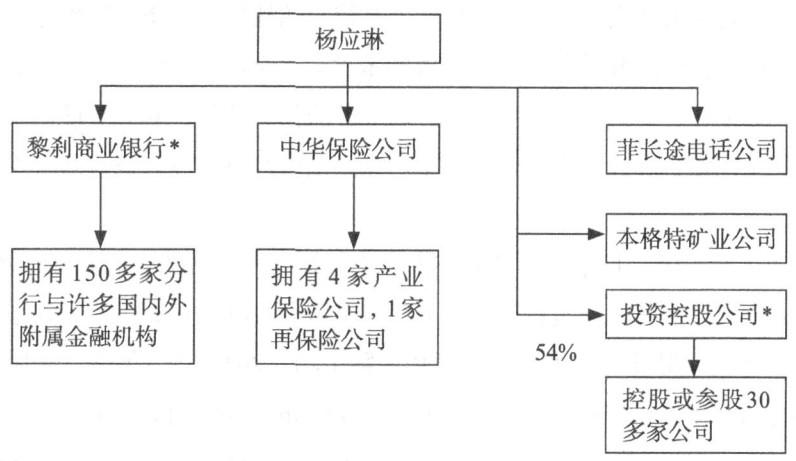

图4-4　杨应琳企业集团的企业网络结构

注：＊为在股票交易所上市的公司。百分比数字指控股比率。

(二）杨应琳企业集团发展与经营的特点

杨应琳企业集团在业务扩展和企业管理方面具有以下一些特点：

1. 依靠并善于利用社会游资。杨应琳企业集团的经营业务是由保险业开始的。最初杨仲清经营保险业主要是为了取得利润，而到了杨应琳手上则主要是利用吸收社会游资以供其企业的进一步发展。同时，为了扩大吸收游资的能力，创办金融业。此外，该集团又以投资公司、控股公司的形式将社会资金投入各种收入稳定、利润较大的部门行业，如电话公司等。

2. 通过经济合作和联姻与菲律宾一些有实力的菲律宾人和华人家族企业建立起关系网。在菲律宾人家族方面，杨应琳先后与Antonios家族和Tantocos家族等进行过共同投资，前者是杨应琳创建黎刹商业银行时最早的合作伙伴，后者即和他在超级工业公司（Super Industrial Corp.）、菲律宾太平洋资本公司（Philippine Pacific Capital Corp.）、大太平洋人寿保险公司（Grepalife）和投资控股公司中进行了多项合作。

华人世家间的关系中，联姻是一个明显的现象。杨应琳的妻子是宿务薛家（sycip Family）主要成员薛敏老的小女儿。薛敏老在1887年出生于马尼拉，毕业于美国的密歇根大学，并于1929年获上海圣约翰大学法学博士学位，是菲律宾著名的律师。他在20世纪20—30年代反对《西文簿记案》的长期抗争中主持讼事，为菲律宾华侨社会出了大力，因此拥有较高的地位和威望。他也是菲华银行界资深的前辈，1920年他与当时菲律宾的木材大王李清泉合作创办菲律宾首家华资银行中兴银行，并担任该行董事长。杨应琳的长女霞龄（Helen）即是李清泉之孙、历任中兴银行总经理李彼得的妻子。中兴银行与黎刹商业银行互相参股，互派董事。

3. 通过与美国、日本资本的多方面合作，扩大其资本规模和国际市场网络。杨应琳企业集团在其发展过程中，不断吸引美国和日本的资金参股，并通过与外资企业的合作取得技术，为其产品开拓国际市场。20世纪60年代，杨应琳企业集团即与拥有多尔菲律宾公司（Dole Philippines Inc.）和共和玻璃公司（Republic Glass Corp.）的美国跨国公司卡斯尔—库克公司集团（Castle and Cook Group）建立关系，成为多尔菲律宾公司在菲律宾的第一个重要合作者。1974年美菲之间的"劳雷尔—兰利协定"期满，卡斯尔—库克集团决定将其在多尔菲律宾公司中的股本售予杨应琳集团，杨应琳集团从此开始涉足水果加工业，杨应琳也成为多尔菲律宾公司的董事长。杨应琳企业集团接管多尔菲律宾公司后仍与美国卡斯尔—库克集团保持着合作关系，其投资控股公司所控制的黄金农场公司（Golden Farms Inc.）和钻石农场公司与卡斯尔—库克集团仍订有销售合同，从而保证了这两家公司所生产的香蕉在美国的销售渠道。

此外，杨应琳企业集团与美国的美洲银行（Bank of America）、芝加哥大陆银行（Continental Bank of Chicago）也有密切的合作关系，前者为杨应琳企业集团属下的BA储蓄银行（BA Savings Bank）的合伙人，后者则在黎刹商业银行参资。杨应琳企业集团还与许多日本公司和银行建立业务联系。其中有东京海上火险公司（Tokio Marineand Fire lnsurance Co.Ltd.）、东方纺织公司（Orientex Co.Ltd.）、兼松吉公司（Kaneyoshi Co.Ltcl.）、兼松江商公司（Kanematsu Gosho Ltd.）、三井银行（Mitsui Bank）、野村证券公司（Nomura Securities Co. Ltd.）、三和银行（Sanwa Bank）、大和物业公司（Daiwa House lndustry Co. Ltd. ）。这些日本公司、银行和证券公司在杨应琳集团一些公司中均有投资，如东京海上火险公司迄今仍是泛马来亚保险公司的合作伙伴。

杨应琳企业集团除在菲律宾国内发展多元化经营之外，亦在国外从事多种行业投资。多尔菲律宾公司在泰国、日本、美国的夏威夷等地均设有水果加工厂和贸易公司。黎刹商业银行在新加坡设有东盟财务公司（ASEAN Finance Corp. Ltd.）；在美国，通过黎刹银行加利福尼亚国际公司（RCBC California International Inc.）在美国各地设有分公司；在印尼、马来西亚和泰国，通过雀巢公司集团设有分公司。而中华保险公司除在伦敦、关岛和亚洲设有分公司外，也在欧洲、非洲、中东、拉丁美洲和太平洋地区设有各种附属机构。

4. 在家族集权的管理体制下大力重用专业人才。聘用有经验、有才能的专业人士担任该企业集团属下公司的业务主管，这是杨应琳企业集团的传统。杨应琳在20世纪50年代初期开始接管其家族公司时较年青，尚缺乏经验，便十分重视延用一批年纪较大、有经营经验的人士参加管理。现在他把聘用人才的重点转向中青年专业人才，培养他们担任各级主管。如黎刹商业银行主要领导者之一的Armando Medina，开始担任该行高级职务时才30多岁。

不过，在杨应琳企业集团中，其家族成员在企业集团的管理和决策上仍然起着主导作用。至20世纪90年代初，杨应琳及其子女在其企业集团的任职情况有：杨应琳至少在14家公司或机构中担任董事会主席，并在另外的14家公司中担任总经理或董事。在杨应琳的8个儿女中,长女霞龄自1982年一直担任中华保险公司的总经理,还担任5家公司和机构的董事会主席、16家公司的董事。最小的儿子Tito担任杨应琳集团中的投资控股公司的总经理,还在其他至少12家公司或子公司中担任董事。杨应琳的其他子女也都不同程度地参与了该企业集团属下公司的经营管理,如其儿子Alfonso Jr.担任钻石农场公司的副总经理并主管杨应琳企业集团属下一批公司的其他业务;另一个女儿Mona Lisa Abaya则掌管杨应琳企业集团在美国的一些公司业务。

五、郑少坚企业集团

郑少坚（George S. k. Ty）,华裔菲律宾人,1934年出生于中国福建省永春县仙夹乡夹际村,是菲华著名侨商郑崇仰的儿子。历任菲律宾首都银行董事长、首都银行基金会董事会、崇仰医院董事会的董事长,曾任菲华商联总会参议委员会委员等社会职务。其银行集团除经营银行、保险、租赁业务外,也经营房地产开发,并参与汽车制造和塑胶原料的生产等。

(一)郑少坚企业集团的发展史

郑少坚少年在家乡永春的振东小学受华文教育,12岁时随其父郑崇仰赴菲律宾,在菲律宾中正中学毕业后入大学深造,后从商继承父业。郑崇仰发迹于面粉厂,而郑少坚于50年代进入社会后则经营纺织厂。

20世纪60年代初期,菲律宾政府放宽进口管制政策和外汇管制政策,国内经济活动转趋活跃,资金需求扩大。因此,金融市场出现银根紧缺的趋势。郑少坚在其父亲的支持下,于1962年创办首都银行及信托公司（Metropolitan Bank & Trust Co.）。[①]初创时只有一家小银行,两年后才开设了一家分行。

1969年,郑少坚聘请菲律宾中央银行前行长卡斯蒂略（Andres V. Castillio）出任首都银行行长。由于卡斯蒂略和菲律宾政府及金融界的关系,首都银行得以迅速发展。1970年,郑少坚自己到台北开设分行并常驻主持。该分行是当时在台湾设立分行的少数海外华资银行之一,其业务发展甚为顺利,逐步扩大到保险、租赁等领域,到20世纪80年代还兴建了一座16层高的银行大厦。

从台北分行开始,郑少坚积极向外拓展,先后在香港、关岛开设分行。1975年收购美国加利福尼亚州国际银行,1977年在洛杉矶开设分行,从而将业务扩大

---

① 云冠平、陈乔之:《东南亚华人企业经营管理研究》,北京:经济管理出版社,2000年,第266页。

到美国。1977年,郑少坚在大马尼拉马卡迪区(Makati)兴建21层高的首都银行广场大厦落成。这时首都银行的分行已增至100多家,资产自创立时的2 830万比索增至10多亿比索。①

进入20世纪80年代,郑少坚及其首都银行除自行设立分支行与其他机构外,一方面积极开展收购活动,另一方面加强与国内外资本的合作,其经营领域从银行业务发展到投资、保险、信用卡、制造业、房地产、旅行社等行业,从而逐步形成以银行业为中心的多元化经营的企业集团。1981年,郑少坚控制的首都银行收购菲律宾储蓄银行(Philippine Savings Bank)。该行到90年代初已成为菲律宾主要的储蓄银行,1991年营业收入额为5.64亿比索,纯利为1.2亿比索,资产额为39.4亿比索,并设有30多家分行。②1981年,首都银行的投资机构第一首都投资公司(First Metro Investment Corp.)在香港收购香港第一国际投资公司。该香港投资公司现已成为郑少坚首都银行集团在海外投资的据点。

20世纪70年代末80年代初,郑少坚以首都银行的名义捐款750万比索创设首都银行基金会,并通过马尼拉医疗服务公司(Manila Medical Services)收购马尼拉医师医院(Manila Doctors Hospital),改名为崇仰医院。该医院虽然隶属于首都银行基金会,是一家半慈善半营利的医院,但1991年的收入额仍达1.52亿比索。1985年,首都银行创办有利信用卡公司(Unibankcard Corp.),从事信用卡业务。1988年,郑少坚与英资的通济隆旅行社合资组建菲律宾托马斯·库克旅行社(Thomas Cook Phil.Inc.)。80年代后期,首都银行还创办两家保险公司,即菲律宾人寿保险公司(Phil.Life Insurance)和渣打保险有限公司(Phil.Charter Insurance Co.)。1991年,上述两家保险公司的营业收入额为4.45亿比索,纯利3 414万比索,资产额4.84亿比索。③

20世纪80年代,郑少坚收购生产塑胶原料和制品的菲律宾塑料集团公司(Plastic Group Ph11, Inc.)的大部分股权。该塑料集团公司在1990年菲律宾首1 000家大公司中名列第375位,当年的总资产额为8.56亿比索,营业收入额为4.24亿比索,纳税后的纯利额为491万比索,股本873万比索。1991年的营业收入额增至4.76亿比索。④1987年,首都银行参股获得菲律宾最大的汽车制造公司

---

① 汪慕恒:《东南亚华人企业集团研究》,厦门大学出版社,1995年,第191页。
② 庄国土、陈华岳:《菲律宾华人通史》,厦门大学出版社,2012年,第616页。
③ 庄国土、陈华岳:《菲律宾华人通史》,厦门大学出版社,2012年,第616页。
④ 汪慕恒:《东南亚华人企业集团研究》,厦门大学出版社,1995年,第192页。

菲律宾丰田汽车公司（Toyota Motors Philippines Corp.）的35%的股权，而郑少坚本人则持有该公司的25%的股权，从而开始该集团与外资在制造业领域中的合作。1991年，该公司名列菲律宾第36位大公司总资产额为17.66亿比索，营业收入额为41.17亿比索，纳税后的纯利额为1.82亿比索，股本7.88亿比索。首都银行还拥有一家汽车销售公司——龟卯丰田汽车公司（Toyota Cubao），年营业额约为8.5亿比索。①

20世纪90年代初，首都银行在大马尼拉兴建一座30层高的首都银行广场奥蒂加斯中心（Metrobank Plaza Ortigas Center），并在此中心开设首都银行分行。这是首都银行在菲律宾所兴建的第四座冠以首都银行广场名称的大厦，首都银行已在马卡迪、宿务和达沃建有这样的大厦。除控制首都银行之外，郑少坚还拥有5家房地产公司和不少地产。20世纪80年代初，他与施至成合建了两座豪华大厦Ritz Towerso，此后又先后兴建有Tytana Plaza，Escolta Twin Towers，Skyland Plaza，Federal Home Tower，Bayview Plaza，都是21层以上的豪华商住两用大厦。此外，他又开发了罗哈斯滨海区第一、二期住宅区。在台北风景区，也建有100多幢别墅。在上述5家房地产公司中，菲律宾德尔房产有限公司（Federal Homes Inc.）的总资产额为3.9亿比索，股本1亿比索；蒂达纳公司（Tytana Corp.）的总资产额为2.33亿比索，股本7 500万比索。②

经过30多年的发展，首都银行的资产额到1993年底时已达787.2亿比索（约合30亿美元），为创建时的2 787倍左右；总存款额为614亿比索，总资本额为72亿比索，当年税后纯利额达16.5亿比索，从而超过由西班牙裔亚耶拉家族财团控制的菲岛银行（Bank of the Philippine Islands）而跃居菲律宾最大的民营商业银行。③到1994年上半年为止，首都银行在菲律宾国内外设立的分行已有300多家，业务遍布菲律宾国内以及国外的纽约、加利福尼亚、洛杉矶、旧金山、关岛、东京、香港、台北、高雄等地，在上海设有代表处，在新加坡还设有一家金融公司。1993年又与中国农业银行达成协议，将在上海设立合资的商业银行，尔后将以上海为据点，在中国大陆广设分行。首都银行不仅在金融银行业务上取得令人瞩目的发展，而且先后收购和设立10多家子公司，从而形成了在菲律宾金融业

---

① 庄国土、陈华岳：《菲律宾华人通史》，厦门大学出版社，2012年，第617页。
② 汪慕恒：《东南亚华人企业集团研究》，厦门大学出版社，1995年，第193页。
③ 庄国土、陈华岳：《菲律宾华人通史》，厦门大学出版社，2012年，第617—618页。

中占有重要地位的首都银行集团（Metrobank Group of Cos.）。至90年代初，郑少坚企业集团公司系统网络如图4-5所示[①]。

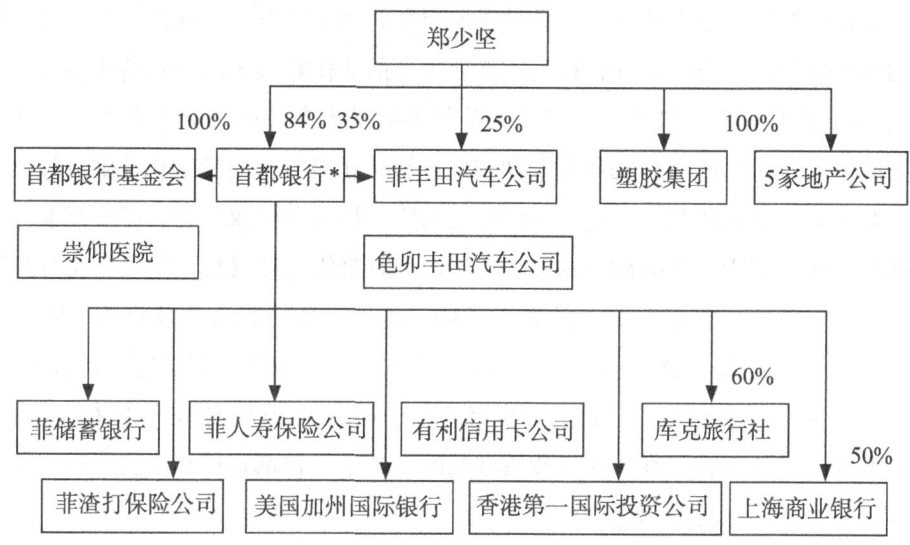

图4-5　郑少坚企业集团的公司系统网络

注：*为在股票市场上市的公司；百分比数字指控股的比率。

（二）郑少坚企业集团发展与经营的特点

郑少坚企业集团在其发展与经营方面具有以下一些特点：

1. 该集团是以金融资本为主体的企业集团，与菲律宾其他华人企业集团相比较，它在形成与发展中最为突出的特点是发展的资金主要依靠银行金融业务的积累与集资。郑少坚集团的经营领域虽然已经趋向多元化，但这种多元化是随着其银行金融业务取得较大发展之后才出现的。而且，在相当程度上是为其金融业务服务的。迄今为止郑少坚集团的核心与支柱产业仍然是银行金融业。

2. 以金融资本为主体，向金融资本与产业资本相结合的方向发展。从80年代中期开始，郑少坚控制的首都银行加快向金融资本与产业资本相结合的方向发展，尤其是扩大在制造业和房地产业的投资。该集团除自行创办一些非金融公司之外，还通过收购、参股等形式扩大其经营领域，从而加速资金积累，扩充经济实力。

3. 广设分行并提供多种服务，以争取客户。首都银行的业务经营不仅重视华

---

① 《Forbes 资本家》，1993年8月，第58页。

人客户，也同样重视菲人客户，包括极力争取菲律宾私人公司和政府公司，乃至在当地的跨国公司，而不像某些华资银行主要局限在华人客户。而客户网络的扩大又促使其设立更多的分行，提供更加配套的金融服务。首都银行之所以能从1962年创立时的一家小商业银行迅速发展为目前菲律宾最大的私营商业银行，是同其70年代开始积极打入菲律宾社会及其不断扩大商业网络分不开的；而其致力于跨国经营，则使它在80年代菲律宾的经济危机及混乱时期，仍能继续发展。

4. 在企业管理体制上实行开放度较大的所有权与经营权分开。在首都银行的股权结构中，郑少坚持有84%的股权。然而，首都银行在管理体制上却实行开放度较大的所有权与经营权分开的做法，特别是重视任用菲人高级职员。从1962年直至90年代后期，该行行长一直由菲律宾人担任，而其他的24位高级行政人员中，菲律宾人占17位。不过，郑少坚的儿子郑康为现已担任首都银行董事长、行长职务。总体而言，在华人家族所有制的基础上，首都银行在实行所有权与经营权分离方面是比较突出的。

（廖 萌 林 勇）

第五章　马来西亚的闽商

第一节　起步时期和发展初期

一、概　述

马来西亚华人主要是明朝、清朝到民国时期数百年来从中国福建和广东、广西、海南等一带迁移而来的移民。至2005年，马来西亚共有福建华侨华人311.84万人，其中泉州籍186万人，福州籍34.6万人，宁德籍28万人，龙岩籍12.87万人，漳州籍12.51万人。①

到20世纪90年代中期，马来西亚华侨华人在有限公司的股资达到200亿左右，仅制造业，华商企业数已近20万家，还出现了像闽商创办的郭氏兄弟集团、云顶集团、丰隆集团等多元化企业集团。尽管期间遭遇亚洲金融危机，由于政府实行对外开放政策，并辅以一系列刺激经济发展措施，使经济得到发展机会，旧的企业迅速发展，新的企业纷纷建立，闽商企业家还进军金融业，创立了丰隆银行等多家银行。

二、殖民地时期

1786年英国侵入槟榔屿，开始了对马来西亚长达100多年的殖民统治。19世纪中叶，大量华人从中国移民到当时仍是英国殖民地的马来亚。英属马来亚作为一个资源丰富的殖民地，应世界经济的发展，正好需要大量的劳动力以进行开发。因此，马来亚成了闽商在东南亚寻找生计的主要目的地之一。

1900年以前，沙捞越各小埠做生意者，多为客家人及闽南人，他们很早就到沙捞越，分散于各小埠经商。根据1931年的人口普查，福建华侨在马来亚华侨中约占三成，位居第一位。②由于早期的文献记载一般以"福建人"作为操闽南方言者的通称，如果加上福建其他地区的话，这一比例还会更高。

---

① 《福建华侨志》（2015年送审版），第6页。
② 《福建华侨志》（2015年送审版），第7页。

马来西亚华侨的发展主要是在英国领有马来以后，英属马来在鼓励华侨流入的同时，对华侨的活动也几乎没有任何限制。1919年英国颁布"土地保留法"，马来各邦的土地列为保留地，禁止以任何形式转让给华人、印度人或其他民族的人。英国殖民当局颁发的法律、法规以及长期的自由放任政策，一定程度上对华商经济发展起到了推动作用。华商被排除在一些经济活动之外，不得不流入其他一些领域，如商业、专业人员（医生、牙医等）、建筑业、采矿业、种植业等。华侨与马来人所从事的经济活动及职业选择的不同，致使二者经济地位出现了差别。在英属马来亚锡矿业和橡胶业迅速发展并确立了在南洋贸易中心的地位的同时，这种政策使华商更加容易获得发展。以下几点可以概括英属马来亚华商积蓄其经济势力的过程：

第一，土地开垦、矿山开挖及其他事业的发达；第二，通过易货贸易赚取利润，蓄积起来，逐渐扩大其事业的规模；第三，节省积蓄一部分工钱，从小生意、中等生意向大商业发展。[①]

表5-1 马来亚华侨人口祖籍构成表

	1921年		1931年		1947年		1957年	
	人口	占比(%)	人口	占比(%)	人口	占比(%)	人口	占比(%)
福建	379 028	32.33	538 852	31.6	827 411	31.64	740 606	31.8
福州	13 821	1.18	31 908	1.87	48 094	1.84	46 094	1.98
福清	4 958	0.42	15 301	0.9	12 754	0.49	9 782	0.42
兴化	1 659	0.14	31 052	1.82	17 065	0.65	11 905	0.52
客家	217 597	18.56	317 506	18.6	477 407	16.73	508 770	21.82
广府	331 757	28.29	417 516	24.5	641 945	24.55	505 524	21.7
潮州	130 026	11.1	208 681	12.24	364 232	13.93	283 076	12.1
海南	68 200	5.82	97 568	5.72	157 649	6.03	122 959	5.2
广西	998	0.08	46 095	2.7	71 850	2.75	69 122	2.96
其他	24 491	2.09			36 260	1.37	34 310	1.5
合计	1 172 535	100	1 704 479	100	2 614 667	100	2 331 848	100

资料来源：马来亚联合邦人口调查报告。

注：这一时期，闽商在马来西亚主要从事采矿业、种植业和商业。

[①] 《日本对南洋华侨调查资料选编(第一辑)》：《马来华侨的经济地位》，2011年，第182—183页。

在马来亚经营橡胶工业的华商,"不是闽南帮,必是潮汕帮,其他各帮,几乎是没有插足之余地的。"[①]马来亚华商从事橡胶贸易者几乎都是福建人,被誉为"马来西亚橡胶王国的四大功臣"中三人为祖籍福建的闽商,而福建人中尤以永春县人尤多。[②]最早提倡种植橡胶的是林文庆和陈齐贤,两人均为福建海澄人。[③]1887年,马六甲华侨陈齐贤首先在马来西亚试种树胶获得成功。[④]1894年,林文庆、陈齐贤组织联华橡胶种植有限公司,在新加坡杨厝港购置4千英亩土地种植橡胶。1897年陈齐贤又在马六甲投资20万元建成了马来亚第一个商业性橡胶种植园。1898年,陈、李两人又邀请闽人李俊源、邱丽容、陈启锦、曾江水等集资组成公司,在马六甲武吉亚沙汉开垦5 000英亩土地,各种一半木薯与树胶。1906年陈嘉庚以1 800元向陈齐贤购买了18万粒种子发展其橡胶事业。1910年前后,马来亚掀起了一股种植树胶的热潮。一些原来种植甘蜜、胡椒、甘蔗的华人小园主,及小矿主、矿工也纷纷转而种植橡胶。1912年针对橡胶种植业进行的第一次调查显示,华人控制的种植园面积占了全马来亚种植园总面积约20%~25%。[⑤]到1928年,这一比例增加至1/3。[⑥]加上沙捞越港主福州人黄乃裳在诗巫大面积种植橡胶,福州人黄天保及黄萌南率同乡在诗巫、泗里街垦荒种橡胶与胡椒,来自福建古田的许桂红、李立钿、江家桂等,也在柔佛州永平开辟土地种植橡胶,到了20世纪初,橡胶种植业已迅速发展起来。早期经营橡胶业的马六甲华商尚有祖籍福建永春的郑文尧及陈可补、陈期岳父子,祖籍福建同安的杨超长;在北马经营橡胶业者则有祖籍福建惠安的骆谋生和祖籍福建安溪的白成根。

表5-2 1953年马来亚各民族资本橡胶园面积及所占百分比

各民族资本	面积(百万英亩)	所占百分比(%)
欧人资本	1.60	83
华商资本	0.26	14
印人及其他民族资本	0.05	3
合计	1.91	100

资料来源:郑焕宇:《马来西亚新经济政策与华人资本》,《东南亚研究》1980年第2期,第43页。

---

① 《马来西亚的华侨工业》,《亚洲世纪月刊》,1947年5月1日,第46页。
② 《日本对南洋华侨调查资料选编(第二辑)》:《华侨的工商业》,2011年,第372页。
③ 林文庆一说为福建厦门人。
④ 陈怀东、黄海龙:《海外华商贸易现况与展望》,台湾世华经济出版社,第59页。
⑤ 文平强:《马来西亚华人与国族建构——从独立前到独立后五十年(上册)》,马来西亚华社研究中心,2009年,第239页。
⑥ [日]福田省三:《华侨经济论》,岩松堂书店,1939年,第138—139页。

华商的橡胶园大部分是小橡胶园,据《马来西亚第三个五年计划中期检讨报告》的估计,大约有48%的小园主生活在贫困线上。华商经营最大一家是森那美代理商行,1953年它控制了32家橡胶园坵公司,其中有6家是华商资本。森那美代理商行的董事会主席是Unitac的董事会主席陈祯禄,他就是祖籍福建南靖的海外闽商。陈氏继承祖业在马六甲经营树胶种植业,而后发展成为全马来西亚最大华的侨橡胶代理商,经营有武吉加影树胶有限公司、亚逸莫力橡胶有限公司等,控制了14家公共及私人公司,其中属于Unitac拥有的橡胶园坵达14 000英亩。

表5-3　马来西亚主要闽商橡胶种植业者　　　　　　　　（单位:万海峡元）

姓名	核定资产
陈锡敏	2 000
李光前	600
谢荣西	300
陈仰藏	300
王文达	100
陈廷谦	90
陈嘉庚	30

资料来源:《南洋华侨丛书(第五卷)》,1941年,第157页。

表5-4　马来西亚闽商主要橡胶工厂

店名	所有者
陈嘉庚公司	陈嘉庚
信诚	陈廷谦
振成丰公司	陈永泮
庆丰公司	股份制
新成茂	陈煦士
益和	股份制
志诚	陈廷献
南春	股份制

资料来源:《南洋华侨丛书(第五卷)》,1941年,第188页。

马来西亚黄梨制造业，完全在华侨的资本控制之下。据1937年的统计，全马来西亚共有黄梨制造厂16所，其中规模较大的为南益黄梨厂，厂主即是中华总商会会长李光前先生。[①]凤梨业中，最大的也是李光前凤梨罐头，其资金有50万元，在柔佛经营有工厂。[②]

商业方面，第二次世界大战前，闽商主要从事二盘商、三盘商、经营进出口的头盘商，以及遍及城镇乡村的零售商、过街小贩。根据报纸记录，"闽粤人土稍集旅费，至南洋后，身无分文。先为人作苦力，得资后改作小贩商人，由小贩商人不数年即一跃而为巨贾。故今日南洋之大腹贾大半皆出身微贱，甚且有目不识丁者。"[③]据1931年马来西亚人口统计，马来联邦列入从商的人口中，华侨占76.5%，从事商业的华侨占华侨就业人口的14.4%，仅次于从事橡胶种植和采矿的人数。海峡殖民地从商的华侨比例更高，占华侨就业人口的23.3%。[④]

此外，闽商在航运业方面也占有一席之地，以陈祯禄的祖父陈木春为代表。陈木春，祖籍福建南靖，生于马六甲，后开辟园地，种植甘蜜等，成为种植行业的先锋，并曾用电力机器制造硕莪。陈木春后来又成为19世纪60年代第一个拥有船只川航马来亚各港口的轮船公司的创办人和股东经理。1884年这间公司与另一家华侨轮船公司合并扩大营业，6年后，1890年，一位拥有一艘大轮船"沙波"号的欧洲人波葛特，也加入该公司，遂组成实得力轮船有限公司。[⑤]

航运业的另一位闽商代表是祖籍漳州的林秉祥，林秉祥的和丰轮船有限公司是在一战期间崛起的，至战争结束前夕，该公司资本已达500万元，拥有8艘1 000吨以上的远洋轮船，川行于中国东南沿海、缅甸、印尼和新马各个港口。除此，他还于1918年创办了和丰水泥有限公司，拥有资本800万元，产品运销马来亚和东南亚各地。

闽商在马来西亚地区的经济开发活动付出了汗水、鲜血甚至生命的代价，极少数闽商依靠自己的艰苦努力，最后取得了成功，甚至成为当地的大富豪，但是成功的毕竟只是极少数，大多数华侨苦力终年都在矿山和种植园里过着穷困不堪的生活。

---

① 《马来西亚的华侨工业》，《亚洲世纪月刊》，1947年5月1日，第46页。
② 《日本对南洋华侨调查资料选编（第一辑）》;《马来华侨》，2011年，第25页。
③ 《申报》，1934年4月21日。
④ 徐钧尧:《两次世界大战期间的马来亚华人经济》，《华侨华人史研究集》，1989年，第315、325、327—329页。
⑤ [马]《光华日报》，1957年8月31日。

第二次世界大战的爆发打断了闽商经济的发展。到1957年，随着和平时代的到来，闽商逐渐转入了现代工商业领域。

二、自由放任政策时期

1957年，马来西亚宣告独立。马来西亚独立后，摆脱殖民地经济结构是政府首要任务之一，但也同时遵守独立前与英国人、华侨的承诺，保障英国人在马来西亚的经济利益、允许华侨在经济领域上继续发展。1954年，世界银行派专家组对马来亚经济进行了调查，认为独立后马来西亚原有的经济无法应付人口的增长，建议多元化的经济发展，包括发展其他农业产品，发展制造业。东姑·拉赫曼政府接受当时世界银行专家组的建议，以自由放任为主调，改造不合理的殖民地经济结构为目的。保留旧的所有制结构基础上进行有限的改革。不搞国有化也不建立强大的国营经济，鼓励私人经营，欢迎外国投资，推行保守的自由放任经济政策。①具体的做法为以"农业为基础、工业为主导，经济多元化"为原则。保留旧的所有制结构的基础上，对产业结构、产品结构进行一些改造，减少对胶、锡的依赖，改种新的经济作物。

在此思想指导下，马来西亚政府先后出台三个五年计划：第一个马来计划（1956—1960年）、第二个马来亚计划（1961—1965年）和第三个马来西亚计划（1966—1970年）。前两者以发展交通、水利和农业为重点，后者为加强基本设施的建设，改变农村落后状况。总的来说，独立后至70年代初马来西亚政府实行的经济政策重点的是"轻工业部门的进口替代化"。进口替代工业化政策是指用本国产品替代以往那些进口的外国产品，通过实行高比率的关税，禁止或限制进口，实行各种进口管制来排除进口商品，即利用政策来扶植面向国内市场的本国制造业。该政策鼓励本地企业家投资设厂，吸引外资，减免所得税和其他税务等。

为了进一步推行工业化政策，1957年8月，联盟政府设立工业发展工作小组，1961年又设立关税咨询委员会。与"进口替代工业化"相关的重要举措是1958年《新兴工业法令》的实施，该法令给予核准为"新兴工业"的企业豁免所

---

① 马来西亚独立前3年（1954年），国际复兴银行赴马来西亚调查后提出政策建议。1954年的报告指出，当时的马来亚经济结构非常特殊。1963年，国际复兴银行基于马来西亚联邦与新加坡合并的前提下，提出马来西亚应该更紧密地与未来可能成为领土的疆域有更密切的经济合作。针对经济的多元化，国际复兴银行建议，建立一系列的二级制造业，以满足国内对制成品的需求，采取进口替代产业的策略。当时英国殖民者采纳国际复兴银行的建议，马来亚内各邦开始于1950年设计工业政策。

得税2~5年。在一切平等的情形下,本地的资本获得优先权,外国的资本也受欢迎,尤其是与马来亚人合股的外国资本,免税率高达40%。这一政策鼓励并刺激了国内各族私人资本对工、农、商、建筑、交通、运输,金融等各行业的投资。资本主义工商业的发展,为闽商企业集团的形成奠定了初步的基础。

表5-5　1957年马来联邦各种族职业人口产业部门结构比重(%)

种族别	第一产业部门	第二产业部门	第三产业部门
马来人	73.2	6.1	20.7
华侨	40.1	22.4	37.5
印侨	55.7	10.7	33.6
其他族群	18.8	8.1	73.1

资料来源:[日]李国卿著,郭梁、金永勋译:《华侨资本的形成与发展》,香港社会科学出版社,2000年,第100页。

这一时期有几个有利因素促成闽商的发展。第一,政府的经济政策创造了宽松和自由的经济活动环境。为了提供更多就业机会以及减少国家收支因入口大量制成品所蒙受的损失,政府大力推行工业化计划,拟定了许多奖励和优惠方案,鼓励商人进军工业。工业成为马来西亚国家经济发展的重要组成部分。第二,闽商在国内民族经济中拥有相对优势。华侨早期在马来亚贸易和商业上的训练和优势使他们能够较好地向制造业扩张,更多地发展中小企业。因此,与马来人、印人相比,华商具备了更多的战后马来亚国家经济发展中十分缺乏的资金、人力资源等因素。华商积几百年的经商基础和经验,也具备了比较完整的商业网络。第三,马华公会的影响力。按独立合同的协定,此时,巫统为了取得马华公会的经济支持,在联盟党政府中,马华公会有较高的地位。因此,在制定和执行国家经济政策中不会出现对华商过于不利的情况。第四,闽商的创业精神。华侨身处异域,危机意识较强,积累金钱的习惯一直保持下来,他们历来都是开创马来西亚各个经济部门的先锋。

马来西亚建国初期,华侨华人的人口大约占了马来西亚总人口的37.2%。[1] 1963年,马来西亚、新加坡、沙巴和沙捞越合并成为"马来西亚联邦"后,华侨华人人口比例明显下降。

---

[1] Saw Swe-Hock, *The population of Peninsular Malaysia*, Singapore: Singapore University Press, 1988, p.65.

表5-6 1970年马来西亚各主要族群的职业结构(%)

职业	马来人	华人	印度人	其他
专业技术人员	47.0	39.5	10.8	2.7
经营管理人员	24.1	62.9	7.8	5.2
办公室文员及相关人员	35.4	45.9	17.2	1.5
销售及相关人员	26.7	61.7	11.1	0.4
服务员	44.3	39.6	14.6	1.5
农民及农业工人	72.0	17.3	9.7	1.0
制造业、运输业及其他工人	34.2	55.9	9.6	0.3
总计	51.8	36.6	10.6	1.0
全国人口的族群比例	52.7	35.8	10.7	0.8

资料来源：Government of Malaysia: Fourth Malaysia Plan, 1981—1985, Government Press, 1981.

表5-7 华人职业的地缘特征（1970年的人口调查）

籍贯	人数(%)	主要居住地	主要职业偏向
福建人	1 122 739(31.6%)	雪兰莪、柔佛、槟城、吡叻	商业、种植业、胶商
广东人	659 050(18.5%)	(雪兰莪、吡叻	建筑业、商业、矿业
客家人	862 050(24.2%)	雪兰莪、吡叻	建筑业、矿业
潮州人	421 997(11.9%)	柔佛、槟威、吡叻、吉打	商业
海南人	152 790(4.3%)	雪兰莪、柔佛、槟威、吡叻、麻六甲	咖啡店、餐旅业
广西人	77 577(2.2%) 不包括沙巴、沙捞越	彭亨、吡叻州的上吡叻县	上吡叻烟农
福州人	147 689(4.2%) 不包括沙巴	沙捞越和吡叻州	商业和种植业，吡叻州的实兆远有"小福州"之称，多数为小园主

资料来源：《马来西亚华人经济问题专辑》，雪兰莪中华总商会，1978年，第51—70页。
注：其他籍贯的华人有94 895人，只占华人人口的2.7%，各行各业都有。

马来西亚独立后，面临的一个基本问题是如何依靠国内的力量保持和发展生活必需品的自给，郭鹤年的马来亚糖厂承担起了这一重任，其产品满足了全马80%的食糖需求量，迅速弥补了英国商人撤出马来西亚食糖市场留下的空缺。[①]到

---

① 郑学益、周黎安：《郭鹤年的经营管理艺术与风格》，《北京大学学报》（哲学社会科学版），1994年第5期。

1973年马来西亚基本实现了砂糖自给。马来西亚华人经济月刊《商海》列举"十大华裔实业家",其中7家为福建籍。①这个时期初步形成的闽商企业集团主要有:郭氏兄弟集团、林梧桐的云顶集团、郭令灿的丰隆(马)集团和骆文秀的东方控股集团。

在注册公司方面,1957—1962年,本地注册公司数目由1 935家增加到3 436家,增长了1.7倍。申报资本总额由11.9亿增加到39.1亿,增长了3.3倍。这些本地公司除少量为印人、马来人经营外,绝大多数属于华商所有。例如,1959年,80 000家登记的私人公司中的60 000家为华商经营,华商占有75%左右,②4.7万家零售企业中的3.5万家为华商拥有。③1970年,在西马895家产值10万元或超过10万元的建筑企业中,华商拥有其中的797家,外国人经营73家,马来人则只经营25家。华商企业拥有这建筑企业固定资产、产值和雇工人数的88.4%、84.7%、89.6%。④

第二节 快速发展和壮大时期

一、新经济政策时期

1969年5月13日,马来西亚发生了"五一三种族冲突"事件,这是一起涉及华、巫两族互相厮杀的暴力流血事件。"五一三事件"后,时任首相敦拉萨于1970年提出了"以消除各族之间的贫穷"和"重组各族之间的社会结构"为目标的"新经济政策"。新经济政策的三大目标是消除贫困、重建社会、国民团结,基本点是"以工业化为中心,实现经济均衡发展,相对缩小贫困阶层",实质是在发展资本主义经济中,重点培植马来人资本集团,作为马来西亚的经济基础,

---

① [日]原不二夫著,陈文寿译:《马来西亚的新经济政策与华侨华人企业的发展》,《华侨华人新论》,北京:中国华侨出版社,1997年,第298页。

② Robert S. Elegant, *The Dragon's Seed: Peking and Oversease Chinese*, New York: St. Martin's Press, 1959. P. 82. 转引自 Victor Simpao Limlingan, *The Overseas Chinese in Asean: Bisiness Strategies and Management Practicces*. Manila: Vita Development Corporation, 1986. P. 6.

③ Elegant, Robert S., *The Dragon's Seed: Peking and Oversease Chinese*, New York: St.Martin's Press1959, P.82. 转引自 Simpao Limlingan, Victor, *The Overseases Chinese in Asean: Bisiness Strategies and Management Practicces*, Manila: Vita DevelopmentCorporation, 1986, pp.5-6.

④ Bruce Gale, *Politics and Business: A Study of Multi-purpose Holdings Berhad*. Kuala Lumpur: Eastern Universities Press, 1985. P.50.

主要内容体现在第一个远景计划、第二至第五个大马计划等政府文件中。第二个大马计划承诺,"要专门为迅速培育一个有效的马来人企业家阶层,推行一系列的政策措施。"①1975年5月,第三个《马来西亚五年计划》(1976—1980年)实行前,国会通过政府制订的《工业调整法》。此法规定,资本额在10万林吉特以上,工人在25人以上的制造业需要申请执照。申请执照时,企业还需要承诺马来人30%的股权。为反映国家马来人的比例,规定要雇用50%的马来人工人。此外,有些产业必须雇用3成的马来人为员工,才能在税率上得到优惠。除了雇用员工必须遵照种族比例,政府还规定,厂商产品的30%必须由马来人经销商承销。②根据"新经济政策"的内容,政府计划利用20年的时间,实现土著在各个领域拥有30%的股份或分配额。③

新经济政策的前10年,由于推行这种马来人优先的政策,再加之马来西亚又采用"面向出口"战略,外资和外国商品也大量涌入。为求生存和发展,闽籍华侨华人进行了不懈的努力,经济上逐渐改变了以往独资、合伙经营的旧方式,转而进行资本的系统联合,组织股份有限公司,并适应新经济政策的要求,发展同马来人、印度人乃至外资的经济合作,增加合资经营。新经济政策时期成立的福建籍同乡会馆企业主要有大企业公司(龙岩会馆总会)、榕联控股(马来西亚福州社团联合会)、福联控股(马来西亚福建社团联合会)、马晋控股马来西亚晋江社团联合会、永春控股马来西亚永春联合会、安溪控股雪兰莪安溪会馆等。④

这一时期,还有不少闽商企业选择以"阿里—巴巴"的方式逃避"新经济政策"中的限制。⑤政商的利益结合,产生一批"马来官僚精英资本家"集团,部分华商大资本家也获得相当的利益。此时期,有两类闽商资本家以"阿里—巴巴"模式在商业经营上获得巨大财富,没有受到"新经济政策"的种族持股限制。第一类为闽商老牌资本家,他们在"新经济政策"前就已经与马来权贵有很好的关系,早已形成"阿里—巴巴"官商联盟。"新经济政策"对他们没有什么

---

① Government of Malaysia: *Second Malaysia Plan*, 1971—1975, p.159—160.
② 骆静山:《大马半岛华人经济的发展》,收录于林水濠、骆静山编:《马来西亚华人史》,吉隆坡:马来西亚中华大会堂总会,1984年,第231—282页。
③ Malaysia, *Second Malaysia Plan*, 1971—1975, Kuala Lumpur: Printed at the Government Press, 1971, pp.41-42.
④ 林华生:《东盟地区的地壳变动——面向二十一世纪的次区域经济圈的形成》,上海:复旦大学出版社,1995年,第63—79页。
⑤ "阿里—巴巴"的"阿里",指的是政治上有影响的马来人政治人物,"巴巴"代表当地土生土长的华人资本家。"阿里—巴巴"的具体意思为:由于马来政治人物极易取得各项营业执照,他们以不参与华人企业经营的匿名合作人身份,为华人大资本家取得各种执照。华人大资本家负责企业的实际经营,给予适当的金钱回报马来政治人物的合作。

影响。这些人包括郭鹤年、林梧桐、郭令灿与骆文秀等人。第二类为新崛起的闽商新贵。他们不但少与华人社会往来,也与华人政治势力划清界限,积极与巫统的马来精英建立良好关系,取得马来政治精英的信任,进而与马来政治精英进行商业合作。此外,这些闽商新贵与传统华商资本家在行业选择、经营方式都有所不同。闽商新贵不再限于零售等行业,他们普遍将企业多角化经营。此外,管理方式也比传统闽商资本家进步,采取了西方科学的管理模式。①此时期与马来人权贵合作进而发达的福建著名华商有雷贤雄、杨忠礼等人。②

表5-8　1970—1999年马来西亚有限公司族群股权　　（单位：亿马元）

年份	华人股金	百分比（%）	马来人股金	百分比（%）	印度人股金	百分比（%）
1970	14.50	27.20	1.26	2.40	0.56	1.10
1988	319.25	32.60	190.58	19.40	11.53	1.20
1990	492.96	45.50	208.78	19.30	10.68	1.00
1995	735.52	40.90	369.81	20.60	27.23	1.50
1999	1 173.72	37.90	593.94	19.10	47.53	1.50
2004		39.00		18.90		1.20

资料来源：Government of Malaysia：*Seventh Malaysia Plan*，1996—2000.

华人在有限公司的股权增长速度虽然低于马来人,但由于国家经济发展和外资股权降低,华人的股金和股权持续增长,股金市价从1970年的14.50亿马元,增加到1995年的735.52亿马元,25年增长了近50倍,占有的股权比重也从27.20%增长40.90%。到1999年,华资股权比重虽然降低到37.9%,但仍然是拥有最多股权的族群,股金绝对值再增加到1 173.72亿马元,是1970年的81倍,到2004年华人的股权比例再提高到39%,这还没有包括占华商企业90%以上的华人中小企业的资金。③

这个时期新形成的闽商企业集团有邱继炳领导的马联工业集团、刘蝶家族企

---

① 黄碧君：《马来西亚的华人企业巨头》,收录于Ruth Mcvey主编,薛学了译：《东南亚大企业家》,厦门大学出版社,第179—204页。李锦兴：《马来西亚华人：在2020年宏愿中求认同》,《东南亚季刊》,第3卷第2期,1998年,第19、20、45、47、48页。
② 蔡忠男：《马来西亚华人对中国投资的原因与策略研究之研究》,台北县淡江大学东南亚研究所硕士论文,2003年,第35—57页。
③ 廖小建：《马来西亚华人经济的发展与影响》,《亚太经济》,2008年第3期,第103页。

业集团、刘玉波的磨石集团、钟廷森的金狮集团。同时，上一时期形成的闽商企业集团，在这一时期经济实力又有新的发展。如郭鹤年在马来西亚的联邦面粉厂，到20世纪70年代末也演变为拥有多家子公司、业务多元化企业集团。

进入20世纪80年代后，华商企业集团的发展有了一个宽松的环境。80年代初，由于各种因素的影响，马来西亚经济发展速度缓慢，1985年还出现负增长，财政与外贸收支出现双赤字，债务负担加重，失业率上升。为扭转此经济颓势，马来西亚政府调整经济政策的失误，其中最为重要的一点是认识到了民间资本尤其是华商资本的重要性，于是放宽了对外资及非马来人股权的限制，改善投资环境，发挥民间资本的作用，积极利用华商资本，发展马来人、华人、印度人在政治、经济等方面的合作。闽商企业集团的实力在这一时期进一步扩大。例如，属于云顶集团的亚地种植公司，到1992年，仅种植面积已由过去的2.3万公顷增至4万多公顷。郭氏兄弟集团在马来西亚通过收购中央糖厂、巴劳种植、邵氏兄弟公司及新建槟城香格里拉酒店等来扩大自己的实力，丰隆（马）企业集团在马来西亚收购了谦工业公司这家全国最大的建材制造厂，还收购了从事造纸，塑胶的马太平洋工业公司和南洋报社。同此，这些闽商企业集团还在大力向海外发展。这一时期，还涌现出了一批新的闽商企业集团，如林木荣、林天杰父子通过甘文丁机构控制的马化控股集团、陈志远的成功集团、林玉静的富亨机构集团、张晓卿的常青集团等。

1988年后，华商资本外流逐步减少，原先在国外的华商资本也逐渐回流马来西亚。80年代，资金少于50万马元、员工少于50人的企业，华商至少仍占80%。1990年前10个月，经工业发展局批准，以华商资本为主的国内资本，在制造业投资比1986年增加了近4倍。1990年以华资为主的国内投资，在投资总额中所占的比例也由1989年的29.2%增至49.45%。国内华商资本逐渐成为马来西亚经济发展的主要动力，迅速促进经济的恢复与发展。

表5-9　1990年马来西亚三大族群就业的行业领域比较　　（单位：千人）

产业	马来人	华人	印度人	其他	合计
农林牧渔业	1 179.9	251.6	131.9	174.6	1 738.0
百分比(%)	67.9	14.5	7.6	10.0	100.0
矿业	19.2	12.1	3.4	2.3	37.0
百分比(%)	51.9	32.7	9.2	6.2	100.0

续表

产业	马来人	华人	印度人	其他	合计
制造业	619.1	505.0	146.9	62.0	1 333.0
百分比(%)	46.4	37.9	11.0	4.7	100.0
建筑业	148.0	217.8	24.5	33.7	424.0
百分比(%)	34.9	51.4	5.8	7.9	100.0
供电、供气、供水	33.0	4.7	8.0	1.3	47.0
百分比(%)	70.2	10.0	17.0	2.8	100.0
运输、储藏和通讯	148.0	92.9	45.1	16.0	302.0
百分比(%)	49.0	30.8	14.9	5.3	100.0
批发、零售、宾馆和饭店业	420.2	652.2	82.7	62.9	1 218.0
百分比(%)	34.5	53.5	6.8	5.2	100.0
金融、保险、产地产和商业服务业	106.2	120.7	25.5	5.6	258.0
百分比(%)	41.1	46.8	9.9	2.2	100.0
其他服务业	859.8	318.0	102.6	48.6	1 329.0
百分比(%)	64.7	23.9	7.7	3.7	100.0
总计	3 533.4	2 175.0	570.6	407.0	6 686.0
百分比(%)	64.7	32.5	8.5	6.1	100.0
劳动力总数	3 751.0	2 276.9	600.1	414.2	7 042.2
百分比(%)	53.3	32.3	8.5	5.9	100.0
失业人数	217.6	101.9	29.5	7.2	356.2
百分比(%)	61.1	28.6	8.3	2.0	100.0
失业率(%)	5.8	4.5	4.9	1.7	5.1

资料来源：Government of Malaysia: *seventh Malaysia Plan*, 1996—2000, Government Kuala Lumpur, Government Press, pp.78—79.

二、国家发展政策时期

从1991年开始，政府实施了新的经济发展政策，即国家发展政策（National Development Policy，NDP），其主要内容体现在第二个远景规划（1991—2000年）、第六个大马计划（1991—1995年）、第七个大马计划（1996—2000年）和

2020年宏愿计划里。国家发展政策的核心任务是：通过加快工业化、促进经济增长和现代化进程，到2020年，将马来西亚发展成为"完全发达"的国家。

1991年以来，马来西亚华商在国内外相对有利的经营环境中取得了很大的进步。1990年至1997年是马来西亚华商大企业发展的繁荣期。在此阶段，不仅原有企业大量向新领域投资，而且新兴企业集团也不断涌现。在马来西亚，资本额超过10亿马元的上市公司，1985年只有8家，1992年增至46家，1993年增至130家。在此背景下，华商大企业也比前期增多。90年代上半期，资本逾1亿美元的华商大企业，至少有60家。其中，资本超过2亿美元以上的有40家，拥有资产在4亿美元以上的有17家。①这些华商大企业是马来西亚私人企业的重要一部分。例如，若从股市看，截至1993年6月止，最大的17家华商大企业的资产值就占马来西亚上市公司总市值的22.4%。②

20世纪90年代上半期闽商大企业在马来西亚经济各行业中的地位大致如下：

工业方面，云顶集团兴建的一家年产100万吨的综合造纸厂是全马最大的纸厂，已开工生产的褐色级纸厂和双联纸厂，综合年生产能力为33万吨，占全国总产量的45%。金狮集团属下的合营制钢公司所生产的钢坯、钢条、圆铁，占全马同类产品的35%。郭令灿、骆文秀、邱继炳、刘耀全、林添良分别参与投资经营的泛马水泥、大石水泥和吉打水泥厂，其产量占全国的68.9%，其中仅邱继炳的"泛马洋灰"就占全国总产量的30%。林敬奎的益东实业公司是马最大的棕油提炼厂之一。杨协成家族经营的不含碳酸气饮料，占全国产销市场的50%。刘集汉领导的立达环球公司是马来西亚最大的电缆制造商，陈唱集团则是马来西亚最大的汽车零件制造商。马来西亚是世界上最大的胡椒出口国，年出口量3万吨，其中90%是沙捞越华商生产的。丰隆集团的建材产量占马来西亚全国的1/3。郭氏兄弟集团生产的食糖和面粉占国内产量的50%和45%。张晓卿是全马来西亚最大的夹板出口商。

金融业方面，1990年马来西亚22家私人商业银行按股东基金和总资产排队，林梧桐女婿陈中贤控制的南方银行分别列第6和第11位；郭鹤年及其女婿拉昔胡申支配的马来西亚法银行按资产列第12位。至于金融公司，闽商企业集团则占有较重要的地位。在马来西亚上市的43家金融公司中，按资本额排列，丰隆信

---

① 汪慕恒主编：《东南亚华人企业集团研究》，厦门大学出版社，1995年，第96、98—99页。
② 汪慕恒主编：《东南亚华人企业集团研究》，厦门大学出版社，1995年，第98—100页。

贷公司、马联工业金融公司、马婆资本公司分列第2、3、9位。

种植业方面，闽商企业集团多数在马来西亚投资油棕、橡胶、可可等经济作物的种植及其产品的加工业。仅郭鹤年、林梧桐和林天杰所属企业，1991年分别拥有作物面积45 000公顷、40 700公顷和37 800公顷，合计123 500公顷；郭氏兄弟集团是马来西亚最大的蔗糖种植集团；骆文秀是浮罗交怡岛最大的地主，拥有该岛50%的土地。

此外，林梧桐是东南亚地区的"赌业大王"，云顶集团是马来西亚最大的旅游系列集团，也是世界上最大的经营赌业跨国企业集团之一。以郭令灿为主席的"南洋报社"，是马来西亚最大的华文报业集团。

虽然闽商大企业仍在马来西亚经济中占有一席之地，但在这一时期其实力却在不断降低，已无法与国家资本及少数马来人企业集团相比。如1992年，郭氏兄弟集团的家族资本财富只相当于马来西亚国家石油公司总资产144亿美元的34.7%，亦比不上巫统的玲珑集团和马哈蒂尔任董事长的国民投资有限公司的整体实力。[①]

表5-10　1990年、1995年马来西亚各族群拥有批发零售企业情况

族群	批发				零售				小计		增长率（%）
	1990年		1995年		1990年		1995年		1990年	1995年	
	企业数	增长率（%）	企业数	增长率（%）	企业数	增长率（%）	企业数	增长率（%）	企业总数	企业总数	
土著	1 090	9.8	2 175	11.1	35 068	31.0	48 559	37.1	36 158	50 734	7.0
华人	9 439	85.2	14 821	81.0	69 696	61.7	72 082	55.0	79 135	87 903	2.1
印人	300	2.7	372	1.9	6 572	5.8	5 802	4.4	6 872	6 174	-2.1
其他	11	0.1	342	1.8	706	0.6	1 580	1.2	717	1 922	21.8
外国人	240	2.2	815	4.2	980	0.9	2 971	2.3	1 220	3 786	25.4

---

① 龚维：《华人企业集团在马来西亚经济中的地位》，《东南亚研究》，1996年第6期，第47页。

续表

族群	批发				零售				小计		增长率(%)
	1990年		1995年		1990年		1995年		1990年	1995年	
	企业数	增长率(%)	企业数	增长率(%)	企业数	增长率(%)	企业数	增长率(%)	企业总数	企业总数	
总计	11 080	100	19 525	100	113 022	100	130 994	100	124 102	150 519	3.9

资料来源：Government of Malaysia：*Seventh Malaysia Plan*，1996—2000，Kuala Lumpur：National Printing Department，1996，P.515.

受1997年金融危机等因素的影响，马来西亚闽商的发展也出现波折。新经济政策对闽商发展的负面影响此时体现出来，闽商的相对经济地位在下降。1998年，吉隆坡股市25大公司中，闽商控制的公司为5家，分别为杨忠礼机构（YTL Corp)、名胜世界（Resorts）、云顶（Genting）、杨忠礼电力（YTL Powr）、成功多多（B Toto），它们的市值分别居第7、8、9、11、12位。杨忠礼机构（YTL Corp）市值83.9亿元，不及第一位的马来西亚电讯市值344.8亿的1/4。

金融危机前，多数闽商大企业业务扩展过快，有的负担过多债务进行投资和盲目扩大规模。危机到来后，许多闽商由于资金短缺，很快债台高筑。如陈伯勤掌控伊佳兰（Ekran）集团，1995年营业额达9.79亿美元，利润1.29亿美元。1997年金融风暴前，陈伯勤向当时成为巴贡水坝计划主理经理的伊佳兰透支7.13亿万马元，以收购获得巴贡水坝二手工程的花岗岩（Granite）和PWE工业。金融风暴后，政府缩小整个巴贡水坝计划的规模，过后甚至暂缓推行，花岗岩与PWE工业的合约也被终止，导致伊佳兰陷困。[①]

经过金融危机的洗礼，闽商大企业股权发生巨大变化，传统家族式经营弱化。在压缩经营范围，收缩过长战线后，经营业务比较集中合理，经营方式趋于稳重，整体素质得到提高。

中小企业方面，1997年爆发的东南亚金融危机，也使马来西亚华商中小企业遭受损失，福建华商也未能幸免。但多数华商中小企业因借贷少，都能逃脱债务而生存。由于缺乏准确数据，金融危机后华商中小企业的发展状况只能有个大略

[①]《华商大亨浴火凤凰世界华人跨国公司148家》，http://www.success001.net/guanli/yingxiao/200407/775.html，2004-7-22.

估计。2000年左右，马来西亚有中小企业20万家，华商拥有其中的80%以上。①

表5-11　金融危机后马来西亚中小企业的族群参与情况（%）

规模（销售额）（马元）	土著	华裔	印裔	外国人	其他	联合经营	大型公司所有	总计
1万及以下	23.7	57.1	2.3	1.8	0.2	0.7	14.2	100
1万至10万	25.7	55.0	1.9	1.8	0.2	1.0	14.4	100
10万至250万	13.9	52.9	1.1	3.5	0.1	1.8	26.7	100
250万至1 000万	6.8	18.5	0.7	9.9	0.1	2.6	61.4	100
1 000万以上	2.8	6.5	0.1	13.8	0.1	2.5	74.2	100

资料来源：Kam-Hing Lee, *The 1997 Asian Financial Crisis: Impact on Chinese Business in Malaysia*, 张存武、汤熙勇主编：《海外华族研究论集（第一卷）》,《移民、华商与经贸》, 台北：华侨协会总会, 2002年, 第422页。

三、国家宏愿政策时期

马来西亚于2001年4月3日公布了《第三个远景计划》(The Third Outline Perspective Plan, OPP3)（2001—2010年），随即又于同一年的4月23日公布了《第八个大马计划》。这两个重要文件，就构成了马来西亚国家宏愿政策(National Vision Policy, 2001—2010年, NVP)的主要内容。国家宏愿政策继承了新经济政策和国家发展政策关于改善马来人经济地位的分配政策目标，不仅重提了马来人30%的分配目标，还明确规定了实现这个目标的具体时限（即2010年）。②

据马来西亚的官方统计，2000年华族股权市价为1 293.18亿林吉特，2006年达到顶峰，而后2008年又回落至2 030.92亿林吉特。在比重方面，由于外国人和土著股权的持续增加，华族的股权比重有所下降，从2000年的38.9%下跌至2008年的34.9%。尽管如此，华族仍然是拥有有限公司股权最多的族群，这些股权财富还没有包括占华商企业总数90%的中小企业资金。据庄国土教授课题组的保守估算，2008年，马来西亚本土华商资本总额接近1 500亿美元。③就有限公司的行业分布而言，2004年，统计数据显示华商企业在农业、矿业、建筑业、批发零

---

① Kam-Hing, Lee, *The 1997 Asian Financial Crisis: Impact on Chinese Business in Malaysia*, 张存武、汤熙勇主编：《海外华族研究论集（第一卷）》,《移民、华商与经贸》, 台北：华侨协会总会, 2002年, 第408页。
② Government of Malaysia: *Eighth Malaysia Plan, 2001—2005*, Kuala Lumpur: Government Press, 2001, p.55.
③ 庄国土等：《华侨华人经济资源研究——以华商资产估算为重点》, 国务院侨务办公室政策法规司, 2011年, 第43页。

售、运输、服务业等占有较大比重,其中,农业、批发零售、矿业的优势比较明显,所占的比重分别为 52.9%、50.1% 和 39.5%;但在一些关键行业如金融业、公共设施以及制造业,华人所占的比重偏低,分别仅为 10.2%、8.9% 和 24.5%。[①]造成这种结果的原因,一方面是受到新经济政策实施的影响,另一方面是这些领域长期以来外国资本占据优势,华商企业无论是技术还是资本实力都稍逊一筹。

表5-12　2000—2008年马来西亚有限公司族群股权　（单位：百万林吉特）

	2000年		2004年		2006年		2008年	
	票面价值	比重(%)	票面价值	比重(%)	票面价值	比重(%)	票面价值	比重(%)
土著	62 976.0	18.9	100 037.2	18.9	120 387.6	19.4	127 407.6	21.9
华人	129 318.3	38.9	206 682.9	39.0	263 637.8	42.4	203 092.1	34.9
印度人	5 136.8	1.5	6 392.6	1.2	6 967.8	1.1	9 564.6	1.6
其他	2 957.7	0.9	1 897.3	0.4	2 608.8	0.4	698.8	0.1
代理公司	28 119.4	8.5	42 479.1	8.0	41 185.7	6.6	20 547.2	3.5
外国人	103 909.4	31.3	172 279.6	32.5	187 045.8	30.1	220 530.8	37.9
合计	332 417.6	100.0	529 768.7	100.0	621 833.5	100.0	581 841.2	100.0

资料来源：根据福布斯网站http://www.forbes.com相关资料整理。*Ninth Malaysia Plan 2006—2010*, 2006, pp.336; *Tenth Malaysia Plan 2011—2015*, 2010, pp.403.

根据《福布斯》杂志的统计,2010年,马来西亚十大华人富豪中除了郑鸿标、丘德星与丘志明外,其余均为闽籍。

表5-13　2010年马来西亚十大华人富豪

排名	姓名	资产(亿美元)	行业	所属企业
1	郭鹤年	120	多元化	郭氏兄弟集团
2	李深静	46	多元化	凯业集团
3	李金花	39	博彩业	云顶集团
4	郭令灿	38.5	多元化	丰隆集团(马)
5	郑鸿标	38	银行业	大众银行集团
6	杨忠礼	25	多元化	杨忠礼集团

---

① *Ninth Malaysia Plan 2006—2010*, 2006, pp.338.

续表

排名	姓名	资产（亿美元）	行业	所属企业
7	陈志远	16	多元化	成功集团
8	张晓卿	12	木业、报业	常青集团
9	李爱贤与李孝贤	5.6	多元化	吉隆坡甲洞公司
10	丘德星与丘志明	4.8	林业	三林林业集团

资料来源：根据福布斯网站http://www.forbes.com相关资料整理。

2010年5月，马来西亚最大的20家上市公司（以市值计算）中有9家是闽商企业，依次分别是大众银行、凯业集团（IOI）、云顶有限公司、玻璃市种植集团、云顶大马、杨忠礼电力、杨忠礼机构、丰隆银行。2015年福布斯马来西亚富豪榜前20位中，闽商占了8位，比例高达近1/3。

表5-14　2009年马来西亚最大的15家华人上市公司　　（单位：百万美元）

名次	公司名称	市值	营业额	总资产	股东权益	纯利
1	大众银行有限公司	9 707.40	3 147.80	58 805.40	2 858.90	773.8
2	凯业集团	8 290.40	4 376.90	4 791.10	2 502.00	294.8
3	云顶有限公司	6 823.60	2 722.70	9 128.50	3 729.80	170.7
4	玻璃市种植集团	4 950.80	1 037.80	3 961.90	3 667.10	385.7
5	云顶马来西亚	4 780.60	1 464.90	2 824.80	2 493.50	190.2
6	吉隆坡甲洞有限公司	3 781.80	2 354.90	2 551.20	1 659.90	312
7	杨忠礼电力	3 628.50	1 826.70	10 399.10	1 829.20	193.8
8	杨忠礼机构有限公司	3 625.00	2 665.70	13 614.10	2 832.10	250.2
9	丰隆银行	2 470.00	629.2	23 803.70	1 718.90	271.4
10	金务大	1 917.90	720.6	1 731.00	914.8	97.5
11	丹绒公众有限公司	1 741.30	1 107.40	3 733.30	983.6	139
12	怡保工程有限公司	1 613.20	1 379.40	3 570.40	1 430.00	87
13	百盛控股有限公司	1 556.90	774.5	1 956.40	524.5	162.7
14	成功多多有限公司	1 555.70	1 107.90	334.1	144.8	124
15	丰隆金融	1 500.30	680.5	25 925.40	1 370.00	189.5

资料来源：根据《亚洲周刊》"2009年全球华商1000排行榜"整理而得。

从企业家、公司的评比也可看出闽商地位的下降。2003年由马来西亚ALPHAPLATFORM公关顾问公司针对建筑、科技、食品加工、种植、运输、银行金融及电信等领域,经过两个月的企业形象调查后评选的马来西亚十大首席执行官,闽商企业家只有杨忠礼榜上有名。①2004年,《马来西亚商业》杂志"40豪富"评选结果,排在前10位的有7位为华商,但在全部40位最富有的马来西亚人物中,华商也只占23席。②

第三节 马来西亚部分闽商企业

一、郭氏兄弟集团

郭鹤年1923年出生于马来西亚新山市,祖籍福建福州。20世纪初,郭鹤年的父亲及其他兄弟创办了一家"东升公司",专营大米、大豆和糖的生意。1948年,经郭氏家族人士协商,郭鹤年与母亲郑格如兄长郭鹤举、堂兄郭鹤青、郭鹤尧、郭鹤景、郭鹤新及郭鹤瑞等八人共同投资入股,在马来西亚新山成立了郭氏兄弟有限公司,由郭鹤年任董事长。这家公司继承了郭家的传统业务,主要经营大米、糖和面粉等进出口业务。这便是郭兄弟集团的雏形。

1957年马来西亚独立,过去被英国商行垄断的市场随着殖民体系的瓦解而留下了不少的"真空",从而给当地的商人带来了不少机会。精明的郭鹤年抓住了这个机会,大力扩展他在马来亚境内的商品分销网,并积极发展进口及加工业,也就在这个时期,郭鹤年在糖业经营上开始有了突破性的发展,郭鹤年与马来亚联邦土地发展局联营合作,在靠近槟榔屿的北赖创立了马来亚的第一家白糖提炼厂——马来亚糖厂。而后,在整个60年代,郭鹤年全力投入食糖生意中去。他不仅参与食糖的生产和提炼业务,更积极涉足世界食糖市场。他从泰国买回原糖,经提炼加工后,一部分运销马来西亚国内各地,另一部分通过其在香港的商品经纪公司——万通有限公司转卖到世界其他地方;又从古巴购进食糖转卖给印度尼西亚。

几年时间,他在糖业上就获得了辉煌成就,1962年即被人们誉为"马来亚糖

---

① [马]《南方日报》,2003年4月19日。
② *Malaysian Business*, Feberuary 16, 2004.

王"。为了进一步发展糖业，1968年郭鹤年向马来西亚政府租借了位于马来西亚北部玻璃市的14 500英亩土地，开垦成甘蔗种植园。同时，他在该种植园附近与联邦土地发展局合作建立了玻璃市综合糖业有限公司，发展蔗糖种植和炼糖业。1970年，郭鹤年在世界糖价上升之前，在国际市场上大举收购原糖及投资白糖期货后糖价猛涨，郭鹤年从中获得了60多万马元的利润。至此，他已控制了马来西亚原糖市场的80%，世界糖市的10%，成了名副其实的"亚洲糖王"。

在发展糖业的同时，郭鹤年还把经营触角伸向其他行业。20世纪60年代，郭兄弟集团独资或与政府合资兴建了"马来亚三夹板厂"、"联邦面粉厂"、"马国际船务公司"等企业，上述企业在马来西亚相应的产业部门均具有较重要的地位，经过了20多年的拼搏，到70年代初，郭兄弟集团已正式形成并初具规模。

进入20世纪70年代，雄心勃勃的郭鹤年并没有满足于已有的成就，他看到了糖业发展的局限性，开始把投资重点转向其他产业。自70年代起，旅馆酒店业成为郭兄弟集团投资的首要选择。1970年，郭氏兄弟集团与新加坡发展局合资在新加坡兴建了第一家香格里拉酒店。该酒店初建时，客房有520间，后经过扩建，客房增至816间，成为名闻遐迩的五星级酒店。新加坡香格里拉酒店的成功增加了郭氏兄弟集团对酒店业的信心，在此以后，郭氏兄弟集团乘胜追击，相继在吉隆坡、曼谷、香港、斐济、汉城、马尼拉、北京等地兴建了29家酒店，成为亚太地区最大的酒店集团之一，资产额估计达20亿美元以上。酒店业遂成为郭氏兄弟集团挤身国际商场的一个鲜明标志，郭鹤年本人也被誉为"酒店业巨子"。

郭兄弟集团走向成熟的另一个标志是它的国际化。郭兄弟集团是在新马崛起的，创业之初，其各种投资几乎都集中在新马一带。但是，从70年代开始，郭氏兄弟集团开始把基地移向香港。近20年来，郭氏兄弟集团在香港进行了大量的投资。1974年，郭氏兄弟集团在香港投资400万港元，成立了嘉里贸易有限公司，从事期货买卖。1977年，郭氏兄弟集团在香港成立了克利船务公司，该公司拥有5艘新船，每艘价值80万美元，总吨数达2.5万吨。同年，又兴建了拥有720个房间的香港香格里拉酒店。1988年，郭氏兄弟集团又斥资13.7亿港元向奔达国际购得半山区兰心阁、世纪大厦、梅苑等物业，同年又动用4.9亿多港元购得香港广播电视有限公司的三成股权。近年来，郭氏兄弟集团又以4.46亿港元支持中信集团，收购大昌行和国泰航空。此外，郭氏兄弟集团还在香港拥有大量房地产及其他产业,成为东南亚在港投资最多的财团之一。

从20世纪80年代中期至今,郭氏兄弟集团的投资重点再度转移,中国和菲律宾成为其投资的首选对象。郭氏兄弟集团在中国投资的第一个大项目是杭州的香格里拉酒店,而后郭氏兄弟集团又在北京、深圳等地先后兴建或收购了7家大酒店。郭氏兄弟集团在中国最大的投资是与中方联营的北京世界贸易中心,该工程动工于1985年9月,竣工于1990年8月,耗资达5亿美元,是迄今为止外资在华投资的最大项目之一。80年代末至90年代初,郭氏兄弟集团在菲律宾的投资也十分可观。几年之间,郭氏兄弟集团一举在菲律宾兴建了4间大酒店,从而把它的连锁酒店业务在东盟各国连成一个网络。为了配合在菲律宾的投资,郭氏兄弟集团还在菲律宾成立了郭氏菲律宾产业国际,缴足资本为20亿比索。

近年来,郭氏兄弟集团的国际化趋势进一步加强。除继续在亚洲地区投资外,郭氏兄弟集团还在加拿大、德国、法国、智利、墨西哥等国均投入大笔资本。到90年代,其国外资产的总值估计已达40亿美元,投资地域几乎遍及世界各地,投资产业更是包罗万象。其经营范围包括种植业及白糖、大米、小麦、咖啡贸易及木材加工出口以至船务、酒店、地产等,遍及马来西亚、新加坡、印尼、泰国、澳大利亚、斐济、中国香港和中国内地。其中的许多业务在新马、中国香港一带占有重要地位。如郭兄弟集团名下的面粉厂,年总产量达2万吨左右,控制了马来西亚面粉市场的40%;集团属下的太平洋航运公司,是东南亚最大的干散货船运公司;郭氏在香港电视广播公司的股份甚至超过了香港的电视大亨邵氏兄弟。在新、马股票交易所挂牌的所属企业有玻璃市种植、沙洋酒店、拉曼锡矿、联邦面粉厂、彩虹工业有限公司和新加坡香格里拉大酒店。

目前郭氏兄弟集团的业务涉及食油和面粉制造、房地产开发、航运、采矿、塑料制造、保险、电视机等,其附属公司超过200家,分布在加拿大、墨西哥、智利、斐济、印尼、法国、德国、日本、泰国、新加坡、马来西亚、中国香港及中国内地。20世纪90年代始,《福布斯》杂志几乎每年都把郭鹤年列为亚洲十大富豪之一。根据2004年3月《澳洲人报》公布的亚洲富豪排行榜,郭鹤年以40亿美元的身价高举马来西亚富豪榜首。①

---

① 世界华人网,http://c.360webcache.com/c?m=0f4af74ba1a4135949cbbe6dc693677e&q=澳洲人报郭鹤年&u=http%3A%2F%2Fwww.wuca.net%2Fdoc-10738.html

二、云顶集团

云顶集团是马来西亚第二大华商企业集团，创始人是1918年出生于福建安溪的林梧桐。1937年林梧桐漂洋过海到马来西亚的吉隆坡，投靠做木匠的叔父当一名学徒，后来改做小贩。第二次世界大战结束后，帮助马来亚重建的英国带来了大量起重机、推泥机、混凝土搅拌机等工程机械。重建工程结束后，英国人把这些机械专卖民间。林梧桐看准这个机会，四处筹钱买下了不少机械设备，翻修后再将这些机械卖给马来西亚刚刚复苏的矿业和橡胶园的业主们。由此，他赚到了不少财富。后来，他投资铁矿，几年时间就赚得5 000多万马来亚元。20世纪70年代以前，林梧桐主要从事建筑及经营机械、金属制品等业务。1951年，林梧桐成立了建发有限公司，承揽了一系列标志性的政府基础设施工程，也是在这个过程中，他发现了云顶。1965年4月27日，林梧桐成立了云顶高原私人有限公司，投下巨资买下距吉隆坡32英里占地5 000多公顷的云顶高原，同年8月8日，他完全拿到总共6 050公顷永久地契。在那里修建了多家旅馆、酒店，在游乐区内设有高尔夫球场、高空索道、人工湖、夜总会，及全国唯一经国家批准的赌场。奠基当天，参加仪式的马来西亚首相东姑阿都拉曼宣布：政府将考虑让云顶开办赌场。林梧桐也的确在很短时间内就拿到赌业牌照，云顶因此成为马来西亚第一家获得赌业牌照的公司。1971年，云顶开业，同年在吉隆坡上市，从那时开始，云顶就一直保持着吉隆坡最具盛名的旅游胜地位置。2007年，林梧桐去世。林梧桐的次子林国泰开始执掌云顶集团。[1]

云顶集团闻名世界的业务有赌业和邮轮，在这之外还有马来西亚数一数二的种植园业务、房地产开发以及电力和石油与天然气等。80年代初，它通过"亚沙直发展有限公司"的收购活动，使"云顶"占有的园丘扩展到23 000公顷，成为全国最大的种植集团之一。除在国内投资房地产业、金融业和橡胶、汕棕、可可、椰子等种植业外，还在澳大利亚、巴拿马投资兴建旅馆和赌场，在文莱承建住宅区。目前，云顶集团投入运营的海外业务主要包括美国纽约名胜世界赌场、英国的云顶赌场、新加坡圣淘沙名胜世界、比米尼名胜世界及云顶香港等。云顶的赌场已经开遍亚洲、美洲和欧洲，成功晋级为世界赌业豪门。[2]

---

[1] History, http://www.genting.com/history/index.htm
[2] Profile, http://www.gentingmalaysia.com/profile.htm

云顶集团经营的业务主要有以下几类：

1. 酒店业及以赌博业为核心的休闲业。云顶集团的酒店、赌场、娱乐场分布在亚洲、大洋洲、拉美、欧洲多个国家，是世界上最大的经营赌业跨国企业集团。单在马、澳、美、巴哈马四国经营的赌场、酒店所雇员工均在2 000人以上。以赌博业为核心的休闲业是云顶集团营业收入、利润的主要来源。如1985年集团营业收入、税前盈利分别为4.36亿马元和1.86亿马元，其中来自赌博为中心的休闲业分别占了69.5%和79.2%。集团的下属核心企业云顶马来西亚主营休闲业，其附属的云顶度假村是马来西亚最大旅游胜地之一，内有6家顶级酒店，客房1万间，并垄断了全马来西亚的赌博业，2009年接待游客高达1 900万人次。[①] 在海外，云顶集团还控制着云顶新加坡和云顶香港两家以经营休闲业为主的上市公司。2006年，云顶集团获得新加坡圣淘沙度假村经营权，并于翌年击败其他竞争对手获得新加坡政府第二张赌博执照；云顶香港所属丽星邮轮连同挪威邮轮为世界第三大邮轮公司，合共拥有18艘邮轮，航线遍及全球200多个目的地，提供约3.5万个标准床位。

2. 种植业。云顶集团有16个种植园，其中西马占14个，种植面积已由1987年的20 085公顷增至1992年的40 626公顷，在种植业集团中排次已由第8位升至第5位。种植园95%以上的面积种植油棕、橡胶等经济作物，棕油收入占种植业收入的4/5。

3. 建筑业及房地产业。云顶集团在新、马等国设有许多产业开发机构，如马来西亚的"建发实业"、"建发建筑"、"云顶产业管理"等，都是以经营产业开发为主的公司。它们在该国分别承包政府工程，建筑公、私住宅，酒楼，办公大楼，公寓等，云顶集团每年单房租收入便达300~400万马元。此外，云顶集团在马来西亚还拥有4万多公顷种植地和1万多公顷林地，随时可以根据需要转化为工、商业用途。

4. 加工制造业。主要有棕油、树胶加工和造纸等。云顶集团在马来西亚拥有5~6家棕油、树胶加工厂，生产各种级别的"亚地"牌标准胶、炼制棕油等产品。在雪兰莪州万宜市，云顶集团同法、澳资本分别合资设厂，生产检验用的胶套和供重型机械轮胎用的胶片，这两厂已分别于1989年和1992年投产，适应马

[①] Genting Malaysia Berhad Annual Report 2009, pp 1—16

来西亚对各类纸张的需要。1990年，云顶国际宣布斥资10亿马元，通过其子公司"云顶衫原私人有限公司"建一年产100万吨各类纸的"纸厂综合中心"，该厂是马来西亚规模最大、工艺最先进的纸厂与波纹纸箱制造商，生产的褐色纸目前占全国总产的45%，明年将占国内市场的57%。[1]

林梧桐及其家族大约有22亿美元，这是依据林梧桐在上公司所占股权、私人公司的资产净值与地产计算得出的。截至2010年9月30日，集团旗下上市公司市值达1 158亿林吉特（375亿美元），雇员超过3.5万人。

三、杨忠礼机构

杨忠礼是华侨的第二代，1929年出生于马来西亚吉隆坡，祖籍福建金门县，现任杨忠礼机构创办人，马来西亚福建社团联合会名誉会长。1950年高中毕业后，杨忠礼进入父亲的建筑公司，跟随父亲从事建筑业。杨忠礼的事业发迹于1950年代初期的万津蚬山石矿场，这里地处荒山野岭、人烟稀少，他获得政府公共工程局的开采权，开采石头供应公共工程所需。自此，其建筑业务逐步迈上正轨，为其后成立杨忠礼机构奠定了基础。1955年，25岁的杨忠礼成立了杨忠礼建筑有限公司，主营修复军营、兴建军械库、学校、诊所等政府工程。1984年收购上市公司"香港锡"，后更名为"杨忠礼机构"。20世纪60年代末，马来西亚经济的大规模建设开始起动。为了使自己的公司在置身于竞争激烈的大市场之中，杨忠礼审时度势，果断地将杨忠礼建筑公司搬迁到首都吉隆坡。他先是租用一座4层楼做办事处，此后，随着业务的发展，1980年以后，杨忠礼投资2 000万元兴建了一座14层的杨忠礼大厦。

1985年以来，他成功克服经济萧条及亚洲金融风暴，进军发电厂、水泥工业，积极扩展房地产业务，更承揽吉隆坡火车站至国际机场的轻快铁路。1996年，申请在日本东京证券市场挂牌，成为第一家在东京上市的东南亚企业，也是第一家在日本上市的马来西亚公司，成就如日中天。1978年，杨忠礼的长子杨肃斌自英国京士顿大学土木工程系毕业，带回新的建筑技术与工商管理知识；加上1980—1985年间，杨忠礼几位子女陆续自英国学成归国，他们加入杨忠礼机构，1988年杨肃斌正式接管企业。这段时间，杨忠礼机构陆续承揽20件大型工程，总金额近十亿马币，将事业推向高峰。如今，他的孙子辈也逐渐学成归国，加入

---

[1] Our Background, http://www.gentingplantations.com/aboutus/background.htm

杨忠礼集团。

马来西亚的公用事业大部分为外国资本占据，杨忠礼集团是该领域少有的华商大企业。作为全马来西亚最大的综合企业，杨忠礼集团属下有53家子公司，38家独资子公司，7家上市公司，分别是YTL机构、YTL水泥公司、YTL置地公司、YTL国际电力公司、YTL电子商务公司、YTL通讯以及升禧置产，业务遍布英国、新加坡、印度尼西亚、澳大利亚、日本、中国、南非及巴布亚新几内亚，合计市值32亿林吉特（截至2016年8月31日）。[1]作为马来西亚综合基础建设开发领域的领导者，杨忠礼集团在世界各地广泛投资于：公用事业、水泥生产、建筑行业、房地产开发与投资、酒店管理与开发，以及信息技术等。其中公用事业是其最重要的核心业务，也是集团收入和盈利的主要来源。

旗下杨忠礼国际电力是集团从事公用事业的旗舰企业，也是杨忠礼集团最为突出的下属企业，拥有两个独立建造并私有的总容量为1 212兆瓦的燃气联合特环发电厂，私有特许期限为21年。总部设在马来西亚，在英国、新加坡、澳洲和印尼都有开展业务，核心业务领域包括发电、电力零售与传输以及供水和废水处理等。2009年财政年度集团营业收入为88.92亿林吉特，其中大约59.14亿林吉特来自公用事业。[2]

此外，杨忠礼集团还拥有Express Rail Link 捷运50%的股权，该捷运系统连接首都吉隆坡至吉隆坡国际机场，全长约70公里。杨忠礼通讯私人有限公司是杨忠礼国际电力持股60%股份的附属公司，负责掌管其通讯方面的业务。

在《亚洲周刊》主办的2008年度国际华商500排行榜中，杨忠礼集团排名第73；全球500华商综合企业排名中，其公司是入榜的马来西亚3家华商企业之一。其长子杨肃斌被《财富》杂志评为亚洲25位最有权力商人之一。根据2011年《福布斯》统计，杨忠礼机构净资产为27亿美元。

（吴　元　林　勇）

---

[1] About us, http://www.ytl.com.my/aboutus.asp
[2] YTL Corporation Berhad Annual Report2009, pp.204, http://www.ytlcommunity.com/annualreport/pdf/YTL%20Corporation%20Berhad%20Annual%20Report%202009.pdf

第六章 印度尼西亚的闽商

印尼人口约25 360万,华侨华人约占8%,约为2 100万。其中闽籍华侨华人占一半左右,约为1 000万。① 印尼闽籍华侨华人多分布在爪哇地区,早期的经济活动以商业零售、手工业及原材料生产为主。目前,印尼闽商主要投资实业,涉足金融、纺织、五金冶炼、机动车装配、商业等领域,具有较强的经济实力和丰富的人文社会资源,为当地经济社会发展做出重要贡献,在助推21世纪海上丝绸之路建设中能够发挥重要的作用。

第一节 印尼闽商企业资本的形成与发展

印尼闽商企业资本的形成主要始于早期的国内商业资本的积累,随着印尼国家独立后经济政策的实施,由商业资本形态向产业资本形态迅速转变,创办工业企业,从事进口替代消费品工业生产,许多华商企业集团由此起步;20世纪80年代后,闽商企业资本快速发展;20世纪90年代后,向大型综合性企业集团发展。

一、殖民统治时期商业资本的积累

第二次世界大战以前,海外闽商资本以商业资本为主。通过零售、中介和批发等商业渠道积累一定量的资本,然后再投到这些领域进行扩张性运营,从而形成一定规模的商业资本。印尼闽商资本也是这种情况,并出现少数旧财阀型企业集团。

据《福建省志·华侨志》记载,早期的中国与印尼贸易不断发展,一些福建的舶商因商务需要开始定居爪哇和苏门答腊。荷兰殖民统治时期,福建沿海不少人移居印尼。荷兰殖民主义者为了获取印尼马鲁古群岛的香料和胡椒,曾对经

---

① 2015年《福建华侨史》东南亚调研团报告。

济作物实行强迫种植制度,接着又大规模开辟农园和采矿。他们还利用华侨作为收购土产和倾销工业品的中介商。因此,一般华商的经济活动,只限于传统小种植业、零售商及中介商的范围内。这段时期内,除少数人居住在巴达维亚、三宝垄、泗水等城市经商外,绝大部分华侨散居在各地乡村,在杂草丛生的荒地上垦殖、捕鱼、烧窑、采石,或者开亚弄店(夫妻零售点)、洋货店、打铁铺、裁缝店等。当时福建华侨在商业活动方面,主要是从爪哇输出糖、烟,再从中国输入茶叶、丝绸、鱼干、食品。一些零售商则往往走乡串村,赊售国外进口的布匹、小五金和日用百货,待农民在作物收成时,以烟叶、椰干、胡椒等土产偿还。①

由于爪哇岛盛产甘蔗,而福建籍华侨又长于种植甘蔗和榨糖,于是有些垦荒的自耕农家庭,开拓经营小规模的甘蔗种植园和榨糖作坊。因此种蔗制糖成了福建籍华侨在印尼发展最快的行业。到1710年,爪哇已有130间糖厂,其中华侨经营的有79间。到18世纪中叶,爪哇岛上的制糖业几乎全部由福建籍华侨经营。他们通过密布乡村的零售商业网点控制了全部蔗糖销售业。②

荷印时期,闽商多数是靠经营土特产起家的,在当地流通领域一直占有重要地位。祖籍南靖县的庄西言(1885—1965年)少年时代到巴达维亚当店员,1910年与人合营三美公司,以销售土特产为主。几年后独资创建全美有限公司。至30年代初,便已发展成为巴城的巨富。祖籍福清的俞昌檀(1882—1957年)于1918年南渡印尼,在泗水经营远和公司,也是经营土特产出入口贸易。仅10年间,已发展到开设多家分行。到40年代初,开始兼营房地产及糖厂、烟厂、织布厂,成为当地著名的华侨企业家。大多数闽商仍是小本微利的中小商和零售商,一些较大的商号也多是以家庭为中心经营,因此发展比较缓慢。

在第二次世界大战以前,印尼闽商中,经营稻谷加工、土产、食品、五金行业的多数是闽南人,经营金银珠宝行业的多数是福州人,经营布匹、纺织行业的多数是福清人,经营自行车和汽车零件的多数是兴化人。20世纪20—30年代,印尼的碾米业55%~60%为华侨所经营。1925年爪哇就有180间华侨开的米厂,1937年仍有160所。当时经营米厂的多为祖籍漳州、泉州的土生华侨。印尼花裙业多集中巴城附近的巴烈、巴由兰等地区,当地由华侨经营的花裙厂达150间以

---

① 《福建省志·华侨志》第二章"在居住国"。
② 《福建省志·华侨志》第二章"在居住国"。

上，而厂主多为福建籍华侨，几乎垄断了当地的花裙业。①

19世纪末，20世纪初新兴起的华资金融业也是由福建籍华侨为主经营的。当时，除经营侨汇、钱庄外，有1885年三宝垄甲必丹马森泉创办的"马森泉银行"、黄仲涵经营的"建源银行"、1918年许金安等集资兴办的"巴达维亚银行"、1920年丘清德（海澄县人）等27人集资创办的"中华商业银行"以及在坤甸开设的"华通银行"、周继琳在泗水开设的"中华银行"，都是由闽商经营的。此外，还有1913年创建于棉兰兼营金融业务的"中华商业有限公司"和由闽商经营的新加坡"华侨银行"在巴城、泗水、巨港等地设立的4间分行及13间代理处。当时，周继琳还出任过荷印民族银行联谊会主席。②

荷印时期最有代表性的华侨企业家是创建建源公司的福建籍华侨黄志信、黄仲涵父子。黄志信1836年出生于同安县，1853年太平天国起义军攻占南京后，他参加了闽南"小刀会"。起义军失败后，黄志信被迫随父兄于1858年从厦门逃往爪哇三宝垄。黄志信开始做小商贩，经营土特产，后于1863年3月正式创办了以经营蔗糖输出为主的建源公司。1890年由黄志信之子黄仲涵接手经营建源公司。黄仲涵率先于1893年把家族公司扩充为股份有限公司，先后开办了5家糖厂，总面积达1 082公顷，其中里约阿贡糖厂，年产量达35万吨，不仅是当时印尼最先进的电气化制糖厂，也是当时世界上最大的"碳化"糖厂之一。1910—1914年间，建源公司所属糖厂平均年出口糖已逾15万吨。1918年黄仲涵又在克列贝特（Krebet）创办了东南亚最大的兼产酒精的木薯加工厂。该厂包括附属种植园在内占地33万亩，拥有工人3 700多名，年产木薯粉27万吨，产品运销欧美各地。此外，该公司还兼营橡胶、咖啡、木棉、胡椒、蓖麻、玉米、花生、香茅油等。1906年他又创建了黄仲涵银行，作为建源贸易有限公司的金融机构。1914年又投资航运业，购置了9条3 000吨的轮船，创建了"协茂荣"、"顺美"轮船公司。建源公司的发展，引起了荷印当局的嫉妒。1912年竟要向该公司强征3 500万盾"战争税"，以后又提出要以7 000万盾收购黄仲涵的所有企业。黄严正拒绝了荷印当局的无理要求，愤然移居新加坡，1924年7月病逝。③

---

① 李学民、黄昆章：《印尼华侨史》，广州：广东高等教育出版社，1987年，第258—259页。《福建省志·华侨志》第二章"在居住国"。

② 陈碧笙主编：《南洋华侨史》，南昌：江西人民出版社，1989年，第357—358页。《福建省志·华侨志》第二章"在居住国"。

③ 蔡仁龙：《东南亚著名华侨华人传》，北京：海洋出版社，1989年，第99—113页。《福建省志·华侨志》第二章"在居住国"。

另一位闽籍糖商黄奕住(1863—1945年)生于南安,19世纪末去印尼三宝垄,由经营土产发展成为批发商。1910年创办日兴行,后来专营糖业,并在泗水、巴城、新加坡设分行,日后发展成为印尼四大糖商之一。

根据荷印政府1930年的人口调查材料,按华侨籍贯(帮)分类的就业人口统计数字显示,福建帮的人口最多,为175 241人,占华侨就业人口总数的37.29%;其次依序是客家帮、广府帮、潮州帮(详见表6-1)。在印尼华侨就业人口中,从事商业的最多,为171 979人,占就业人口总数的36.6%;其次是从事初级产业的为144 888人,占就业人口总数的30.8%;从事工业的93,988人,占就业人口总数的20.0%。福建籍华侨从事商业的比重最大,占福建籍就业人口总数的57.7%,占所有从事商业的印尼华侨总数的58.79%。在荷兰殖民时期,华侨商人实际上控制了荷属东印度国内商业流通机构,由此可见福建帮华侨在当时印尼国内商业流通领域的地位。如李国卿所述:"像这种按籍贯进行分类的人口调查以后就再也没有进行过。虽然不能十分准确地断言,但依然可以这样认为:在印度尼西亚独立以后,基本上也还是由福建帮占据着主要的经济势力。"[①]

表6-1 印度尼西亚的帮和职业[②]

职业别\帮别	福建帮	客家帮	潮州帮	广府帮	其他	职业构成比重	就业人口
初级产业	13.9%	35.8%	48.2%	26.6%	54.3%	30.8%	144 888
工业	15.4%	20.4%	12.8%	42.7%	13.6%	20.0%	93 988
运输业	3.7%	2.2%	1.5%	1.8%	2.5%	2.7%	12 754
商业	57.7%	30.7%	29.6%	20.5%	17.5%	36.6%	171 979
自由职业	1.6%	1.5%	0.7%	1.8%	1.7%	1.5%	7 161
公务	0.7%	0.7%	0.6%	0.8%	0.5%	0.7%	3 039
其他	7.0%	8.7%	6.6%	5.8%	9.9%	7.7%	36 126
计	100%	100%	100%	100%	100%	100%	
人口合计	175 241	80 466	47 612	74 151	92 465		469 935

资料来源:(1)日本企画院编纂,《华侨的研究》(1939年发行)。此书的材料系根据荷印政府1930年的人口调查数字,并作了部分修改编制的。(2)印度尼西亚独立后,便没有进行过这种按籍贯(帮)分类的华侨人口调查。

---

① [日]李国卿著,郭梁、金永勋译:《华侨资本的形成和发展》,福州:福建人民出版社,1985年,第173页。
② [日]李国卿著,郭梁、金永勋译:《华侨资本的形成和发展》,福州:福建人民出版社,1985年,第173页。

二、第二次世界大战后产业资本的形成与发展

1945年8月17日印尼宣告独立,苏加诺时期采取封闭式的经济发展战略,其基本点是只片面强调自力更生,拒绝西方国家的外国投资和外国贷款,企图通过接管外资企业,全部依靠本国的资金和技术,并排斥华侨的资本,以实现本国的资本主义工业化。其排华政策使华侨经济受到了历史上最惨重的打击,黄仲涵家族以"建源"命名的一系列企业公司,遭到袭击,不得不停业,以致倒闭。一些由福建华侨经营的运输、百货、餐馆、理发、食品加工甚至牙科诊所、服务性行业也遭难。1965年"九·三〇事件"后,雅加达华人商店被迫停业,一时生产停滞,市面萧条;万隆近郊马查拉亚镇由闽籍华侨华人陆续兴办起来的200来家中、小纺织印染厂先后停业、倒闭,甚至连雅加达市内华侨经营的450多家饮料商店,也只剩下了59家。[1]

苏哈托上台稳定政局后,迅速将其工作重点转移到经济建设上来,对华侨华人资本及经济的政策也随之改变,鼓励华侨华人工商业经营活动。1968年7月,印尼政府颁布了《国内资本投资法令》,规定外侨(主要是华商)商业可经营至1977年12月31日,这以后需转营工业,鼓励由商转工,工业可经营至1997年12月31日。其他方面的经济活动则由10年至20年不等。[2] 闽商及时把握发展契机,将商业资本逐步转向工业领域,其经济获得较大的发展。

20世纪70年代中期,众多华人企业集团开始涌现。如祖籍福清的华人企业家林绍良、林文镜和当地资本合营的、集工贸于一体的三林集团,主要以经营面粉、水泥、金融业为主,其子公司属下有300多家大型企业,发展成为多元化跨国集团。祖籍南安的黄奕聪家族经营的金光财团,以经营椰子种植加工业为主。其属下的比莫利公司在雅加达、泗水、望加锡等椰子产地建有十多座椰油厂,所产椰油约占全国总产量的60%。金光集团70年代初创办的集伟化工纸厂、1986年收购的永吉纸业公司等下属纸厂的产品已占领印尼纸品市场的70%强。该集团还投资发展种植业,并收购了印尼国际银行大部分股份股权,成为全国屈指可数的多元化集团。祖籍晋江的吴家熊和祖籍漳州的庄南华等经营的印尼大马集团以生产合成饲料为主,还在楠榜、巴厘、万顺置有大面积木薯基地,产品远销东

---

[1] [日]李国卿著,郭梁、金永勋译:《华侨资本的形成和发展》,福州:福建人民出版社,1985年,第176—177页。《福建省志·华侨志》第二章"在居住国"。

[2] 蔡仁龙:《印尼华侨华人概论》,新加坡:南岛出版社,2000年,第268页。

南亚及欧洲。该集团近年来还在雅加达、泗水、达茂投资地产业，兴建了一批住宅、写字楼出售。祖籍福清的蔡云辉、蔡道行家族经营的盐仓集团属下有10多家公司，共有200多个配件生产厂家和销售机构为其服务，所生产的盐仓牌丁香烟是当地人民最喜爱的中档名牌香烟。自80年代生产过程全部自动化后，年产量相当印尼卷烟产量的2/3。①

这个阶段闽商产业资本的主要特点如下：

（一）以传统的商业起步并逐步转向工业领域

许多华商企业由早期经营商业贸易转向创办工业企业，从事进口替代消费品工业生产并逐步占领国内市场；通过与外资合资兴办面向出口的企业，从事加工、组装工业产品或从事中间产品生产并将产品主要销往国际市场。从1967年至1980年前后，这是华商企业集团开始逐步形成与初步发展时期。当时华商一般尚缺乏足够的资金来兴办大工厂企业，也缺乏这方面的经营管理人才。于是，多数先在印尼政府限定的1968—1977年时间内恢复商业并积累资本，接着逐步进入农、林、机械、汽车运输、纺织服装、房地产及建材等产业，形成了一些企业集团。到70年代，一部分华商企业已形成了具有一定实力的企业集团，如林绍良的三林集团、谢建隆的阿斯特拉集团、徐清华的耶雅集团等。②其中的典型是林绍良三林集团创办的"保加沙利面粉厂"（P.T.Bogasari Flour Mills）"印尼东加·帕尔加沙水泥厂有限公司"（P.T.Indo Cemenl Tunggal Perkasa），几乎垄断了印尼的市场供应。不少华商也效法三林集团，纷纷投入兴建与经营工厂企业。

（二）企业尚处在单一或少数产业产品生产经营阶段

大多数华商企业集团的发展是以单一或少数产业产品生产经营为基础的，在此后成长为行业的龙头。在这个时期起步并发展为印尼各行业龙头的闽商企业主要有③：

1. 丁香烟业：蔡云辉、蔡道行家族的"盐仓集团"（Gudang Caram），黄惠祥兄弟的"针集团"（Djarum），林生地、林天宝家族的"叁布纳集团"（Sampoerna）等，都是印尼最大的丁香烟企业集团之一。

2. 汽车工业：谢建隆的"阿斯特拉集团"（Astra）、林绍良集团的"印多汽车

---

① ［日］游仲勋：《东南亚华侨经济简论》，厦门大学出版社，1987年，第160页。《福建省志·华侨志》第二章"在居住国"。
② 汪慕恒：《东南亚华人企业集团研究》，厦门大学出版社，1995年，第29页。
③ 蔡仁龙：《印尼华侨华人概论》，新加坡：南岛出版社，2000年，第350—351页。

集团"（Indo Mobil Group）、陈子兴的"希望集团"（Harapan）等都是印尼最著名的汽车、摩托车等生产装配的企业集团。

3. 纺织及成衣业：郑年锦的"大马德斯集团"（Dharmatex）、陈大江家族的"大江纺织集团"（Great River Group）等。

4. 木材及三合板工业：郑建盛的"波普哈山集团"（Bob Hasan）、黄双安的"材源帝集团"（Djajanti）及李尚大家族的"沙迪亚耶雅拉雅集团"（Satya Djaja Raja Group）等。

5. 房地产业：徐清华的"雅雅建筑集团"（Yaya Pembangunan Group）、"大都会集团"（Metropolitan Group）和李文正的"力宝集团"（Lippo Group）等。

6. 农产品加工业：吴家熊的"大马集团"（Dharmala Group）、黄奕聪的金光集团（Sinar Mas Group）是印尼最大的农产品加工业集团。

（三）通过实业资本与金融资本的融合促进企业集团初步发展

在传统的实业资本取得一定发展的同时，积极发展金融事业，适时地将"标会"、"钱庄"、"银号"等"未组织化金融"向银行、保险公司、证券公司等"组织化金融"过渡。充分发挥金融业在社会财富集聚中的加速器作用，实现财富的快速扩张和集中。

据《福建省志·华侨志》记载，这一时期的印尼华资金融业在私人银行中已占有较大比重，华人在当地开设了大小72家银行；10家经营外汇的民营银行中，华资银行占了5家。其中，以三林集团经营的中亚细亚银行居于首位。据印尼《罗盘报》披露，至1987年底，该行在国内外已开设了44家分支行，总资产已逾15 000亿盾。其次为祖籍莆田的李文光、李文明兄弟为主经营的泛印银行。该行是1971年以闽籍华人资本为主的，联合工商、繁荣及泗水工商繁荣等三家银行合并而成立的，当时注册资本为7.5亿盾。1972年，该行获准经营外汇业务，成为印尼最早参加国际金融市场的华资银行。至1977年已在国内增设了11家分行，3家支行。至1984年，总资产已增至3 397亿盾。[①]

三、华商企业集团的发展壮大

20世纪80年代是印尼华商企业集团稳步地向多元化、国际化企业集团纵深拓展、发展的重要时期。不少华商企业通过收购、兼并、参股、协作等手段，不

---

① ［日］游仲勋：《东南亚华侨经济简论》，厦门大学出版社，1987年，第160页。《福建省志·华侨志》第二章"在居住国"。

断扩大其经营领域和范围,逐步发展成为多元化经营的跨国企业集团。到20世纪90年代中期,海外闽商已经走上以金融业、房地产业、商业贸易、制造业等为主体业务的多元化企业经营道路,以及国际化资本扩张道路,实现了较高水平的资本集聚。从《Forbes资本家》发布的1996年世界华人富豪榜的数据分析可知,海外闽商的资本实力十分可观。所列的376名华人富豪中,闽商及其家族占89名,占总数23.67%;闽商财富总额1 452亿美元,占总数35.94%;前20名中,闽商占10名,财富总额670亿美元,分别占50%、48.91%。闽商企业集团是印尼华商企业的主要力量,其发展的主要特点有:

(一)总体经济实力迅速壮大

20世纪80年代后,印尼华商企业集团迅速发展。三林集团是印尼最大的华商企业集团,也是东南亚最大的华商企业集团之一。20世纪90年代初,该集团在国内外拥有400余家附属企业,其中在印尼的上市公司有3家,海外的上市公司有多家。1991年,该集团的总营业额高达90亿美元。它们生产的面粉和水泥分别占印尼国内总产量的95%和44%,同时拥有印尼国内最大的私营银行中亚银行。金光集团是印尼第二大华商企业集团,拥有附属公司400多家,其中在印尼和香港的上市公司有5家。1991年,该集团的总营业额约30亿美元。它们生产的食油占印尼国内产量的50%,也是印尼最大的造纸商,并拥有印尼国内第四大私营银行印尼国际银行。[1]

1996年11月25日,印尼《经济新闻》(Warta-Ekonomi)周刊的每年追踪调查统计,年营业额最大的200家企业集团中,在1万亿盾以上的企业集团有39家,营销总额为1 631 160亿盾(约合740亿美元),其中华商企业集团有31家,占79.48%;营销总额为1 484 270亿盾(约合673亿美元),占90.95%。[2]《经济新闻》周刊刊登的1995年200家最大企业集团中,前25家企业集团有22家是华商企业,其中属闽商企业有14家(详见表6-2,标注了闽商姓名)。[3]

---

[1] 汪慕恒:《东南亚华人企业集团研究》,厦门大学出版社,1995年,第13页。
[2] 蔡仁龙:《印尼华侨华人概论》,新加坡:南岛出版社,2000年,第362页。
[3] 蔡仁龙:《印尼华侨华人概论》,新加坡:南岛出版社,2000年,第367页。

表6-2 1995年25家营销额最大的企业集团简表

排名	企业集团名称		营业总额（亿盾）	资产总额（亿盾）	子公司数	职工总数	备注
1	三林	Salim	440 000	404 820	640	200 000	林绍良
2	阿斯特拉	Astra	163 000	156 170	342	51 000	谢建隆
3	金光	Sinar Mas	152 000	392 920	205	75 000	黄奕聪
4	力宝	Lippo	79 000	126 970	78	21 000	李文正
5	盐仓	Gudang Garam	77 000	44 930	16	60 000	蔡云辉
6	比曼达拉	Bimantara	38 750	27 380	54	11 000	
7	波普哈桑	Bob Hasan	27 500	40 000	92	27 500	郑建盛
8	卡嘉东加	Gadjah Tunggal	35 000	186 750	81	31 000	林德祥
9	昂戈	Onggo	34 620	69 460	59	8 500	
10	针牌	Djarum	34 250	19 500	25	51 000	黄惠祥
11	金轮	Roda Mas	34 000	35 000	41	26 000	陈松基
12	阿尔科曼农加	Argo Manunggal	32 000	17 540	54	22 000	陈子兴
13	达尔玛拉	Dharmala	31 820	62 330	151	1 200	吴家熊
14	加贝制药	Kalle Farma	29 760	186 750	63	7 400	
15	巴里多太平洋	Barito Pasific	28 000	38 980	92	34 750	
16	巴宁	Panin	21 500	57 510	43	4 800	
17	胡布斯	Humpuss	21 150	16 000	48	1 625	
18	詹达尔玛迪	Jan Darmada	21 150	34 520	60	11 540	
19	贝尔查	CCM/Berca	21 000	11 500	32	25 000	
20	巴克利	Bakrie	19 700	46 100	37	7 800	
21	马斯比安	Maspion	19 600	11 000	27	14 500	
22	耶雅建筑	Pembangunan Jaya	19 280	18 980	57	4 600	徐清华
23	金融	Danamon	19 140	146 290	10	1 200	
24	金鹰王子	Raja Garuda Mas	18 670	31 030	66	14 900	陈江和
25	叁布纳	Sampoema	16 880	17 170	5	19 470	林天宝

印尼《经济新闻》调查排列的1996年度东盟各国前105位富豪中，印尼上榜的富豪华人18位、原住民9位，其中闽商13位（详见表6-3，标注了闽商祖籍地）。①

表6-3 1996年前105位富豪的印尼闽商

原排列名次	姓名	财产估计	主要企业集团	祖籍
2	林绍良	36亿~70亿美元	三林集团	福州福清
5	黄奕聪	36亿~70亿美元	金光集团	泉州洛江
10	蔡道行	37亿~70亿美元	盐仓集团	福州福清
12	林天宝	36亿~70亿美元	叁布纳集团	泉州安溪
16	黄惠祥	21亿~35亿美元	针牌集团	泉州晋江
18	彭云鹏	21亿~35亿美元	巴里多太平洋集团	
41	李文正	21亿~35亿美元	力宝集团	莆田
45	吴家熊	11亿~20亿美元	大马集团	泉州鲤城
46	郑建盛	11亿~20亿美元	波普哈桑集团	福州
47	陈松基	11亿~20亿美元	金轮集团	泉州安溪
55	王家发	11亿~20亿美元	昂戈集团	
56	林德祥	11亿~20亿美元	卡加东卡集团	莆田
65	霍佐佑	6亿~10亿美元	詹达尔玛迪集团	
66	徐清华	6亿~10亿美元	芝布特拉集团	漳州
71	郑年锦	6亿~10亿美元	阿尔科曼农卡集团	福州福清
75	林文镜	6亿~10亿美元	印尼水泥集团	福州福清
100	饶耀武	5亿美元	金融银行集团	
104	李唐章	5亿美元	峇厘银行集团	

从上市公司及其股份市值来看，1995年，在印尼雅加达及泗水两市股票交易所挂牌上市的公司企业共238家，其中华人企业或由华人资本占主要股份的企业有182家，占76.4%。年营业总额达1万亿盾（4.5亿美元）以上的企业有21家，其中18家为华人所有，占85.7%。相当一部分大企业集团为吸收更多的融资，改善企业财务及经营结构，或扩大企业集团的运营与发展，也为了响应印尼政府有

---

① 蔡仁龙：《印尼华侨华人概论》，新加坡：南岛出版社，2000年，第375—376页。

关企业印尼化、社会大众化的号召,把他们属下的一些主要子公司股票挂牌上市。包括三林集团的"印尼水泥集团"、"印多福食品集团"、"保加沙里面粉厂",力宝集团的"力宝银行"等6家子公司,"达尔玛拉集团"(或译为"大马集团")的6家子公司,金光集团的两家核心企业"吉伟化学有限公司"及"永吉纸业有限公司",蔡道行家族的"盐仓丁香烟有限公司"等。据1996年11月10日,香港《亚洲周刊》统计公布的全球最大500家上市大企业《国际华商500家》中,印尼华商企业有28家,占5.6%。它们的资产总额为469.93亿美元,营销总额为149.68亿美元。其中闽商企业15家,资产总额376.99亿美元,营业总额111.38亿美元,分别占印尼华商企业总数的53.57%、80.22%、74.41%。(详见表6-4)① 上榜华人企业前10名中有8家是闽商的企业。

表6-4 1996年"国际华商500家"中的印尼华商企业状况一览表

名次	公司名称	市值 (亿美元)	营业额	税前盈利	资产总额
18	*叁布纳集团(林天宝)PT HANJAYA MANDALA SAMPOERNA	51.2 573	16 878亿 印尼盾 7.38亿美元	5 056.19亿 印尼盾 2 21亿美元	17 171亿 印尼盾 7.51亿美元
23	*印尼水泥集团(林绍良)PT INDOCEMENT TUNGGAL PRAKASA	41.5 122	39 420亿 印尼盾 17.24亿美元	6.634亿 印尼盾 2.90亿美元	82 050亿 印尼盾 35.88亿美元
25	*盐仓集团(蔡道行)PT CUDANG GARAM	14.2 482	55 950亿 印尼盾 24.46亿美元	5 074亿 印尼盾 2.22亿美元	39 150亿 印尼盾 17.12亿美元
31	*印尼福食品有限公司(林绍良)PT INDOFOOD SUKSES MAKMUR	34.4 358	20 910.4亿 印尼盾 8.00亿美元	3 110.7亿 印尼盾 1.36亿美元	37 027.1亿 印尼盾 16.19亿美元
79	*印尼国际银行(黄奕聪)PT BANK INTERNASIONAL INDONESIA	15.6 350	17 670亿 印尼盾 8.00亿美元	2 699亿 印尼盾 1.20亿美元	128 990亿 印尼盾 58.69亿美元

---

① 蔡仁龙:《印尼华侨华人概论》,新加坡:南岛出版社,2000年,第397—400页。

续表

名次	公司名称	市值（亿美元）	营业额	税前盈利	资产总额
134	*永吉纸业公司（黄奕聪）PT INDAHKIAT PULP&PAPER	9.3 530	20 759亿印尼盾 9.08亿美元	4 691.34亿印尼盾 2.05亿美元	69 247亿印尼盾 30.28亿美元
137	巴里多太平洋木业有限公司 PT BARITO PACIFIC TIMBER	9.1 767	8 178.18亿印尼盾 3.58亿美元	1 118.01亿印尼盾 0.49亿美元	29 974亿印尼盾 13.11亿美元
171	*印尼国民商业银行（林德祥）PT BANK DAGANGNASIONAL INDONESIA	6.8 823	18 236亿印尼盾 8.22亿美元	1 975.71亿印尼盾 0.86亿美元	124 359亿印尼盾 54.38亿美元
183	慕利亚工业 PT MULIA INDUSTRINDO	6.4 313	3 275.19亿印尼盾 1.43亿美元	685.01亿印尼盾 0.30亿美元	13 023亿印尼盾 5.69亿美元
187	*金光慕迪阿塔有限公司（黄奕聪）PT SINAR MAS MULTIARTHA	6.2 476	19 321亿印尼盾 8.37亿美元	3 277.37亿印尼盾 1.42亿美元	137 123亿印尼盾 59.4亿美元
194	*集伟纸业公司（黄奕聪）PT TJIWI KIMIA	6.1 025	12 440亿印尼盾 5.44亿美元	1 694亿印尼盾 0.74亿美元	27 850亿印尼盾 12.18亿美元
208	现代摄影集团 PT MODERN PHOTOFILM COMPANY	5.7 333	6 422.8亿印尼盾 2.78亿美元	887.20亿印尼盾 0.38亿美元	4 250亿印尼盾 1.84亿美元
218	慕利亚地产集团 PT MULIALAND	5.3 861	4 639.9亿印尼盾 2.07亿美元	1 683亿印尼盾 0.74亿美元	17 350亿印尼盾 7.59亿美元
233	*力宝置地发展集团（李文正）PT LIPPO LAND DEVELOPMENT	5.0 803	4 599.9亿印尼盾 2.07亿美元	1 173.6亿印尼盾 0.53亿美元	22 869亿印尼盾 10.27亿美元
234	*芝布特拉发展集团（徐清华）PT CIPUTRA DEVELOPMENT	5.0 774	5 139亿印尼盾 2.25亿美元	1 614亿印尼盾 0.71亿美元	20 910亿印尼盾 9.14亿美元

续表

名次	公司名称	市值（亿美元）	营业额	税前盈利	资产总额
244	嘉禾花麻集团 PT KALBE FARMA	4.8 279	5 285亿印尼盾 2.3亿美元	1 034亿印尼盾 0.45亿美元	12 820亿印尼盾 5.61亿美元
273	迈大食品工业（印尼）有限公司 PT MAYORA INDAH	4.2 835	3 048.38亿印尼盾 1.33亿美元	559.9亿印尼盾 0.25亿美元	6 623.3亿印尼盾 2.90亿美元
285	太阳集团 PT MATAHARI PUTRAPRIMA	4.1 194	14 310亿印尼盾 6.20亿美元	494亿印尼盾 0.21亿美元	10 250亿印尼盾 4.44亿美元
290	*力宝银行（李文正） PT LIPPO BANK	4.0 826	122 293亿印尼盾 5.56亿美元	1 372.96亿印尼盾 0.60亿美元	76 230亿印尼盾 33.36亿美元
297	象记集团有限公司 PT GADJAH TUNGGAL	3.9 149	7 468.23亿印尼盾 3.27亿美元	1 514.55亿印尼盾 0.66亿美元	27 370亿印尼盾 33.36亿美元
321	峇厘银行 PT BAND BALL	3.5 796	90 227亿印尼盾 4.10亿美元	1 300.88亿印尼盾 0.57亿美元	63 345亿印尼盾 27.70亿美元
399	*力宝有限公司（李文正） LIPPO LIMITED	2.6 066	18.79亿港元 2.43亿美元	7.34亿印尼盾 0.95亿美元	122.86亿港元 15.80 401亿美元
401	大地使节有限公司 PT DUTA PERTIWI	2.59 434	4 749亿印尼盾 2.06亿美元	1 442亿印尼盾 0.63亿美元	15 710亿印尼盾 6.81亿美元
455	*大马财务控投有限公司（吴家熊）PT DHAMALA SAKTI SEDJAHTERA	2.1 934	4 100.56亿印尼盾 1.78亿美元	1 149.3亿印尼盾 0.50亿美元	23 439亿印尼盾 10.16亿美元
461	卜蜂印尼 PT CHARDEN POKPHAND INDONESIA	2.1 782	9 776亿印尼盾 4.28亿美元	708.75亿印尼盾 0.31亿美元	6 785亿印尼盾 2.97亿美元
462	英雄超级市场 PT HERO SUPER MARKET	2.1 751	7 870.8亿印尼盾 3.4亿美元	326.75亿印尼盾 0.14亿美元	4 240.55亿印尼盾 1.84亿美元

续表

名次	公司名称	市值（亿美元）	营业额	税前盈利	资产总额
492	杜塔昂卡达房地产有限公司 PT DUTA ANGGADA REAKTY	1.8 913	890.34亿印尼盾 0.39亿美元	339.66亿印尼盾 0.15亿美元	10 700亿印尼盾 0.47亿美元
493	*大马房地产控投有限公司（吴家熊）PT DHARMALA INTIUTAMA	1.8 853	2 565.97亿印尼盾 1.1亿美元	809.64亿印尼盾 0.35亿美元	15 094亿印尼盾 6.64亿美元

注：*号为闽商企业。

（二）多种经营及多元化是闽商企业集团发展的重要方式

1980年后，印尼政府大力调整产业结构，鼓励及发展非石油天然气产品及产业的生产与出口，为华商提供了进一步发展的机遇。华商企业集团一方面继续进一步扩大原有的核心支柱企业及拳头产品的生产与发展，另一方面跳出原有的经营领域及范畴，向广度、深度及多元化拓展。它表现为两种形态：

1. 扩展与原有产品及产业的相关企业。如过去只生产制造及经销丁香烟的盐仓集团，后来逐步投资兴建香烟包装纸箱厂、玻璃纸厂、印刷厂（承印本产品包装纸、盒及商标、广告等），而后建立纸浆厂，生产制造香烟纸及包装纸。一些木材企业集团如黄双安的"材源帝集团"先经营租赁森林地、采伐原木出售，而后建胶合板厂、锯木厂、家具厂、普通木材厂等等。

2. 直接向其他产品产业扩展。20世纪90年代，不少企业集团已扩展成为经营工、农、商贸、银行金融、房地产、旅店、旅游、化学、纺织、食品等等的综合多元化集团。较为普遍参与经营的产业主要有银行金融业、房地产业、旅游酒店业、食品、农产品加工等轻工业及商贸销售业。包括上述第一种企业集团，随着整体经济的发展也向多元化企业发展，如原只专门经营银行金融业的"力宝集团"，20世纪90年代组建"力宝置业有限公司"大举向房地产业进军。它所兴建的"力宝城"（Lippo City）、"力宝嘉拉瓦芝"（Lippo Karawaci）及"力宝芝嘉朗"（Lippo Cikarang）已成为全印尼最大的综合超级大市场及住宅区。三林经济开发企业有限公司（简称三林集团）的业务涉及进出口贸易、金融、保险、证券、租赁、石化、水泥、食品、汽车、航运、纺织、钢铁、农业、酒店、房地产、种植园、能源、建材、工业园区、通讯与传媒等。1996年，其分公司、子公司640家，遍布世界24个国家和地区。五金行业成就最大的是林学善创建的玛斯比安集团（又称金锋集团）。1980年后，林学善退居二线，其长子林文光主持集团工作。20世纪90年代，金锋集团已建成一个建筑建材、家庭铝制品和不锈钢用具、家电石化、金融地产等的工商企业集团。

（三）实业与金融业并举是闽商企业集团快速发展的重要基础

实业资本是财富创造的基础，金融资本则对财富的扩张起到加速器的作用。海外闽商绝大多数是靠实业起家的。而金融业完全以吸食实业创造出来的财富为主，这种财富转移机制使金融资本具有集中分散资本的作用，同时，金融资本又是资本扩张的支柱，如果没有金融机构决定性的参与，逐渐强大的并购浪潮就不可能出现。许多闽商在创业过程中，敏感地把握了这一点，稍有实力就涉足金融业，实业与金融并举，相互促进，使财富实现滚动集聚。

20世纪80年代初，由于国际、国内经济及财务形势的压力，印尼政府被迫采取了渐进放宽经济管制的政策。1988年10月28日颁布了当时被认为是最彻底的银行金融自由化一揽子政策措施。此后，华商新建银行迅猛增加。其发展特点是：[1]

1. 原有的老银行，在各大中小城市设立分支行或办事处，扩展银行势力范围及营运业务。如林绍良"三林集团"的"中央亚细亚银行"（Bank Central Asia）在1988年只有55家分、支行，1989年即达178家，1990年275家，1996年12月已达430家。李文正的"力宝银行"1988年有分支行14家，1989年即发展到105家，1990年144家，1996年12月已达320家。

2. 过去没有参与组建及经营银行金融业的华人企业集团都纷纷独资或合资创办隶属该集团的银行。如吴家熊"大马集团"的"大马银行"（Bank Dharmala），黄惠祥家族"针牌丁香烟集团"的"哈卡银行"（Bank Haga）及"哈卡吉达银行"（Bank Hagakita），郑年锦"阿尔科曼农卡纺织集团"的"曼农卡之星银行"（Bank Bintang Manunggal）等等。

据福清华侨博物馆提供的文本资料显示，1996年，仅福清籍的印尼华商就拥有13家银行，资产总额4 250 769 730万盾（详见表6-5）。其中林绍良的三林集

---

[1] 蔡仁龙：《印尼华侨华人概论》，新加坡：南岛出版社，2000年，第363—364页。

团属下中央亚细亚银行，20世纪70年代即获印尼财政部批准，办理买卖外汇和国际汇兑业务，并组建保险公司，还受印尼中央（国家）银行委托，负责发放投资和固定营业资金贷款业务。其分行、支行遍布印尼全国各大城市；世界各大城市：纽约、伦敦、巴黎、苏黎世、法兰克福、鹿特丹、东京、悉尼、吉隆坡、新加坡、香港等都设有分支机构。陈子兴的哈拉班集团属下的恒荣、库纳和山革银行，在印尼各大中城市有250个分支机构。20世纪90年代，恒荣银行和美国AMER.CANFXPREXL银行签订合约，代理在印尼发行运通信用金卡业务，并在美国开设分行。

表6-5　1996年印尼融侨银行一览表

银行名称	资产（万盾）	所属集团与主要股东
中央亚细亚银行	3 609 720 200	林绍良三兄弟执掌的三林集团
恒荣银行	377 028 900	陈子兴执掌的哈拉班集团
库纳银行	27 496 800	（同上）
哈林银行	20 685 700	蔡云辉创立，后由其长子蔡道行执掌的盐仓集团
曼努卡之星银行	13 995 200	郑年锦
达努胡达玛银行	18 464 000	（同上）
鸿图银行	35 125 200	林绍良　林文镜　林绍根
金锋比安银行	24 427 200	林学善创立，现由其长子林文光执掌的金锋集团
安特达罗梅达	10 682 030	林运豪家族
雅沙阿尔塔银行	12 818 000	许珍华创立，现由其子许可旺执掌的大旺集团
金宝银行	13 401 100	黄俊发
阿斯特里银行	57 882 000	林绍良家族
门阿钢铁银行	29 043 400	郑年锦

资料来源：福清华侨博物馆提供的文本资料。

（四）国际化是闽商企业集团快速发展的重要途径

随着国际经济形势的发展，以及企业自身资本规模和经济实力的扩大，印尼华商企业集团的跨国经营迅速发展。到20世纪90年代中期，海外闽商已经走上以金融业、房地产业、商业贸易、制造业等为主体业务的多元化企业经营道路，以及国际化资本扩张道路，实现了较高水平的资本集聚。印尼闽商企业集团跨国投资的特点，一是多数企业将中国香港及周边国家作为其拓展海外市场的最重要基地，逐步建立起以中国香港为海外投资基地的跨国经营网络。二是区域布局上重点还是在亚洲，特别是周边国家与地区和中国大陆。三是海外投资活动方式，主要是以在国外收购当地企业、直接投资设厂以及经营合资项目等。四是在行业布局上主流是国内事业延伸型的跨国投资。

三林集团在20世纪70年代末80年代初相继收购了中国香港、美国和荷兰等地的公司和银行，组建了以第一太平企业集团为核心的跨国企业集团。该跨国企业集团以香港作为海外营业总部，以贸易、电讯、银行和房地产业经营为主，在美国、荷兰、英国、德国、澳大利亚、中国及东南亚各国等25个国家和地区成立100多家公司。《2003年世界投资报告》中公布的"2001年按国外资产排序的发展中国家和地区前25名非金融TNCs"中，第一太平洋，国外资产2 007百万美元，第25位；跨国指数99.3%，排名第1位。许多华人金融集团积极设立海外分支机构，收购海外银行金融机构。力宝集团在1984年收购香港华人银行，并成立多家金融机构，也在美国设立了加州力宝银行。力宝集团在1994年的一份资料中声称在世界拥有资产总额达45亿美元，其中40%的资产在国外。吴家熊的"大马集团"1990年在国外投资已达3.5亿美元，在十几个国家和地区兴办了50家企业。[①] 尤其是搭乘中国经济开放的大船，许多华商企业得到快速发展。

第二节 印尼闽商资本的现状特点

1997年金融危机也波及印尼的华侨华人经济，华人上市公司资产缩水，华商企业积极通过归核、转移、购并等方式，进行资产重组，技术革新，优化企业结构，自我调整以适应经济开放和全球化竞争的挑战。经过几年来的整合，提升了自身的核心竞争力，在巩固传统市场的同时，扩张新市场，逐渐步入以提升核心实力为主的稳健发展期。

---

① 蔡仁龙：《印尼华侨华人概论》，新加坡：南岛出版社，2000年，第393页。

一、仍然拥有较强的经济实力

由于受金融危机打击，印尼闽商的资产大量缩水，但是总体上仍然拥有较强的经济实力。福布斯2012年印尼40富豪榜，净资产总额达886.4亿美元，其中闽商15名（家），净资产总额538.4亿美元，分别占37.5%、60.75%。福布斯2013年印尼50富豪榜，净资产总额953.6亿美元，其中闽商16名（家），净资产总额515.4亿美元，分别占32%、54.05%。福布斯2014年印尼50富豪榜，净资产总额1 022.1亿美元，其中闽商17名（家），净资产总额562.8亿美元，分别占34%、55.06%。（详见表6-6）当然福布斯富豪榜反映的情况并不全面，但足以说明印尼闽商的经济实力。

表6-6　福布斯2012年印尼40富豪榜及2013年、2014年印尼50富豪榜之闽商

姓名	祖籍	2012年净资产（亿美元）（排名）	2013年净资产（亿美元）（排名）	2014年净资产（亿美元）（排名）	财富来源
黄惠忠&黄惠祥兄弟/ R. Budi & Michael Hartono	泉州晋江	150（1）	150（1）	165（1）	银行业、烟草
黄奕聪及其家族/ Eka Tjipta Widjaja & family	泉州洛江	77（2）	70（2）	58（4）	棕榈油
蔡道平及其家族/ Susilo Wonowidjojo & family	福州福清	74（3）	53（4）	80（2）	烟草
林逢生及其家族/ Anthoni Salim & family	福州福清	52（4）	63（3）	59（3）	多元化经营
陈江和/Sukanto Tanoto	莆田	28（7）	23（10）	21（10）	多元化经营
林天喜及其家族/ Putera Sampoerna & family	泉州安溪	23（10）	21.5（11）	19（13）	投资
李文正及其家族/ Mochtar Riady & family	莆田	22（11）	25（9）	27（8）	多元化经营
刘德光/Low Tuck Kwong		20（12）	13.7（21）	11（30）	煤炭
翁俊民/Tahir	莆田	18（13）	20.5（12）	21（11）	多元化经营

续表

姓名	祖籍	2012年净资产(亿美元)(排名)	2013年净资产(亿美元)(排名)	2014年净资产(亿美元)(排名)	财富来源
吴笙福/Martua Sitorus	泉州晋江	17.5(15)	18.5(15)	17(18)	棕榈油
谢重生/Edwin Soeryadjaya	厦门同安	12.1(22)	12(24)	13(26)	煤炭、投资
林德祥/Sjamsul Nursalim	莆田	12(23)	9.5(31)	8.3(38)	轮胎、零售
徐清华及其家族/Ciputra & family	漳州	11.7(24)	13(23)	15(21)	房地产
纪辉琦/Kiki Barki	福州福清	10.8(26)	6.8(43)		煤炭
林联兴/Lim Hariyanto Wijaya Sarwono	福州福清	10.3(30)	9.4(32)	8(42)	棕榈油
郑年锦/The Nin King	福州福清		6.5(45)	6.5(46)	多元化经营
林益建/Bachtiar Karim	福州福清			20(12)	制造
陈明立/Hary Tanoesoedibjo	泉州晋江			14(24)	媒体

资料来源：根据下列资料整理：（1）福布斯2012年印尼40富豪榜，福布斯中文网（上海），2013-02-11；（2）2013年福布斯印尼50富豪榜，http://www.ttpaihang.com，2013-12-25；（3）2015年福布斯印尼50富豪榜，http://www.forbeschina.com/review/list/002226.shtml

二、调整经营方向和结构

金融危机后的"后苏哈托时代"，印尼几届政府积极采取措施，大力实施国内经济重组和调整，印尼经济已走出危机阴影，进入恢复性增长阶段，外国投资开始回头，贸易稳步增长，外汇储备创新高。随着整体经济的复苏，一些原来生产经营陷入困境的华商企业集团经过多年的经济转型，大部分逐渐摆脱经营困境，资产重组和结构调整都已取得初步成效。金融危机中，印尼华人开办的金融机构大量关闭，银行股权大量转让甚至被收归国有。金融危机后，一些华资银行进行合并重组，拓展业务范围，使业务多元化和收入来源增加。不少华资银行在合并后核心资本和资产规模明显扩大，抗风险能力和综合竞争力大大增强；不良资产下降，资本充足比率提高，银行业绩普遍上升，特别是一些规模较大的华资银行赢利状况较为稳定。李文正家族拥有的力宝银行（LIPPO）1997年面临严重危机，被迫于1999年接受政府7亿美元的援救金，于是政府持有力宝52%的股权，而李文正家族只持有5.57%的股权，但仍保留对力宝的行政管理权。2004年印尼政府将52%的力宝股权出售给瑞士牵头的一个国际财团——瑞亚环球公司（Swissasia Global），套现1.43亿美元，力宝的经营状况出现较大改观。

林天宝（Putra Sampoerna）和黄奕聪（Eka Tjipta Widjaja）两大家族一直在扩展业务范围。林天宝家族在2005年3月脱售其属下祖业叁布纳香烟公司（HM Sampoerna）获得一笔数十亿美元的资金后，设法进入农园、电信、基础设施和造纸工业等部门。林天宝家族首先进军移动电话行业，花费3 800万美元收购印尼一家CDMA移动电信公司——曼达拉移动电信公司，控制这家公司58%的股权。此外，印尼纸浆和造纸业具有很大的发展前景，林天宝家族正大举进军国内纸业。黄奕聪家族在收购曼达拉集团旗下的Mobile8移动电信公司大部分股权之前，金光集团已拥有一家从事电信咨询的企业——印尼电信咨询公司（PT. Wireless Indonesia）。金光集团进一步扩大银行业务，已经收购控制印尼欣达银行（Bank Shinta Indonesia）99%的股份。为使银行健全，金光集团2005年底向其再注资1 000亿盾。2003年针记集团（Djarum Group）与印尼国内最大的消费品集团之一的WINGS联合投资收购中亚银行的部分股权。在这之前，针记集团拥有两家银行——哈嘉银行（Bank Haga）和哈嘉吉打银行（Bank Hagakita），两家银行的大部分股权都掌握在针记集团总裁黄惠祥（Michael Bambang Hartono）和首席执行官黄惠忠（Robert Budi Hartono）手中，兄弟俩近年不断扩大两家银行的业务和资金。针记集团还与三林集团联合进军印尼保险业，到2006年6月底，针记集团通过鄂迪玛公司（Optima KCM）和迪纳米卡公司（Dinamika Usahajaya）取得印尼哈尔达保险公司（HartaAman）38.15%的股权；三林集团则通过亚细安国际保险公司进一步扩大在该保险公司的股权。[①]

三、新生代为华商企业集团带来生机

一批新的华商企业通过调整产业结构日益崛起，特别是那些经过调整已进入转型升级发展阶段、由新生代接管的企业，较之原来更具活力，成为有发展前途

[①] 吴崇伯：《论印尼华人企业集团的经济转型与新进展》，《东南亚研究》，2008年第2期。

的企业。三林集团的国内业务在林绍良三儿子林逢生精心管理下,已逐步克服金融危机带来的震荡以及几乎破产的困难局面,正在逐步恢复元气。印多食品公司(Indofood Sukses Makmur)2005年业绩全面恢复,总资产15.7万亿盾,销售收入18.8万亿盾。纯利润呈增长趋势,2005年3 997亿盾,2006年则达到9 200亿盾。随着公司经营业绩改善,为满足公司对日益增长的棕榈油需求,印多食品实施扩大棕榈园种植面积的计划,从2005年的12.5万公顷扩大到2015年的25万公顷。印尼工商会馆东爪哇领导人林文光已经成为印尼著名华人企业家和社会活动家。林文光家族积极参与东爪哇乃至全国的经济建设,其拥有的金锋集团(Group Maspion)在金融危机后,能抓住发展机遇,业务稳步发展壮大,由一个当初仅有8名员工、只能生产简单厨具的小工厂,发展成为一个拥有2.5万名雇员,年产值8亿多美元的大型企业集团,拥有35家分公司、53家工厂,产品远销47个国家和地区,成为东南亚地区的铝业大王。其业务涵盖铝业、银行业、电子业、化工业、房地产建筑业,建有自己的码头和加工出口工业区;分支机构遍布印尼全国,并延伸至中国内地、香港特区,新加坡,加拿大,日本等国家和地区。[①]

四、紧抓中国市场机遇

20世纪90年代中后期开始,印尼一大批华商企业在经济全球化的新形势下,尤其是面对中国的经济发展,他们渴望在自身发展方面更多地得到来自祖籍国的关心、支持和帮助,在互惠互利的原则下与中国开展多形式合作交流,从中国充满活力和发展潜力的经济中获利。

黄奕聪所属金光集团是印尼最大的企业之一。从20世纪90年代起,金光集团就在中国拓展林浆纸一体化产业。1995年在广西钦州成立了第一家中外合资的速生丰产林公司,已在广西造林3万多公顷。中国中信公司与金光集团在海南省共同投资开发的大型项目——海南金海纸浆造纸公司(Hainan Jinhai Pulp & Paper Co.Ltd.),已于2005年建成投产,年生产量3 200万吨,是亚洲最大的纸浆厂。目前金光集团在中国已兴建15家工厂。陈江河领导的金鹰集团1994年开始进入中国,目前该集团在广东、山东、福建、江西和江苏等地均有投资。该

---

① 吴崇伯:《论印尼华人企业集团的经济转型与新进展》,《东南亚研究》,2008年第2期。

集团通过亚洲太平洋国际控股公司（APRIL）收购山东日照纸浆公司（Shandong Rizhao SSYMBpulp Co.Ltd），年产22万吨；在广东新会市建成年产100万吨的纸浆厂，产品主要出口到韩国、日本和中国台湾；在台州也兴建了一家纸浆厂。此外，RGM与中国石化公司合作投资在江苏省兴建了一家炼油厂和液化天然气站，液化天然气站主要加工由印尼供应的天然气。林文光领导的金峰集团早在20世纪90年代初期，就分别与上海牙膏厂、上海制皂厂和上海油墨厂等中国企业合资，生产美加净牙膏和蜂花牌香皂，经过一番努力，双方在牙膏厂和肥皂厂的投资得到较好的回报。[①]

中国改革开放以来，不少闽商企业开始回中国投资，印尼闽商集团企业经济实力较强，企业国际化程度比较高，对外投资成为其国际化经营的重要组成部分，因祖籍地便利及受祖地文化等因素影响，一些闽商选择祖籍地作为登陆中国大陆市场的桥头堡，含有情感和支持家乡经济社会发展等因素；一些闽商以祖籍地侨乡为基地，然后把产业发展扩展到全国各地，并取得了较快发展；一些闽商的投资战略注重国际性、全国布局，投资中国大陆是看重中国大陆市场机会，作为其资本扩张、整体战略布局的需要，所投行业也基本上是母公司从事行业的延伸（如表6-7）。

表6-7　部分印尼闽商在中国大陆的福建省外地区的投资情况

华商及其企业	主要行业	省外投资地区	企业或项目	行业
林文镜：融侨集团	房地产	重庆、西安、武汉、南京、合肥、苏州、上海、北京、天津、无锡、淮安、连云港	融侨物业项目	房地产
林逢生：三林集团	多元化经营	上海、内蒙古	三林万业（上海）企业集团有限公司（三林集团中国区总部）、内蒙古鄂托克旗昊源煤焦化有限责任公司	多元化、能源

---

① 吴崇伯：《论印尼华人企业集团的经济转型与新进展》，《东南亚研究》，2008年第2期。

续表

华商及其企业	主要行业	省外投资地区	企业或项目	行业
俞培俤	房地产	上海、江苏（常州）、安徽（合肥）、北京（唐山）、甘肃（兰州）、广东（东莞）	上海大名城企业股份有限公司，东福名城（常州）置业发展有限公司、上海大名城贸易有限公司、名城电子（中国）有限公司、名城钢铁（中国）有限公司、上海名城投资有限公司、新疆名城矿业有限公司、名城地产（安徽）有限公司、名城地产（唐山）公司、广东东莞新都电子有限公司、三力电子（东莞）有限公司、兰州高新开发建设有限公司	电子、钢铁、矿业、远洋航运、酒店、房地产、商业
黄奕聪：金光集团	制浆造纸业、金融业、农业及食品加工业、房地产业	上海、江苏、浙江、广东、海南；宁波、上海	金光纸业（中国）投资有限公司，纸厂：亚龙纸制品（昆山）有限公司、金鑫（清远）纸业有限公司、金东纸业（江苏）股份有限公司、宁波中华纸业有限公司、宁波亚洲浆纸业有限公司、金红叶纸业集团有限公司、金华盛纸业（苏州工业园区）有限公司、宁波亚洲纸管纸箱有限公司、亚洲纸业（上海）有限公司、宁波亚洲纸器纸品有限公司、宁波绿色纸品有限公司、金海纸制品（昆山）有限公司、金钰（清远）卫生纸有限公司； 浆厂：海南金海浆纸业有限公司、广西金桂浆纸业有限公司；宁波国际银行、宁波国际银行上海分行；华丰方便面、大满贯食用油；上海外滩中心、中山广场，宁波金光中心	造林、浆纸制造，金融业，农业及食品加工业，房地产
陈江和：金鹰国际集团	油气、能源开发、农产品加工	江苏、山东、江西、广东、重庆	江苏如东液化天然气燃气电厂、苏州工业园区亚太纸品加工有限公司、亚太纸业（广东）有限公司、赛得利（江西）化纤厂、山东亚太森博浆纸有限公司、金鹰企业管理（中国）有限公司（南京）、新实力食品科技（南京）有限公司、亚太纸业（重庆）有限公司	纸浆、造纸、粘胶纤维和能源行业

续表

华商及其企业	主要行业	省外投资地区	企业或项目	行业
林德祥：佳通集团	工业制造业、金融、投资、交通运输、种养殖业和房地产业	上海、安徽、重庆、宁夏、黑龙江、甘肃、湖北	佳通（中国）投资有限公司（佳通集团，上海总部），佳通轮胎股份有限公司、重庆佳通轮胎有限公司、银川佳通长城轮胎有限公司、银川佳通轮胎有限公司、安徽佳通乘用子午线轮胎有限公司、安徽佳通轮胎有限公司、桦林佳通轮胎有限公司、牡丹江佳通子午线轮胎有限公司、安徽佳通钢帘线有限公司、湖北佳通钢帘线有限公司、安徽佳元工业纤维有限公司、上海精和模具有限公司、佳通轮胎销售分公司（46家）、上海佳通房地产发展有限公司、上海佳晨房地产发展有限公司、上海新闵房地产联合发展有限公司、上海慎义国际置业有限公司、上海慎佳物业管理有限公司、中国兰州飞天大酒店、高德（苏州）电子有限公司、上海佳通超细化纤有限公司、上海佳通日清食品有限公司、上海佳齐服饰用品有限公司、上海亚慧信息技术有限公司	轮胎、机械、电子、房地产、化纤与塑料
李文正：力宝集团	金融、房地产、商业流通	广东（深圳、珠海、阳江）、北京、天津、上海、四川成都、江苏（徐州、扬州、淮安、常州、苏州）、河北承德、云南大理、海南三亚、山东、辽宁沈阳	深圳华侨银行、华人银行上海分行、上海力宝复兴房地产有限公司、乐宾百货（天津、成都、扬州、常州、广东阳江、沈阳），收购北京凤凰医院集团，北京市通州国际医疗康体城项目，山东发展电厂、码头等基础设施及老企业的技术改造，力宝广场（北京、上海、成都、珠海、徐州、扬州、淮安），河北省承德木兰围场、云南大理、海南三亚等旅游项目，成都力宝村、大理超大型多种金属矿投资	金融、房地产、商业百货、基础设施建设及旅游度假风景区、矿产、医疗

续表

华商及其企业	主要行业	省外投资地区	企业或项目	行业
徐清华：徐清华集团	房地产	沈阳	沈阳国际城	房地产

资料来源：名单根据2013年闽商百强榜（全球榜）、2013年福布斯华人富豪榜、2013年胡润全球富豪榜整理；投资情况根据网络相关资料整理。

第三节 印尼闽商参与建设21世纪海上丝绸之路的优势条件

印尼闽商的资本形成与发展历程造就了其特有的优势，有条件为祖籍地和居住地的互联互通牵线搭桥，在助推21世纪海上丝绸之路建设中，发挥积极作用并获取更广阔的发展机会。

一、印尼闽商的跨国商业网络优势

（一）华人经济网络（或称华商网络）的主要特征[①]

1. 民间自发性。移居他国的华侨华人常常会遭受所在国政府和主流社会的排斥和压力，唯有以地缘、血缘为纽带组成宗乡会馆，相互扶持，以便于获取资金、劳动力、市场等要素。这种自发的经济网络关系经过海外华人经济的长期催化，逐渐演变成当今全球性的华人经济网络。

2. 互惠互利性。东南亚地区市场环境不完善，使得华人企业面临着较高的交易成本和风险，因此，许多华商便谋求通过华人经济网络，实现企业间的信息、资金、市场等方面资源的共享，降低交易成本，减少经营风险。

3. 开放包容性。20世纪80年代以来，随着华人经济力量的迅速壮大以及文化素质的提高，华人经济之间的网络联系开始突破原有的帮派藩篱而日趋国际化、开放化。这种开放性体现在：一是出现许多世界性的社团组织；二是网络的

---

① 唐礼智：《东南亚华人企业集团对外直接投资研究》，厦门大学出版社，2004年，第112—118页。

使用语言已不再局限于各种方言,中文普通话和英文已被普遍使用;三是华人网络资本出现多型化的态势;四是"世界华商电子网络"已经启用。

4. 灵活高效性。人际信用是维系华人经济网络的基石。信用是网络联结的指示器和试金石,它是促成网络的动因;信用作为契约的替代和回报的担保,它又是网络运行的必然结果。这种双向互动关系直接导致华人在交易活动中实现高效率和低成本。

5. 被动从属性。在殖民时代,华人经济网络是介于西方发达资本主义经济和东南亚土著民农业经济之间,扮演殖民经济中分销商和代理商的角色,充当西方资本的买办和附庸,从形成之初就已奠定了其从属于世界资本主义经济体系的地位。这种地位制约了其发展:华人经济中商业资本占有较大比重,制造业相对薄弱。

基于这些特性,华人经济网络对海外华商企业的对外投资发挥着积极的作用:一是促进了华人企业集团海外投资。东南亚华人企业集团的FDI实践表明,华人经济网络可以是拓展海外投资与市场空间、增强企业国际竞争力的有效途径和手段。通过这个网络纽带,东南亚企业集团才能在不长的时间内实现了海外市场的组合和扩展过程。二是弥补了华人企业集团海外产业扩张的不足。通过网络可以促进华人企业降低交易成本、增加安全系数、迅速接轨国际市场;通过网络能够较为完备和准确地把握国际市场信息,灵活迅速地安排其生产和服务,并占领目标市场,从而弥补了华人企业产业技术含量不高的缺陷。三是提供了华人企业集团FDI资金和规避风险的重要手段。在华人经济网络的作用下,华人企业间出现了一种新型的组合形式——关联企业。利用这种关系联合体,华人企业集团在亚太地区建立资金的企业网,互为犄角、互相支持,便于筹措大规模资金、规避投资风险。

(二)海外华商之间的合作

1. 在产业资本起步发展阶段,华人企业家及其企业集团之间的合作联营是一个相当普遍的现象。

受文化观念的影响,同宗、同文、同乡总会给人信任感和安全感,许多闽商在重要的经贸合作方面,还是喜欢在网络内寻找合适的伙伴。由于资金不足,或对某项行业或企业存共同理想,互相协助提携,联手共进。他们之间的合作有的是在一个行业、一家银行或一个公司,有的则是一个工程项目,如林绍良、李文正两个家族初期合作合资联营"中亚银行"及"力宝银行";黄奕聪及林绍良两家集团经营"卑莫利食用油厂"(后分家);吴家熊"大马集团"(Dharmala Group)和他的亲家吴垂沂的"库农塞乌集团"(Cunung Sewu Group)合资联营的各项企业。

2. 以家族经营为核心构成各自企业集团系统(自身经营网络)。

华人企业集团以家族核心企业为主体,这些核心母公司(或控股公司)控制着主要的子公司,而这些子公司又控制着属下的企业,从而形成了一种由母公司、主要子公司和附属公司及联号公司所组成的企业集团结构。以家族作为财富拥有的组织形式,具有强化财富集聚的作用。一方面,家族的继承性,使财富可以有一个长期积累的过程,也使企业家行为具有长远性,避免急功近利;另一方面,保持家族组织的完整性,避免在财富继承过程中的分化瓦解,有利于聚合财富,实现财富的指数扩张。在华人企业集团中,大致有几种组织结构形态,一是以银行为企业集团核心,通过贷款、持股、控股等方式,形成多层次和多角经营的企业系列;二是以银行与大企业为主导,它们相互融合构成企业集团核心,并将成员企业有机地联系起来,如印尼的三林集团;三是以大企业为企业集团的核心,将与其协作配套或相关联的企业形成企业群体。

(三)与当地资本和海外资本的合作

1. 在产业资本起步阶段,从代理推销经营外国公司产品到与外商合作联营企业而发家[①]。

印尼政府除鼓励外资与印尼国内资本联营外,还规定,除少数大企业外,外国公司企业产品必须由印尼公司企业代销,不得自行销售。许多外国公司为了将其产品打入印尼市场,获得可靠及稳定的经营与发展,都必须首先选择有一定的资本和经济实力,有良好的威望、资信及经营网络,和当地军政官员或有关机构有良好密切的合作关系的华人企业家或公司企业为他们的产品独家代理商、推销商及合作者。而华人商家也由于这种合作本小利丰或无本万利,又可扩大其企业生存发展与规模,获得外国公司的信贷等的便利和优惠条件,因而都十分乐意并努力争取成为推销商或代理商。如"阿斯特拉集团"代理日本丰田等汽车;陈雄基的"金轮集团"代理日本三菱电器及薄玻璃板;陈子兴的"哈拉班集团"代理

---

① 蔡仁龙:《印尼华侨华人概论》,新加坡:南岛出版社,2000年,第346—347页。

日本雅马哈摩托车等。这些华人代理商,后来大部分和外商合资联营或建立工厂企业,绝大部分今天已成为华人大企业集团。

2. 在产业资本发展中,依托与印尼军政官僚及其家族集团、印尼原住民企业集团的合资或合作联营而发展壮大①。

当地军政官僚拥有各种权力,原住民企业家们也有各种优惠特权及军、政、经等各界广泛密切的关系。但他们一般缺乏资金、经营管理经验或销售网络,缺乏专业人才。华人企业家为了获得政治上的庇护、经济的各种特权、优惠及便利,如获得政府银行贷款(低息),开发及经营森林木材,收购土地,经营房地产的许可证,承包政府各项工程建设,专利垄断某些国内外商品及农土特产品(如丁香、三合扳、汽油、橡胶等),垄断承包对政府机关、军队的各种后勤、军需物品的供应等等。都充分利用各级各部军政官僚的权力、地位或特权,和他们合作。这种联营是双方相互需要,相互依赖又相互利用的一种特殊结合。有些是公开的,有些是秘密的。印尼社会中,把这种企业联营或企业所有者及经济结合形态称之为"主公主义"(Cukong)或"主公集团"(Cukong Group)。这种合作联营的形式是多种多样的:

(1)和印尼政府或有关机构合作联营。如林绍良"三林集团"的"印尼水泥企业集团"中印尼政府拥有30.38%的股权;"三林集团"、吴垂沂的"古农塞乌集团"、陈雄基的"金轮集团"等都相和印尼政府中权力极大、拥有商品进出口买卖供应的"后勤事务管理局"(BULOG)有过密切的结合联手买卖。

(2)和现任或退休退役的重要军政官员的合作或联营。徐清华的"耶雅集团"和印尼首都前大雅加达市市长阿里沙迪京中将(Ali Sadikin)及其他继任市长在70年代联营"耶雅建筑集团",开发经营首都无数的城市、机关、公民住宅的建筑,从而成为著名华人企业集团之一。林德祥的"卡耶东卡集团"和前副总统日惹苏丹九世,谢建隆"阿斯特拉集团"和权倾一方的前印尼国营国民石油公司总裁苏托沃中将(Sutowo)的合作联营等等。

(3)和军政官僚家属及子女合作联营。林绍良的"三林集团"、郑建盛的"波普哈山集团"等和苏哈托总统的长女西蒂(Siti)、二男邦邦(Bambang)、三男胡托莫(Hutomo)及他们拥有的庞大企业集团共同在银行、石化、木材、造纸、大

---

① 蔡仁龙:《印尼华侨华人概论》,新加坡:南岛出版社,2000年,第347—349页。

酒家、水泥、纺织、房地产等等的合资联营。其规模之大，都令人瞠目结舌。

（4）和印尼军政要员或他们的家属挂名领导的各种"基金会"（Yayasan）合作联营。其中最突出和有名的三个基金会"三月十一命令基金会"（Yayasan Surat Petunjuk Sebelas Maret）"社会慈善基金会"（Yayasan Dharma Bhakti Sosial）及"义务工作永久基金会"（Yayasan Dana Abadi Karya Bakti），这三个基金会为总统及众多军政官员与家属领导人领导的名为慈善福利机构，他们在许多华人大企业集团中都拥有股份。如这三个基金会在林绍良的最大的企业"印尼水泥集团"各拥有6 395 360股，占总额的3.21%。在郑建盛的"努桑巴企业集团"，这三家基金会拥有72%的股权，郑建盛本人只占9%，苏哈托长子西吉（Sigit Harjojudanto）占9%；而事实上主要由郑建盛出资及领导经营。

（5）印尼华人大企业集团和印尼原住民企业家合资合作联营者更为普遍。有的一个华人企业和一至数家原住民企业集团，有的则一个原住民企业和数家华人企业集团联营，资本股权大小不等。其中不少是华人企业家提供资金。林绍良"三林集团"属下的"印尼水泥集团"中，印尼原住民企业家苏特威卡特莫诺（Sudwikatmono 苏哈托总统的兄弟）、伊卜拉兴·里斯亚德（Ibrahim Risjad）各拥有7.23%的股份；在其所属的印尼最大的面粉企业"保加沙利面粉厂有限公司"（P.T. Bogasari Flour Mills）中，苏特威卡特莫诺及伊卜拉兴·里斯亚德也各拥有4%的股份，而且前者兼任上述两家企业的总经理职，都是最典型的事例。这种联盟（联营）的条件是以取得市场的权利来换取产品的分享。这种联盟不是通过公开的政策渠道，而是通过政治官僚势力特定中心和特定的私营企业（主要是华人企业）直接进行联系。

3. 东盟各国始终是华人企业集团的最大FDI对象。

东南亚各国华人企业集团之间历来联系紧密，贸易和投资合作悠久。东盟（ASEAN）建立，特别是20世纪90年代初东南亚自由贸易区（AFTA）的形成，使东南亚各国市场组合成一个较为统一的内部大市场，降低了市场开发成本，相对扩大了市场容量，使得东盟内开展投资活动比区域外更具吸引力。在华人企业集团实现海外市场扩张的过程中，中国香港和新加坡这两个以华人为主的社会以其独特的优势成为东南亚华人企业集团对外投资据点，形成了以此为枢纽向东盟其他各国、中国大陆和西方国家扩张的投资网络。

(四)以香港为国际扩展的桥头堡

香港作为东亚乃至整个亚洲地区的金融、商贸、航运、信息中心,不仅区位优势独特、经济自由度高、税率低效率高,而且法制健全、社会稳定,被誉为亚太华人的"商业首府",是海外华侨华人联系中国的桥梁与中介。改革开放政策在中国实行,使得东南亚华商对中国的投资开始"回暖",但因当时东南亚国家及中国的政策尚不明朗,同时为避免所在国政府和民众对其忠诚度的质疑,多数东南亚华商仍选择经由香港间接对中国大陆进行投资。他们多是在香港注册子公司后,以发行债券、银行融资、持股上市等方式筹集资金,然后以港资的名义投资中国大陆市场。这时期,斥资收购本港上市公司的大部分是东南亚华资财团或具有东南亚华资背景的财团。东南亚华商选择香港作为其投资中国大陆的跳板和控股基地,香港是华商资本流入中国大陆的主渠道。与东南亚各国华商巨子一样,印尼的闽商同样选择在香港设立投资控股机构(见表6-8)。他们对中国大陆的投资均由在香港的投资控股机构实施。以香港为中介和跳板对中国大陆的投资,有利于在香港资本市场筹资和吸引熟知中国事务的各类管理人才。事实上,香港不光是中国利用外资的最大来源地,也是其他外商及东南亚华商投资中国的最重要的基地。[1]如金光集团通过下属的中策公司收购近两百家中国国有企业,中策公司拥有合资企业51%以上的股权。

表6-8 以香港为投资控股基地的部分印尼闽商企业集团

企业集团家族	集团名称	在港机构	建立年份
林绍良	三林	第一太平	1981年
黄奕聪	金光	中策投资	1982年
李文正	力宝	力宝香港	1991年
吴家熊	大马	大马香港	1993年(重组)

资料来源:饶志明:《东南亚华商企业集团跨国投资战略及行为特征》,《华商华人历史研究》,1995年第4期。

(五)良好的社会和人脉资源

华人社团是华商网络中重要的粘合剂,为海外华人的联络,华人企业间的交

---

[1] 澳大利亚外事贸易部东南研究所:《华人华侨在亚洲的贸易交流》,堪培拉AGPS出版社,1995年,第6页。

流来往提供了广阔的平台。早期的华人移民身处异国他乡，受到众多歧视和不公正待遇。为求生存，争取更好的生活环境，海外华人常常团结起来形成一些规模不等的华人社团组织，为自身利益提供保护和依靠。抱团结社带来的好处使他们纷纷成立更多的华人社团，于是便有了"有海水的地方，就有华人，有华人的地方，必然有华人社团"的说法。当代众多的海外华人社团，不论其成员构成的多少、地域跨度的大小，都存在着内外两个组织系统，即内部组织框架和外延沟通网络，而这一沟通网络便是华人社团联系各个海外华人组织和华人企业的关键所在。跨国性的社团对于企业间的联系以及华商网络的形成发展更为重要。

华人社团的沟通网络能为华人企业的发展提供一定的物资支持和信息的分享交流。华人社团在彼此促进、互助互帮方面一直发挥着重要作用。其中，最为突出的作用便是华人社团为结成新的人际关系提供平台，此外，社团能为众多中小华人企业提供信誉担保，帮助其筹集创业资金、寻找合作伙伴。有的华人社团专门成立"经互会"，实行自由组合集资，自愿报息贷款的原则。

印尼华侨华人的社会资本起到传递商业信息、结识商业伙伴、获取商业机会的独特作用，推动中国企业融入国际华商网络。印尼华侨华人的社会资本为中国商品开拓海外市场提供了有效的渠道，提高了中国商品的竞争力和影响力。民营企业鉴于经济实力有限，若能借助于华商关系网络，进行资本重组，就可以扩充企业的实力，如福建作为侨乡，很多外资企业都是由华侨华人牵线搭桥建立起来的。印尼华商熟悉国际市场游戏规则和居住国的经济政策，可以充当中国商品销售到印尼的中介者与合作者，例如中国的五金、电器纺织品的销售，当地华侨华人的参与是很重要的一条途径。

二、在侨乡投资形成稳定的联通侨乡市场优势

华商商业网络与家族及其联系的血缘、地缘网络互相交织，因此华商具备联系侨乡与住在国的社会资源优势。东南亚闽商在中国的投资分布，以侨乡和华商的祖籍地为中心，朝北向西呈梯度递减，其中侨乡为华商投资的最优选区位。改革开放以来，许多印尼闽商也是优先选择在祖籍地投资。如林绍良（林逢生父亲）、林文镜于1987年率先从改善祖籍地福清投资环境入手，共同创建"融侨开发区"，开发江阴港区、可门港区，分别投资建设元洪投资区、洪宽工业村等。李文正的力宝集团在其祖籍地莆田开发的湄洲湾基础设施建设及湄洲岛旅游度假

风景区,总投资达100多亿港元。林德祥于90年代初就开始在中国大陆投资,在其祖籍地莆田投资建设比较大型的项目"莆田佳通轮胎有限公司",先后在北京、上海、福州设立办事处,并继续向周边省市扩展。陈江和的金鹰集团自2003年进入福建,投资建设了东亚电力(厦门)有限公司(厦门液化天然气燃气电厂)、亚太林业(漳州)有限公司、赛得利(福建)化纤有限公司(莆田)、亚太(福建)浆纸业有限公司(莆田),并在7市24县建立原料林基地。(详见表6-9)

表6-9 部分印尼闽商在福建的投资情况

印尼闽商	主要行业	投资地	企业或项目	行业
林文镜:融侨集团	房地产	福州、福州市福清	融侨集团股份有限公司、福建融侨工业开发中心有限公司、融侨开发区、洪宽工业村	房地产、工业园开发
林逢生:三林集团	多元化经营	福清	融侨开发区、江阴港区、可门港区开发建设大型能矿资源物流中转基地和在元洪投资区投资建设棕榈油加工、集散中心	工业园区开发
俞培俤	房地产	福州	名城地产(福建)有限公司、名城地产(福州)有限公司、福州东福实业发展有限公司、福州东星房地产开发有限公司、福建名城酒店管理有限公司、名城化工(福州)有限公司、福州名城物业管理有限公司	电子、钢铁、矿业、远洋航运、酒店、房地产、商业
陈江和:金鹰国际集团	油气、能源开发、农产品加工	厦门、漳州、莆田、福州、泉州、龙岩、三明、宁德	东亚电力(厦门)有限公司(厦门液化天然气燃气电厂)、亚太林业(漳州)有限公司、赛得利(福建)化纤有限公司(莆田)、亚太(福建)浆纸业有限公司(莆田),7市24县原料林基地	LNG清洁能源发电、林浆纸、粘胶纤维、林业
林德祥:佳通集团	工业制造业、金融、投资、交通运输、种植养殖业和房地产业	莆田、福州	福建佳通轮胎有限公司、福建佳通第一塑料有限公司、福建莆田纸制品有限公司、福州佳通第一塑料有限公司	轮胎、化纤与塑料、纸制品

续表

印尼闽商	主要行业	投资地	企业或项目	行业
李文正：力宝集团	金融、房地产、商业流通	福州、莆田	循洲湾基础设施建设及循洲岛旅游度假风景区，力宝广场（福州、莆田）	基础设施建设及旅游度假风景区、商业流通
蔡道平：盐仓集团	卷烟、印刷、银行	福州福清	福清华侨罐头厂	食品
吴笙福：丰益国际	食用油	福州	粮油生产基地	食用油

资料来源：名单根据2013年闽商百强榜（全球榜）、2013年福布斯华人富豪榜、2013年胡润全球富豪榜整理；投资情况根据网络相关资料整理。

根据福建社会科学院"扩大利用侨资研究"课题组2006年《福建侨资企业调研报告》，以2006年参加福建省外商投资企业联合年检的数据分析，全省侨资企业8 000多家，占外资企业的68%，其中投资来源地是印尼的侨资企业有80家。当然，还有部分印尼闽商通过香港及其他第三地的投资公司来福建投资，所以其投资来源地数据上并不显示是印尼。如林绍良的三林集团即是通过香港的第一太平集团或如维尔京等其他第三地过来的。以该报告中所列的福清市为例：据福清市外经局2006年4月提供的数据，在福清市投资500万美元以上福清籍侨商有34人（投资企业109家），累计投资额为61 590万美元。其中居住地在印尼的有9人（投资企业44家），累计投资额为28 586万美元。（详见表6-10）

表6-10　在福清市投资500万美元以上的印尼福清籍华商

姓名	主要投资企业	投资金额（万美元）
林绍良	福清海口工业、克马太平洋建设（福建）、元载国际港口、福建侨盛干电池、福建元升轻工制品、福建东福食品工业、福建元祥纸品、印福油脂工业、福清东佳饲料、澳比克畜牧养殖（福建）	5 096

续表

姓名	主要投资企业	投资金额（万美元）
林文镜	冠捷电子（福建）、福清洪宽工业村开发、福清洪宽康乐中心、福清东丰制衣、福清洪宽海峡农业试验、福州新港国际集装箱码头、福清茂山塑料制品、景新太平鞋业（福建）、福建景新太平橡胶、福建景新太平（融侨）鞋业、福建景新太平化工	3 524
林绍良 林文镜	福清融侨大酒店、元洪面粉（福建）食品、元洪国际港口（福建）、福清融侨工业开发中心、福清清华人造板厂、福清清华糖厂、融侨集装箱码头、福清国际商务展销广场	5 644
林文光	南方业（中国）、融林塑胶（福建）、福清友精工业村、福建融林塑胶五金实业	6 230
黄植财	福建宇信电子设备、福建天宇钢铁制品、福建正天实业	2 616
姚春桂	优星纺织（福建）	1 620
陈炳琪	福建宝利特制革、福建宝利特新材料科技、福建宝利特纺织	1 336
郑年锦	福建龙顺纺织	1 200
杨运良	福建冠良汽配工业	800
余孔琳	福建亚通科技、福建亚太建材	520
合计		28 586

资料来源：福清市外经贸局，2006年4月21日。

（林心淦）

第七章 泰国的闽商

东南亚自古就是中国华侨聚居的地区，但并非所有东南亚国家的华侨华人人数、经济实力都十分显著。实际上，从整个东南亚范围来看，半岛国家的华侨人数、经济实力总体上都要逊色于海岛国家。泰国和缅甸均位于中南半岛，是海上丝绸之路的重要结点，也是中国"一带一路"建设沿线的重要国家，同时还是闽人移居东南亚的主要目的地之一。同东南亚海岛国家的华侨华人相比，位于中南半岛的泰国、缅甸华侨华人人数相对较小，经济实力较为薄弱，其所受到的关注度因而自然相对会低一些。泰国、缅甸华侨遭遇"冷落"与被忽视的部分原因是由于两国华侨华人的体量较小，同化程度较高，大部分历史时期没有成为一个"问题"。虽然两国的闽籍华侨华人无法从人数和经济实力上与新加坡、马来西亚等传统闽籍华侨华人聚居的国家相提并论，但也各具特色。

泰国位于中南半岛中部，史称暹罗，1939年改称泰国，1945—1949年称为暹罗，1949年后又改为泰国，为论述方便，下文概称泰国。泰国是东南亚华侨聚居的重要国家之一，截至2006年泰国的华侨华人总数在700万左右，约占泰国总人口的12%，其中华侨华人约30万人。他们聚居在曼谷、清迈、合艾等大中城市，其中京畿地区尤为集中。从祖籍构成来看，泰国华侨华人中广东籍人占80%以上，粤籍人中又以潮汕籍人为最，其次即为闽籍。从路线上看，从中国到泰国的移民一部分为"海上移民"，闽籍华侨多是通过此途径到达泰国的。

第一节 早期泰国闽商

闽籍华侨移居泰国的确切历史难以考察，最初到泰国定居的成批华侨移民，是素可泰王朝统治时期的福建帮，他们善于航海和驾船，很早就以暹罗湾为中心从事东南亚的贸易活动。按明史记载，第一批到泰国的中国移民在16世纪末，当时2 000名福建人在帕塔尼建立了生活区。由于明代对外交通和贸易的空前发展，闽南一带的商人在每年的1至4月即驾着满载各种中国货物的帆船顺东北季风到达泰国,云集在阿瑜陀耶卸货做生意,然后又顺着6至7月的西南季风,把大宗的苏木、胡椒、象牙、毛皮等货物运回中国,往返刚好一年。

1660年,移居泰国的中国人人数已经超过1万人。当时移居泰国的中国人大部份依然是福建帮,这可以从与其他方言帮相较,福建帮很早就被泰国王朝任命为地方官(如吴扬家族、许泗漳家族)等事例得到证明。他们作为王族商人经营王族直接控制的垄断贸易,①除了拥有特权承担有关贸易的实务之外,还担任了王族帆船的船员、税务官、仓库管理官员等职务。在18世纪中叶阿瑜陀耶王朝末期,福建帮的华人已经达到数万人,他们无疑是泰国的主要语系集团。②

18世纪是泰国华侨的帮派势力分布和地位发生变化的转折点,潮人开始大批移入,逐渐超过福建人。由于潮州籍华侨借助王室的特权不断扩展势力,最早移入泰国的福建籍华侨的势力相对地趋于衰退,"福建帮的地位已经受到了潮州帮的挑战"。在其后的一百年期间,福建帮和潮州帮的地位便完全颠倒过来了,福建帮的势力已从首都地区退出移到泰国南部地区一带。19世纪末期,除了泰国南部外,在泰国所有的华人语系集团中,福建人退列第四位,潮州人在华人人口中的比重有了惊人的提高。当然,除了潮州人的大量迁移,福建人移居泰国的趋势,在1875年以后继续下降。从厦门到曼谷的定期轮班实际上从没有建立起来,偶尔有客轮从厦门开往曼谷,福建人也不愿意直接移居泰国中部。③布勒德利博士对1835—1836年11个月中在曼谷教会医院就医的934名华人保存一份语系集团分类的登记,其中713名是潮州人,150名是福建人,51名是海南人,15名是广东人,5名是客家人。④这些数据,虽然由于各种明显的原因很难作为最后的结论,但是可以说明问题。

由于泰国南部的华人首领大部分都是福建人血统,因此也鼓励了福建人更多地移居该地。同时,福建帮的势力虽然后退到泰国南部地区,但暹罗湾和孟加拉湾之间的贸易航线却依然完全为福建帮所控制,这条航线的最短路线就是横穿马来半岛咽喉地带那空是贪玛叻(洛坤)附近地区,越过普吉岛。而且从16世纪起,人们在泰国南部地区以及在普吉岛发现了丰富的锡矿,采掘这些锡

---

① [日]市川信爱:《华侨经济研究的一个侧面》,长崎大学东南亚研究所《研究年报》第15集,1973年,第146—148页。
② T.W. Freeman, *Recent and Contemporary Chinese Migrations*, Comptes Rendus du X Ve Congres International de Geographie, No.2(1938): 15.
③ 1890年以前从厦门开往曼谷,载有旅客85名;另一艘在1889年开往曼谷,载有乘客20名。见 *China, Inspectorate General of Customs*, *Trade Report and Returns1864-1928*, Statistical Series No.3(Shanghai, 1875—1890)。
④ Sir John Bowring, The *Kingdom and People of Siam*, *with a Narrative of the Mission to that Country in1855*, Vol.1, p.396。

矿的实业家以及在那里劳动的矿工，都是闽籍华侨。这样一来，闽籍华侨在泰国南部地区的定居便真正"落地生根"了。一直到20世纪，闽籍华侨以中等规模继续移往泰国南部，这一点也反映在马来半岛泰国所辖的普吉、董里、拉廊以及其他城市的侨民人口中。[1]对各个语系集团在整个泰国南部的合理估计数有如下列：福建人32%，潮州人20%，客家人20%，海南人13%，广东人11%，其他4%。这些估计数是与泰国南部马来亚西海岸的三个省和各殖民地各语系集团所占的比例很相似的，因为马来亚1947年的人口调查结果为福建人占37.8%，潮州人22.5%，广东人21.8%，客家人11.2%，海南人3.4%，其他3.4%。[2]

表7-1　泰国各语系集团人数估计（1955年）

语系集团	占华人总人口的比例（%）	人数
潮州人	56	1 297 000
客家人	16	370 000
海南人	12	278 000
广东人	7	162 000
福建人	7	162 000
其他	2	46 000
总数	100	2 315 000

资料来源：[美]施坚雅著，许华等译：《泰国华人社会：历史的分析》，厦门大学出版社，2010年，第220页。

闽籍华侨的经济地位在华侨中较高，福建人在包税商和茶业生意中占有重要地位，不过并不是所有闽籍华侨都是上层和中间阶层，泰国南部的大部份锡矿工是福建人。[3]

泰国是世界上主要的锡矿产区，集中在达瓜巴—普吉。闽籍华侨是泰国锡矿开发的先驱，在开拓和发展泰国锡矿方面，建立了不可磨灭的功劳，闽籍华侨在泰国南部半岛的定居，对开采锡矿和种植橡胶、椰子起着重要的作用。大部分的锡矿场主是福建人和客家人，虽然在某些地方也发现有其他语系集团的矿工，尤其是广东人的矿工。不过，购买和出口华人锡矿所生产锡苗的商人几乎都是福建

---

[1] Great Britain, *Foreign Office*, Annual Diplomatic and Consular Reports on the Trade of Amoy, 1862—1893.

[2] [美]施坚雅著，许华等译：《泰国华人社会：历史的分析》，厦门大学出版社，2010年，第219页。

[3] H. Warington Smyth, *Five Years in Siam*, *From 1891—1896*, London: Murray, Vol.1.1898, pp.317—319.

人和客家人。①闽籍华侨多集中在泰国南部从事开矿等职业与许泗章有关。许泗章（1796—1882年），原籍福建省漳州市龙溪霞屿乡。25岁那年，他随船到马来西亚的槟城做苦力，手里稍有富余之后，在槟城到泰南之间做一些小买卖。许泗章在1820年左右到泰国攀牙经商，他看准攀牙这个滨海渔村地理位置优越，物产丰富，便在那里成家立业，经营进出口的航运生意，往来于槟城、普吉、拉廊等国内外沿海港埠，渐渐成为一方的富商。1884年，他取得拉廊的采矿权，与槟城闽籍同乡筹集资金组织一个开采锡矿公司，承包了当地的锡砂税、土产出口税、红烟及鸦片烟税、酿酒税、赌税及各项入口商品等税收事务。②许氏家族等人开发泰南锡矿需要大量的劳动力，吸引了众多的福建人移居该地。

泰国橡胶种植业起源于19世纪末。种胶和割胶的人大部分是客家人，但是潮州人和福州人（来自福州及其内地的移民）也有很重要的代表性；种胶和割胶的人数，估计在20世纪30年代末约达7万人。③许泗章的第六子许沁美（1857—1913），被称为泰国"橡胶之父"，曾任麟郎助理府尹和董里府尹。1893年，他借官方出访马来亚之机引进移植马来西亚的橡胶在泰国南的董里府种植成功，并招募华工在董里开垦，变荒野为胶园。1901年，许沁美被泰国政府提升为西海岸普吉岛总督都堂，使该地经济迅速发展。暹罗新兴的橡胶业几乎全部由华侨兴办，出口的橡胶大部分也由他们提供，许多福建商人由此而致富。许氏家族对泰南的开发做出了不可磨灭的贡献，也积累了丰厚的家族财富。许氏家族创立通卡港机械采锡公司，1906年开始用斗式挖泥船开采，产量占泰国锡矿产量的25.5%。④1907年，组建东方炼锡有限公司和东方航运公司，增强竞争实力。由于传统经营模式的限制和英国资本的激烈竞争，1922年东方航运公司被英资海峡轮船公司收购，徐氏企业集团逐步瓦解，徐氏资本由整体走向了分散。⑤

19世纪90年代，祖籍晋江的苏廷芳年轻时到泰国经营南洋胶鞋实业有限公司，发展迅速，又购置大片橡胶园，后由其子苏国世继承父业。苏国世拥有南洋胶鞋实业有限公司、和盛栈贸易公司和味精厂等，在新加坡、马来西亚和中国香港均设有分公司。

---

① ［美］施坚雅著，许华等译：《泰国华人社会：历史的分析》，厦门大学出版社，2010年，第224页。
② 吴朔麟：《暹南别录》，台北：台湾商务印书馆，1985年，第219—222页。
③ ［美］施坚雅著，许华等译：《泰国华人社会：历史的分析》，厦门大学出版社，2010年，第224页。
④ ［日］吉原久仁夫：《东南亚的"合成资本主义"与华人资本》，《东南亚学刊》，1990年。
⑤ 石维有：《泰国华商的资本原始积累》，《历史档案》，2008年第1期。

泰国的闽商并非都是来自国内，聚居在泰南的上万名闽侨，大都是从马来亚移居的。1942年前后，古田县籍华侨黄球春、杨福宁、林家昌、卓国泰、金万登、叶思明等200余人，从马来亚吡叻州来到泰国洛坤府的那汶和董里开垦种植橡胶。

此外，闽籍华侨在泰国南部的发展还与新加坡闽籍华侨李光前有密切关系。1927年，李光前创办南益橡胶公司，其后业务拓展至泰国和和印尼，公司不少闽籍职员因此而移居泰国。李成华，祖籍南安，1946年赴马来亚，起初在李光前的南益树胶厂任文书，3年后调泰国德美行任职。后自营制胶厂，任东源树胶有限公司董事长。李引桐，祖籍南安，早年赴新加坡谋生，初任职于李光前经营的南益集团，主持泰国的南泰树胶公司和香港南益分公司的业务。

闽商还经营茶业贸易。比如清末民初，漳州塔下张秋光、张明昌在曼谷创办"芳美"、"和安"商行而发家。

当然，闽商的经济活动也因方言群划分而各不相同。福建人早期多从事与海外贸易相关的职业，之后也在橡胶种植、锡矿开发、税收、对外贸易、商业等行业发展。[1]闽南人在泰国主要从事锡矿业、种植业（橡胶、胡椒等）以及五金、饲料、中药、养殖等行业。[2]福建西部的客家人是泰国闽籍华侨的重要群体，与闽南人、福州人从事的职业不同，客家人大多从事五金、铁业、药品等行业。

表7-2　泰国客属工商业调查录

地域	行业	籍贯	数量
京吞两府	木业	永定	2
	印刷		1
	虎标药品		2
	皮业		1
	中文报		3
	画报		1
	铁业		3
	五金		1
	制罐厂	诏安	1

---

[1] 黄素芳：《浅析曼谷王朝初期（1782—1910）泰国的华人方言区》，《八桂侨刊》，2012年第9期。
[2] 福建省地方志编纂委员会：《福建省志·华侨志》，福州：福建人民出版社，1992年，第93—94、96页。

续表

地域		行业	籍贯	数量
京吞两府		五金建筑	南靖	1
		五金		4
		铁业		4
		帽业		1
		白铁		1
		中西药	平和	1
		出品药		1
		体育用具	长汀	2
		制造羽球		1
东部七府	北榄府新城县哒叻	铁业	永定	1
			南靖	1
	万佛岁府旧网县	纱布洋杂	永定	1
		洋杂鞋业	永定	1
		纱布	永定	1
北部十五府	披集府挽汶纳县	五金	永定	3
	喃邦府直辖县	五金	永定	1
南部十四府	尖喷府弄喧县	五金	永定	1
		洋杂	永定	1
	尖喷府弄喧县弄喧港口	杂货	永定	1
	彝朗府直辖县	洋杂	永定	2
		锡业	永定	1
	彝朗府海山边	锡业	永定	1
	蓬雅府大旺哒叻	洋杂	永定	1
	蓬雅府高吧县	杂货代理色酒	永定	1
		布疋洋杂洋服	永定	1
		药材杂货	永定	1
		杂货	永定	1
	普吉府直辖县	饭店	永定	1
		药材	永定	1
		木业	永定	1

续表

地域		行业	籍贯	数量
南部十四府		洋服	永定	1
		铁业	永定	3
		白铁	永定	1
	洛坤府直辖县	五金	永定	2
	董里府直辖县	雕刻业	诏安	1
		土产枪械	永定	1
		代理商	平和	1
	宋卡府直辖县	铁店	永定	1
	宋卡府合艾市	药品	永定	1
		五金铁业	永定	1
		电镀	永定	1
	宋卡府合艾县康月哒叻	药材	永定	3
		铁业	永定	1
	宋卡府合艾县同伦哒叻	药材	永定	1
	也拉府直辖县	五金	永定	1
		杂货	永定	1
	也拉府勿洞县	胶业	永定	1
	陶公府鲁宿县	药材洋杂	永定	1
		土产杂货	永定	1
中部十八府	北标府景溪县	铁业	永定	1
	信武里府直辖县	五金	永定	1
	乌泰他尼府直辖县	铁业	南靖	1
	暧武里府直辖县	五金电具	南靖	1
东北部十五府	呵叻府北冲县	铁业	永定	1
	是刹吉府直辖县	旅馆	永定	1

资料来源：《泰国客属工商业调查录》，厦门大学东南亚研究中心藏。

20世纪20年代中期，马来西亚经济萎缩，大批福州十邑华侨从马来西亚再移民到泰国那汶、董里一带垦殖橡胶，其中以福州十邑华侨为多，人数达200余人，1927年又有福州十邑华侨上百人，由马来西亚迁居泰国。①30年代，泰国政府欢迎华侨参加开发森林、种植橡胶，旅居马来西亚吡叻州实兆远等地的福州乡亲，遂成群结队再移民入泰，多聚居于南部洛坤府那汶、曾里、孔章等地。经过数十年耕耘，经济稍有建树，事业逐渐扩展到泰南的董里、素叻、甲米，中部的春蓬，东部的罗勇、春武里、尖武里。职业从单纯种植橡胶扩展到其他经济作物、养殖业、运输业、土产贸易、矿产开采等。②至20世纪后期，泰国主要的语系集团的比例大约如下：潮州人60%，客家人12%，海南人12%，广州人10%，福建人3%，其他3%。③

第二节　近代泰国华侨华人经济

第二次世界大战后，銮披汶重新上台，从1948—1954年连续颁布6次统制货物出口法令，其涉及物品范围之广泛，给从事出口贸易的华人带来不小打击，加之泰国及华侨经济的急剧衰退，冲击到闽籍华侨占优势的传统产业，如锡矿业。华人在锡矿业中越来越不能与外国投资者及半官办性质的泰人企业竞争，大部分落入英国人手中。④

20世纪60年代以后，新兴制造业开始出现，闽商企业也参与了这一变革。如投资兴办合成纤维厂、畜牧场，经济活动有所扩大。如祖籍厦门的蔡志伟经营着泰国最大的合成纤维厂；其弟蔡志云则经营着玻璃纤维有限公司，两者均有相当规模。不少泉籍闽商也放弃传统经营的行业，转向投资金融、房地产、机械制造、塑料制造、成衣厂、棉纺厂、食品加工、旅游服务等行业，并与政府官员合作经商办企业，出现了不少巨商和大企业。

1975年，泰国华侨（华人）问题研究分组委员会发表了《关于泰国华侨问题报告书》，根据调查，居住在泰国的华侨华人，潮州人占56%，客家人占16%，琼州（海南）人占12%，广东人（指广府人）占7%，福建人占7%，其他占12%。⑤

---

① 福州市地方志编纂委员会：《福州市志(第8册)》，北京：方志出版社，2000年。
② 福州市地方志编纂委员会：《福州市志(第8册)》，北京：方志出版社，2000年。
③ ［美］施坚雅，许华等译：《泰国华人社会：历史的分析》，厦门大学出版社，2010年，第217页。
④ 施坚雅：《有关东南亚中国人的报告》，1951年，第80页。
⑤ 藤岛健一：《泰国华侨》，曼谷国际印刷有限公司，1975年，第15—16页。

表7-3 泰国华侨华人各帮人口的构成比较

帮派名称	施坚雅的估计（1955年）		台湾的估计（1968年）		泰国国家研究院的估计（1975年）		各帮派所占的比重	曼谷、吞武里地区所占比重
	千人	%	千人	%	千人	%	%	%
总人口数	2 315	100.0	3 799	100.0	4 400	100.0	100.0	65
潮州帮	1 297	56.0	2 127	56.0	2 464	56.0	60.0	70
客家帮	370	16.0	608	16.0	704	16.0	16.0	65
海南帮	278	12.0	418	11.0	523	12.0	11.0	60
广肇帮	162	7.0	266	7.0	303	7.0	7.0	85
福建帮	162	7.0	304	8.0	303	7.0	4.0	35
其他	46	2.0	76	2.0	88	2.0	2.0	65

第三节 20世纪以来泰国闽商主要行业及其发展

1855年，暹罗与英国签订《鲍宁条约》即《英暹条约》后，暹罗向全球资本主义市场打开了大门，急需大量劳动力，吸引众多来自中国沿海的闽粤地区移民。加上清政府在1893年正式废除海禁，闽人向东南亚移民迎来了新的高峰。随之从"厦门—香港—暹罗"海上航线也建成。到1860年代，虽然还没有从厦门到暹罗的直航，但是从厦门有定期轮船航行于香港之间，便于闽商从厦门港搭乘轮船经过香港至达暹罗南部。19世纪末20世纪初闽人是仅次于潮州人的第二大华侨华人族群。"一直到1917年止的大部分时期，福建人在移居海峡殖民地的华侨华人中是显要的语系集团，这一点也反映在马来半岛暹罗所辖的普吉（Phuket）、董里（Trang）、拉廊（Ranong）以及其他城市的侨民人口中"①。

一、20世纪初暹罗闽商主要行业及其发展（1900—1932年）

旅泰闽商移民中以漳州、泉州等闽南籍居多，也有少部分来自闽东和闽北山区。明代中叶起，漳州就有人乘帆船往暹罗（今泰国）经商。清代往暹罗的漳

---

① ［美］施坚雅著，许华等译：《泰国华人社会：历史的分析》，厦门大学出版社，2010年，第57—58页。(本数据原始出自：Great Britain, Foreign Office, *Annual Diplomatic and Consular Reports on the Trade of Amony, 1862—1893.*（London: Harrison and Sons, 1890）

州人逐渐多起来，多以部分村落较为集中的宗族式迁移为特点。如1885年，旅居暹罗的漳州诏安沈氏族人发起兴建"沈氏大宗祠"。民国初期，漳州平和县大溪乡壶嗣村吴氏族人已有近300人在北大年定居。云霄县曲溪村吴氏族人也有50多人到泰国当矿工。20世纪20—30年代，平和九峰、崎岭、下寨、芦溪等地陆续有人移居泰国。①《诏安县走马塘徐氏族谱》记载，其家族一到二十世共有37人移民泰国，《诏安吴氏通书》记载，在泰国族人有近100人；《诏安甲洲陈氏族谱》记载，有13人迁往泰国；《诏安溪南陈氏族谱（永思堂）》记载，有36人迁往泰国。

福州人移民泰国主要发生在20世纪初，开发泰南时，来自马来西亚的再移民。20世纪初泰国的许多福州籍华人来自马来西亚吡叻的实兆远，诸如民国二年（1913年），古田陈而滚（海南岛新民胶业公司奠基者）因家贫，随人漂洋到马来西亚，在一家橡胶园做工，七八年后自垦小胶园，后到泰国曼谷、那汶，开垦胶园100多英亩。这一时期另一突出趋向是在马来西亚的古田侨胞成批移居泰国。民国十三年（1924年）前后，有200余人从马来西亚吡叻州的实兆远到泰国洛坤府的那汶和董里开荒种植橡胶。民国十六年（1927年）又有百余名古田侨胞从马来西亚到泰国。先后担任那汶和董里华侨公会会长的林家昌、陈而滚、陈祖生，泰国福州十邑同乡会第一届理事会理事长余泽乾等都是此时由马来西亚移居泰国。胡克财曾任泰国驻中国重庆领事馆总领事，现任泰国外交部某局长。②

经济活动方面，由于相当严密的职业划分，在各语系集团中存在有重要的社会地位差别。潮州人和福建人处在最高的地位。税务承包商和碾米业主绝大多数是潮州人，其次是福建人。福建人在商人中也是显要的，尤其是控制着重要的茶业。不过，这三个语系集团的全部成员并不都是上层和中间阶层身份的人。暹罗南部的大部分锡矿工是福建人。③福建人早期多从事与海外贸易相关的职业，之后也在橡胶种植、锡矿开发、税收、对外贸易、商业等行业发展。④经济活动方面，闽南人在泰国主要从事锡矿业、种植业（橡胶、胡椒等）以及五金、饲料、中药、养殖等行业。⑤1926年暹罗取得关税自主权后，提高了西方工业品进口税，

---

① 安溪县地方志编纂委员会：《安溪县志》，北京：新华出版社，1994年，第56页。
② 李世振：《古田县姓氏源流及人口迁徙初探》，世界王氏网，http://www.wwdoa.com/2014/1120/18468.html，更新日期：2014年11月20日，引用日期：2016年12月5日。
③ [美]施坚雅著，许华等译：《泰国华人社会：历史的分析》，厦门大学出版社，2010年，第145页。
④ 黄素芳：《浅析曼谷王朝初期（1782—1910）泰国的华人方言区》，《八桂侨刊》，2012年9期。
⑤ 福建省地方志编纂委员会：《福建省志·华侨志》，福州：福建人民出版社，1992年，第93—94、96页。

从而刺激了一大批企业兴起，包括肥皂业、糖业、烟草业、棉纺织业、造酒等，其中华人资本亦占了相当大的比重。

（一）锡矿业

泰国是世界上主要的锡矿产区，集中在达瓜巴—普吉一带。闽籍华侨华人是泰国锡矿开发的先驱，在开拓和发展泰国锡矿方面，建立了不可磨灭的功劳。许泗漳（1796—1882年），原籍福建省漳州市龙溪霞屿乡，1820年左右到暹罗攀牙经商，经营出入口的航运生意，往来于槟城、普吉、拉廊等国内外沿海港埠，渐渐成为一方的富商。1844年取得拉廊的采矿权，与槟城闽籍同乡筹集资金组织一个开采锡矿公司。拉玛三世任命他为拉廊税务官，1854年，为拉廊府尹，集行政大权于一身的许泗漳承包当地的锡砂税、土产出口税、红烟及鸦片烟税、酿酒税、赌税和各项入口商品税等税收事务。①许氏家族等人开发泰南锡矿需要大量的劳动力，吸引了众多的福建人移居该地从事开矿等职业。随着移民的增加，普吉的华人从1870年的2.8万人增加到1884年的4万人，他们绝大部分是在锡矿场内工作。②为了解决矿工不足的问题，泰国政府还特别于1896年时提供4 640铢的资金给普吉府尹，令其直接从中国南方招聘1 820名华人。③暹罗锡矿的开采离不开华侨劳工的坚韧劳动。矿区的劳动条件十分恶劣，工作极其艰苦。特别是淘洗前的挖矿工作是非常繁重的，并且大部分工作在露天进行。除此之外还有热病和痢疾的威胁。就锡的产量来说，年锡产量为86 000picul（担），年普吉府出44 000picul（担）锡矿石。④许氏家族对泰南的开发做出了不可磨灭的贡献，拉廊居民点由一个不大的村庄变成一个有锡矿熔炼工场、码头、仓库的人口众多的采矿中心。许氏家族创立通卡港机械采锡公司，1906年开始用斗式挖泥船开采，产量占泰国锡矿总量的25.5%。⑤1907年，组建东方炼锡有限公司和东方航运公司，增强竞争实力，多方抵制专门收购锡矿的英国海峡贸易公司在泰国南部的扩张。由于封建宗法式经营模式的严重限制和英国资本的激烈竞争，1922年东方航运公司被英资海峡轮船公司收购，许氏企业集团逐步瓦解，许氏资本由整体走向了分散。⑥"马来半岛西岸抱杰省之采锡业，昔日皆在福建人手中。惟以采取之法幼稚，获利不

---

① 吴翊麟：《暹南别录》，台北：台湾商务印书馆发行，1985年，第219—222页。
② 转引自黄素芳：《浅析曼谷王朝初期（1782—1910）泰国的华人方言区》，《八桂侨刊》，2012年9月期。
③ 吴龙云：《14—19世纪暹罗华人的经贸发展研究》，台湾成功大学历史研究所硕士论文，2002年，第116页。
④ James C.Ingram: Economic change in Thailand, StanfordCalifrmia, Stanford University Press, 1971, p87.
⑤ ［日］吉原久仁夫：《东南亚的"合成资本主义"与华人资本》，《东南亚学刊》，1990年。
⑥ 石维有：《泰国华商的资本原始积累》，《历史档案》，2008年1期。

丰，近年已落于英人之手矣。马来半岛东岸之大啐省产金，华侨从事采掘者，有二三百人。"①

（二）橡胶业

泰国橡胶业的引进和发展也离不开许氏家族的贡献。许森美（1857—1913年），泰文名披耶叻沙拉·努巴立（Phya Ratsda Nupradist），许泗漳之幼子，被称为泰国"橡胶之父"。12岁时曾随父亲返回祖籍读了三年私塾，接受中国文化熏陶和教育。1893年，他藉官方出访马来亚之机引进移植马来西亚的橡胶在泰国种植成功并推广，成为泰国百年来的重要经济龙头。在许森美的引领下，20世纪20年代中期，大批福州十邑华侨从马来西亚再移民到泰国那汶、董里一带垦殖橡胶，人数达200余人，1927年又有福州十邑华侨上百人，由马来西亚迁居泰国。②

（三）包税商

资料显示，从阿瑜陀耶王朝时期（1350—1767年，即大城王朝）开始，主要由华侨参与的包税制度就在暹罗施行。③许多闽商，通过包税获得财富。1769年，一个名叫吴扬（Wu Yang）的福建人被达信王授予在宋卡（Songkhla）附近两个岛屿承包燕窝税收（Revenue Collection）的权力。吴扬祖籍福建海澄县西兴村，于1750年到暹罗荒凉的宋卡谋生，宋卡系我国《隋书》记载的"赤土国"，又称孙姑拉。现宋卡是泰国一府辖县，为泰国南部的重镇。吴扬在吞武里时期被郑信王任命为宋卡的燕窝税吏。郑皇信因为吴扬每年都按时解上税款，便于1775年通过任命他为宋卡的总督（the governor）以回报他作为"一个诚实的、有效而成功的税收承包者"，城署就设在直辖市的廉松地区。

拉玛三世对国家税收制度进行改革。首先，将征收实物税改为征收现款；第二，明显扩大了包税制的使用，新增加了38种税项。包税制的实施，使国家获得了稳定的巨额收入来源，加强了中央对边远省区的控制和经济联系，同时也为以华商为主的包税人提供了丰厚的收入。如1835年拉玛三世采纳华商拍耶殷特拉阿功的献策，在曼谷范围内开设赌馆和花会馆，由包税商负责承包国家的赌税和经营赌馆业务，拍耶殷特拉阿功被任命为第一任赌场包税商，由另一位来自福建的林姓华商担任花会税官一职。

---

① 李长传：《南洋华侨概况》，国立暨南大学南美洲文化事业部印行，1930年，第43页。
② 福州市地方志编纂委员会：《福州市志（第8册）》，北京：方志出版社，2000年。
③ 转引自沈燕清：《华侨与暹罗曼谷王朝时期的包税制度》，《南洋问题研究》，2008年第3期。

19世纪末20世纪初，在整个东南亚，税收承包制度以惊人的速度走到尽头。暹罗的包税制度也不例外。政府在1907—1908年度和1908—1909年度将鸦片贸易收归国有，并取消了鸦片承包税。1900年政府开始减少赌馆的数量，1906—1907年度取消内地各府的赌博承包税。曼谷的彩票和赌博的承包税到1916—1917年度被取消。1909年，政府开始对各地方制酿的酒直接征收消费税。"承包饷码之利如何，此事过于杂碎，材料日久残缺，难于收集。统计研究，惟鸦片专卖年月报告略可踪迹。其所卖之数，除去成本与入口之税及经办此事者之费用，即此事之纯利，政府专利则利归政府，华人承码则利归华人，兹列其总数如右：……暹罗1920年23 221 569匹（据暹罗政府1920年之统计）……暹罗鸦片烟码，向华商承办至1910年始收回政府自办，1909年华商人承办之数为9 652 532匹，政府翌年自办收入之数为14 514 454匹，相差之间为500万匹，获利之巨，颇觉惊人。无怪乎南洋各处当局，如出一辙，均收回专卖。"[1]

(四)商业贸易

表7-4 部分泰国闽商的职业

姓名	籍贯	字号	行业/职业	活动地区(商号/公司)
白青云	福建安溪	字锡登	杂货、火油和锡矿业	暹属之通扣埠；万振泰公司；建立公司
陈伯钟	福建	名伯钟、字石庵	教师、教务长	暹罗高巴埠
陈家生	福建漳州，生于新加坡		书记	暹船公司
陈文敏	福建思明	名文顺	巴士车业、帆船业	新加坡(振福兴店)；暹罗
陈文赛	福建南安	字少雪	工业、水客商	新加坡、槟城；瑞兴杂货小商店；暹政府工部局
陈振丰	福建；生于暹罗通扣	号心丰	什货海或业、采锡矿、树胶园	振丰酒店；万丰；丰源
郭笑山	福建龙岩	字荫轩		暹罗通扣埠(万年芳药店)
江晃西	福建诏安	字晃西	教师	暹属宋卡正德学校；霹雳邑眼色海东华；槟城(南洋时报)

---

[1] 温雄飞:《南洋华侨通史》,东方印书馆,1927年,第227—228页。

续表

姓名	籍贯	字号	行业/职业	活动地区（商号/公司）
李源水	福建安溪	名源水、字南生	矿产业、商业	暹罗通扣埠；怡保
梁文阵	福建南安	名文辉、字其军	商业	暹罗宋卡埠（复春号）
林本道	安溪罗岩		茶业	暹罗；新加坡；永泰
林推迁	福建海澄	字宝善	商业	新加坡（瑞丰盛总行）；龙汶港（宝盛钨锡矿）；香港（瑞记矿局）；惠州（林推迁矿务公司）；槟榔屿（恒茂丰记公司）；暹罗（万成兴行；三轮船）
林文笃	福建永春	字成谋	商业、锡矿业、屋业	暹罗高吧埠（永成号布庄）
林文对	福建海澄		矿业	暹罗（万荣号；万振公司）；粦郎（林氏九龙堂公司）
林泽恭	福建		耕、小贩、土产杂货业	缅甸；暹罗
林忠猜	福建南安		商业	暹属之千冬埠
王文礼	福建海澄	字章乐	铁类杂货业	暹罗董里什埕埠；成美疋头店
吴拔奇	福建平和		锡矿业	暹属大年埠（义隆垦植有限公司）
吴香乞	福建平和			暹罗大年（和记）
伍水俊	福建南安	字源郊	种植业	暹罗董里埠；槟城（福泉成号）
萧完毂	福建安溪	名麦	打锡业、布匹商、锡矿业	槟榔屿；暹罗通扣；源昌号；万源发锡矿号
许岳东	福建东山		商业	新加坡（陈嘉庚公制造厂）；暹罗（致和栈源丰米行；泰利号）
杨恒足	福建三都		布匹、土产、树胶	槟榔屿；直落安顺；暹西；万源美；酒公司日杨水源；帆船来往暹槟
曾杰	福建平和	字英才	矿商	暹罗高吧埠（绵集茂商号）
曾贻谋	福建龙溪	字正第	锡矿业、制造雪文	暹罗董里什呈埠（荣荣公司）
郑尔龙	福建永春东门	名有萍	建筑业	槟城；永万发朱律店；怡保；永万美树胶公司；永万裕土产公司于暹之勿洞

续表

姓名	籍贯	字号	行业/职业	活动地区（商号/公司）
郑美经	福建永春			雪兰莪港口；暹罗勿洞埠（新成美什货土产店）
郑锡宾	福建南安	字金拐、字君持、又字寿星	商业	暹罗（利金号）

资料来源：整理自林博爱编：《南洋名人集传》。

福建人在商人中也是显要的，尤其是控制着重要的茶业。清末、民国初，漳州塔下张秋光、张明昌在曼谷创办"芳美"、"和安"商行而发家。清代移居泰国的有20余人，民国时期移居泰国的有120余人。① 漳州诏安游子光（1883—1951年），又名太尊，秀篆人。幼年家境清贫，父耕母织。光绪二十九年（1903年）游子光南渡暹罗（泰国）谋生。初在乡村垦荒种植，后收购农产品至京城曼谷贩售，获利甚丰。进而在曼谷开行坐店，经营土产，数年后遂成巨商。民国七年（1918年）游子光回乡完婚，第二年重返曼谷，并带去家乡酿酒技术，以后便利用当地水果资源酿制各种果子酒和饮料，由于风味独特，很受欢迎，生意日隆。

二、经济泰化政策对闽商主要行业的冲击（1932—1945年）

1932年，泰国军人发动政变，建立了君主立宪制国家政体，历史上泰国华侨华人与当地政府和人民的关系十分友好融洽。但是，进入1932年以后，随着"大泰族主义"思潮的膨涨，以及日本帝国主者从中唆使挑拨，从而导致20世纪30年代末至40年代初期泰国排华运动的掀起。泰国政府的华侨华人政策开始发生巨大变化。政府宣布"唯国主义"信条，以泰族利益高于一切为由，对非泰族人民进行迫害，人数众多的华侨华人因此蒙受深重灾难。在政治上，制造华泰间的民族隔阂和对立；在经济上对华侨华人资本进行限制；在文化上极力摧残华侨华人文化传统，取消华文教育和华文报纸。排华政策的推行，不仅伤害了华泰人民之间在长期劳动生活中所建立的兄弟情谊，也深深危害了泰国的商业经济。② 例如，他们曾规定外侨不得在泰国购买土地；不得涉及政府所禁止的一些职业；也

---

① 南靖县地方志编纂委员会：《南靖县志》，北京：方志出版社，1997年。
② 王伟民：《一九三二年君主立宪制确立前泰国王室对华人政策浅析》，《南洋问题研究》，1988年第2期。

不得在商业活动中谋取暴利。另外，泰国政府还加强了对工商业活动的管制，并将部分华侨华人商业企业纳入政府控制之中。由于泰国政府采取了这些政策措施，加之华侨华人在宗教、文化等方面与泰国土著人有许多相同或相近的特点，因此，泰国华侨华人的同化速度远远超过了其他东南亚国家。

1932年暹罗革命，1932年8月暴发华工罢工潮，第一次，曼谷人力车夫、华侨华人女杂工罢工事件。1934年初，泰国历史上最大的一次碾米厂罢工，罢工失败，7名组织罢工的华工被驱逐回国。翌年，泰国政府通过一项法律，规定碾米厂至少需雇佣50%的泰族工作。在这一年，其他几次华侨华人罢工也均以失败告终，结果不是泰人取代了华侨华人原有的工作职位，就是提高了泰工的比例。

特别是1938年经济泰化政策出台后，拍凤政府（1933—1938年）民族主义抬头，华侨锡矿、橡胶等业受到很大冲击。到20世纪30年代，由于西方人投入锡矿山的资本远远超过华侨华人，经营的锡矿数量大大增加，也吸引了华籍劳工，至此华人炼锡工业完全绝迹，这其中当然包括福建人所投资的锡矿。而在橡胶业，华人并未受到影响，福建人在种胶和刈胶中占有一定优势，并且垄断着橡胶交易。如漳州诏安籍华侨许秀峰由于在开办的"大友秋洋行"破产后，于1933年前往暹罗陶公府，并于1940年与人合资创办"联成公司"，经营橡胶业。1944年"联成公司"易名为"万成股份有限公司"，扩大股份，并设有橡胶园、制胶厂。漳州云霄籍华侨张笃生1935年从新加坡泰国也拉府经商，创办成昌橡胶公司和汇川橡胶有限公司，任董事长兼总经理。

进入20世纪30年代，部分泉籍华侨经济上有了较大发展，出现少数富商巨贾，著名的有：蔡铁民，南安人，在乃佛和弄宣拥有吉兴、吉利、泉南等4个矿务公司，矿区内自筑铁路通往码头，并拥有酒厂、火砻厂、戏院、百货公司等多家工商企业。叶金剪，南安人，出生于泰国，自幼从商，至30年代已拥有多家公司，主营海运、锡矿洗运、建筑等。苏廷芳，晋江人，经营和盛栈出入口公司。白锡碧，安溪人，经营锡碧斯记银信局、义和发有限公司（主营茶叶）、三九茶行，[①]他还经营泰国亚洲天然蜜公司及信行（民信局）。陈芳明，原籍安溪县金谷乡溪榜村。1938年往泰国经商，在宋卡府、会艾市等地开设合艾霜厂、宋卡霜厂、那他威霜厂、北拍允霜厂等4家两合公司及庆明机械厂，还在香港投资

---

① 泉州市地方志编纂委员会：《泉州市志》，中国社会科学出版社，1996年。

创办机械厂，为泰国有名的华侨企业家。

安溪人在泰国经营多种行业，早期较为突出的是经营茶叶生意，从清代到民国时期直至新中国成立后，安溪人在泰国经营的茶店茶庄茶行达数十家。民国期间又有不少人到泰国经营茶叶或其他生意，主要来自西坪、龙门、虎邱三个乡，他们多数分布在首府曼谷和附近一些城镇。这一时期，由安溪籍、南安籍华侨经营的茶叶行（店）销售网络逐渐遍布泰国各大中城市，其中尤以安溪籍华侨经营的行店为多，泰国有白锡碧的义和发茶行和三九茶行、王清时的集友茶行、白金凤的炳记茶行等20多家。规模较大、资金雄厚的茶行有王孝星的瑞珍茶行、王孝梅的瑞珍号茶行、王杏的瑞珍公司、王汉忠的德芳茶行、廖雪廉的阳春茶行、王孝谨的有记号茶行、王新震的有记茶行、王清时的集友茶行。此外，还有王岳的福记茶行、王伍的鼎记茶行、王得福的恒泰茶行、王六福的恒春茶行、王宏的谦记茶行、白金凤的炳记茶行、王温柔的建丰茶行。这些茶行，都以经营尧阳红心铁观音闻名，有一些茶行拥有多间茶庄、茶店。①

20世纪30年代，暹罗政府欢迎华侨参加开发森林，种植橡胶，旅居马来西亚吡叻州实兆远等地的福州乡亲，遂成群结队再移民入泰，多聚居于南部洛坤府那汶、曾里、孔章等地。经过数十年耕耘，经济稍有建树，加以人丁增多，事业逐渐扩展到泰南董里府、素叻府、甲米府，中部春蓬府，东部罗勇府、春武里府、尖武里府。职业从单纯种植橡胶扩展到其他经济作物、养殖业、运输业、土产贸易、矿产开采等。②

北大年华侨吴学廉，祖籍漳州平和县大溪壶嗣（今后时）村，1937年与同乡侨胞筹资1.2万银元，在家乡创办壶峰小学。1933年，漳州诏安籍华侨游子光采纳李济琛建议，举家回国发展金融事业，投资汕头"华侨银行"，出任该行董事及经理。游子光热心家乡公益事业，捐资在家乡陈龙村创建"民生学校"，免费招生入学，他还捐资在秀篆牛角墟铺桥造路，在诏安与平和交界处、诏安与广东茂芝接壤处各建凉亭，方便行人。1943年，泰国中医药界泰斗、祖籍福建漳州市平和县的杨友政捐资5 000银元资助家乡新建福塘小学。

---

① 泉州市地方志编纂委员会：《泉州市志》，中国社会科学出版社，1996年。
② 福州市地方志编纂委员会：《福州市志（第8册）》，北京：方志出版社，2000年。

三、第二次世界大战后中泰关系的调整与闽商主要行业变化发展（1945—1975年）

第二次世界大战后，泰国政局一直不稳，加之20世纪50年代执政的銮披汶政府采取了加快发展国营企业的方针，因此泰国华人经济发展较为缓慢。直到1958年沙立·他那出任政府总理后，华人经济才出现新的转机。从20世纪60年代开始，泰国政府接受了世界银行调查团的意见，决定采取发展私营经济为主的方针，政府也采取措施努力为民间资本发展创造良好的投资环境，并提供电力、通讯及其他基础设施，从此，泰国经济进入了一个全面发展的时代，一些大型的华人企业集团也正是在这个时期迅速崛起。1956年，泰国放宽加入当地国籍条件，华侨加入当地国籍的人数大量增加，闽商在泰国崛起。

1949年5月，泰国进行经济政策调整，福州籍华侨集中于南部与北马交界的半岛地区，以经营锡矿、种植（橡胶、胡椒、水果、蔬菜）、五金、饲料、中药、养殖业为主。①根据施坚雅教授的统计，1955年福建人占泰国华人总数的7%，约为16.2万人，在整个暹南自拉廊以南直至董里占优势。②据1958—1959年福清侨联会统计，泰国有福清籍华侨、华人4户28人。

古田华侨由马来西亚迁至泰国的较多。初时主要聚集于洛坤府的那汶埠、曾里埠、孔曾埠。第二次世界大战后，扩展到素叻府辖下的万松、蒲丕、那山池差那，春蓬府的南马弄宣、日安马立。1958年，距曾里埠千里之处的罗勇府也开拓新胶园，成为古田华侨密聚之地。京都曼谷、陶公、惹拉、守卡、洛坤、董里、普吉、素叻、春蓬、罗勇、浩迈诸府亦有古田侨胞。③

（一）锡矿业

第二次世界大战造成泰国及华侨经济的急剧衰退，冲击到闽商占优势的传统产业，比如锡矿业。闽商在泰国锡矿业中的地位在战后时期有所下降。据估计，在普吉府大约有2/5的矿工是福建人。华人在锡矿业中越来越无法与外国投资者及半官办性质的泰人企业竞争，④大部分落入英国和澳大利亚之手。如1950年，泰国25个最大的锡矿场，有22个属于这两个国家的垄断资本。此外，英国资本

---

① 福州市地方志编纂委员会：《福州市志（第8册）》，北京：方志出版社，2000年。
② ［美］施坚雅著，许华等译：《泰国华人社会：历史的分析》，厦门大学出版社，2010年，第219—220页。
③ 古田县地方志编纂委员会：《古田县志》，北京：中华书局，1997年12月。
④ ［美］施坚雅著，许华等译：《泰国华人社会：历史的分析》，厦门大学出版社，2010年，第344—345页。

还同泰国政府合办了一些垄断企业，例如：为了开采普吉岛与大陆之间的海底锡矿，建立了英泰联合公司康采恩—阿奥卡姆锡矿有限公司。这家公司的股份，泰国资本占49%，英国资本占51%。

表7-5　泰国锡矿产量与输出（1955—1960年）

年份	产量（万公吨）	输出量（万公吨）	输出值（亿铢）	其中输往美国数量	
				（公吨）	（亿铢）
1955年		1.56	4.41	3 899	1.01
1956年	1.76	1.75	5.07	2 488	0.68
1957年	1.90	1.83	5.31	5	
1958年	1.08	0.9	2.55	361	0.1
1959年	1.34	1.37	4.34	2 751	0.88
1960年	1.67	1.71	5.37	1 324	0.37

资料来源：《泰国银行每月公报》，1961年7月；《亚洲及远东经济观察》，1958年、1960年。

（二）橡胶业

从1947年以来，泰国橡胶生产的发展已经远高于战前水平。但是华人的橡胶产量在总产量中所占的比重是下降的。1949年，向橡胶管理处登记的中国籍橡胶园主为7 610人。虽然这个数字占橡胶园主总数不到10%，而中国籍橡胶园主所占的橡胶园面积却达到总面积的25.8%。据估计，在登记为泰籍所有的橡胶园中，有1/3到1/2事实上是华人所有。1954年1月1日的比较数字指出，橡胶园主中的华人地位正在下降。中国籍橡胶园主的数字（7 618人）实际上没有改变，但是泰籍橡胶园主数字的增长使中国籍橡胶园主的百分比下降为总数的7.5%。泰国橡胶生产所雇佣的橡胶工人约有6万人，其中大多数是华人，但是华人所占的比重在朝鲜战争期间已相当下降，因为华人移入暹罗实际上在朝鲜战争发生之前已经停止。客家人在割胶工人和种胶工人中占优势，而福建人在橡胶加工业和橡胶成品贸易中占优势。①

第二次世界大战前，诏安侨民多从事水产业，第二次世界大战结束后，百废待举，诏安海外乡侨与当地人民一道，克服困难，再建家业。泰侨许秀峰在原经营橡胶业的联成公司基础上，招股增资，易名万成股份有限公司，置建橡胶园和

---

① ［美］施坚雅著，许华等译：《泰国华人社会：历史的分析》，厦门大学出版社，2010年，第344—345页。

炼胶厂,由于产品适应战后的广泛需求,销路大开,公司一跃成为泰国橡胶业的佼佼者;1950—1952年间,"万成股份有限公司"有较大发展,许秀峰成为泰国橡胶业的佼佼者。

华侨华人企业家李引桐对泰南橡胶作出巨大贡献,1983年3月16日,受到泰国总理炳·廷素拉暖的嘉奖。李引桐(1913—),福建财安人,马来西亚企业家,也是在泰国投巨资的华人企业家。1927年,李光前在马来亚麻坡创办南益橡胶公司,后来还在泰设立南暹公司。第二次世界大战后,1948年李光前聘李引桐为南益公司总巡,并派他处理泰国橡胶业务。从此,李引桐才开始在泰国创业。1954年,李引桐向泰国盘谷银行贷款,买下南暹公司产业后创办了自己的德美行,并任董事长。李引桐收购泰南2400亩橡胶园,种植的都是当时东南亚认为最好的被称之为606的最好树种。德美行在泰国南部的合艾市,过去只是小村庄,如今已成为泰南经济枢纽,有"小曼谷"之称。[1]

(三)新兴制造业

20世纪60年代以后,新兴制造业开始出现,闽商的企业也参与了这一变革。如投资兴办合成纤维厂、畜牧场,经济活动有所扩大。如祖籍厦门的蔡志伟经营着泰国最大的合成纤维厂;其弟蔡志云,则经营着玻璃纤维有限公司,二者均有相当规模。[2]不少泉籍华商放弃传统经营的行业,转向投资金融、房地产、机械制造、塑料制造、成衣厂、棉纺厂、食品加工、旅游服务等行业。并与政府官员合作经商办企业,出现了少数巨商和大企业。著名的泉籍华商有叶金剪、苏国世(晋江人)、李引桐、吕联碧、李成华(均为南安人)、白锡等人。石狮人陈德树,1960年往泰国,执掌泰国文兴企业集团,在东南亚和中国香港、台湾有上百家公司、企业和联号。蔡志伟、蔡志云兄弟,晋江人,20世纪60年代与其二姐蔡悦诗、二姐夫丁政曾从香港前往泰国投资,联合创办太平洋金融、美固玻璃纤维、开源棉纺有限公司等10多家公司、企业。晋江人王天赐,20世纪60年代往泰国投资,设立天赐织染厂两合公司,属下有8家工厂和联营企业。安溪人陈芳明,在宋卡、合艾开设合艾霜厂、宋卡霜厂、那他威霜厂、北拍允霜厂等4家两合公司和庆明机械厂。

泰侨王流溪创办的暹罗铁业有限公司和王源兴印色哗厂有限公司,为曼谷

---

[1] 冯子平:《泰国华侨华人史话》,香港银河出版社,2005年,第164—165页。
[2] 厦门地方志编纂委员会:《厦门市志》,北京:方志出版社,2005年,第3402—3403页。

大型跨国企业,曾两次荣获泰皇颁发一级白象勋章;泰侨沈云成、沈云豹与美国、日本客商合办运通国源贸易有限公司,下设一厂、二厂,主要生产制冷压缩机,进出口业务遍及五大洲;还有泰侨沈镇海的银星电子有限公司、沈桂阳的祥隆兴有限公司、陈克龙的宜泰纸业有限公司、沈荣忠的槐巧永和隆木业、张祥生的两合公司属下的泰生树果粉厂、泰生农场、泰生汽油等企业都具有一定的规模效益;20世纪70年代以后,华裔开始崭露头角,有泰国沈承鑫的沈氏油轮船联合有限公司,沈炎龙的新裕隆两合公司,沈炎松经营的振发丸粉无限公司和沈镇海、沈镇河经营的泰国饲料实业(大众)有限公司。①

(四)中医药业

泰国中医药界泰斗杨友政,祖籍福建漳州市平和县。为了谋生计,清光绪二十四年(1898年)随舅舅下南洋,从汕头港乘船,经过七天七夜的海上颠簸,到达泰国曼谷。1910年,27岁的杨友政在曼谷华人聚居区越迪四角创立"福安堂药行"。其长子杨锦忠(1924—1999年)3岁时回中国读私塾,8岁返泰国读中文、泰文。早年他对传统中医、中药、泰古医有较深入的研究,掌握了医务、制药技能及经营业务,爱好养殖业,建有养蜂场、动物场及果园。杨友政逝世后,他继承父业,带领弟妹开拓发展福安堂产业,重建福安堂七层主楼,创办福安堂无限公司(后又成立福安堂有限公司),自任董事长兼总经理。他先后果断地适时收购传统古方药的光明五幅标有限公司和生产著名止咳水为主的虎星标药业有限公司。现这两家药业公司均通过GMP生产标准。20世纪80年代初,杨锦忠有幸随时任泰国总理的差猜上将访问中国,就泰国与中国的贸易投资进行磋商。有中国的医药公司愿与福安堂无限公司进行贸易合作,让福安堂代理中国中成药在泰国的销售。从此,福安堂开始进口中国中成药业务,获得包括国内外各大品牌的总代理权:北京同仁堂的乌鸡白凤丸等十大国药,漳州片仔癀,杭州的铁皮枫斗精,山东烟台的至宝三鞭丸,马来西亚的风痧丸……成为泰国第一家经营中成药的商行。②

泰侨沈天河在曼谷为患者诊病,以创制以"五蜈蚣"为商标的中成药,行销东南亚,1954年,投资创办沈天河药行;对中医学颇有造诣的张惠民群也在北柳府开设济安堂药行,后被选任泰国中医总会理事长,在泰国传播中国传统医学。③

---

① 诏安县地方志编纂委员会:《诏安县志》,北京:方志出版社,1999年。
② 郑来发:《杨锦忠家族与泰国福安堂》,《闽南日报》,2013年12月26日。
③ 诏安县地方志编纂委员会:《诏安县志》,北京:方志出版社,1999年。

20世纪50年代泰国政府驱逐华侨，有一部分的闽商被迫回到祖国，他们被安置在福建、海南的华侨农场或是投身到社会主义建设事业中去。如祖籍福建古田泰国归侨李景莹，其父亲和大哥、小哥于1950年回到海南，1952年，在其16岁时随同母亲回到海南与父亲团聚。回国后被安置在海南的兴隆华侨农场，1954年到福建的集美华侨补习学校学习，在校期间从事自行车训练，成为一名优秀的自行车运动健将。[1]1951年6月，为响应祖国建设海南，开展海南的橡胶种植业的号召，祖籍福建古田县的华侨林昌发带着妻儿全家回祖国到海南保亭县。在原洛坤府侨领之一的陈而孔先生带头下，林昌发投资十四股，参加创办三道华侨农场。[2]1950年，泰国銮披汶政府上台后，进一步迫害进步华侨，泰国政府将一批难侨"驱逐"出境。福建永春籍华侨林世雄于1951年2月3日乘"美福轮"回到国内，其回国后历任海南侨务局干部、科长、兴隆农场文教科长、乐东县抱由公社第一任社长、乐东县农垦局副局长、保国农场副场长等职。他扎根海南，为海南热带经济作物的开垦繁殖做出了很大的贡献。[3]

1951年，移居泰国10年的郑德郁返回永春并很快投入到建设新中国的大潮中。两个月后，他当选县侨联会副主席。此后历任侨联主席、县人大副主任、县政协副主席等职务。1954年，"华侨子女补习学校"（即永春侨中的前身）创办，"刚办时，缺教师，缺资金。"永春侨中陈老校长说，"郑德郁不仅为侨中创办出了很多力，他还来帮忙教体育，并长年帮忙支付教师工资。"除侨中外，郑德郁还参与扩建三所中学及新建和扩建小学20多所。在郑德郁等归侨、侨眷的共同努力下，永春教育欣欣向荣。1959年，时任县政协常委的郑德郁在政协会议上发言说，十年来，归侨侨眷们捐资200多万元，兴建扩建了41所中小学校舍。[4]

1957年，北硿高级农业生产合作社转为永春北硿华侨农场，陆续到北硿安家的新、马、菲、泰难贫侨86户、223人。为了进一步发展水果生产，农场派人到诏安县走马塘学习柑桔上山经验。举办红专学校，组织归侨青年学习政治文化和生产技术，培养技术人才。

1949年10月1日，新中国成立，海外侨胞欢欣鼓舞。在泰国的国民党分子不

---

[1] 归侨"口述历史"：《泰国归侨运动健将李景莹像爱自己的生命一样，热爱自行车运动》，http://www.xmqs.org/old/qjlw/06ksls/060512-c1.htm
[2] 泰国归侨谊会《英魂录》编委会：《泰国归侨英魂录》，北京：中国华侨出版公司，1989年，第303页。
[3] 泰国归侨谊会《英魂录》编委会：《泰国归侨英魂录》，北京：中国华侨出版公司，1989年，第199—200页。
[4] 永春新闻网：《海外乡亲倾情永春教育百年史话（六）》，http://www.ycxww.cn/content/2015-01/13/content_5025499.htm

甘心其失败，竟交结泰国军人政权，大肆逮捕华侨进步人士。许秀峰被列为逮捕对象，妻子又不幸病亡，终于1955年5月携子乘坐"难侨船"离泰回国。许秀峰回国后，历任诏安县归国华侨联合会主席、诏安县政协第一届委员会副主席、诏安县人民委员会委员，福建省华侨事务委员会委员。任职期间，许秀峰积极协助政府贯彻执行国家侨务政策，扎扎实实开展侨联工作，把侨联办成"华侨之家"。许秀峰热心家乡经济建设和教育事业。他倡办华侨垦牧场和华侨机器厂，带头投资进口卡车和刨车等设备，为繁荣侨乡经济和安置归侨侨眷就业作出贡献。1958年，许秀峰还联合几位归侨捐资在桥东创办"华侨补习班"，后扩大为"华侨补习学校"，帮助回国升学的华侨学生补习功课。

四、时代转折：中泰建交后闽商经济的转型发展（1975—1999年）

泰国现有以经商为主的福建人30多万人，许多已成为泰国社会的中坚，进入社会的主流。闽商的前18名东南亚富豪资产分别占印尼、泰国、新加坡、马来西亚、菲律宾全国国内生产总值（GDP）的9%、21%、32%、36%、38%。而这仅仅是上榜的18名闽商富豪创造的奇迹，（10亿美金以上的资产才能上福布斯富豪榜），没上榜的资产在10亿美金以下的应该更多，如果都算上相信数据是很惊人的，即使抽出前100人也能富可敌国，且仅限闽商。

从1974年至今是华侨华人地位雨后初晴时期。在这期间，中国领导人多次出访泰国，使中泰两国友谊得到了恢复和发展，给华侨华人增添了一股无形的力量。因此，华侨华人经济出现了"重起炉灶，迂回创业，多业发展，引进外资"的崭新格局。许多华侨华人工商业者已经改变过去单一的经营方法，向多元化和跨国公司方向发展。

在1975年中泰建交，泰国国务院于同年9月16日决定进一步放宽境内华侨入籍条件，当时的泰国总理克立·巴莫正式宣布："华人申请入境，泰国政府尽量给予方便，并放宽手续，入籍后也可不必改换泰名字"。至1980年，在泰国内境内数以百万计的中国移民及其后裔中，仍保留中国籍者只剩下29.4万人，其中大部份是50岁以上的老年人。[①]泰国放宽入籍政策，一方面，华侨华人与当地政治融合的步伐加快，闽侨社会结构发生了悄然变化，在此政策的推动下，闽商以公

---

① 暨南大学东南亚研究所，广州华侨研究会编著：《战后东南亚国家的华侨华人政策》，广州：暨南大学出版社，1989年，第98—99页。

民身份参政并向泰国上层社会流动的案例增多。另一方面，闽人重新掀起向泰国移民的浪潮。这些移民的类型有留学、投资、经商、访亲等，新移民的注入，使得泰国闽籍华人社会也发生了新的变化。泰中建交以来，闽商在推进泰中友好关系的建立、泰国华侨加入泰国国籍、泰中两国经济贸易的往来、中国—东盟自由贸易区的发展、和平事业和区域安全事务的维护、中华文化的传播以及公益慈善事业的参与等方面都取得了令人瞩目的成就。

泰国的对外投资是以华商企业为中心进行的。华商企业集团跨国经营的开展和华商经济国际化程度的提高，有力地促进了东南亚各国对外经贸合作的蓬勃发展，为东南亚国家拓展海外市场、密切与世界各地的经贸合作关系作出重要贡献。泰中建交后政治关系的顺利、稳步发展，为泰中双方开展经济合作创造了条件。随着中国改革开放政策的实施，使得泰中两国政治外交、经济贸易和科技文化各个领域进行着富有成效的交流和合作，大大促进了两国经济关系的发展。泰国一位高级官员在1995年7月的中泰关系研讨会上表示："泰国工商界华人可以充当通向中国经济的桥梁。"[1]据中国官方统计资料，1984—1989年，泰国在中国直接投资的实际使用额已达6.34亿元。同时，泰国也实行欢迎和鼓励中国到泰国投资的政策，1988—1989年，中国对泰国投资达7.8亿美元，投资项目23个。[2] 2003—2008年，中国对泰国投资高达16亿美元。[3]

2013年习近平主席提出了"一带一路"战略构想，中泰贸易开始了一个新的征程，2014年中泰双边贸易额为726亿美元，是1975年的近300倍。中国目前是泰国最大贸易伙伴、出口市场和最大游客来源地。有鉴于此，不少闽籍泰国华侨纷纷将投资眼光转向国内，上文所述陈德启、陈德树等均在国内有所投资，为闽籍泰国华侨开启了新的篇章。

（一）橡胶业

20世纪30到70年代可算是泰国橡胶业的青春期，这个时期内，由于第二次世界大战等一系列重要变革引发的橡胶需求急剧增加，泰国的橡胶种植进入到迅速发展的阶段，种植面积也迅速扩大，超过50万公顷。20世纪80年代初至今，则是泰国橡胶的起飞和鼎盛时期，这一阶段，泰国橡胶的播种计划得到了世界银

---

[1] Far East Economic Review, 11 Jan., 1996. 转自余定邦、陈树森：《中泰关系史》，北京：中华书局，2009年，第390页。
[2] 郭梁著：《东南亚华侨华人经济简史》，北京：经济科学出版社，1998年，第198页。
[3] 本数据是根据《中国商务年鉴2009年总第26期》中的《中国对外直接投资存量表2003—2008年》统计得出。

行的资助,而迅速发展。到1991年,泰国的天然橡胶产量达到了134万吨,泰国也因此超过比自己更早开始橡胶种植业的马来西亚等国,成为世界橡胶之"王"。

福州十邑乡人林立盛(泰名:叻差·基迪蓬),祖籍福建古田大桥镇,1957年出生于泰国一个以橡胶业为生的华商家庭,是第三代华裔。很早以前,其祖父就从福建前往南洋,辗转于马来西亚、泰国之间,艰苦创业,开发橡胶园。林立盛自小就对"做企业家"充满兴趣,喜欢看着父亲做生意。14岁时,父亲因病去世,突如其来的灾难让林立盛生平第一次体验到生活的残酷。

1978年林立盛接管父亲留下的橡胶工厂。林立盛最初接手橡胶工厂时,只有21岁,虽然说经过几年学习和摸索,他已对橡胶厂的生产管理驾轻就熟,但对买卖方面却还是一知半解且毫无经验。一边是祖辈创下的基业,一边是不可把握的橡胶市场。面对着客户的不信任和长辈的规劝,站在十字路口的林立盛并没有气馁。为了继承和发扬父亲的事业,也为了自己的前途和希望,林立盛开始硬着头皮向前冲。此后,他的经营才智不断得到发挥,客户资源也不断扩展,橡胶生意稳步向前推进。1985年成立了泰国泰华树胶(大众)有限公司,前身为泰华树胶有限公司,1991年被列为泰国最大的生产和销售橡胶的公司之一,1996年改名为泰华树胶(大众)有限公司。公司总部设在曼谷,拥有遍及泰国的18家工厂。1978年他接手父亲的橡胶厂时,公司每年产橡胶只有50吨的规模,经营业务只局限在泰国当地。而30多年后的今天,泰华树胶已经发展成为年产橡胶40万吨,出口占生产额90%,市场覆盖中国、日本、美国和欧洲等地的世界驰名品牌,产能规模比30多年前扩大了8 000倍。目前,泰华树胶有限公司已拥有10家橡胶产品分厂和7家外商合资的橡胶加工厂,每年营业额超过160亿泰铢,成为泰国最大的天然橡胶生产者和加工者之一,跨入泰国橡胶业"三强"之列。

除了主业橡胶之外,公司经营也扩展到其他领域,发展了诸如大米、咖啡、家具等不同行业的业务,在福建福州、宁德投资天然气和PVC工厂,进而成为多元化大型现代企业集团。1989年在上海设立"泰华橡胶"办事处,发展对华橡胶贸易业务。1993年,他又再次将中国战略升级,带领泰华树胶与上海轮胎集团合作,由双方合资6 000万,在泰国生产20号胶并在上海生产轮胎。同时,他还与浙江省合作,在泰国开发离心机,并很快取得满意的成绩。在上海—浙江项目取得成功的同时,林立盛又率先在福州成立分支机构,并创建福州泰华隆进出口有限公司,为福建及华乐各省成千上万家鞋厂提供天然橡胶和乳胶。之后,他还在家乡宁德投资千万美金建设燃气公司。在林立盛的努力下，泰华树胶与中国的合作如今已成为中泰经济合作的典范，并得到中泰两国经济与商务主管部门的充分肯定。中国进口的天然橡胶，已有1/3是由泰华树胶供给，而福建鞋业所需的乳胶，更有4/5来自泰华树胶。[①]

泰国福州十邑同乡会理事长余泽乾，是胜美橡胶有限公司董事长；该会副理事长翁长霖担任东方海外泰国船务货柜公司经理，在企业界有所成就。[②]张笃生（1914—1986年）福建云霄城关大路街人。1935年，张出洋到新加坡打工，后转往泰国耶拉府。先任某公司副总经理，后转经商，创办成昌橡胶公司和汇川橡胶股份有限公司，任董事长。由于勤劳刻苦、经营有方，至20世纪60年代成为泰国闽侨巨子。70年代起，张先后担任耶拉平民—培民教育慈善机构董事长、泰国福建会馆理事长和泰国资源开发有限公司副总理、泰国中华总商会顾问等职务。

（二）旅游业

黄汉忠，泰国福建会馆常务理事、国泰旅游集团董事长。1989年创立泰国国泰旅游集团，为首家专门以接待中国游客入境旅游为主的泰国运营商。现为固定资产2亿美元，年收入7 000多万美元的实力雄厚的多元企业集团，是泰国的元老级的、最大的旅游公司。服务市场以中国大陆为主，并延伸至中国台湾、香港、新加坡、马来西亚、印度和欧美等地，旗下拥有国泰旅运有限公司、橘子假期有限公司、长运旅行社有限公司、四季旅游有限公司、普吉国泰分公司、清迈分公司和苏梅分公司7家专业旅游公司，并在北京、上海、广州、昆明、台北等城市设立了海外办事处。1995年荣获泰国最佳旅游服务奖（由泰国第一副总理颁发），1997—2013年荣获泰国最佳企业奖。

（三）安保业

泰国的福建籍新移民杨艳峰，1971年3月2日出生在福建莆田仙游。杨艳峰于1997年10月赴泰国至今，于2000年得到了指纹科技的发展信息，并立刻判断出目前泰国市场上这类电子产品还处于空白阶段，他开始涉入指纹安防的行业，创建泰国好世纪集团，自创HIP品牌，所开发的HIP品牌系列安防产品，在指纹门禁考勤行业、通道闸、停车管理行业等市场占有率都超过50%，HIP品牌还有监控系统、安检系统、巡更系统、酒店锁系统等全方位的安防产品，并取得领先

[①] 泰华树胶（大众）有限公司董事长林立盛，华商名人堂，http://www.huashangtaolue.com/linlisheng/5312.html

[②] 漳州市地方志编纂委员会：《漳州市志》，北京：中国社会科学出版社，1999年。

优势。他将指纹机里的菜单泰语化，自己编写泰语软件，并申请专利，成为了泰国指纹行业第一人。此后，围绕着安全防卫这个大行业，他不断增加产品品种，满足客户高、中、低的需求，并创立了自己的品牌——HIP。如今，杨艳峰公司旗下的安防产品在东南亚及80多个国家销售，在全球拥有多达500多家代理商，占泰国市场的60%以上，并出口到其他国家，成为安防市场的风向标。他还有太多头衔：泰国国防部后备役协会少校指挥官、泰国中华总商会会董、泰国福建会馆副理事长、泰国福建商会副会长兼财政长、泰国杨氏宗亲总会副主席。在2015年11月23日，他更是获颁泰国2015年领袖人物奖。[①]

（四）生产制造业

祖籍福建南靖县塔下村的张扬是泰国勤和集团董事长、泰国中腾地产开发有限公司董事长，同时任泰国中华总商会常务交际、泰国华人青年商会执行会长、泰国青年企业家协会理事、泰国福建会馆副理事长、福建商会常务副会长等众多社会职务。他是来自中国的新一代侨民，1992年12月，在侨居泰国的伯父的邀请下来到泰国曼谷，刚满25岁的张扬开始了他在泰国的创业历程。1996年，张扬创建的勤和集团的雏形显现。15年以来，勤和集团由小到大，经营范围日趋广泛，从单一到多元，逐渐成为集投资、贸易、化工、家具、装饰装潢、房地产开发、产业园区开发经营等为一体的企业集团。如今已拥有以祖籍地楼名命名的勤和集团有限公司，涉足泰国房地产、化工、家具等行业，成为泰国企业界名闻遐迩的后起之秀。

（五）钢铁业

漳州南靖县侨居泰国的华侨多数是从事打铁和经营钢铁、器材生意。祖籍塔下旅居曼谷的张建禄、张翰湍经营钢铁业，产品行销世界各国。杨清筑，又名祖筑，20世纪70年代出生于永宁镇后杆柄村，90年代赴泰发展。初营建筑、装潢。继又向建筑业拓展，开展浪板、塑钢门窗加工贸易，建立筑泰建筑产业有限公司，任该公司董事长。[②]

陈德树，1936年出生于晋江，原籍石狮市凤里街道宽仁街，系已故企业家陈植津之子，以总资产10亿美元居《FORBES资本家》杂志《96世界华人富豪榜》第101名。陈德树10岁随父往福州读书，1957年考入浙江大学机械系。1960年其

---

① 《商杨艳峰：泰国指纹行业第一人》，《海峡导报》，2015年12月8日。
② 石狮市华侨志编纂委员会：《石狮市华侨志》，北京：九州出版社，2013年，第25—26页。

父在泰国的文兴集团出现危机,应父召往泰国,即任文兴集团总裁,使该集团起死回生。1986年,其父去世,继任集团董事主席。文兴集团的核心企业是文兴投资有限公司。由该公司控制的主要企业有泰国凤梨罐头有限公司(与日商合资)、泰美有限公司、勤德行有限公司,新加坡文兴引擎制造公司(与美商合资),在马来西亚、印尼、中国的香港和台湾均设有系列公司。当时泰国工商业正处在逐渐腾飞发展之际,泰国又是盛产热带水果的国家,由于陈德树在国内学的是机械加工专业,且曾有过在香港水果罐头厂实习工作的经验,又善于在别人忽略的领域中寻找并抓住商机,在经过周密详细的市场调查和准备工作之后,陈德树便开设了一家属于自己的水果罐头工厂,把收购来的水果加工成成品出售,并逐渐形成了一个水果原料供应者、企业与顾客之间稳定的产销链。凭借着独到的眼光和多年的苦心经营,其开设的水果罐头工厂生意越做越大,到了20世纪90年代初期,这家名为泰国罐头有限公司的工厂已经成为全球最大的水果罐头生产企业,水果罐头远销日本、欧洲、美国等国际市场,年收入6 000万美元。陈德树还直接和通过文兴投资有限公司大举投资金融业,以其每年出口凤梨罐头所得利润,先后购买了盘谷银行的股票,共计持有泰国盘谷银行15%股权,成为该银行的大股东。同时,陈德树还投资泰国其他四大华商银行和新、马等地多间银行。1986年陈德树代表泰华金融界出席世界华商金融联谊会,并在大会上作了有关泰国经济与金融状况的报告。[1]

(六)其他行业

到20世纪80年代后,一些泰国华侨华人的公司已发展为跨国商企或是介入新的商业领域并在其中占有可观的业务量,如诏安县籍沈通堪的他那荣汽车行,诏安县籍陈嘉春经营化肥公司、建材行、酒楼、枋廊等6家企业,自备码头,有汽车100多辆。[2]

陈德启,旅泰华侨,1956年生于晋江,1982年赴泰创业,成立德盛集团。现任泰国华人青年商会名誉会长、泰国福建会馆顾问、世界晋江同乡总会名誉会长、世界福建青年联谊会理事长等职。1982年到泰国时,人生地不熟,且语言不通,但他敏于发现机遇并勇于挑战,从泰国人废弃不用的猪胆中掘得第一桶金。10年后,他及时转型改做肠衣生意,又在当地领先了多年。凭借着独到的商业眼光,

---

[1] 《第十一届世界华商金融联谊会会议实录》,1986年,第197—206页

[2] 诏安县地方志编纂委员会:《诏安县志》,北京:方志出版社,1999年。

陈德启在泰国的生意越做越大，涉及贸易、旅游、房地产等诸多产业。

泰国莱斯特城的老板维猜，其祖辈是福建省漳州市诏安县西坑村人，祖父在中国"下南洋"的浪潮中举家来到泰国，并创办了铸字公司。维猜的父亲中文名是徐利明，是泰国有名的实业家。据泰国媒体透露，维猜家族十分传统，保留着很多普通福建人的生活习惯。1989年，维猜成立免税零售公司"王权"，出售泰国手工艺品。

陈文柏，祖籍福建晋江，泰国贸易部参谋、泰国福建商会名誉会长、厦门市商业联合会副会长、泰国德大集团董事长。1998年在厦门湖里区投资办厂，开办其集团的第一家中国子公司厦门德大食品有限公司，分两期投资1 000万美金，占地面积18 000平方。

石狮籍华侨陈植津在泰国建立文兴企业集团，1986年陈植津去世后，其子陈德树继任集团董事主席。到20世纪90年代初，文兴集团已成为泰华十大企业集团之一。在泰国拥有由核心企业文兴投资有限公司控股的泰美、德勤行有限公司与日商合资的大型企业泰国凤梨罐头有限公司，并持有盘谷银行15%的股权；投资泰国其他四大银行和新、马等地多间银行，与美商合资在新加坡建立文兴引擎制造公司。进入20世纪90年代，另有一些原移居澳门、菲律宾的石狮人也开始赴泰国投资。

林嘉南，又名育进，1966年出生于蚶江镇莲西村。1986年投资移民菲律宾，1994年转往泰国发展。1996年起，建立泰国荣泰国际贸易、金星贸易、中泰通物流、荣泰发展等有限公司，组成荣泰国际集团有限公司，成功应对1997年金融危机，发展成为泰华一流企业，被誉为"泰国鞋王"。主营鞋业、皮具、箱包、服装、国际物流、地产及工业园开发。他热心社会活动，先后捐赠母校莲棣小学电脑设备及其他设施，蚶江中学师生校服及学校建设，也捐赠家乡村中公益事业和蚶江镇侨联。现任泰国中华总商会副会长、泰华工商总会副主席、泰国华人青年商会常务副会长、泰国福建会馆副理事长、泰国福建商会顾问。

还有张翰锦历任泰国国家童子军副总巡、泰国陆军特别上校、世界龙岗亲义总会顾问，对泰国经济发展和社会进步作出杰出贡献。1982年、1986年共有南靖籍9名侨胞荣获泰国国王的嘉奖，授予白象勋章、皇冠勋章。[①]

---

① 南靖县地方志编纂委员会：《南靖县志》，北京：方志出版社，1997年。

杨锦忠一生致力于促进中泰友好关系。1972年，他参加泰国政府代表团，作为主要成员兼翻译访问中国，为促进中泰恢复建交作出重大贡献。1978年，他又促成泰国卫生部长组成代表团访问中国。1983年他促成并主持泰国"今日中药展览会"和"亚细亚安中医中药学术交流会"，带领泰国中医药界人士参加中国、新加坡等地的学术交流。为推广中国传统医学、医药，他从20世纪70年代以来坚持参加每年的广州交易会，最早促成北京同仁堂、漳州片仔癀等著名中成药进入泰国及东南亚市场，对发展中泰贸易起了一定作用。1997年，杨锦忠捐资8万元修建福塘小学校门和围墙。后来杨氏家族又捐资在福塘村兴建"福安堂"文娱台。①

张笃生（1914—1986年）福建云霄城关大路街人。1979年，受国务院邀请，作为泰国华侨观光团副团长，到北京参加中华人民共和国成立30周年庆典观礼，受到中共党和国家领导人的接见。1983年受聘为泉州华侨大学董事，1985年，被政协福建省委员会邀请为特邀委员。张笃生为发展中泰两国友好关系和中国大陆与台湾民间信息往来作出积极贡献。1976年，中泰建交，他第一个回国观光省亲。1978年、1980年、1981年，时全国人民代表大会常务委员会副委员长邓颖超、国务院总理赵紫阳访问泰国，他均代表华侨团体前往会见和设宴欢迎，并多次联合侨团公宴中国驻泰使节。还先后接待过赴泰访问的福建省地质考察队、机械工业厅访问团、科委饲料工业、亚热带作物、水产养殖、茶叶等考察团、组，福州市访泰团以及赴泰参加泰国"公主杯"女排锦标赛的福建女子排球队等。他多次在泰国倡导组团回国观光旅游，访亲会友，还将其在泰国的7个子女送到北京和国内其他学校读书，进修中文。20世纪70年代中期至80年代初，他利用回国和往来台湾的机会，为海峡两岸联系亲人情况出力，并传递了大量信件。他在回国观光探亲过程中，曾先后捐资助建云霄县示范幼儿园和修复县级文物保护单位云山书院，捐助厦门集美中学改善环境卫生设施和赠送礼物给泉州华侨大学。1986年12月4日，张笃生在泰国逝世，中国驻泰使节前往吊唁，福建省政协、侨联、云霄县政府、政协、侨办、侨联等发唁电志哀，耶拉万人空巷参加送殡，中共云霄县委为其召开追悼会。张笃生有子女多人，居国内的长女淑卿任县政协副主席，长子清俊任县政协常委，继配及其余子女居泰国。

---

① 郑来发：《杨锦忠家族与泰国福安堂》，《闽南日报》，2013年12月26日。

在建筑业方面，福建石狮籍泰国华侨苏国才、苏国世兄弟领导的南洋建筑有限公司在1988—1989年间承建了5 000栋私人楼房，在1990—1991年间又承建了6 000栋私人楼房。①

第四节　21世纪以来泰国闽商经济发展（2000—　）

与印度尼西亚一样，泰国华侨华人数量大且特别难以估算。按泰国华侨华人自然增长率与全国的人口增长率大体相当、泰国华侨华人占泰国人口10%来估算泰华数量，再加上近20年涌入泰国的新移民，则2007年泰国华侨华人约有700万人。但华泰混血儿数量很大，如果他们大批认同华人身份，则这个估算数据可能偏低。②目前，泉籍华侨华人在泰国有10万多人，祖籍地多集中于晋江、南安、永春等地。据不完全统计，2012年在泰国的晋江乡亲有1万多人，主要从事鞋服、晴雨伞、建材、房地产等行业。泉州籍华侨华人大多从事石材、金融、鞋服等行业。以石材贸易为例，泉籍华侨华人从事的石材贸易，占了整个泰国石材贸易市场的70%左右。近年来，中国已成为泰国的第二大贸易伙伴。在此背景下，泉州与泰国的贸易往来形势大好。随着泰国投资环境的日益优化，越来越多的中国企业来泰国投资，其中不乏泉籍企业。在中国企业大量来泰发展的同时，有着越来越多的华商华资从泰国前往中国发展，"泰国华人青年商会总共有2 000多家会员企业，其中90%的会员回中国开展业务。如泰国家喻户晓的"鞋王"、祖籍泉州石狮市蚶江镇的林嘉南，便将泰国国内生产基地设立在晋江等地。③

晋江东石镇蔡上新2000年到泰国曼谷创业，一手创立的泰国新华泰有限公司，是目前泰国雨伞雨具业占有率最高的公司，与诸多国际、泰国知名企业均有合作，例如迪士尼（美国）、三丽鸥（日本）、泰国各大银行、超市、汽车品牌等。产品也遍布泰国各大知名连锁店，如Seven-eleven、Lotus（泰国著名超市）均有销售。

随着中泰交往越来越密切，泰国华侨在两国政治、经济、文化中起到了桥梁的作用。福建是"21世纪海上丝绸之路"核心区，吸引着众多泰国企业前来投

---

① 《六千座华屋建造成功》，《星暹日报》，1992年4月2日。
② 庄国土：《华侨华人分布状况和发展趋势》，《侨务工作研究》，2010年第4期。
③ 泉州网：《在泰10万泉籍华人扛起"海丝"交流大旗》。

资。福建企业也抓住机遇"走出去",积极开拓泰国市场,加强经贸往来。

2000年起,张扬的事业延伸到国内,陆续开始在国内投资兴办企业。先后在天津投资兴建了飞龙勤和集团,业务涉及金融、投资、化工、房地产开发、产业园区经营等,规模约4.5亿元;在上海成立了上海勤和家具有限公司、贸易公司等,主要生产、销售高档家具、整体橱柜,其中95%的产品销往国外,年出口创汇约5 000万美元。[1]

吴亮泰,1954年出生于晋江侨乡东石镇坑园村,24岁南下泰国闯荡,在泰国创办丰泰国际集团有限公司,从事铁路、公路、城市安防、GPS定位系统建设,为泰国经济发展、社会进步作出贡献,也为泰中睦邻友好、经贸合作发挥桥梁纽带作用,受到泰国王室成员的接见,并担任泰中友好协会顾问。

吴先生在1997年亚洲金融危机后转而投资中国大陆,在通信、地产、纺织、化工制造、矿产、IT等领域投入大量资金;2000年以来,在原有投资基础上涉足矿产能源领域,在辽宁省、内蒙古自治区设立公司投资矿产能源行业,2009年集团与江西省赣州市石城县人民政府签订《石城县县城防洪堤二期建设工程及周边改造投资建设合同》,在江西石城投资建设沿河东岸的防洪堤及1 200亩的商业用地;2010年集团与澳大利亚国际巴士有限公司(Bus and Coach Intemational Pty Ltd)及香港睿客巴士进出口有限公司共同出资,创建了厦门丰泰国际新能源汽车有限公司,主要经营混合动力客车、纯电动客车及动力系统的设计、制造与出口,产品100%出口欧美等发达国家和地区;2012年集团与福建省平和县政府签约,投资开发"恒基商业城",该项目总用地面积约350亩,投资12亿元人民币,拟建成现代大型商业卖场、专业批发零售市场、商贸广场、星级酒店及高档商品住宅配套的城市综合体。集团资产遍及珠三角、长三角、西北、东北、大北京经济圈及目前中国经济高速发展的中部地域江西,在大陆有全资控股子公司9个,丰泰(厦门)集团有限公司、鑫泰(江西)实业有限公司、永丰泰实业发展有限公司、厦门九发房地产开发有限公司、内蒙古鑫丰矿业有限公司、厦门丰泰国际新能源汽车有限公司等,并参股多个合资公司,成绩斐然。[2]

2001年,泰国正式宣布中医药合法化,杨志玲继承大哥(杨锦忠)的遗愿,促成泰国福安堂有限公司和北京同仁堂合资于同年9月在曼谷成立北京同仁堂

---

[1] 财富百人协会:《泰国青年的楷模——青年侨领张扬》。
[2] [泰]《亚洲日报》,2012年12月21日。

（泰国）有限公司。

2015年在祖籍仙游的泰国福建商会副会长杨艳峰的极力促成下，以仙游县委书记郑瑞锦为团长的仙游县经贸代表团一行6人，于7月2日访问泰国福建商会，并在商会举办"仙游·泰国投资项目推介会"。

2015年6月15日，泰国丰泰集团平和中国白芽奇兰茶交易中心举行挂牌仪式。中国白芽奇兰茶交易中心坐落在平和首席城市综合体万商汇，万商汇由泰国丰泰集团独资15亿元，占地面积约350亩。

南平市外侨办组织10家企业赴泰国参加2016年泰国曼谷世界食品博览会，其中多家企业与国外贸易公司达成合作意向，建立销售合作关系，取得良好成效。

2016年8月26日下午，由泰王国驻厦门总领事馆商务处、福建省人民政府侨务办公室、福建自贸试验区福州片区管委会、福州市马尾区人民政府主办的中泰跨境经贸交流暨产品展示会在福州马尾举行。据了解，本次泰方参会企业近20家，中方报名企业近200家，涵盖传统进出口贸易、电子商务、商超、微商等行业形态。会上，福州润德进出口贸易公司、福建健润跨境电子商务有限公司、福建味民食品开发有限公司3家企业与泰国企业现场签约。

闽商经济上不断发展，各商会社团也纷纷组建，进一步发挥组团优势，助推华商经济。勿洞福建会馆于2003年，在第十二届理事长陈进财先生的推动下，募得会馆扩建整修资金650多万泰铢，历经半个多世纪的会馆大楼得到扩建整修后，2003年3月30日成立勿洞福建会馆第一届青年团，也是泰国第一个首创有青年团的福建会馆。2009年，会馆成立教育基金，在现任理事长陈进财先生的推动下，共筹得教育基金130万铢，用于华语教育。2010年，全面推动会馆的国际化视野，支持慈善和教育活动。泰国福建商会是于2007年在泰国曼谷登记注册成立的。商会常设机构在曼谷。泰国福建商会主要成员是旅泰闽籍或者祖籍闽籍的企业和企业家组成，以旅泰福建商界精英为主，并与各兄弟会紧密交流合作的商界和商务人士的组织。泰国福建商会是所有福建籍或与福建人相关的华商组织。本会宗旨为：一、团结在泰闽籍人士，加强会员之间的交流和合作；二、维护会员的尊严与合法权益；三、促进泰中两国经贸文化的交流与往来，繁荣经济，服务社会；四、为闽商在居住国的发展，居住国与祖籍国之间在社会文化、经济、教育等方面的交流与合作等建立优质、有效平台；在泰国，以经商为主的福建人约有30万人，许多已成为了泰国社会的中坚力量，进入到了社会的主流。闽商之精神为：善观时变，顺势有为；敢冒风险，爱拼会赢；合群团结，豪侠仗义；恋祖爱乡，和谐长安。泰国福建商会是旅泰闽商交往、会友、交流、合作的温暖之家园。[①]2009年，泰国永春同乡会在泰南勿洞成立（表7-6）。以促进永春后裔对家乡寻根问祖及加深正确的认识为宗旨。成立时会员将近50位，大都是在勿洞县出生的永春同乡弟子。他们长大后远走他乡散居泰国各地谋生发展，如曼谷、普吉、合艾等地。2012年，泰国晋江同乡会在泰国曼谷正式成立，陈雄财任首任会长。2014年，泰国石狮同乡总会暨泰国石狮商会在泰国曼谷成立。林嘉南先生荣任泰国石狮同乡总会暨泰国石狮商会创会会长，蔡孝兴荣任泰国石狮同乡总会暨泰国石狮商会执行会长。

表7-6　泰国永春同乡会首届理事会成员（2009年）

会长	周昌江
副会长	郑滨海 郭矩福 郑永深 郑亚伦 周昌振 郑国文
秘书	周昌杰
财政	郑国忠 王健福
总务	陈隆炫 陈永鸿 郑双郊
理事	周盛开 周盛源 郑国湖 郑国动 郑永固 陈顺发 郭矩春 周昌展 周昌琳 周盛荣 陈汉生 陈汉养 陈炳鑫 徐振兴 辜星塔 辜星华 张福义 黄东深 林福兴 林福发 周盛强 尤观海 刘华民 林贵芳 谢庆芳 吴东海 尤桂英 王健来 林广森 辜乙心 陈金花 潘亚凤 陈亚南

（李慧芬　吴　元）

---

① 泰国福建商会网站·http://fbat.net/

第八章 建设"海丝"核心区：优势与对策

第一节 福建建设"海丝"核心区的主要优势

福建地处中国东南沿海，位于太平洋沿岸，位居西太平洋主航道，是中国面向亚太地区的主要开放窗口之一，与东南亚、中东等国家和地区渊源深厚，友好往来历史久远，经贸关系稳固。宋元时代，被誉为"东方第一大港"的泉州港盛极一时，无数东西方商船频繁往来，留下了"涨海声中万国商"、"市井十洲人"的繁华图景。福建是连接中国台湾海峡东西岸的重要通道，是太平洋西岸航线南北通衢的必经之地，是中国面向亚太地区的主要开放窗口之一，历史辉煌，区位独特，优势明显。福建地处21世纪海上丝绸之路核心区，在建设21世纪海上丝绸之路核心区、加强对外交流与合作方面具有明显的独特优势。

第一，历史渊源久远。福建历史上是海上丝绸之路的重要起点和发祥地，在对外经贸文化交流史上发挥重要作用。福州的甘棠港、长乐太平港、泉州的后诸港、漳州的月港等，都曾在中国不同历史时期的海上丝绸之路上扮演重要角色。福州长乐太平港是郑和七下西洋的重要基地；泉州是被联合国教科文组织确认的"海上丝绸之路"起点，是宋元时期"海上丝绸之路"的主港，被称为"东方第一大港"；漳州月港是明朝中后期"海上丝绸之路"的始发港。

第二，生态环境优质，海洋资源和海洋文化得天独厚。福建是中国首个国家生态文明试验区，山清水秀，空气清新，森林覆盖率达65.95%，长期保持全国第一，生态环境质量居全国前列。[①]福建海岸线总长3 752公里，居全国第二位；弯曲度居全国第一位，拥有众多优良港湾，可建万吨级以上泊位的深水岸线长210.9公里，居全国首位，在临港工业、航运物流等领域对外合作具有明显优势。海洋文化底蕴深厚，福建是中国海洋文化的重要发祥地，拥有四五千年的海洋文化，具有开放包容、拼搏冒险等显著海洋特色的福建精神，妈祖文化、船政文化

[①] 于伟国：《福建将深化与海外华媒合作推进"海丝"核心区建设》，2017-09-10 12:29:24，中国侨网，http://mini.eastday.com/a/170910122924652.html

等在海洋文明发展史上占据重要位置,据考古发现,太平洋南岛语系国家的先民极有可能源自福建沿海。

第三,闽台东盟合作载体独特。台湾同胞有80%以上祖籍福建,东南亚华侨华人祖籍福建有1 254万人,闽台两地与东南亚地区习俗相似、文化趋同,民间交流量大面广,闽台特殊关系是福建与东盟交往的一个有效载体。东盟是台湾第二大贸易伙伴和第二大出口市场,特别是中国—东盟自贸区建成后,更进一步促进了福建、东盟、台湾三地间的物资和资金流动。

第四,潜力巨大,国际产能和经贸合作前景广阔。福建是中国最具成长性的省份之一,2016年生产总值28 500亿人民币,增长8.4%,人均生产总值11 000美元,人均可支配收入27 608元人民币,一般公共预算总收入4 295亿元人民币,城镇新增就业60.7万人;2017年上半年生产总值增长8.3%,经济发展稳中向好。[①]

第五,福建产业基础完备、资金和技术力量相对较强,产品性价比高,尤其是建材、纺织服装鞋帽等在国际市场很受欢迎。东盟不仅是福建资源型产品的重要原料来源地,而且拥有近6亿人口的消费品市场。目前东盟已成为福建第二大贸易伙伴、第四大外资来源地和第二大对外投资目的地,未来合作空间更加广阔。

第六,文化多元,地域文化特色鲜明。福州三坊七巷是中国近代史的缩影,《鼓浪屿之波》是福建最优美的旋律,南音是中国现存最悠久的传统古乐,鼓浪屿、福建土楼、武夷山被列入世界文化与自然遗产名录。古代海上丝绸之路在开展经贸往来的同时,也成为多元文化的交融舞台,宋元时期兴盛的泉州就是汇聚多元文化的典型。目前,旅居世界各地的闽籍华侨华人达1 580万人,分布在世界188个国家和地区,其中约80%集中在东南亚。[②]这些东南亚华侨华人移居历史悠久,在当地颇具影响力,更重要的是,这些闽籍侨胞具有推动与促成"一带一路"的意愿。泉州的阿拉伯后裔有5万人,[③]阿拉伯国家对泉州有一种亲缘感般的认同,无论是"请进来",还是"走出去"都有天然的优势和氛围。

"一带一路"建设,以政策沟通、设施联通、贸易畅通、资金融通、民心相

---

① 于伟国:《福建将深化与海外华媒合作推进"海丝"核心区建设》,2017-09-10 12:29:24,中国侨网,http://mini.eastday.com/a/170910122924652.html

② 于伟国:《福建将深化与海外华媒合作推进"海丝"核心区建设》,2017-09-10 12:29:24,中国侨网,http://mini.eastday.com/a/170910122924652.html

③ 于伟国:《福建将深化与海外华媒合作推进"海丝"核心区建设》,2017-09-10 12:29:24,中国侨网,http://mini.eastday.com/a/170910122924652.html

通等"五通"为主要内容。从现实看,"一通、二通、三通乃至四通"的省份不少,但"五通"同时具备的省份极少。即具有单项优势的多,具有团体实力的少。由上可知,福建作为中国对外开放的前沿省份,"海丝"资源丰富,是中国少有的"五通"俱全的省份,具有担当21世纪海上丝绸之路核心区的独特条件和综合优势,即:

一是政策沟通的高地。福建历来就是中国对外开放的排头兵,与东盟等"海丝"沿线国家和地区合作具有历史、区位等优势,基础扎实,经验丰富。

二是设施联通的枢纽。现代交通不仅要求平面的、单一的联通,而且要求"海陆空"立体交叉联通。福建地处台湾海峡东岸,在海洋地理上具有东西交汇、南北贯通、两岸四地等独特的区位,"海陆空"三者在福建沿海形成了"海丝"的交通接点,具有成为"海丝"互联互通枢纽的条件。

三是贸易畅通的门户。福建与东盟的经济互补强、经贸合作一直十分活跃。东盟是福建"引进来、走出去"的重点市场,中国—东盟自贸区正式启动以来,福建与东盟的经贸往来持续快速发展。东盟是福建的第三大贸易伙伴、福建的第四大外资来源地和福建省第二大对外投资目的地。

四是资金融通的窗口。福建与"海丝"沿线国家和地区的资金融通具有长久的历史。福建民营资本发达,与东南亚等"海丝"沿线国家和地区的经贸往来密切,经济实力强大的华侨、华人群体与福建的资金往来也非常密切,不仅频率高而且金额大。另一方面,随着以人民币计价的中国—东盟海产品交易所的开业,以及下一步中国—东盟海产品期货市场的建立,福建可以成为中国与"海丝"国家和地区实现资金融通的前沿平台。

五是民心相通的典范。福建是中国第二大侨乡,海外华侨华人是福建发展的宝贵资源,是福建联系世界的天然纽带。民心相通是"一带一路"建设取得成功的关键点和落脚点。民心相通包含人员、文化的往来与包容两个方面的内容。"一带一路"建设首先靠人。纵观历史上的"一带一路"建设就是靠人走出来的、靠人干出来的,其中华侨华人是当之无愧的先行者、见证者和实践者。民心相通的核心是在于文化的相识、相容、相融。这种交流不仅使外来族群融入当地文化,而且使外来族群的文化融入驻在国的生活习俗当中,即必须实现双向融合。历史上的"一带一路"都成功实现了文化的双向融合。

福建在这方面独占鳌头,也是福建有别于其他地区并成为"海丝"核心区的最重要依据和特色。人员的往来和包容方面,"走出去"有侨台港澳资源,数量合计位居全国第一。有1 500万福建籍华侨华人,台湾有70%以上台胞祖籍地在闽,香港有1/6的居民祖籍地在闽,澳门有1/5的居民祖籍地在闽。"引进来"有历代遗存的"海丝"沿线国家和地区的人员,其中最大的群体是宋元时期波斯和阿拉伯人的后裔5万多人,成为中国独一无二的南方回族。[①]

文化的往来和包容方面,"走出去"并在当地扎根的有发源于福建的妈祖文化、客家文化以及以陈靖姑为代表的一系列传统民间信仰文化。"引进来"有历代遗存在享有"宗教博物馆"之称的泉州,基督教、伊斯兰教、摩尼教、婆罗门教与中国儒释道在此和平共处。

此外,在人种和语言上,福建与南太平洋还有着千丝万缕的联系。中国福建平潭、东山和台湾三处考古表明,中国东南沿海与南太平洋20多个国家和地区同属一个群体、同属一种语言。这就是世界人类和语言地图上特有的南岛语族、南岛语系。

第二节 "海丝"核心区建设成效

近年来福建省紧紧围绕中央"一带一路"总体规划和布局,紧密结合落实中央支持福建加快发展的一系列政策措施,制定实施了建设"海丝"核心区方案,注重发挥福建独特的历史、地缘、人文等综合优势,发挥核心区作用坚持"走出去"与"引进来"并举、经济合作与人文融合并重,推动"海丝"核心区建设取得积极成效。

一、体制机制不断健全

福建历来有敢拼会赢的传统和敢为人先的风气,曾经在改革开放中创造了许多好的经验做法。近年来,中央高度重视福建发展,在21世纪海上丝绸之路核心区之外,先后出台建设福建自由贸易试验区、国家生态文明试验区、福州新区、国家自主创新示范区等。这些重大平台的建设,核心内容都是改革开放,离不开体制机制创新。在推进21世纪海上丝绸之路核心区建设中,福建把这些政策优势有机结合起来,以制度创新为核心,加大先行先试力度,不断拓展与沿线国家和

---

① 黄端:《福建全面融入"一带一路"推进"海丝"核心区建设》,《中国经济时报》,2017年5月10日。

地区交流合作的新途径。成立了由省委书记担任组长，省长担任第一副组长，分管省领导担任副组长的"海丝"核心区建设工作领导小组。制定落实年度工作要点，建立项目储备库及政策会商等工作机制，明确部门推进责任，形成纵向到底、横向到边、上下联动的工作格局。加强了福建省"海丝"核心区建设组织协调工作，落实细化2017年福建省21世纪海上丝绸之路核心区建设工作任务及重点。初步建立"海丝"核心区建设重大项目库，按季跟踪。建立政策会商制度，召开"海丝"核心区建设工作例会，研究季度"海丝"核心区建设情况及部署下阶段工作，协调解决"海丝"核心区建设中的重大问题。建立福建省推进国际产能和装备制造合作联席会议制度，指导推动企业走出去。积极推进"海丝"智库及智库联盟建设，华侨大学、厦门大学等高校建立海上丝绸之路相关研究院。

二、人文交流融合纵深推进

福建是古代海上丝绸之路的重要起点和发祥地，目前闽籍海外华侨华人绝大多数分布在"海丝"沿线国家和地区，为促进世界各国与福建交流合作架起了桥梁。这几年，福建坚持务虚与务实相结合，借助海外闽籍乡亲的力量，采取积极措施增进与沿线国家的了解和沟通，极大促进了文化认同和民心相通。

一是加强文化交流合作。福建与"海丝"沿线国家和地区间相互增设一批友好城市，推动建立"海丝"城市联盟、国际文化交流基地，构建多层次常态化交流合作机制。国家文物局已确定由泉州市牵头，联合福州、广州、漳州、莆田等城市申报海上丝绸之路世界文化遗产，福建共有22处重要"海丝"史迹列入。举办了福州"海上丝绸之路国际电影节"、泉州"东亚文化之都"、"妈祖文化与海洋精神"国际研讨会、世界妈祖文化论坛、陈靖姑文化节等活动。海上丝绸之路博物馆及海丝侨缘馆福州馆、厦门馆的筹建工作加快推进。厦门第五届南洋文化节被列为中国—东盟建立对华关系25周年系列庆祝活动之一。厦门大学马来西亚分校完成建设并投入使用，华侨大学与泰国东盟普吉泰华学校签署合作办学协议。

二是强化人文情感联系。近年来，福建支持东南亚闽籍社团开展华文教育，推出《丝海梦寻》《丝路帆远》等一批海丝文化艺术精品在国内外巡演，举办了21世纪海上丝绸之路国际研讨会、第十四届亚洲艺术节、第二届丝绸之路国际电影节等活动，引导沿线国家和地区华侨华人和华侨社团加强与国内"走出去"

企业的交流、服务。成功举办了福州海上丝绸之路国际电影节、海上丝绸之路（福州）国际旅游节、泉州海上丝绸之路国际艺术节等活动。文化精品加快走出去，大型舞剧《丝海梦寻》先后在联合国总部、欧盟总部以及"海丝"相关国家演出。

三是深化教育交流合作。持续实施福建省政府外国留学生奖学金等项目，吸引东盟十国等海外青年学生来闽接受教育和开展研学旅行。继续组织侨二代、侨三代回乡参访，加强与各侨社青年团的友好交流，吸引更多沿线国家学生来闽接受华文教育，增强民族认同。福建网龙网络公司启动了"一带一路"开放教育资源交流合作项目。"一带一路"汉学总中心在厦门成立，并且成功举办了"2016海峡两岸中医药论坛"。

教育交流交往持续加强，厦门大学马来西亚分校建成投入使用，中文、中医等12个专业就读学生超过1 300人，成为中国公立大学在海外开办的第一所分校。"古泉州（刺桐）史迹"正式作为2018年世界文化遗产申报项目，提交联合国教科文组织世界遗产中心，泉州被指定为联合申遗牵头城市。"闽茶海丝行"从亚洲走入欧洲，出口茶叶货值增长20.81%，"海丝"成为带着浓浓茶香的共同繁荣之路、和平友谊之路。成功举办了第二届"海上丝绸之路"（福州）国际旅游节、第十八届中国·湄洲妈祖文化旅游节、国际海岛论坛等活动。①

三、互联互通明显提速

福建位处连接台湾海峡东西岸的重要通道，是太平洋西岸航线南北通衢的必经之地。福建省推进21世纪海上丝绸之路核心区建设取得积极成效，具体表现在：（1）基础设施互联互通。厦门港、福州港均与马来西亚最大港口巴生港签署友好港合作意向书，共同推动航运物流业发展；厦门东南国际航运中心建设迈出新步伐，新增6条东南亚航线，"海丝"航线达到18条。（2）海洋合作得到加强。中国—东盟海上合作基金项目扎实推进，中国—东盟海产品交易所正式营业；一批海外渔业和养殖基地加快建设。（3）经贸合作稳步拓展。2015年，全省对"海丝"沿线国家投资额达13.8亿美元，增长2.7倍；对"海丝"沿线国家出

---

① 《"一带一路"建设成绩单：福建海丝核心区建设取得积极成效》，2017-05-15，东南网（福州），http://www.fjsen.com/r/2017-05/04/content_19469893.htm

口1 838.4亿元,增长4.2%,高于出口平均水平3.5%。(4)人文交流持续深化。[①]

近年来,福建在推进"海丝"核心区建设中,始终把设施联通放在突出位置,把互联互通作为海丝核心区建设的先导性工程,重点推进"四通道一体系"(海上、空中、陆海、信息四通道和口岸通关体系)建设,加快拓展海上通道,不断加密空中通道,逐步完善联运通道,打造21世纪海上丝绸之路核心区全方位可互换的海陆空及信息战略通道和综合枢纽。

海上通道加快拓展,加快集约化、专业化、规模化港口群建设,整合港口航线资源,拓展港口综合服务功能。重点加快厦门东南国际航运中心建设,新开辟福州江阴港至印度、巴基斯坦港口航线和厦门—越南、厦门—菲律宾两条油轮航线。厦门港、福州港分别与马来西亚巴生港结为姐妹港。已建成万吨级以上泊位168个,集装箱外贸航线达到138条。

空中通道不断加密,加紧推进厦门新机场、福州长乐机场二期扩建、泉州新机场、武夷山机场迁建等项目的前期准备工作,目前已开辟空中国际航线46条,厦门航空已增开了厦门—温哥华、厦门—墨尔本、福州—纽约等空中航线,通达东南亚、欧洲、美洲、澳大利亚、日本、韩国等世界各地,港澳台航线17条,打造了福州、厦门两大门户枢纽机场和晋江、武夷山、冠豸山、沙县四个区域干线机场。联运通道逐步完善,实现了市市通高铁、县县通高速,开通了中欧国际货运班列,实现"海丝"与"陆丝"的有效对接。

加快对外运输通道建设,大力推进港口、机场、铁路、高速公路和物流基地项目建设,提升综合交通运输体系承载能力。沿海一批重点港区加快建设,全省沿海港口已建成万吨级以上泊位168个。福建沿海港口已开通至东南亚海上航线50多条。新开辟福州江阴港—印度、福州江阴港—巴基斯坦港口航线和厦门—越南、厦门—菲律宾几条邮轮航线。厦门港、福州港分别与马来西亚巴生港结为姐妹港。宁德华海船业投资建设印尼"海上高速路",承接印尼船舶订单并合资经营客运航线。福厦高铁已动工建设,厦门新机场、福州长乐机场二期等项目前期工作加紧推进。

强化各个交通枢纽、各种运输方式的有效衔接,培育多式联运、冷链运输等新兴业态。拓展港口腹地,在江西吉安合作建设的陆地港、引进江西投资建设

[①] 福建省长:《坚持共商共建共享,大力推进"海丝"核心区建设》,2016年3月11日,中国新闻网,http://www.chinanews.com/df/2016/03-11/7793988.shtml

的湄洲湾港秀屿港区8#泊位建成。厦门至中欧、福州（平潭）至欧洲国际货运班列运行，开始承揽台湾地区货源，实现"海丝"与"陆丝"的有效对接，海陆联运体系进一步完善。推进泛珠四省区域通关一体化改革，完善国际贸易"单一窗口"，推进与中国台湾、新加坡等地区的互联互通和信息互换。率先在全国推行"整车进口一体化"快速通关。指导企业通过"经认证经营者"（AEO），降低出口产品查验率，提高通关效率。加强以港口集疏运体系为重点的陆路通道建设，推进港口与铁路、高速公路、机场等交通方式的紧密衔接。积极拓展港口腹地，陆地港、"飞地港"建设取得新进展，进一步畅通福建连接长三角、珠三角和中西部地区的陆上运输大通道。中欧（厦门）国际货运班列实现常态化运行，开始承揽台湾地区货源，是实现"海丝"与"陆丝"对接的唯一班列。

此外，福建还加强了现代化信息通道建设，积极推动福建与东盟国家的信息走廊建设，完善信息网络合作与信息传输机制，促进与沿线国家和地区信息互联互通体系建设。强化了口岸通关体系建设，完善口岸通关机制，促进港口通关有效整合，推动实现地方电子口岸的互联互通和信息共享，提升口岸通关便利化程度，率先在全国推行"整车进口一体化"快速通关。加强与国内港口物流信息服务、电子口岸服务、跨境电商服务、大型物流企业信息服务等资源的互联互通，指导企业通过"经认证经营者"（AEO）和美国海关—商业伙伴反恐计划（C—TPAT）外国制造商安全标准认证。对进口台湾农产品实行"源头管理、口岸验收"快速检验检疫模式，检验放行时间从5~7天缩短到1~2天。①

四、经贸合作迈向纵深

近年来，福建省着力开拓发展空间，开放水平进一步提升，积极建设21世纪海上丝绸之路核心区，为古代海上丝绸之路赋予了新的时代内涵。围绕营造国际化、市场化、法治化的营商环境，积极开展对沿线国家和地区的开放合作先行先试，在促进投资贸易便利化，优化境外投资管理流程，争取放宽企业申请对外承包工程资格的资质限制，进一步简化境外投资项下外汇登记、对外担保等外汇管理手续等方面加大创新力度，加快创新成果复制推广，形成区内区外联动发展局面。2016年福建省对"一带一路"沿线国家和地区出口1822.9亿元人民币，

---

① 《"一带一路"建设成绩单：福建海丝核心区建设取得积极成效》，2017-05-15，东南网（福州），http://www.fjsen.com/r/2017-05/04/content_19469893.htm

新增对外投资增长61.6%，中欧（厦门—莫斯科）国际班列实现常态化运营。自贸试验区建设成效明显，国际贸易"单一窗口"等17项创新成果在全国复制推广。①

成功举办21世纪海上丝绸之路博览会暨福州海峡两岸经贸交易会、21世纪海上丝绸之路建设暨国际产能合作研讨会、亚洲合作论坛工商大会等活动。企业"走出去"步伐加快，2015年福建对"海丝"相关国家和地区投资备案项目96个，投资额22.3亿美元。双向贸易有效拓展，2016年与"海丝"相关国家和地区贸易额2 696.5亿元，占全省的23.1%，其中出口1 822.9亿元。2017年1—2月"海丝"沿线国家和地区贸易额达433.4亿元，同比增长11.6%。在海洋产业合作方面，目前福建企业已在印尼、缅甸、毛里塔尼亚等国建立了9个境外远洋渔业综合基地，数量与规模全国第一；有10家企业在境外建立渔业养殖基地，水产养殖规模居全国首位。②成功举办"9·8"中国国际投资贸易洽谈会、"6·18"海峡项目成果交易会、"5·18"海峡两岸经贸交易会暨"海丝"博览会、21世纪海上丝绸之路建设暨国际产能合作研讨会等一系列展会，平台作用有效发挥，不断拓宽投资贸易信息渠道，营造支持企业对外合作的良好氛围，闽企闽货国际影响力明显提升。③

国际产能合作成效明显。国际产能合作是推进供给侧结构性改革的重要途径，也是21世纪海上丝绸之路核心区建设的重中之重。福建与海丝沿线很多国家的产业互补性强，经贸合作的基础条件较好，前景广阔。这几年，福建以基础设施建设及工程机械、电子信息、建筑建材、轻纺等产业为重点，推动福建优势产能和生产环节梯度转移。

企业"走出去"稳步推进。福建企业积极在"一带一路"沿线国家布局。已与国家开发银行、中国出口信用保险公司等机构签署合作协议，为海外投资项目提供融资、保险等全方位支持。海陆丝绸之路城市基础设施建设及国际产业合作基金、印尼露天煤矿项目等15个项目已列入国家"一带一路"重大项目储备库，中国武夷、紫金矿业、旗滨集团等企业对外投资加速，中肯（尼亚）东非经贸合作区、中毛（里塔尼亚）海洋经济合作园、中利（比里亚）国际渔业综合基地等

---

① 《"一带一路"建设成绩单：福建海丝核心区建设取得积极成效》，2017-05-15，东南网（福州），http://www.fjsen.com/r/2017-05/04/content_19469893.htm

② 《"一带一路"建设成绩单：福建海丝核心区建设取得积极成效》，2017-05-15，东南网（福州），http://www.fjsen.com/r/2017-05/04/content_19469893.htm

③ 黄海东：《福建打造"海丝"核心区，省委书记当组长》，2017年5月12日。

境外园区、旗滨集团马来西亚工业园、紫金矿业刚果（金）铜矿等一批境外投资园区和项目建设取得积极进展，省投资集团与印尼、马来西亚有关部门和企业达成了投资合作共识。在肯尼亚，福建建工集团承建的东非大动脉——肯尼亚A2公路项目，被非洲发展银行称赞为"这是中国公司创造的奇迹"。2016年福建对"海丝"沿线国家和地区，合计出口1 822.9亿元，对印尼、柬埔寨、马来西亚等"海丝"沿线国家和地区的投资项目有96个，主要涉及采矿业、远洋渔业、现代农业、房地产等领域，对外投资额22.3亿美元，同比增长61.6%。[①]

五、海洋合作成效明显

远洋渔业发展水平进一步提升，福建在海外建立了9个境外远洋渔业综合基地，数量与规模继续保持全国第一，有10家企业在境外建立渔业养殖基地，水产养殖规模居全国首位。加快中国—东盟海洋合作中心建设，争取中国—东盟海上合作基金3 500万元。依托国家海洋局第三研究所和海岛研究中心，与东盟国家和斯里兰卡联合开展海岸带侵蚀防护研究。厦门大学3 000吨海洋科考船"嘉庚号"于2016年5月下水。依托厦门大学马来西亚分校建设的中国—东盟海洋学院等3个项目入选"中国—东盟海上合作基金"首批项目。[②]

六、资金融通不断扩大

福建发挥民营经济发达、民间金融活跃的优势，深化金融体制改革，推动金融创新，探索金融资本和产业资本的融合，建设金融开放的区域高地。加快推进金融创新，建设好泉州金融服务实体经济试验区，整合现有地方财政资金渠道，扩大福建省现代蓝色产业创投基金规模和投向范围，增加中资金融机构海外网点建设，鼓励和支持企业开展以境外资产、股权等权益为抵押开展贷款，建立海外投资保险支持机制等。在海峡股权交易中心的基础上，进一步扩大服务范围、增强服务功能，探索建立成为专业服务中小台企的股权交易场所。同时，探索建立面向"海丝"沿线国家和地区的企业股权交易平台。改善外汇管理服务，简化货物进出口收付汇业务办理手续和程序。支持中国—东盟海产品交易市场在东盟各

[①] 《"一带一路"建设成绩单：福建海丝核心区建设取得积极成效》，2017-05-15，东南网（福州），http://www.fjsen.com/r/2017-05/04/content_19469893.htm

[②] 《"一带一路"建设成绩单：福建海丝核心区建设取得积极成效》，2017-05-15，东南网（福州），http://www.fjsen.com/r/2017-05/04/content_19469893.htm

国设立分中心,在福州设立的中国—东盟海产品交易所,被列为八大21世纪海上丝绸之路重要平台之一,不断创新交易模式,首创跨境人民币交易结算软件系统。截止2016年底,已发展渔企会员358家(其中东盟国家会员6家,香港、澳门和台湾会员各1家),交易商2 187个,年度累计交易额达3 112亿元。在印尼、缅甸、马来西亚建立渔业养殖基地,养殖面积超10万亩,境外水产养殖发展规模全国第一。[①]

第三节 海外闽商推进福建海丝核心区建设的现状

一、海外闽商[②]在福建省内外的投资合作

2013年的"闽商百强榜"、"福布斯华人富豪榜"和"胡润全球富豪榜"三榜中有闽商65家,按三榜数据最高项计算,财富累计为2 278亿美元。对这些海外闽商在中国大陆的投资情况,此处依据与福建祖籍地的相关性,按照其投资省内外的时序情况进行分类分析。

(一)与投资福建省内相关的情况

1. 境外创业发展,在省内投资、省外扩张的集团企业有9家。

这类集团企业主体资本在境外,经济实力较强,企业国际化程度比较高,对外投资成其国际化经营的重要组成部分,对福建祖籍地投资含有情感和支持家乡经济社会发展等因素。中国改革开放以来,这类闽商重点企业开始回国投资,但以祖籍地侨乡为基地,然后把产业发展扩展到全国各地,并取得了较快发展。这9家中,主营行业涉及房地产(含2家商业地产)有6家,金融4家,还有分别涉及零售、电信、制造业、食品加工、电子、能源、建材、塑胶、化纤等。从投资福建省内看,基本涉及其主要行业,且还有拓展。

2. 境外创业发展,在省外投资、全国扩张(含省内)的集团企业有18家。

这类企业主体资本在境外,其投资战略注重国际性、全国布局,投资祖籍地

---

① 《"一带一路"建设成绩单:福建海丝核心区建设取得积极成效》,2017-05-15,东南网(福州),http://www.fjsen.com/r/2017-05/04/content_19469893.htm

② 对重点海外闽商分析,此处主要依据"2013年闽商百强榜"、"2013年福布斯华人富豪榜"和"2013年胡润全球富豪榜"进行。考虑到课题研究需要以及华商投资决策因素的相似性,分析对象包括祖籍福建的港澳台闽商,并将其统称为"海外重点闽商"。

是看重中国大陆市场机会，投资中国大陆是其资本扩张需要，整体战略布局的一家棋子。其中郭孔丰、吴笙福同在新加坡丰益国际集团，按17家计，其主要行业涉及房地产8家，金融6家，化工及能源5家，粮油食品及餐饮5家，还有分别涉及航空、电信、电子、橡胶、农产品加工、商业等。投资福建省内的行业，与其主要行业基本相符，涉及房地产7家，金融4家，化工及能源3家，粮油食品及餐饮4家。可见，由省外向省内扩张投资中，有所保留。

3. 境外创业，在省内投资发展，省外扩张（或省内创业发展，依托境外资源在省外扩张的）的集团企业有11家。

这类集团企业资本积累基本在福建完成，有的是企业发展壮大后才取得境外居民身份的。海外（或境外）企业规模较小，其资本对祖籍地根植性比较强，可借助境外资源获得发展机会，可更好促进祖籍地发展，有的还将集团总部设在祖籍地。其中，许荣茂的世茂集团、黄如论的世纪金源集团、林定强的金辉集团、许健康家族的宝龙集团、黄焕明的明发集团、韩国龙的冠城集团、林荣新的三盛集团、姚志胜的嘉祥交通（亚洲）集团有限公司等8家都是以房地产为主导行业的。在福建省内投资，除了冠城集团兼营特种漆包线制造，三盛集团兼营橡塑发泡，其他都以房地产作为主导行业。而以服装为主导行业的林树哲香港南益集团也小规模涉及房地产。曹德旺、陈凤英夫妇的香港福耀集团专注于汽车玻璃，施洪流的香港浩沙国际专注健身和服装。

4. 境外创业发展，仅在省内投资的集团企业有5家。

因祖籍地便利及受祖地文化等因素影响，选择祖籍地作为登陆中国大陆市场的桥头堡，目前尚无向省外扩张或进入中国大陆其他市场的意向，资本对外扩张条件尚不成熟。如蔡道平的印尼盐仓集团，仅在家乡福清投资食品行业，是蔡道平父亲手上在改革开放之初支持家乡发展的投资，其主业烟草因条件限制未能在家乡延伸发展；林垿璘的台湾宏泰建设集团和李深静的马来西亚IOI集团是属于新近进入中国大陆市场的，选择了福建作为首站。

（二）由福建省内流向外省的投资情况

这里讨论的情形是，针对65家海外重点闽商，在已经进入中国大陆投资的前提下，一是投资的起点选择福建省内，后向外省扩张或转移，有20家闽商；二是投资起点直接选择外省，在全国扩张布局中含有福建省内，有23家闽商；三是投资起点选择外省，且至今未向福建省内投资，有11家。为了分析闽商投资外流的原因，我们着重分析第一种情形的情况，这20家闽商中，外省扩张涉及房地产及商业地产、酒店、基础设施投资等服务行业的有13家，涉及金融投资区域拓展的2家，涉及制造业的3家，涉及总部外迁或总部建在省外的8家。其投资外流大致上又可分为以下三种情况。

1. 服务行业的当地性市场常规拓展行为。

具有严格当地性的服务行业，如房地产业、金融业、餐饮业，资本外拓属企业市场拓展的常规行为。服务行业的当地性，使得这些企业在适当的时期选择省外拓展，成为不可逆转之势。

房地产：房地产业因其不动产特性，消费区域就地性要求高。其行业收益与区域经济发展的关联性较大。施至成家族通过SM投资公司投资购物中心，不出售零售店面，采用长期的租金收入。市场业态环境与企业母公司的产业模式相适宜。施汉生先生说，SM PRIME将着重发展中国的二线城市，因为他们的城市发展和消费模式与菲律宾更为相近。市场接纳度成熟，决定了各个区域市场进入的时机选择。早在10年前（2001年），SM集团就已进入中国。但这10年里，SM集团在中国只开发了4个购物中心。自2010年开始，每年要在中国开办一家大型商场，到2013年开店速度将加速至每年3家。黄志祥和黄志达家族借用香港信和集团的平台及参股项目的形式，投资中国大陆房地产，以厦门为起点，"当厦门刚刚开始出让土地之时，黄廷芳就带着儿子来了。他以压倒势的价码竞得厦门推出的五块地皮中的四块"。除了省内的福州、漳州等地，逐步在全国多个一二线城市布局，如上海、深圳、北京、广州、成都及重庆等。其扩张的决策因素，很明显与这些地区房地产市场的收益预期密切相关。林文镜的融侨集团在中国大陆投资领域以房地产为主，而且是最早回侨乡投资的闽商之一，其市场外拓必然顺应全国区域经济发展趋势所带来的收益预期变化而动，如重庆融侨锦江物业管理有限公司成立于2002年8月，正是2001年中国"十五"规划具体部署实施西部大开发战略的第二年。自2006年开始，融侨集团开始布局华东，在南京开始了其进军长三角的第一站。但是，明显地在时机把握上有点滞后，因此进军长三角并不顺利。

许荣茂香港世茂集团是著名的房地产商，尤其以开发高档楼盘闻名，除了具有一般房地产商的市场拓展共性，还善于抢占市场进入的先机。1989年出巨资在家乡福建进行了一系列项目开发；然而当大江南北的中国房地产如火如荼时，他却携妻带子转到了澳大利亚搞起房地产；1994年北京房地产低落时期，他却大举进入，以至后来的高档外销公寓在北京家喻户晓：紫竹花园、亚运花园、华澳中心、御景园等等；2000年北京房地产再上高峰，上海正是低谷，许荣茂又力排众议地将投资转向上海，再一次证明许荣茂有自己独特的经营之道。世茂房地产控股有限公司2013年中期报告称："未来战略：聚焦华东—深耕福建—加大环渤海—发展中西部"。林定强金辉集团以房地产为主业，其拓展策略是"全国布局、区域聚焦、城市领先"，布局中国三大经济圈和中西部核心城市，开发足迹遍及北京、上海、重庆、福州等15座核心城市。林树哲南益集团的主营行业是服装制造，拓展到房地产、物业等，其事业主要在省内。南益集团的省外投资除了20世纪80年代在东莞投资的服装企业，都集中在房地产、物业等行业，也是搭上中国房地产业发展的快车，遍及北京、上海、广东、山东、湖北、河北、江西、广西、安徽、天津、黑龙江等地，当然因为不是主营行业，成就并不算突出。

2. 制造行业的区域投资常规拓展行为。

制造业的成本主要取决于用工、原料来源、上下游企业链接、进入终端成本等，还有政府的服务、税收优惠。需要追求产地成本和终端市场进入成本最低化的制造行业，随着企业发展，需要接近劳动力市场、原料产地、上游产品供应商、终端消费市场等，从而做出的区域投资常规拓展行为。

3. 企业投资重心转移甚至整体性区域转移。

企业战略重心转移的重要标志是企业总部外迁。许多大型企业把总部迁到上海，一个重要的原因就是，这里有着良好的地理位置，有着成熟的创业投资环境，充满无限商机，尤其是上海建设"两个中心"战略又获得国务院批准，这更加提升了上海的国际地位。

林逢生三林集团向省外拓展的决策因素，最重要的是出于未来资本安全管理需要的战略性转移。这样的地区选择必须具备符合未来战略的大气。2002年9月，林绍良斥资5亿美元，购买了中远置业集团有限公司的45%股权，标志着林氏集团开始大规模进入中国房地产行业，并将借助于国内资本市场进行战略性扩张。通过收购原中远置业集团的全部股份，建立三林万业（上海）企业集团有限公司，作为三林集团在中国的投资和管理平台，并将逐步发展为三林集团的亚洲乃至全球投资管理总部。

李成伟的华侨银行，因为历史继承，涉及业务单纯，省外投资属一般性的金融企业业务布局需要，同时利用了上海总部经济的效应。2007年8月1日，华侨银行（中国）有限公司（"华侨银行中国"）作为新加坡华侨银行全资拥有的外商独资银行成立。华侨银行中国总部设在上海，包括了新加坡华侨银行原在中国的所有分行。

俞培俤名城企业集团主营房地产，立足福州，转战全国，在全国范围内发展"名城"品牌系列连锁企业。"确立以上海为中心的华东区域、以福州为中心的南部区域、以北京为中心的华北区域、以兰州为中心的西部区域等四大业务区域布局，在全国范围内的快速、平稳、安全扩张的发展战略"。因此，一方面，其省外投资属一般性的房地产企业业务拓展需要；另一方面，顺应房地产企业市场拓展重点转移的需要，成立上海大名城企业股份有限公司，国内公司的总部由福州迁往上海。

许健康家族宝龙地产是一家中国比较领先的商业物业开发商，其项目一般位于增长迅速的新兴城市毗邻市中心的主流地段。2010年2月，宝龙将总部由厦门移至上海，并制定了"深耕长三角、发力海西·珠三角、辐射环渤海、谋略中西部"的全国布局战略，同时坚持在中国二三线城市开发大型商业零售综合体的整体策略。

黄焕明明发集团主要行业以房地产为主导，拓展到包括商贸、零售业、酒店、工业、金融投资等多元领域。明发的房地产发展战略是，在富庶的中国二三线城市聚焦于开发大型商场及住宅综合体。2002年明发集团北拓南京，并将总部由厦门前往南京，显示了其房地产业区域市场拓展的战略转移。之后在长三角、环渤海等地区，相继启动了一系列商业广场等项目。

二、海外闽商与福建对外经贸合作

（一）发挥海外闽商在经贸合作中的跨国经纪人作用

改革开放30多年来，中国吸收外国直接投资（FDI）的60%以上来自华侨华人。《华侨华人蓝皮书：华侨华人研究报告（2013）》也指出，华侨华人企业集团逐渐形成，新移民经济发展迅猛，一些华侨华人企业成功转型。海外华侨华人企业凭借亲缘、地缘、业缘、神缘及物缘而形成的广泛人际关系在"一带一路"的经贸合作方面扮演跨国经纪人的角色。此外，闽商已经逐步形成的开放性的跨国经贸网络成为经贸活动的重要载体。

在经贸合作方面，东南亚闽商具有独特的优势。"一带一路"建设与闽商经济相结合为海外华侨华人提供了广阔的舞台。拥有雄厚的经济科技实力、成熟的生产营销网络、广泛的政界商界人脉以及沟通中外的独特优势使他们在实施"一带一路"战略中大显身手、大有作为。进言之，闽商可以利用自身优势，通过产业转移与承接实现多赢，为地区经济转型和扩大就业带来积极成效；无论是在投入获益、推动人民币广泛使用，抑或是海洋经济开发与合作的深化以及亚洲地区能源贸易与合作的推动方面，海外华侨华人都将发挥重要的作用。同时，闽商将帮助中国企业走进东南亚实现本地化发展，同时帮助中国开展公共外交提升中国与东盟互信。

LNG是国际上公认的清洁环保能源。LNG项目最重要的一环是物美价廉、充足丰富的气源，陈江和利用自己在印尼政界的丰富人脉资源积极协调各方关系，2003年10月23日，他陪同当时的印尼总统梅加瓦蒂的丈夫陶菲克来福建考察，之后又促成了梅加瓦蒂来闽访问，和福建省领导会见，推动了供气合同的签订。福建LNG项目资源购销协议合同期为25年，每年约36亿立方米的优质天然气，从2009年起，印尼东固项目开始向福建提供液化天然气，2013年达产量年供应260万吨。这是两国经贸合作的一个重要里程碑，也标志着福建从此走进天然气时代。福建LNG项目通过一条长达356公里的天然气主管网，为福州、莆田、泉州、厦门、漳州5个城市数以百万户市民输送天然气。厦门、莆田、晋江3个LNG发电厂10台机组总装机容量350万千瓦，全部投产后年发电量140亿千瓦时，年可实现产值70多亿元，为福建经济发展注入强大动能。①

在匈牙利打拼了多年，政界商界都积累了丰富的人脉关系的郑春生现在可谓是莆田市与匈牙利间的"民间大使"，他邀请了匈牙利前任总理、现任副议长等国外政界人士到莆田参观考察，极力向海外嘉宾宣传介绍莆田，还邀请了许多具有一定实力的匈牙利商人到莆田投资，助力家乡的建设。身兼匈牙利布达佩斯欧亚市场总裁的郑春生，目前除了在莆田建有鞋厂、休闲服生产基地，生产自己的品牌产品并且全部出口欧洲外，还牵线搭桥，与外商共同出资几十亿元，参加莆田市的城市综合体的建设。2016年，在郑春生的积极引荐下，匈牙利首富德姆杨·桑德投资3亿美元参与莆田市"安特·欧洲城"的建设。据介绍，德姆杨·桑

---

① 《从"挑水"到"挖井"》，福建侨网，2011年8月18日。

德旗下拥有综合性地产投资、开发和管理公司，被世界公认为商业房地产开发项目的先驱之一，该公司发展的房地产项目已获得业内多个世界级奖项。另外，在郑春生穿针引线下，一家具有先进污水处理技术的匈牙利公司正在与莆田市洽谈投资事宜。①

张晓东，1965年出生于福州，现为运豪国际集团董事长、福州市海外交流协会副会长、福州市华商联合会副会长、欧洲新侨协会理事长。在2015年7月9日福建"侨梦苑"华商产业聚集区揭牌仪式上，国侨办、福建省领导及与会嘉宾见证了15家企业项目与各园区单位的成功对接。这其中就有张晓东所在企业与福州临空经济区签约占地200亩、拟投资1亿美元的中荷经贸合作园区的项目。"说起中荷经贸产业园区诞生，还有一段故事。今年6月中旬，福州市委书记杨岳带领福州自贸片区负责人到荷兰，在张晓东安排下，考察了阿姆斯特丹机场、鹿特丹港，这些都是全球自由贸易区办得最好的区域之一。杨岳很有感慨，表示要学习借鉴荷兰成功经验，加强合作，办好福州自贸片区。张晓东认为这是一个机会，欧盟已是中国的第一大贸易伙伴，鹿特丹港是公认进军欧洲的桥头堡。他筹划要在双边都设立经贸产业园区，结合福州新区开发建设、自贸区的发展、临空经济区的地理优势，建设福州中荷经贸产业合作园区，推进中欧贸易、运输、跨境电商等交流。项目将成多领域、高标准的综合产业园和国际化展示交流的窗口。同时，在鹿特丹港建立中国产品的仓储基地、海外分销点，同时也作为在欧洲的商品采购中心。"②

1994年3月，时任菲华商联总会工商委员会主任的黄呈辉，与商总理事长董尚真等人率领工商考察团访问北京。菲华商总是菲律宾众多华侨华人经济团体的联合会，其会员单位众多，经济实力在菲律宾举足轻重。在此之前，菲华商总一直受到国民党的控制，在长达40年的时间里和中国大陆没有商业来往。当时的黄呈辉一来是对于商总长期受控产生了强烈的抵制情绪，二来他也敏锐地嗅到了气息：中国大陆越来越强盛，海外华侨华人应该与中国大陆来往，这对双方来说都有益处。黄呈辉发起倡议的这次破冰之旅，引发了远超过他想象的效应。在京期间，商总考察团受到了多位国家领导人的接见，并且和国内多个贸易组织建立了合作关系，引发了此后菲律宾华侨华人与中国大陆来往的热潮。

---

① 《匈牙利福建同乡会会长郑春生：最惦念的还是家乡》，福建侨网，2013年9月2日。
② 张晓东：《搭建中欧投资贸易桥梁的使者》，福建侨网，2015年9月1日。

实际上，在率领菲华商总访华之前，黄呈辉就已经在中国展开了自己的投资计划。1993年，他与欠债1 800多万、濒临倒闭的福州特钢厂合资成立了福泰钢铁有限公司，公司由他承包经营。没想到承包之后，碰上国家加强经济宏观调控，建筑行业不景气，钢铁需求锐减。尽管遭遇挫折，但黄呈辉仍然坚信自己的眼光，在他看来，中国经济向前发展是必然的，可以利用这段不景气的时间来搞技改，让生产为技改让路。于是，他果断投入1 000万美元，引进一大批海内外先进设备、仪器，对福泰钢铁厂进行了大规模升级，使得企业的技术设备跨入世界先进水平。经过两年的技改，加之宏观政策向建筑业逐渐倾斜，福泰在第三年扭亏为盈，并且因为质量优异，效益节节攀升，企业也被审定为AAA级信用单位。如今，随着福泰规模的不断扩大，原有厂址已经无法适应企业的规模，公司在福州郊外投资兴建了一座厂址，福泰也即将在新的地方重新起航。

作为中菲关系之间的纽带，黄呈辉在2003年从商总理事长位置退下来之后，就马上被菲律宾总统阿罗约任命为中国事务特使和总统顾问，进一步为两国关系贡献着自己的能量。

（二）海外闽商在推进21世纪海上丝绸之路核心区建设中的作用特点

任何事物的作用都是双向的、动态的和系统性的，因此对海外闽商作用的考察也应该注重从动态的角度来认识。以动态的观点考察在21世纪海上丝绸之路核心区建设进程，特别是促进区域经济一体化中海外闽商作用的特点，应该具有如下特点。

1. 不自觉的基础性作用

海外闽商依其特性进行的活动，推动了民间一体化的发展，在不自觉中为区域一体化体制建立的可行性前提、条件作了基础性的工作。民间一体化指包括由华商网络形成的商业圈，以及中国与东盟各国人民在文化认同、需求结构及其他社会经济活动等方面的融合形态。海外闽商通过其经贸、投资、文化、社会、政治等活动，提早使其住在地人民在情感上、文化上认同、接受了来自中国的事物，促进国际民间交往，逐步形成民间文化、社会、经济活动的跨国融合局面，为区域一体化体制的建立创造了必要的条件，奠定了基础。

东南亚国家，是中国人最早走出国门定居的地方。在东汉时期就已有福建福州人定居越南，自西晋后，福建人大量涌往东南亚国家，分别在宋、明、清形成了数次大移民潮。东南亚的印尼、新加坡、菲律宾、马来西亚、泰国、文莱、越南等成为华侨华人最集中的国家。海外华侨华人的坚韧、智慧和艰苦奋斗，使得定居东南亚国家的华侨华人多选择了经商之路。其中相当部分成长为成功的企业家。东南亚海外闽商在东南亚各国的巨大影响力、号召力，是由他们在东南亚国家悠久的历史、雄厚的经济实力所决定的。这种影响力主要表现在：东南亚海外闽商秉承中华民族的文化传统，成功之后，大量投入公益事业，在当地深得人心；东南亚海外闽商开办了大量华文学校，既促进了中华传统与文化在海外华侨华人中的绵延，又促进了中华文化与住在国文化的融合；东南亚海外闽商家族中有部分人参政，这使得影响力能发生作用的面不断扩大；东南亚海外闽商在长期的经济活动中积累了深厚的人脉资源。其雄厚的经济实力和巨大影响力，造就了中国与东盟之间的民间一体化，为该区域自由贸易区建设奠定了可行性基础。

2. 自觉的推动作用

在中国—东盟自贸区体制的建立和完善过程中，及至推进21世纪海上丝绸之路核心区建设中，东盟海外闽商主动参与各项宣传、促进活动，主动参与有利于增进自贸区经济效应的经济活动，推动了区域一体化体制建立的进程。在一体化体制建立过程中，海外闽商在其中起到穿针引线的作用。在自贸区组建阶段，由各国政府扮演主要角色，包括计划的制定，减免税的谈判及其政策的出台，都必须由政府唱主角，海外闽商的主要角色是，努力推动政府加快经济开放和自由化的步伐，促使政府增强对中国的信任，减少对中国的猜疑。海外闽商可以影响政府决策，促使政府进一步加快建设自贸区的步伐。海外闽商在这阶段还可利用自身经济方面的优势，加强文化和宣传方面的工作，促使居住国的人民正确认识中国，了解与中国开展经济合作的好处。

东盟闽商利用熟悉中国与东盟的政治、经济、文化的特殊优势，收集东盟、中国投资机会、贸易机会、合作机会，而后进行评估、测算，一方面向东盟国家全面推介中国投资兴业机会，另一方面向中国推荐东盟国家投资兴业机会，以促进中国—东盟更密切的经济合作。海外闽商还利用其得天独厚的优势，引导、服务两地企业家更好合作，共同发展。比如，中国商人到东盟投资，东盟闽商协助组织团队，负责早期规划，为他们的投资提供许多经验。东盟商人到中国投资，海外闽商同样利用自己在中国的人脉资源、经验，为他们提供帮助。同时，东盟闽商利用自己在东盟社会的广泛影响力，对建立中国—东盟自由贸易区做广泛的宣传动员，消除一些不解和误解，调动更多的力量配合，这是保证中国企业投资东盟成功的要素之一；利用自己投资中国建立起来的资源，动员更多的人配合、支持东盟企业在中国的投资；通过各种形式集合起部分东盟商人与中国商人，联合起来投资一些大项目。

3. 不自觉的促进作用

中国与东盟一体化之路能走多远，要看自贸区建设是否有成效，而一体化效应如何有赖于微观经济体的活动能量。东南亚闽商经济实力雄厚，跨国投资拓展、经济贸易活跃，尤其是进军中国市场更有得天独厚的优势，对于增进一体化效应必定起到积极的作用。在中国—东盟自贸区建立以后，闽商既是受益者，也是自贸区体系不断完善过程的积极推动者。自贸区建成后，政府由前台退居二线，由各国民间和企业扮演主要角色，这正是东南亚闽商大显身手的时候。东南亚闽商可以更多地发挥自己在天时、地利与人和方面的优势，参与中国—东盟自由贸易区建设，同时他们在中国与东盟之间架起了一座桥梁，增进了双方的理解和认识，促进了双方的合作。东盟闽商凭借其两地投资创业的成功经验，熟悉中国和东盟住在国的政治、经济、文化和风土人情，以及积累了丰富的人脉资源等优势，必然抢占发展先机，积极开展经贸投资活动，使自己成为中国—东盟区域一体化的最大受益者，同时，在不自觉中也增进了一体化的经济效应，又起到先锋力量的作用，客观上促进了一体化的发展。

4. 作用效应的转移

随着区域一体化推进，成员国之间相互降低或取消关税和非关税壁垒，增加有效的贸易投资便利化机制。这对海外闽商作用的影响可能是两方面的，一方面使闽商原有优势得以强化，其作用效应得以放大。如，进一步拓展区域市场，优化贸易和投资环境，使得原本就是两地投资贸易活跃力量的闽商获得乘数效应；给闽商经济结构调整创造了一个更加广阔的回旋余地，有利于进一步整合资源，增强海外闽商经济与中国经济之间的融合度；还有利于东盟各国华侨华人生存与发展环境的改善。另一方面使海外闽商原有一些优势被弱化，其作用效应转移了。随着贸易投资便利化，中国产品将大量进入东盟市场，可能冲击海外闽商原有的市场份额；随着两地壁垒的消除，必将弱化闽商原来可以独享桥接作用的社会资本优势。尽管如此，闽商仍可以利用占先优势，积极应对，创造性地调整自身的行为方式、作用路径，使得自身获得双赢。

第四节 对策建议

一、大力推进福建21世纪海上丝绸之路核心区建设

自古以来,八闽文化就跃动着海洋文化开放包容、敢于探索、爱拼才会赢的精神。统计数据显示,2016年中国十大港口中,厦门港排名第七,2016年全球100大集装箱港口排行榜中,厦门港、福州港、泉州港均榜上有名。按2016年人均GDP计,福建与广东、内蒙古同属"7万元梯队"。[1]此外,福建还是知名的侨务大省,除了广大台湾同胞,东盟国家2000多万华侨华人中近一半均祖籍福建。这些特质、优势,都为福建积极融入"一带一路"倡议,拓展开放力度,融合国内外先进技术和理念,建设海丝核心区增长极展现了新契机。

加快建设21世纪海上丝绸之路核心区,是福建省今后对外开放合作的重要任务。在"一带一路"建设中,中央确定福建作为21世纪海上丝绸之路核心区,这是福建发展的重大历史机遇,也赋予了福建重大的历史责任。为此福建要牢记使命,发挥优势,全面推进21世纪海上丝绸之路核心区建设。福建要认真落实国家"一带一路"战略部署,坚持共商共建共享,大力推进福建21世纪海上丝绸之路核心区建设,打造海上合作支点,努力使海上丝绸之路成为和平友谊纽带、共同繁荣之路。

围绕"海丝"核心区建设,福建将在原有的基础上重点抓好"一个枢纽、一个平台,一个纽带"等工作。[2]"一个枢纽"即互联互通的重要枢纽。福建要加强海上通道建设,推进与"海丝"沿线国家和地区的港口港航合作,争取开通福建—台湾—香港—东盟邮轮航线;强化航空枢纽和空中通道建设,积极拓展境外航线;完善陆海联运通道,推动以港口集疏运体系为重点的陆路通道建设;推动信息通道建设,打造与东盟国家互联互通的信息走廊。而"一个平台"是指构筑经贸合作的重要平台。福建要拓展与东盟的经贸合作,积极开拓印度洋沿岸地区新兴市场;推进重点商品出口基地、商品市场和商贸园区建设。并且,要办好

---

[1] 《刘立峰对接"一带一路"倡议 打造海丝核心区增长极》,2017-05-04,东南网,http://www.fjsen.com/r/2017-05/04/content_19469893.htm

[2] 福建省长:《坚持共商共建共享,大力推进"海丝"核心区建设》,2016年3月11日,中国新闻网,http://news.ifeng.com/a/20160311/47798007_0.shtml

"海丝"博览会和"福建品牌海丝行"等相关展博会，拓展沿线国家市场。要以更为宽广博大的视野，更为务实开放的理念，主动融入"一带一路"倡议，并展现鲜明的福建特色、福建精神。福建要把握机遇，融汇"政策沟通、设施联通、贸易畅通、资金融通、民心相通"五大领域任务，高扬"爱国爱乡、海纳百川、乐善好施、敢拼会赢"福建精神，在"一带一路"建设中，不断亮出福建名片，合力建设海丝核心区蓝色海洋经济增长极。

（一）加快设施互联互通

未来几年福建"海丝"核心区建设将进一步以提升"五通"水平为主轴，以设施联通为优先领域，以贸易畅通为重点内容，以资金融通为重要支撑，以政策沟通为重要保障，以民心相通为社会根基，积极推进与"海丝"沿线国家和地区各领域的务实合作，充分发挥核心区先行、引领、示范作用，让"带"连得更顺、"路"走得更通，在"一带一路"建设中展现更大作为。

加快海陆空立体化基础建设步伐，扩大互联互通。福建虽然定位为"21世纪海上丝绸之路核心区"，但跨海遥望台湾，陆路连接粤、浙、赣。显然，福建可以通过平潭综合实验区、海峡蓝色经济试验区让台湾同胞分享"一带一路"的合作成果，也可以通过陆路成为内地省份的出海通道，通过中欧班列、国际空港、海上国际联运通道，建设成为海陆空立体化的互联互通贸易与物流平台。这其中，开辟新线路，建设福州、厦门枢纽机场，打造厦门、福州、泉州三大国际集装箱干线港，打造一批国际物流产业基地，设立福州空港综合保税区，将助力福建海丝核心区互联互通、对外开放步伐。因此，福建将紧紧围绕"设施联通"，着眼打造21世纪海上丝绸之路核心区的战略通道和综合枢纽，加快构建以福建港口城市为海上合作战略支点、与相关国家和地区互联互通、安全高效便捷的海陆空运输通道网络。

着力提升港口运营能力，推进重点港区码头泊位建设，完善进港航道、集疏运通道等公共基础设施建设。支持沿海港口与"海丝"沿线港口缔结友好港口，鼓励港口、航运企业合作建设，运营港口、航线和物流园区，加快构筑海上国际运输大通道。推进航空枢纽建设，鼓励国内外航空公司新开和增开福建始发的国际航线。加快铁路网、高速公路网建设，加快构筑对接丝绸之路经济带，通达东盟、亚欧大陆的陆路国际运输大通道。大力发展海铁联运，支持以厦门、平潭、福州等港口为始发点或中转点的中欧、中亚国际货运班列运营发展。

站在新的发展起点上,福建将发挥优势、积极作为,进一步巩固和拓展与相关国家与地区的全方位交流合作,打造21世纪海上丝绸之路互联互通的重要枢纽、经贸合作的前沿平台、体制机制创新的先行区域和人文交流的重要纽带。

(二)深化经贸产业合作

加快落实省政府与国家发改委签订的国际产能和装备制造合作协议,持续开辟国际产能合作平台,重点拓展与东盟的交流合作,积极开拓南亚、西亚、非洲、南美等市场。争取与印尼投资协调委员会签署国际产能合作框架协议。支持企业"走出去"。研究制定支持福建省船舶、工程机械等优势行业企业"走出去"的"一业一策"方案,鼓励企业开展国际产能与装备制造业合作,扩大境外投资,加快园区化发展。拓展双向贸易,支持发展跨境电商、国外设备租赁、全球维修等新型贸易业态,鼓励企业到"海丝"沿线国家投资设立展销中心、营运中心和跨境电商配送中心,建立国际营销网络。探索易货补偿贸易,扩大进口规模。继续提升经贸合作平台。办好21世纪海上丝绸之路博览会、亚洲合作论坛(ACD)工商大会、厦门国际投资贸易洽谈会、厦门国际海洋周、中国(泉州)海上丝绸之路品牌博览会等系列活动,提升福建品牌和产品知名度。

充分利用福建民企优势,通过服务外包、投资合作、产业园区建设,扩大福建外向型经济。统计显示,2016年,福建自贸试验区办结对外投资项目131个、对外直接投资额达44亿美元,同比增长6.28倍和10.43倍。在"一带一路"倡议推动下,福建的远洋渔业、石材加工等产业在东南亚和非洲国家已站稳脚跟并呈现外向型产业集群特色。武夷山、安溪的茶叶,德化的陶瓷,南安的水暖器材,厦门的工程机械,福清的汽配,漳洲的家具,莆田的珠宝加工,晋江、石狮的服装鞋业,泉州的IT和电子通讯,福州、厦门、龙海的船舶制造,都有"走出去"的优势。对此,相关地区部门和重点实验室、工程技术研究中心、科技企业孵化器要给予政策、资金、技术支持,优势民企更需立足长远视角,在海外合作、投资、建设、环保、就业方面,更多展现八闽文化的多元、包容特质,让"丝路精神"引领互惠互利、合作共赢。

(三)加强海洋合作

推进远洋渔业项目建设,支持福建省远洋渔业企业实施远洋渔船更新改造并向非洲等区域转场,加快建设一批远洋渔业产业园区和海外综合开发基地。加快中国—东盟海洋合作中心建设进程,推动中国—东盟海洋合作中心尽快挂牌运作,加强与东盟国家在海洋科技、生态环境保护、海洋观测和预报等领域的合作。完善中国—东盟海产品交易所,加快布局建设海外分中心。

二、在"海丝"核心区建设中充分发挥海外华侨华人的重要作用

福建省是侨务大省拥有1 580多万闽籍海外华侨华人,他们分布在"一带一路"沿线众多国家和地区,历史上他们是丝绸之路建设的参与者、建设者和见证者,这是一大历史和人文优势,要充分发挥他们经济实力雄厚、政治地位显赫的优势,促进他们的资金、技术、管理、商网在"一带一路"建设中发挥重大作用;要充分发挥他们在语言和文化上融通中外的桥梁枢纽的作用,深化与"一带一路"沿线国家和地区的全方位交流和人员往来,共同推进我省海丝核心区建设。

(一)促进海外华侨华人和台港澳同胞与祖地深度交往,打造对外民心融合的重要纽带。

以闽南文化、客家文化、妈祖文化等共同文化为基础,以民间交流为主体、政府间交流为支撑,加强与海外华侨华人和台港澳同胞的文化交流和人员往来,打造对外民心融合的重要纽带。

1. 促进祖地深度交流。发挥侨台优势,继续办好世界福建同乡恳亲大会、世界闽商大会等海外联谊活动,进一步凝聚侨心、汇聚侨智、发挥侨力、维护侨益。进一步加强文化交流,办好海上丝绸之路国际艺术节、福州丝绸之路国际电影节、世界妈祖文化论坛、南洋文化节、世界闽南文化节、海丝情·桑梓梦等人文交流活动,支持"一带一路汉学总中心"在沿线国家建立汉学分中心。深化公共服务合作,继续支持厦门大学、华侨大学等高校的境外办学项目,鼓励网龙网络公司加强与"一带一路"沿线国家的教育合作,支持中医药技术、药物、服务"走出去"。进一步加大与沿线国家的友好城市、友好港口结好力度,扩大海外朋友圈。加强旅游业合作,支持企业参与"海丝"沿线的旅游基础设施建设,合作运营精品旅游线路。①

建议由政府牵头,组织民间力量,推进在福州、厦门、泉州等地设立"海丝侨缘馆"、寻根谒祖综合服务平台等交流平台,并通过展示族谱和文献资料,推

---

① 《刘立峰对接"一带一路"倡议 打造海丝核心区增长极》,2017-05-04,东南网,http://www.fjsen.com/r/2017-05/04/content_19469893.htm

动返乡谒祖、寻亲认亲、青少年夏（冬）令营等形式，加强闽籍华侨华人、台港澳同胞与福建家乡人民的交流。

2. 强化信仰认同载体。加强祖地文化、民间文化交流，强化闽南文化生态保护实验区和客家文化、妈祖文化等载体建设，发挥福建在民俗、宗教信仰方面凝聚人心的优势作用。

3. 打造环海峡海上旅游合作圈。以泉州、福州、平潭、香港、澳门、基隆等现有港口为基础，逐渐完善港澳—台湾—福建邮轮航线，积极打造两岸及港澳"一程多站"旅游精品线路，形成环海峡海上旅游合作圈。

（二）发挥境外乡亲的纽带作用，推进与"一带一路"沿线国家和地区的文化交流、人员往来。

1. 提升"海丝"旅游品牌

依托福建的人文优势，加强与"一带一路"重点省份、海丝沿线国家和地区共同推广海丝旅游、妈祖文化游等旅游品牌，借助"丝路帆远——海上丝绸之路特展"、"一路向海——海丝十国采访团"等重大主题活动联合对外营销；福建省旅游局牵头组织中泰、中马、中新等国家海丝主题旅游年，每年在不同国家举办；编排福建大型海丝主题演艺、影视，全球化展演。

2. 打造"海丝"精品游线

根据21世纪海上丝绸之路历史文化遗址，串联沿线省市遗址及展示遗址文化的丝路文化旅游于一线，构筑丝路文化遗产长廊。联合全国各省市或部分区域自愿合作共建的精品游线，面向国际进行推广；市场自发形成的主题游线，旅行社或相关民间组织推广建设。

3. 推行"海丝"惠民旅游

积极建立与海丝沿线国家的关系，通过公益基金、旅游优惠等措施，积极吸引沿线国家低收入人群来福建旅游，帮助他们能够参加到旅游或度假活动中来，进一步推进与沿线国家的民间文化交流。

4. 将海峡旅游圈拓展至东盟

推广闽港澳台旅游合作经验，整合富有特色的旅游产品，开辟海上丝绸之路旅游线路，共同开发客源，如扩大赴港澳台个人游政策至东盟，简化游客出入境手续等，进一步将海峡旅游圈拓展至东盟。

（三）积极协调政策、前置服务，鼓励"一带一路"沿线闽商回国投资、合作、创业。

如前所述，福建的华侨华人数量在全国名列前茅，他们或有雄厚的资金，或有最先进的技术，或有成熟的企业管理经验。我们要积极协调政策，在语言文化、数字经济、互联网、银行跨境结算、收发汇国际汇款业务等方面备足功课，将会让他们留恋祖籍、扎根福建。遍布全球的海外华文媒体是联系中国与世界的重要桥梁，福建与海外华文媒体一直保持紧密联系。我们要借助世界华文传媒论坛进一步深化与海外华文媒体的交流与合作，更好地联系侨胞、凝聚侨心、发挥侨力，更好地推进"21世纪海上丝绸之路"核心区建设。

（林心淦　张　洁）